COLLECTION

COMPLÈTE

DES MÉMOIRES

RELATIFS

A L'HISTOIRE DE FRANCE.

Jacques Du Clercq. —
Philippe de Comines, livres 1 et 2.

DE L'IMPRIMERIE DE RIGNOUX.

COLLECTION

COMPLÈTE

DES MÉMOIRES

RELATIFS

A L'HISTOIRE DE FRANCE,

DEPUIS LE RÈGNE DE PHILIPPE-AUGUSTE, JUSQU'AU COMMENCEMENT
DU DIX-SEPTIÈME SIÈCLE;

AVEC DES NOTICES SUR CHAQUE AUTEUR,
ET DES OBSERVATIONS SUR CHAQUE OUVRAGE,

Par M. PETITOT.

TOME XI.

PARIS,

FOUCAULT, LIBRAIRE, RUE DE SORBONNE, N° 9.

1826.

MEMOIRES

DE

JACQUES DU CLERCQ,

ESCUIER,

SIEUR DE BEAUVOIR EN TERNOIS,

COMMENÇANT EN 1448 ET FINISSANT EN 1467.

NOTICE

SUR

JACQUES DU CLERCQ.

Jacques Du Clercq naquit en 1424. On n'a presque aucun détail sur sa vie, et l'on ignore la date de sa mort. Il fut conseiller du duc de Bourgogne Philippe-le-Bon, en la châtellenie de Douay, Lille et Orchies. A l'âge de vingt-deux ans, il épousa la fille d'un gentilhomme flamand qui se nommoit Balduin de La Lacherie. Sa famille, illustre dans la magistrature, avoit été de tout temps dévouée aux comtes de Flandre.

Ses Mémoires, trop peu connus, s'étendent depuis 1448 jusqu'en 1467. Ils donnent l'idée d'un caractère plein d'élévation et de franchise, d'un esprit juste et droit, et auroient mis leur auteur au rang des historiens les plus estimés du quinzième siècle, si la négligence inexplicable des éditeurs d'anciens Mémoires ne les eût laissés enfouis dans la bibliothèque de Saint-Vaast d'Arras, dont ils faisoient le principal ornement.

Cet important ouvrage ne fut imprimé qu'en 1785, dans la Collection qui parut alors des Mémoires relatifs à l'histoire de France; mais les éditeurs, suivant leur coutume, se permirent d'y faire beaucoup de retranchemens, et en altérèrent probablement le texte. Nous avons fait de vains efforts pour nous procurer le manuscrit original, afin de réimprimer ces Mémoires tels qu'ils ont été composés par l'auteur. Il paroît que ce manuscrit a péri dans les troubles de la révolution.

Etant parvenus à lier des relations indirectes avec M. le bibliothécaire actuel de Saint-Vaast, nous avons appris que la partie la plus précieuse de l'ancienne bibliothèque avoit été transportée à Paris en 1794 par ordre supérieur, et qu'il ne restoit dans cette bibliothèque que des manuscrits de Bibles latines et d'ouvrages de piété. Nos recherches à la bibliothèque du Roi, où nous avons présumé que le manuscrit de Du Clercq avoit été déposé, n'ont pas été plus heureuses : ce manuscrit y est entièrement inconnu.

Nous avons donc le regret de ne pouvoir présenter que l'ouvrage tel qu'il a été abrégé par les premiers éditeurs. Quoiqu'ils aient supprimé un grand nombre de détails intéressans, sous le prétexte qu'on les retrouvoit dans les Mémoires de Richemont et d'Olivier de La Marche, ces Mémoires sont dignes de fixer l'attention par des particularités curieuses, des anecdotes piquantes, et des peintures de mœurs qui ne se rencontrent pas dans les autres historiens.

Cet ouvrage mutilé est partagé en cinq livres très-courts. Dans le premier, on voit Charles VII, devenu supérieur aux Anglais, recouvrer la Normandie et la Guyenne ; dans le second, une révolte des Flamands et des Bordelais réveille le roi de France et le duc de Bourgogne, tous deux enclins au repos et aux plaisirs; dans le troisième, des détails intéressans sur le fameux Jacques Cœur et sur les maîtresses de Charles VII font connoître l'intérieur de la cour de ce monarque : on y voit la fortune de madame de Villequier, qui avoit succédé à la belle Agnès; et l'on s'indigne de la conduite d'un père qui ne rougit pas de contraindre sa fille, âgée de dix-huit ans, à partager les indignes complaisances de la maîtresse de ce prince. On étudie la position où se trouvoient les bourgeois flamands, et l'on ne remarque pas sans étonnement que les ducs de Bourgogne forçoient souvent les riches veuves à épouser leurs archers, et qu'elles n'évitoient cette violence qu'en se remariant le jour même de la mort de leurs époux. Dans le quatrième livre, le plus curieux de tous, on trouve l'histoire du procès fameux intenté à ceux qu'on appeloit *Vaudois*. Cette affaire monstrueuse, à la suite de laquelle quelques personnes souffrirent le supplice du feu, donne l'idée la plus juste de l'esprit du siècle. On observe qu'une partie considérable du clergé demandoit qu'on renvoyât les accusés; que le duc de Bourgogne, accusé en France d'avoir voulu profiter de cette occasion pour s'enrichir par des confiscations, fit au contraire ses efforts pour ralentir la procédure, et qu'il chargea les plus célèbres docteurs de Louvain de l'examen des pièces. On observe enfin que le parlement de Paris ayant évoqué cette affaire, fit mettre en liberté les accusés qui vivoient encore; et l'on conclut que ces violences doivent être principalement attribuées à cette effervescence qui s'empare quelquefois des peuples, et que les gouvernemens les plus sages ne peuvent ralentir qu'en ayant l'air d'y céder momentanément. Dans le cinquième et dernier livre, on trouve quelques particularités sur les divisions qui régnoient entre Philippe-le-Bon et son fils ; et l'ouvrage se termine par la peinture la plus touchante qui ait été faite de la mort du vieux duc.

Nous avons dit que l'affaire des *Vaudois* étoit celle qui peignoit le mieux l'esprit du siècle : pour qu'on la comprenne bien, il est nécessaire que nous entrions dans quelques détails sur cette espèce de secte, née des guerres civiles, et de la corruption des mœurs qui en avoit été la suite.

Il paroît que les représentations des mystères, qui remontent à la fin du treizième siècle (représentations où le diable étoit presque toujours un des principaux personnages), avoient enflammé quelques imaginations portées à la dépravation la plus abjecte. Elles se figurèrent que le démon avoit une grande puissance sur le monde physique, et se livrèrent à lui pour obtenir les jouissances dont elles étoient avides. Des imposteurs profitèrent de cet aveuglement : bientôt d'infâmes associations se formèrent, et l'on donna le nom de *Vaudois* à ceux qui les composoient. Pendant l'été les assemblées avoient lieu au fond des bois, pendant l'hiver dans des fermes isolées : on se réunissoit à l'entrée de la nuit, et l'on se séparoit au chant du coq. Lorsque le sabbat se tenoit dans une maison, la salle étoit éclairée par une seule lampe placée dans un coin : à cette foible lueur, celui qui représentoit le diable paroissoit tout à coup sur la cheminée, tantôt déguisé en bouc, tantôt sous la forme d'un cavalier vêtu de noir. Il frappoit les sens alors troublés des spectateurs, hommes et femmes, soit par des imprécations impies, soit par des invitations voluptueuses; et ces scènes se terminoient, dit-on, par les débauches les plus obscènes. Il est possible que la curiosité ait quelquefois amené dans ces repaires des personnes que leurs mœurs habituelles détournoient des infamies dont ils étoient le théâtre; et c'est ce qui explique pourquoi des hommes recommandables se trouvèrent compromis dans l'affaire des Vaudois, sur laquelle Du Clercq s'exprime avec beaucoup de retenue.

Il résulte de ce qui a été dit que les Mémoires de Du Clercq, tels qu'ils sont, renferment un grand nombre de particularités et d'anecdotes qui augmentent le regret d'en avoir perdu une partie. Ce qui reste est du plus haut intérêt, et fait parfaitement connoître le jugement que les gens sages de cette époque portoient sur les événemens qui se passoient dans la France et dans les Pays-Bas.

Extrait de la préface de Du Clercq.

Je me suis enquis au mieulx que j'ai sceu et pu; et je certiffie à touts que ne l'ay fait ny pour or, ny pour argent, ny pour sallaire, ny pour compte à prince qui soit, ny homme ny femme qui vescut. Ne voulant ainsi favoriser ny blasmer nul à mon pouvoir, fors seulement déclarer les choses advenues, je prie tout prince, chevaliers et seigneurs, si j'ai en ce mis chose qui desplaise, que sur moy ne le veuillent imputer à mal : car ne l'ai fait à nulle intencion de nuyre, ou vitupérer personne par hayne. Aussi s'il y a quelque chose qui plaise, qu'il ne m'en soit point sceu de gré : car ne l'ay fait pour l'amour d'aulcun, ny pour en amender (1).

(1) *Amender :* profiter.

MEMOIRES

DE

JACQUES DU CLERCQ.

LIVRE PREMIER.

CHAPITRE PREMIER.

Comment les Anglois prindrent Fougieres en Bretagne; et des seigneuries que les Anglois possessoient en France.

EN l'an 1448, durant les tresves entre Charles, roy de France, septieme de ce nom, et Henry, roy d'Angleterre, fils du roy Henry et de Catherine de France, sœur du roy Charles dessusdit, prindrent par emblées les Anglois les ville et chastel de Fougieres, scituées en la duché de Bretaigne à l'entrée de Normandie : laquelle duché de Normandie, de Guienne, et d'autres moult grandes seigneuries au royaulme de France, iceluy roy d'Angleterre possédoit. Ce Roy avoit environ vingt-huit ans; et en son aige de huit à dix ans, par les guerres et divisions qui avoient été au royaulme de France, avoit esté couronné roy de

France à Paris, par les grandes conquestes et batailles que le roy Henry son pere y avoit faict. Si le roy Henry eut survescu Charles VI son beaupere, il eut appréhendé tout le royaulme. Iceluy royaulme lui avoit été donné par Charles VI; mais par la pourvoiance divine, qui ne voulut souffrir que le droit héritier de France fust privé de son héritage, le roy Henri d'Angleterre, environ quarante-huit jours avant que le roy Charles VI mourut, vint à clore son dernier jour au bois de Vincennes prés Paris, délaissant un fils agé d'un an ou environ : aprés laquelle mort du roy Henry et du roy Charles VI, Charles daulphin alla à puissance d'armes en la cité de Reims, et là se feit couronner roy de France. Depuis son couronnement il reconquesta Paris, Ponthoise et la plus part de son royaulme : tellement que les Anglois ne tenoient audit an 48 que les duchés et seigneuries cy-dessus dites.

CHAPITRE II.

Comment la guerre recommença entre les rois de France et d'Angleterre, et furent toutes tresves rompues.

CHARLES, roi de France, deüement informé que les Anglois faisoient guerre au royaulme d'Ecosse et au roy d'Espaigne ses alliés, et pareillement à ses subjects de La Rochelle, de Dieppe, le tout continuellement, sans rendre ni reparer choses qu'ils faisoient contre icelles tresves, combien que par plusieurs et diverses fois, especialement à cause de la prise de Fougieres, il les eut fait sommer par ses embassadeurs et ceulx du duc de Bretaigne, tant au Roy mesmes en son pays d'Angleterre, comme à ceulx qui de par lui avoient le gouvernement de Normandie; considérant encore que, malgré les tresves, les Anglois de Mante, Vernueil et Laigny alloient sur le chemin d'Orleans et de Paris desrobber, et copper les gorges aulx bonnes gens et marchands qui passoient leur chemin, et le semblable faisoient les Anglois de Nœuchastel, de Gournay, de Gerberoy, sur le chemin de Paris et Amiens, et avec ce alloient de nuit par le plat pays prendre, tuer et divertir les gentils-hommes de l'obéissance du Roy; que ceulx qui faisoient cela se faisoient appeler les *frais visaiges*, et se vestoient et desguisoient d'habits dissoluts et espouvantables, afin qu'on ne les recognut pas, lesquelles causes estoient refusant de reparer : le Roy delibera par conseil de leur faire la guerre par mer et par terre, et feirent lui et le duc de Bretaigne assembler leurs gens de toutes parts, durant lequel temps les Anglois feirent une saillie sur les gens du duc de Bretaigne, lesquels les rebouterrent si asprement qu'il y eut, tant prins que morts, six vingt Anglois.

CHAPITRE III.

Comment la ville de Vernoeul fut prinse par un molnier, et le chastel assiegé.

En ce temps un meûnier de la ville de Vernoeul, qui avoit son moulin contre les murs d'icelle ville, fut battu d'un Anglois faisant le guet, pour ce qu'il dormoit. De déspit il alla vers le bailly d'Evreulx, et luy promit, moyennant certaines convenances faictes entre eulx, de le boutter dedans la ville, et s'assemblerent messire Pierre de Brézé, seneschal de Poitou, le bailly d'Evreulx Jacques de Clermont, et aultres; ils chevaucherent tant que touts ensemble se trouverent le neuvieme jour de juillet l'an 1449, au point du jour, prés des murs de la ville de Vernoeul. Icelui meûnier, qui faisoit le guet ce jour là, feit descendre les aultres qui estoient au guet plus matin qu'ils n'avoient accoustumé; et pour ce qu'il estoit dimanche, ils se hasterent d'aller à la messe pour desjeuner. Les François, à l'aide du meûnier, dresserent les eschelles au droit du moulin, et entrerent en la ville sans être apperçu. Ils estoient dedans six vingt Anglois, dont aulcuns furent tuez et prins; les aultres se retirerent au chastel à grande haste. Le lendemain, le meûnier osta une partie de l'eau des fossés du chastel, lequel fut assailli et deffendu moult valleureusement : mais à la fin fut prins d'assault, où il y eut moult belles armes faites, et par especial par le seneschal; et là furent morts et prins plusieurs Anglois. Les autres se retirerent en grande haste en la tour Grise, laquelle estoit moult forte et imprenable tant qu'il y eut à manger dedans : car elle est haulte et grosse, séparée hors du chastel, bien garnie, et environnée de fossés pleins d'eau.

CHAPITRE IV.

De la prinse de la ville et cité de Rouan, saulf le palais et le chastel.

Ceux de la ville de Rouan doubtant (1) que la ville ne fust prinse d'assault, et pour ce pillée et destruite, et aussi pour éviter l'effusion de sang qui pourroit advenir, envoyerent l'official et aultres au Pont-de-l'Arche devers le roy de France, pour avoir de lui un saulf-conduit afin que aulcuns des plus notables gens d'Eglise, nobles, bourgeois, marchands et aultres de la cité pussent aller devers lui ou son conseil, à l'effet de faire aulcun bon traicté et appointement; il leurs feit délivrer le sauf-conduit, et ils vindrent : c'est à savoir pour ceulx de la cité, l'archevesque du lieu, avec plusieurs aultres; et pour le duc de Sommerset, gouverneur du roy d'Angleterre, plusieurs chevaliers et escuyers au Port de Saint-Ouen à une lieue prés du Pont-de-l'Arche : auquel port ils trouverent, pour le roy de France, le comte de Dunois, le

---

(1) *Doubtant :* craignant.

chancelier, le séneschál de Poitou, messire Guilleaume Cousinot, et plusieurs aultres. L'archevesque et ceulx de la cité furent d'accords, et contents de rendre la ville de Rouan, et la mettre en l'obéissance du roy de France, à condition que ceulx de la ville et cité qui voudroient demourer demoureroient eux et leurs biens sans rien perdre, et que qui s'en voudroit aller s'en iroit. Ainsi partirent les Anglois et François, les uns pour aller au Pont-de-l'Arche, les aultres à Rouan; mais parce qu'ils y arriverent tard et de nuit, ils ne peurent faire leur response que le lendemain, qui fut le dix-huitieme jour d'octobre : lequel jour ceulx qui avoient été vers les François s'en allerent en la maison de la ville, pour relater devant le peuple l'appointement et les paroles qu'ils avoient eu avec les gens du roy de France : lesquelles paroles et appointement furent trés-agréables à ceulx de la ville, et déplaisant aux Anglois. Quand ils apperçurent la volonté et désir que le peuple avoit au roy de France, ils partirent mal contens de l'hostel de ville, et se meirent en armes pour se retraire au Palais, au pont sur les portaulx, et au chastel de la ville. Quand ceulx de la ville cognurent leur contenance, ils se meirent pareillement en armes, et feirent le guet, puis envoyerent cette nuit un homme au Pont-de-l'Arche au roy de France, lequel y arriva au point du jour, pour qu'il vint hastivement les secourir, et qu'ils le mettroient dans la ville le dimanche au matin dix-neuvieme jour d'octobre. Ceulx de la ville qui estoient en armes s'esmurent contre les Anglois très-aprement : si bien qu'ils gaignirent sur eulx les murs et portaulx de la ville, et les chasserent tous ensemble au palais, pont et chastel. Or à cette heure le comte de Dunois, et plusieurs aultres qui prés de ladite ville étoient logiez, monterent à cheval pour secourir les habitans de la ville contre les Anglois; ensuite partit le Roy, du Pont-de-l'Arche, grandement accompagné de gens d'armes, pour aller à Rouan; et feit charger son artillerie, pour faire assaillir Sainte-Catherine, que les Anglois tenoient. Le comte de Dunois les feit rendre, voyant la ville estre contre eulx; et on leur bailla un hérault pour les conduire vers le Roy. Comme ils passoient le Pont-Saint-Ouen, le Roy leur dit qu'ils ne prinssent rien sans payer, et ils lui respondirent qu'ils n'avoient de quoy; lors le Roy leur feit bailler cent francs (1), puis les laissa aller, et le Roy se logea à Sainte-Catherine. Le comte de Dunois et les aultres gens de guerre estoient à la porte Martainville, auquel lieu vindrent vers eulx les gens d'Eglise, nobles, bourgeois, marchands et habitans de la ville, qui leur apporterent les clefs, en disant qu'il plut au seigneur de Dunois bouter dedans la cité tel et si grand nombre de gens d'armes qu'il lui plairoit. Il leur respondit qu'il feroit leur volunté. Aprés plusieurs paroles dites entr'eulx pour le bien de la ville, y entra le premier messire Pierre de Brézé, sénéschal de Poitou, avec cent lances, et les archiers du comte de Dunois; et les aultres bataillons s'en allerent ce soir loger aulx villages d'alentour de la ville : et estoit belle chose de voir les compagnies des roys de France et de Sicille, et des aultres seigneurs chevaliers et escuyers. Ce jour

---

(1) *Cent francs* : Matthieu de Coucy dit que Charles VII leur fit donner cent écus.

mesme au soir, rendirent les Anglois le pont; on le bailla en garde au sieur de Harenville, et le lendemain furent ouvertes toutes les portes de la ville et cité, et y entra tout homme qui le voulut. Le duc de Sommerset, qui estoit au palais, voyant la puissance du roy de France, requist qu'il parlat au Roy : dont le Roy fut content. Adoncq il partit du palais, accompagné de certain nombre de ses gens, et des héraults du Roy; lesquels l'accompagnerent jusques à Sainte-Catherine du mont de Rouan, où le Roy estoit avec son conseil, le roy de Sicile, le comte du Maine, et aultres seigneurs de son sang. Le duc demanda que lui, le seigneur de Tallebot et aultres Anglois s'en peussent aller seurement. Le roy de France respondit que la requeste n'estoit point raisonnable, et qu'il n'en feroit rien : car ils n'avoient voulu tenir le traicté, appointement précédent; et pour ces causes, devant qu'il parteit du palais, qu'il rendroit Honfleur, Harfleur, et toutes les places du pays de Caux qui estoient és-mains du roy d'Angleterre. Sur ces paroles le duc s'en retourna, regardant dans les rues tout le peuple portant la croix blanche : dont il n'étoit pas joyeulx; et il fut convoyé par les comtes de Clermont et d'Eu.

CHAPITRE V.

Comme le roy de France feit mettre le siége devant le palais de Rouan, et comment le palais lui fut rendu.

Après que le duc de Sommerset se fut retiré, le Roy commanda mettre le siége devant le palais, lequel y fut mis du costé de vers les champs, où le Roy envoya grand nombre de gens de guerre; et furent assis les bombardes et canons au devant de la porte du palais qui ouvre sur la ville, et pareillement de celle qui ouvre sur les champs. Quand le duc de Sommerset apperceut ces approches, il fut moult esbahy. Voyant qu'il avoit peu de vivres et beaucoup de gens; considérant aussi qu'il ne pouvoit estre nullement secouru, il requist à parlamenter. Pour cette raison furent faictes tresves des deux côtés, lesquelles furent prolongiées de jour à aultre par l'espace de douze jours, pour ce que les Anglois ne voulloient consentir de laisser en hostage le sieur de Tallebot. Se parlerent par plusieurs fois le comte de Dunois, et ceulx du grand conseil du Roy, avecq les Anglois; à la fin furent d'accords ensemble que le sieur de Sommerset, sa femme, enfans, et tous les autres Anglois du palais et chastel, s'en iroient où bon leur sembleroit en leurs pays, leurs corps et leurs biens saufs, réservés les prisonniers et grosse artillerie; qu'ils paieroient au roy de France cinquante mil escus d'or, et paieroient en outre tout ce que ils debvoient loyalement à ceulx de la ville, bourgeois et marchands; que le gouverneur rendroit les places d'armes de Caudebec, de Montiervillier, de Lislebonne, Tancarville et Honfleur; et pour seureté de ce bailleroit son scel et lettres; et demeureroit en hostage le sieur de Tallebot, jusqu'à ce qu'icelles places fussent rendues, et les cinquante mil escus payés. Que pour les deniers dûs à ceulx de la ville, demoureroient en hostage le fils du comte Dormont d'Irlande et le fils de Thomas Gruel, capitaine de Chierbourg, et le fils du sire de Roz. Et ainsi fut fait; puis furent livrés les hostages aulx commis du Roy; et puis s'en allerent le duc de Sommerset et autres Anglois à Harfleur, et delà à Caen. Le duc commist, pour faire rendre les places, messires Thomas Hos et le sieur Foucques Etton; ceux-cy feirent mettre les places en l'obéissance du roy de France, hormis Honfleur, dont estoit capitaine un nommé Courson, qui ne le voulut rendre; et pour ce demeura le sieur de Tallebot prisonnier du roy de France.

CHAPITRE VI.

Comment le roy de France feit son entrée en la cité de Rouan, et comme il y fut reçu.

APRÉS ce que dit est, en moult grande joie et liesse feit le roy de France sa feste de Toussaints, audit lieu de Sainte-Catherine près de Rouan; puis partéit le lundi en suivant onziéme jour du mois de novembre, veille de Saint-Martin d'hyver, pour entrer en la ville de Rouan, accompaigné du roy de Sicille, et autres seigneurs de son sang, en moult grands et riches habillements.

CHAPITRE VII.

Comment, après que le Roy eult conquis tout le pays de Normandie, il envoya ses gens-d'armes en Guiennes; et des gens de guerre qu'il laissa pour garder ledit pays de Normandie; puis s'en retourna en la ville de Tours.

Ainsy, comme dict est ci-dessus, fust reconquesté par le roy de France Charles, septiéme de ce nom, et par les François, le duché de Normandie, et toutes les villes et chasteaulx d'icelle mises en l'obéissance du roy de France en un an et six mois; qui peult sembler que ce fut grace divine : car on a peu veu ni sceu que si grand pays fut sitost conquesté, lequel pays contient six grosses journées de long, et quatre journées de large; et y a dedans six evechés, un archevesque, et cent tant villes que forts chasteaulx, sans ceulx qui ont esté abbattus et destruits par la fortune de guerre, laquelle y avoit duré l'espace de trente ans, durant les grandes divisions qui avoient esté en France; et se feit icelle conqueste en l'année des grands pardons de Rome (1).

(1) *Des grands pardons de Rome* : en cette année 1450, il y eut à Rome un jubilé.

Quant le roy de France eut ainsy concquis toute la Normandie, il ordonna six cens lances et les archiers : c'est à sçavoir chacune lance deux archiers, et un censtillier (1) pour garder icelluy pays; et les autres gens de guerre il les envoya en Guiennes; puis il partit du pays de Normandie, et arriva au mois de septembre en suivant en sa ville de Tours en Touraine.

CHAPITRE VIII.

Des graces que le roy de France rendit à Nostre Seigneur; et ordonna à chacun an, en la mémoire de la victoire que Dieu lui avoit envoyé, faire processions générales par tout son royaulme, qui se feroient le quatorziéme jour d'aoust; et de l'ordonnance des gens d'armes et de leurs habillements.

Quant le Roy fut retourné à Tours, il rendit grace à Dieu de sa noble conqueste et victoire; et, par deliberation de son conseil, il commanda de celebrer processions générales par tout son royaulme le quatorziéme jour d'octobre en suivant, et dela en avant par chacun an. De ce il envoya lettres patentes aux prelats par tout son royaulme, requerant de ce faire. Par ce que ci-dessus est assez parlé des assemblées des gens d'armes que les princes et seigneurs tenoient et avoient, et comment l'un avoit deulx cents lances,

(1) *Censtillier* : guerrier qui portoit une *guisarme*, ou hache à deux tranchans.

l'autre trois cens, et ainsi plus ou moins, il est bon
de faire entendre ce qu'on appelloit une lance, et
quelle suite elle avoit; il est vrai que par l'ordonnance
que le Roy avoit mis en son royaulme, laquelle montoit d'ordinaire sans les seigneurs, princes seigneurs,
fieffés et arrier-fieffés qui doivent servir, il avoit dix sept
cens lances. Ceulx qui estoient de cette ordonnance
de dix sept cens lances de mois en mois, soit que le
Roy eut guerre ou non, les gens du plat pays et des
bonnes villes les payoient par une taille que icelui
Roy avoit mis, laquelle on appelloit la taille des gens
d'armes; et avoit chacun homme d'armes quinze francs
monnoie royalle pour ses trois chevaulx : assavoir
pour lui, son page, et un ginsarmier ou censtillier; et
chacun archier, pour lui et son cheval, sept francs et
demy le mois. Durant la conqueste de Normandie,
touts les gens d'armes du roy de France, et qui estoient en son service, fut-ce d'icelle ordonnance ou
non, furent touts paiés de leurs gaiges de mois en
mois; et n'y avoit sy hardi qui osast prendre, durant
ladite guerre ou conqueste de Normandie, prisonnier, ny rençonner cheval ni aultres bestes, quelle
qu'elle fut; vivre en aucun lieu sans payer, fors seulement sur iceulx Anglois, et gens tenant ce party.
Ceulx-là poulvoient-ils bien prendre licitement : touts
ceulx pareillement qui gouvernoient l'artillerie estoient
payés de jour en jour, en laquelle y avoit le plus
grand nombre de grosses bonbardes; gros canons,
serpentines, crapaulx-deaulx, coulleuvrines : le tout
bien garni de pouldre, manteaulx, et aultres choses
pour approcher et prendre villes et chateaulx, et
moult grande foison de charois pour les mener, et des

mahouvriers pour les gouverner. Estoient comis à l'artillerie messire Jehan Bureau et son frére, qui en faisoient moult bien le debvoir; et à la vérité dire, durant cette conqueste de Normandie le plus de villes et de chasteaulx eussent été prins d'assault, et par force d'armes : mais quand les places estoient approchées, et prestes à assaillir, le roy de France Charles en avoit pitié, et voulloit qu'on les print par composition, pour obvier à l'effusion de sang humain, et à la destruction du pays et des peuples.

CHAPITRE IX.

Comment la ville de Bordeaulx fut mise et rendue en la main du roy de France; et de l'entrée que feirent les gens du Roy en ladite ville de Bordeaulx.

Aprés que les commis à faire le traitié de Bordeaulx eurent besoingné avec ceulx dudit lieu, ils retournerent vers le comte de Dunois, lieutenant général du roy de France, le chancelier de France et aultres du conseil, et leur monstrerent l'appointement tant d'un costé que d'autre mis par escript : dont ils furent fort joieulx, et fut la chose déclarée l'espace de huit jours. Aprés le dimanche à eulx octroyé par ledit lieutenant, auquel jour ne comparut aulcuns secours, et néanmoins contre les promesses faictes par ceulx de Bordeaulx, eux, confians tousjours d'avoir secours, requirent jour de bataille, lequel jour leur fut octroié au quatorzieme jour de juin, auquel jour ils furent attendus à la bataille jusques au soleil couchant; et à cette heure ceulx de Bordeaulx voyant avoir faulte de secours, feirent faire cry par un hérault, lequel cryoit secours de ceulx d'Angleterre pour ceulx de Bordeaulx, auquel cry ne fut aulcunement repondu : parquoy partirent de là icelles parties, et s'en allerent loger, sans aultres choses faire pour cette heure; et le lendemain, le chancelier et le thrésorier de France avec plusieurs aultres retournerent par-devers ceulx de Bordeaulx, lesquels appointerent que le mercredi en suivant ils seroient touts prests de rendre la ville et bailler les clefs des chasteaulx, havres, ports et barrieres de la ville, et faire les serments d'estre bons et loyaulx subjects du roy de France. Fut ordonné le thrésorier de France, pour les grandes diligences qu'il avoit fait à poursieulte du duché de Guyennes, maire de la cité de Bordeaulx; et pareillement fut aussi ordonné connestable dudit lieu Joachim de Rohault; au mercredi ensuivant, qui estoit prins pour rendre la ville, furent preparés les sieurs de Bordeaulx et ceulx du pays, pour plus honorablement recepvoir le comte de Dubois comme lieutenant du roy de France, et la seigneurie estant avec lui. Ce jour, ils prindrent la possession de la dite cité; et entrerent les premiers, par ordonnance d'icellui lieutenant, messire Thybault de Valpergue, baillyf de Lyon, et messire Jehan Bureau, thrésorier de France et maire d'icelle ville, auxquels furent baillées les clefs de touts les lieux forts estants en cette ville; et à l'entrée ne furent point les archiers à la requeste de ceulx de Bordeaulx, mais furent envoyés loger autour de Lybourne. Icelle entrée de Bordeaulx commença à soleil levant; là estoient les sieurs de Lesparre, de Montferrant, et plusieurs autres nobles et notables sieurs du pays; tous les gens d'Eglise estoient revestus de cappes. L'archevesque print un missel, et feit jurer et promettre, au lieutenant et aulx aultres, que le Roy les maintiendroit en leurs franchises et privileges anciens; et pareillement le lieutenant feit jurer l'archevesque, le sieur de Lesparre et les aultres, qu'ils seroient à toujours bons et loyaulx subjects du roy de France : ce qu'ils accorderent touts d'une voix, les mains tendues en hault. Du serment fut exempté le captal de Buch, qui pour lors estoit chevalier de la Jartiere de l'ordre du roy d'Angleterre. Aprés le serment faict et la messe chantée, chacun se retira en son hostel pour disner; mais ne demoura guère aprés diner qu'il ne fut grand rumeur en la ville par un des gens du Roy, lequel aprés le cry faict solemnellement à son de trompe que nul ne prinst sur son hoste ni ailleurs aulcune chose sans payer, ce transgressa du commendement. Il qui fut prins par les gens du Roy, et condampné à estre pendu, comme il le fut; laquelle chose plut moult à ceulx de Bordeaulx et du pays. Au surplus, le lieutenant du Roy feit faire un gibet tout neuf pour pendre cincq compagnons de l'ost du lieutenant, lesquels en faveur de Guilleaume de Flany avoient navré à mort messire Pierre de Louvain, chevalier au service du Roy, et l'avoient espié par plusieurs journées pour le tuer; et disoit-on que ce faisoient faire messires Charles, Hector et Raoul de Flany, chevaliers et freres dudit Guillaume de Flany, capitaine de compagnie : lequel Guillaume certains temps auparavant avoit esté meurdry par son barbier, qui lui avoit coppé la gorge à la requeste de la femme dudit messire Guillaume; et aprés qu'il lui eut coppé la gorge en une place entre Noyon et Compiegne où il se tenoit communement, icelle dame print un coussin, et lui meit sur le visaige, et l'étouffa. Assez-tost aprés icelluy messire Pierre de Louvain vint au chasteau, et emmena la femme de Guillaume, laquelle tôt aprés il espousa. Icelui Guillaume en son temps avoit esté tousjours tenant la partie du Roy, vaillant homme de guerre, mais le plus thirant et faisant plus de thirannies et horribles crismes qu'on peut faire, comme prendre filles malgré touts ceulx qui en vouloient parler, les violer, faire morir gens sans pitié, et les rouer. Entre les aultres il avoit fait mourir le pere de sa femme; et combien qu'il fut vieulx et de soixante ans, fort gros, et sa femme belle et jeusne de vingt à vingt-quatre ans, sy avoit-il tousjours des aultres neufves filles qu'il maintenoit en adultére, et avec ce menaçoit souvent sa femme, qui paraventure fut cause de sa mort. Touteffois, à cause que sa mort fut villaine et déshonneste, il en desplaisoit à ses freres, et pourchassoient ce qu'ils pouvoient par justice que sa femme fut arse (1) : mais oncques n'en peulrent avoir raison à leur volunté. Ils avoient esté six freres, dont trois avoient toujours tenu la partie du Roy, et les aultres trois la partie du duc de Bourgogne. Ceulx qui tindrent la partie du Roy furent le dit Guillaume, messire Charles chevalier, et un aultre qui mourut au siege de Compiegne d'un traict, estant à une fenestre; toute-fois iceulx cinq compagnons fu-

(1) *Fut arse*: fut brûlée.

rent pendus, et ainsi fut par iceluy lieutenant fait justice : dont ceulx de ladite ville et cité furent fort joyeulx, car du temps qu'ils estoient es mains des Anglois il n'y avoit que voies de faicts. En icelle ville de Bordeaulx séjourna icelluy lieutenant par l'espace de dix jours ou environ, pour y mettre police et gouvernement, et tellement que les gens de guerre s'y gouvernoient gratieusement, et que pendant ce temps nulle extorsion ne fut faicte à aulcuns de la ville. Par la maniére dessusdite, fut conquise la duché de Guyennes, excepté la ville de Bayonne, à laquelle conqueste faire se porterent vaillament touts les sieurs dessus nommés, et tous ceulx qui furent en leur armée, laquelle armée fut estimée à vingt mille combatans. Le comte de Clermont demoura capitaine de ladite ville de Bordeaulx, et son lieutenant Olivier de Coetivy, qui avoit la charge des gens d'armes. Son frere Prégent de Coetivy fut en son temps admiral de France.

CHAPITRE X.

Comment le siege fut mis devant la cité de Bayonne, et des seigneurs qui y vindrent; des saillies et assaults qui y furent faits.

Après la reddition de la ville de Bordeaulx, les comtes de Foix et de Dunois, le sixiéme jour du mois d'aoust, meirent le siége devant la cité de Bayonne. Là se feit plusieurs chevaliers, entre aultres le fils du grand maître d'hostel du Roy, le sieur de Tessacq, frere du sieur de Nouailles; Bertrand d'Espagne, séneschal de Foix; Rogier d'Espagne, le sieur de Venacq, et plusieurs aultres jusques au nombre de quinze.

Quand ceulx de Bayonne virent les grands approchements pour tirer contre la muraille (et sy n'estoient point encore venues les grosses bonbardes le vingt-sixième jour dudit mois d'aoust), ils commencerent à parlamenter aulx comtes de Foix et de Dunois, et gens du conseil du roy de France, lesquels, aprés plusieurs choses, traicterent en la maniere qui s'ensuit. Ceulx de la ville de Bayonne promirent se rendre en la main du Roy, et de livrer dom Jehan de Beaumont le capitaine, frere du connestable de Navarre, de l'ordre de Saint-Jehan de Jherusalem : lequel demoureroit prisonnier à la volunté du Roy, et touts les gens de guerre estants en icelle ville demoureroient pareillement touts prisonniers. Ceulx de la ville, ils promirent de payer quarante mil écus; et ce jour entra dedans la ville à heure de deulx heures, avecq l'archevesque d'icelle ville, pour en prendre possession, le sieur de La Bessieres; et là furent portées les bannieres du Roy au hault de la tour d'icelluy chasteau par les héraulx du Roy, chacun d'eulx criant *Monjoie*.

Le samedy vingt unieme jour dudit mois d'aoust audit an 51, entrerent les gens du Roy en la ville de Bayonne; et premierement entra le comte de Foix, avecq lui le maître d'hostel du Roy le sieur de Lautrecht, frere dudit comte; le sieur de Nouailles, le sieur de Labessieres, et plusieurs aultres; et avoient avecq eulx mil archiers que gouvernoit

Lespinace; et aprés vindrent deulx héraulx du Roy, et aultres portans leur cotte d'arme; et aprés messire Bertrand d'Espagne, seneschal de Foix, armé tout au blancq, qui portoit la banniere du Roy, monté sur un coursier moult richement habillé; et estoit auprés de lui son seneschal de Bierne, aussi bien monté et richement habillé, et avoit son cheval un chaufrant garny d'or et de pierres précieuses, prisé à quinze mil écus, et grand nombre de gens aprés lui. Et sans intervalle venoient six cens lances à pied; et de l'aultre part entra le comte de Dunois, qui avoit devant luy douze cens archiers et deulx des héraulx du Roy, et aultres portans diverses armes; aprés venoit messire Jeuvet de Saveuses, monté sur un coursier, portant l'une des bannieres du Roy; et à cette entrée feit le comte de Dunois chevaliers ledit Jeuvet, le sieur de Montguyon, Jehan de Montmorency, le seigneur de La Boussey. Aprés ladite banniére entra le sieur de Loheacq, mareschal de France; le sieur Dorval, et plusieurs aultres grands seigneurs; et derriere eulx six cens lances. Ainsi allerent jusques à la porte de la grande église, où estoit l'evesque en habit pontifical, chanoines et aultres gens d'Eglise revestus de cappes, et les attendoient avecq les relicques; et là descendirent les sieurs à pied, et allerent faire leur devotion dedans l'église, puis s'en allerent en leurs logis; et envoya le comte de Foix la couverture de son cheval, qui estoit de drap d'or, et prisée à quatre cens écus d'or, devant Nostre Dame de Bayonne, pour faire des cappes. Le lendemain, les sieurs allerent oyr la messe en l'église,

et aprés la messe prindrent le serment de ceulx de
la ville, en la présence du sieur d'Allebrecht, qui
y estoit venu le samedi devant; et en icelle ville
furent commis maires messire Jehan Le Boursier, général de France, et messire Martin Gratien, lesquels
demourerent pour gouverner la ville; et le lundi
prochain les dessusdits sieurs avecq leurs gens s'en
allerent és-pays à eulx assignés pour vivre; et tantôt
aprés les barons, chevaliers, nobles, bourgeois et
gens de tous estats des pays de Bourdelois, de Bacon-
nois, et ceulx des pays des environs, allerent à Tal-
lebourg de vers le roy de France, pour confirmer
les articles et appointements passés par eulx, et faire
au Roy les hommaiges de leurs seigneuries. Aprés
lesquelles choses faictes au Roy, le Roy quitta à
ceux de Bayonne vingt mil escus, de quarante mil
qu'ils devoient payer; fust reduite en la main du
roy de France toute la duché de Guyennes et de
Normandie, et generalement tout le royaulme de
France, excepté la ville de Calais, que les Anglois
tenoient encores.

LIVRE SECOND.

CHAPITRE PREMIER.

Comment et pour quelle cause Philippes, duc de Bourgongne, de Brabant, de Lothiers, de Lembourg et de Luxembourg, comte de Flandres, requist aux quatre membres de Flandres certaine imposition sur le sel, qui fut la cause pourquoy la guerre seurdit d'iceluy duc contre les Ganthois.

En 1451, Philippes, duc de Bourgongne, de Brabant, à l'age de cinquante quatre ans ou environ assembla les quatre membres de Flandres. Pour donner à entendre ce que c'est que les quatre membres de Flandres, vray est qu'en la comté de Flandres il y a plusieurs grosses villes et villages, avec plusieurs villes fermées qui ne sont point sy grandes comme Bruges ou Gand; et est cette comté divisée en quatre membres, desquels le premier est la ville de Gand, qui est l'une des plus fortes et grosses villes, fort peuplée: s'y comprend tout le pays de Wast, qui est un fertile pays; le second membre est Bruges, avec laquelle ville se comprend celle de Nieuport sur la mer, et aultres gros villages; le tiers membre est la ville d'Ypre, avec laquelle se comprend la ville de Bergue, Dunckerque et aultres grosses terres et villages; le quatrieme membre est la ville de Courtray, avec laquelle se comprend la ville d'Audenarde, la ville de Terremonde, et aultres gros villages et villes, comme la ville et comté d'Alost, le pays de quatre metiers, et autres places. Icelluy pays de Flandres est moult fort beau pays, et s'y vit, et gouverné en partie avecq le mestier de drapperie, de marchandise de sel, tant en harencgs, mollues drogues et poissons de mer, qu'ils salent, et dont ils pourvoient le pays d'aultour d'eux. Aprés que le duc Philippes, comte de Flandres, eult assemblé iceulx membres, il leur requist que, pour supporter ses affaires et les frais qu'incessament lui convenoit faire en plusieurs manieres, ils lui voulissent octroyer que sur chacun sac de sel qu'on vendroit en la comté de Flandres il put prendre à son profit advenir vingt quatre gros, monnoie de Flandres lors courante, lesquels vingt quatre gros valloient alors demy écu d'or de la forge de France; et moyennant ce, ledit Philippes leur seigneur estoit content de leur promettre que de ce jour en avant ne leur feroit jamais requeste, qu'ils lui accordassent nulles aydes qu'on appelloit tailles; et leur promettoit de n'en jamais eulx requerir. Et pour donner à entendre ce que c'estoit d'un sacq de sel, vray est que un sacq de sel estoit le faix qu'un fort et rude homme de trente ans pouvoit soutenir sur ses épaules, pour porter de lieu en un aultre : or la requeste du duc Philippes, les quatre membres considérant ceulx de la ville de Gand premier membre et principal d'icelle comté (car cestuy membre pouvoit plus audit pays que les aultres trois : tout le pays de Flandres ou en partie se nourrissoit de choses salées, et par le moyen des marchandises salées qu'ils menoient hors du pays de Flandres l'argent venoit au pays, et en estoit riche), doubtans que s'ils accordoient icelle requeste à leur seigneur pour le temps advenir, icelluy leur seigneur ou aultres aprés lui leur demanderoient aydes ou tailles, et pour ce payeroient de deux manieres (laquelle chose ils ne pourroient bonnement souffrir sans gros préjudice : car icelle imposition sur le sel monteroit tous les ans à infinis deniers, et prendroit jamais fin); icelluy membre de Gand, toute la ville et tout le pays à eulx subject, ne voullurent accorder au duc leur seigneur icelle requeste, ny que ladite imposition fut mise sur le sel; ains fut du tout contredict, et répondirent au duc leurdit seigneur qu'ils avoient convenu enssamble et concluīd entre eulx que jusques à la mort du dernier homme de la ville de Gand et du pays à eulx subject, ils n'accorderoient ny souffriroient ladite imposition estre mise sus. Ouie laquelle response par les aultres trois membres de Flandres, ils conclurent entre eulx qu'ils feroient remonstrer au duc que touchant ladite imposition, ils s'y gouverneroient ainsy et pareillement que ceulx de Gand, et non aultrement; et cette response ils firent au duc Philippes, aprés lesquelles responses il leur donna congié, et ne resquit plus ladite imposition sur le sel. Mais ceulx de Gand, depuis qu'ils eurent refusé ladite imposition, s'apperçurent bien que quand ils avoient affaire au duc ou à son conseil ils n'avoient point si bon accés comme ils avoient accoustumé d'avoir : parquoy ils commencerent à murmurer contre leur seigneur.

CHAPITRE II.

Comment les trefves furent publiées, et comment les Ganthois feirent pendre le varlet d'ung hérault que les ambassadeurs du Roy avoient envoyé à Gand publier lesdictes trefves.

Toutes les choses dessus dictes et faictes, le duc feit publier les trefves par ses pays; pareillement les ambassadeurs du Roy envoyerent ung hérault à Gand pour publier les trefves, lequel hérault sy tost qu'il fut descendu, ainsy que son varlet menoit ses chevaulx boire, fut prins d'aulcuns Ganthois : lequel varlet portant devant et derriere de son jacque (1) l'enseigne du duc, qui estoit une croix de Saint-André blanche, et estoit l'enseigne de tous ses gens; et fut ledit varlet prestement par aulcuns Ganthois pendu et estranglé en despit du duc de Bourgongne leur seigneur; et disoit-on que ce avoient fait les parens d'un coustellier qui avoit été pendu, lequel coustellier devoit estre comte de Flandre. Touttefois ils ne feirent nul mal au hérault : ainsi s'en retourna sain et sauf.

Ainsy, comme je vous ay dit, fut la sentence rendue par lesdits ambassadeurs du Roy en la ville de Lille, aprés laquelle sentence les deulx héraultx et truchement que les Ganthois avoient laissé à Lille, s'en al-

---

(1) *Jacque :* sorte de vêtement qu'on mettoit sous la cuirasse.

lerent, et rapporterent par escript aulx Ganthois la sentence rendue par lesdits ambassadeurs, laquelle sentence fut leue publiquement devant la communaulté; dont il y eut grand murmure entre eulx : car les uns estoient contens d'entretenir le traictié, mais la plus grande partie n'en vouloient rien faire, et furent bien dix jours sans respondre s'ils tiendroient ledit traictié ou non; durant lequel temps aulcuns compagnons de la ville de Gand s'assamblerent, et prindrent le nom *des compagnons de la verde tente;* et fut capitaine de cette compagnie ung quy s'appelloit le bastard du Blancquestrain. Et aprés ce qu'ils se fussent assemblés, bien armés et à bastons, allerent la nuit vers Hulst, un gros village au pays de Wast; et pour abuser et surprendre ceulx quy estoient audit Hulst, lesquels s'estoient rendus au duc de Bourgongne, ils feirent allumer prés de la ville des torsins et fallots, afin que ceulx de Hulst cuidassent qu'ils vinssent par ce costé là : et quand ceulx de Hulst veirent lesdits torsins et lumieres, cuidáns eulx deffendre contre les Ganthois qui venoient de ce costé là les assaillir, et comme ils s'estoient tous tirez de ce costé, ceux de la verde tente entrerent audit Hulst par un aultre endroit, et en meirent plusieurs à l'espée : ceulx qui peurent eschaper se saulverent au mieulx qu'ils peurent; aprés ce lesdits Ganthois pillerent la ville et l'ardirent toutte, puis se retirerent dedans Gand. De tout ce ne sçavoient rien les ambassadeurs, lesquels estoient encoirres à Lille, et attendoient la response des Ganthois, pour laquelle chose ils envoyerent ung hérault à Gand, pour sçavoir s'ils tiendroient leur appointement ou non; lequel hérault sy tost qu'il fust arrivé en la ville de Gand, et descendu en une hostellerie, pria son hoste de lui dire à qui bailler les lettres qu'il apportoit de la part des ambassadeurs; lequel hoste, sytot qu'il entendit cela, eût pitié de luy, et luy respondit que mal estoit arrivé, et qu'il se gardast bien de dire qu'il estoit venu pour cette cause : car s'il le disoit, sa vie estoit finie. Quant le hérault ouit cecy, pria humblement qu'il le garantist de mort s'il pouvoit. L'hoste luy dit qu'il se tint coy en son hostel, et que le lendemain luy sçauroit à dire sy on le vouldroit entendre ou non. Quand ce vint le lendemain, l'hoste lui dit que s'il estoit connu il estoit mort; mais s'il vouloit, qu'il luy aideroit à sauver sa vie. Sy lui conseilla qu'il retournast sa robbe, et le feit monter à cheval; il luy bailla son varlet, en luy recommandant que sy on l'interrogeoit, qu'il dit qu'il estoit un marchand de France revenant d'Anvers. Ledit hérault crut son hoste, et dés qu'il fut venu à la porte on lui demanda d'où il estoit, et il respondit comme son hoste lui avoit appris; lors on luy ouvrit la porte, et ceulx qui là gardoient luy demanderent le vin. En attendant qu'on ouvrit la porte, il metoit sa main à sa bourse; à peine fut elle ouverte, que le hérault férit son cheval des esperons, et passa oultre sans donner ou payer vin ne sauce, et n'arresta jusques à ce qu'il vint à Lille; et ainsy eschappa, et rapporta aulx ambassadeurs comment il avoit été en grand péril.

CHAPITRE III.

Comment le duc retourna à Courtray, et comment son peuple estoit travaillé pour avoir et lever l'argent.

Aprés que le château de Poucques fut desmoli, le duc retourna à Courtray, et y séjourna douze jours, durant lesquels douze jours tous ses gens d'armes tindrent les champs, mangeant et pillant le plat pays, lequel estoit et obéissoit au duc, et mesme les villages de plusieurs nobles qui l'accompagnoient; et disoit-on que le duc, en attendant argent, laissoit ses gens manger tout le plat pays, parce qu'ils n'estoient point payés : et avecq ce le duc en plusieurs bonnes villes commença à faire constraindre les nobles, marchands et bourgeois des lieux, lesquels ne le servoient point, de lui prester certaine somme de deniers, chacun selon son estat : nonobstant que pour ce ne laissoient point à estre levez par lesdites bonnes villes plusieurs maltostes et subsides, desquelles choses les riches hommes avec le peuple commençoient à murmurer; et n'estoit point le peuple sy mal content de payer lesdits deniers, car il appercepvoit bien que le duc en avoit affaire; mais il se courrouçoit de ce qu'on disoit qu'au prouffit du duc, ny à sa cognoissance, ne venoit point tout l'argent qu'on exigeoit, non pas même la moitié. Aulcuns recepveurs, et aultres ne sçay quels officiers affamez qui estoient autour du duc, engloutissoient tout; desquelles choses je ne certiffie rien, sinon que la renommée du peuple estoit telle, et m'en rapporte en ce quy en est.

CHAPITRE IV.

Comment la ville de Bordeaulx et tout le pays de Bordelois furent remis en la main des Anglois.

L'AN 1452, le sieur de L'Esparre, aulcuns bourgeois et aultres habitans de la ville de Bordeaux, par le conseil des sieurs de Montferrand, de Rosand, de Lansac et de Anglades, trouverent moyen d'aller en Angleterre; et eulx arrivés audit pays, soubs coulleur qu'ils disoient que depuis qu'ils s'estoient mis en l'obéissance du roy de France ils estoient travaillés d'aydes, subsides, tailles, gabelles et maltostes, que bonnement ils ne pouvoient plus souffrir, ils traiterent, et se remirent en l'obéissance du roy d'Angleterre. Le roy d'Angleterre fit assembler son conseil, et y furent convoqués touts les capitaines et seigneurs du pays : là fut conclud d'envoyer le sieur de Tallebot au mois d'octobre dans le pays de Bordelois; aprés ce faict, le sieur de Lesparre et ses complices s'en revindrent; et le mois d'octobre ensuivant, le sieur de Tallebot partit d'Angleterre le dixhuitiéme jour dudit mois, accompagné de quatre à cinq mil combatans. Ils prindrent deulx places petites pour loger partie de leurs gens; Tallebot commença à faire courre ledit pays, pour le mettre en subjection : ce qui n'estoit pas difficille à faire, car il n'y avoit nulle résistance, vû que l'armée du Roy estoit retraicte, et n'y avoit demouré qu'une foible garnison. La venue de Tallebot semée par ceulx de Bordeaulx, ils parlamenterent les uns avec les aultres pour se remettre en la subjection des Anglois; voullurent aulcuns que les François estans en garnison dedans la ville, dont estoit capitaine pour le Roy le sieur Coeteivy, séneschal de Guyennes, et le sieur du Puy-du-Fou, s'en allassent leurs corps et biens saufs; d'autres allerent ouvrir une porte d'icelle ville, parquoy furent tous les François prins qui estoient dedans la ville, au moins la plus grande partie. Ces nouvelles venues au roy de France, il fut moult dolent, et envoya pour cette cause hastivement les mareschaulx de France, Joachim Rohault, et plusieurs aultres capitaines, jusques au nombre de six cents lances; et les archiers et les coustilliers pour garder et renforcer les places allentour de Bordeaulx, comme le comte de Clermont, lieutenant-général esdites marches, voioit estre expedient jusques à la saison d'esté enssuyvant que le Roy avoit intention d'y envoyer plus de monde. Avant que les gens du Roy y fussent arrivés, de Tallebot et les barons de Bordelois meirent la pluspart dudit pays en l'obéissance du roy d'Angleterre, et par especial la ville et chastel de Chastillon (1) en Perigord; or ne pouvoit plus resister le comte de Clermont, fils aisné du duc de Bourbon, quoiqu'il s'y gouvernat grandement et vaillamment.

(1) *Chastillon :* Castillon.

LIVRE TROISIÈME.

CHAPITRE PREMIER.

Comment Charles septieme de ce nom, roy de France, alla la derniere fois au Bourdelois pour reconquester le pays; et de la prinse de la ville de Chalais en Bourdelois, par les François; et du siége quy fut mis devant Chastillon.

Audit an 1453, après que Charles septieme eut tout l'iver fait ses préparations pour reconquester le pays de Guyennes et de Bourdelois, le second jour de juin audit an, icelui Roy partit du champ de Lusignent; et alla à Saint-Jean d'Angely; et le douzième jour dudit mois, fut mis le siege devant Chalais en Bourdelois par messire Jacques de Chabannes, grand maistre d'hostel du Roy, et par le comte de Penthyevres; le sieur de Saint Senere de Boussac; et le dix-septième jour ensuivant, fut icelluy Chalais prins d'assault par les sieurs dessusdits et aultres de leur compagnie, en nombre de quatre à cinq cents lances, et les archiers et guisarniers. Il y avoit dedans la ville en garnison huit-vingts combattans, desquels à la prinse d'icelle ville furent tuez quatre-vingt, et les aultres se retirerent en une tour où ils furent certain espace de temps attendans secours, lequel ne leur vint pas. Sy fallut se rendre à la volonté du Roy. Touts furent decapitez, pour ce que auparavant avoient fait serment au Roy, et puis s'estoient retournés Anglois. Le sieur de Anglade s'estoit parti de Bordeaulx, les cuidans venir secourir; mais en venant il sçut la prinse de la ville: pourquoy il s'en retourna hastivement. Audit an 53, le quatorzieme jour du mois de juillet, fut mis le siége par les François devant la ville de Castillon en Perigort, assis sur la riviére de Dordonne, occupée par les Anglois; et y fit mettre siége le sieur de Loheac et le sieur de Jallonges (1), mareschal de France, et plusieurs aultres chevaliers et gens de guerre, jusques au nombre de seize à dix-huit cents hommes d'armes, et les archiers entre lesquels estoient les gens du comte du Maine et les gens du comte de Nevers, que conduisoit messire Ferry de Grancy. Aussy estoient les gens du comte de Castres, fils du sieur de La Marche, Jean de Messignac, et Guillaume de Luzac, et les gens du comte de Bretaignes, dont estoit chef le comte d'Estampes, son nepveu; et pour lui les conduisoit le sieur de La Hunaudaye et le sieur de Montauban, pour ce que ledit comte estoit demouré vers le Roy; et là estoit la grosse et menue artillerie du Roy, dont avoit la charge messire Jehan Bureau, et Gaspart Bureau son frere; ils avoient en leur compagnie sept cents manouvriers, lesquels, par ordonnance d'iceluy messire Jehan Bureau et son frere, clorent hastivement ung camp de fossés où estoit toute l'artillerie; et adonc fut mis le siége devant Castillon. Ce venu à la connoissance du sieur Tallebot, il partit incontinent de la ville de Bordeaulx, accompagné de huits cents à

---

(1) *Le sieur de Jallonges* : Philippe de Culant, seigneur de Jallagnes.

mille Anglois de cheval, entre lesquels estoit son fils le sieur de Lisle, le sieur Desmolins, et plusieurs aultres du royaulme d'Angleterre, tant chevaliers que escuyers, et aussy du pays de Bordelois; et après venoit quatre à cinq mil Anglois de pied. Et arriva iceluy Tallebot devant ledit siége le mercredy dix-septieme de juillet, environ le point du jour.

CHAPITRE II.

De la rendition de la ville de Bordeaulx assiégée, et de tout le pays de Bourdelois et de Guyennes.

La ville de Bordeaulx étant assiégée par le roy de France, et les Anglois se voyant oppressez de toutes parts, et aiant faulte de vivres, toutes les places et forteresses du pays par force d'armes estant en l'obéissance du roy de France, ils requirent de avoir amiable composition. Le roy de France, ouye leur requeste, voulant tousjours user de pitié et misericorde, comme il estoit coustumier de faire; considérant d'ailleurs que en son ost il avoit tres-grande mortalité, fut content de traicter avec les Anglois par la maniere qu'il s'en suit; et fut l'accord fait, c'est à sçavoir que la ville et cité de Bourdeaulx lui seroient rendus, et demoureroient tous les habitans ses vrais et loyaulx subjects, et feroient le serment de non jamais se rebeller contre la couronne de France, reconnoissant le Roy estre leur souverain seigneur; et les Anglois eurent congié de eux en aller en leurs navires au pays d'Angleterre, ou à Calais si bon leur sambloit; et pour ce que aulcuns des seigneurs du pays et de la cité avoient esté en Angleterre quérir les Anglois, rompant leur foy et serment fait l'année précédente au Roy, lequel à grande force, peine et fraix les avoit conquis, furent bannies de Bordeaulx vingt personnes, telles que plut au Roy de ceulx qui avoient esté querir iceulx Anglois, du nombre desquels fut le sieur de Duras et le sieur de Lespare; et fut iceluy traité fait le dix-septieme jour d'octobre audit an 53. Messire Pierre de Beauveau, sieur de La Bessiere, mourut environ trois jours aprés la bataille de Chastillon; et aussi mourut messire Jacques de Chabannes, grand maistre d'hostel du Roy, quy fut moult plaint, car il estoit vaillant chevalier. La ville ainsy rendue au Roy, le Roy eut inconstinent toutes les places de Bourdelois et de Guyenne; le pays fut délivré des Anglois. Le Roy commit pour le garder le comte de Clermont, fils du duc de Bourbon, et le feit son lieutenant general, et y laissa avec luy messire Theaudé de Valpergue. Maistre Jehan Bureau, tresorier de France, demoura maire de la cité; et avec eulx delaissa plusieurs gens d'armes, archiers et arbalestriers, pour la garde du pays dont il estoit besoin. Ce fait, en tout le royaulme de France n'y avoit ville ne forteresse, ducs ne seigneurs, qui n'obéissent au Roy, réservé les villes de Calais, Ham et Guines, lesquelles estoient au roy d'Angleterre : et disoit-on que le roy les fust allé conquérir, si elles n'eussent pas esté du domaine et comté d'Artois, laquelle comté estoit au duc de Bourgogne; et aussi qu'il n'y pouvoit venir sans passer par les pays d'iceluy duc. Le Roy partit donc du pays de Bourdelois, et s'en retourna à Tours.

CHAPITRE III.

De la sentence qui fut baillée contre Jacques Coeur, argentier du roy de France, lequel avoit esté fait prisonnier, et depuis eschapé de prison.

Au dessusdit an 53, par le chancelier de France, en la présence du roy de France, fut prononcée la sentence de Jacques Coeur, argentier d'iceluy roy de France, lequel Jacques Coeur estoit extrait de petite génération sans quelque noblesse. En sa jeunesse, il se bouta en marchandise, et petit à petit multiplia tellement qu'il se mesloit de toutes marchandises; et devint sy puissant par tous les royaulmes, qu'il expedioit, et même comme on disoit en Sarrazie, et avoit des facteurs sans nombre par tous pays, lesquels avoient oncques veu; et pour la richesse et conduite de luy avoit fait le roy de France son argentier. Iceluy Jacques Coeur, comme on disoit, avoit esté cause que le roy de France avoit conquis la duché de Normandie, par les grands deniers qu'il luy avoit presté et avancé, et avoit fait audit Roy maints prests. Il estoit si riche, qu'on disoit qu'il faisoit ferrer ses hacquenées et chevaux de fer d'argent. Il portoit en sa devise et livrée ces mots écrits : *A coeur vaillant, riens impossible.* Il avoit fait faire, à Bourges en Berry, une maison la plus riche de quoy on pouvoit parler. Toute fois iceluy roy Charles, l'an précédent 52, sous ombre de certaines accusations de crime que lui imposât la demoiselle de Montagut (1) et aultres, l'avoit fait prendre, et tenir prison fermée bien estroitement, de laquelle il eschappa par moyen quy seroit long à racompter. Il s'en alla à Rome, et illec se tenoit aussi honorablement comme il faisoit en France : car nonobstant que tout ce qu'il avoit en France, que on estimoit valoir ung million d'or, qui vault dix cents mil escus, le Roy avoit fait tout mettre en sa main, et n'en avoit riens, sy estoit-il encoires riche, pour les grosses marchandises qu'il avoit hors du royaulme.

CHAPITRE IV.

Des grands subsides et aides que le duc de Bourgongne demanda au pays d'Arthois et ailleurs en ses pays, pour aller gueroyer les Turcs; et de plusieurs incidens.

Après que le duc Philippes de Bourgongne eut esté reçu, festoyé et honoré en la ville d'Arras, ledit duc assembla et manda les trois estats de la comté d'Arthois; ausquels trois estats il requist que affin de resister aulx ennemis de la foy, qu'ils voulsissent faire aide de six vingt mil couronnes d'or, les soixante-dix pesant huit onces, qui est le marc de Troie; de laquelle aide qu'il requist, lesdits trois estats furent

---

(1) *La demoiselle de Montagut :* Du Clercq se trompe ici sur le nom. Elle s'appeloit Jeanne de Mortaing, fille de Pierre de Vendôme; elle avoit épousé en secondes noces François de Montberon, seigneur de Mortagne sur Gironde. On reconnut qu'elle avoit calomnié Jacques Cœur, auquel son mari devoit de grandes sommes.

moult esbahis : car le comté d'Arthois, en domaine, ne vaut au comte d'Arthois que quatorze mil frans. Toutes fois, tant par crainte que par amour, on lui accorda et promit payer cinquante-six mil francs, moyennant qu'il ne leveroit point ledit argent jusques à ce qu'il partit, et son armée avec luy, pour aller sur les Turcs; et aussi le duc de soy-mesme le promit. Aprés cela le duc s'en alla en Flandres, Brabant, Haynault, et dans ses pays, où il requit aussi moult grandes et grosses aides pour faire ledit voyage; lesquelles en partie on lui accorda tant par crainte que par amour.

En cet an 1455, madamoiselle de Villecler (1) estoit tres-bien en la grace du Roy, et (comme on disoit) en faisoit le Roy ce qui lui plaisoit. Une jeune fille d'un escuyer, nommé Anthoine de Rebreuves, demouroit en la cité d'Arras; on la nommoit Blanche : cette fille, avec la dame de Jeuly, estoit allée à la cour du Roy. Or Blanche estoit bien la plus belle fille que on eut peu avoir ne regardée. Icelle damoiselle de Villecler, sytost qu'elle vit icelle fille, pria moult de l'avoir avec elle; mais la dame de Jeuly luy respondit qu'elle la rameneroit ou renvoiroit à son pere, et que sans le congié de son pere ne l'auroit pas; et aussi la ramena. Mais assez-tôt aprés, par le gré et consentement de son pere, du sieur de Saucourt, oncle d'icelle Blanche, et du sieur de Jeuly, Jacques de Rebreuves, frere d'icelle Blanche, tres-bel escuyer, agié de vingt-sept ans ou environ, mena sa dite sœur Blanche, agiée de dix-huit ans, à la cour du Roy, demourer avec

---

(1) *Madamoiselle de Villecler :* madame de Villequier, nièce d'Agnès, qui lui avoit succédé dans la faveur de Charles vii. Aprés la mort de ce prince, elle fut maîtresse de François ii, duc de Bretagne.

icelle damoiselle de Villecler, et fut ledit Jacques retenu escuyer tranchant d'icelle damoiselle; et pour vray icelle damoiselle tenoit grand estat, et plus grand que la royne de France; et le vouloit ainsy le Roy. La damoiselle de Villecler estoit moult belle, et estoit mariée : elle estoit niepce d'une damoiselle qu'on appelloit la belle Agnés, laquelle avoit esté totalement en la grace du Roy ; et dit-on qu'icelle Agnés [1] mourut par poison, moult jeune; aprés laquelle icelle damoiselle de Villecler gouverna le Roy pareillement ou plus que ne fait avoit sa tante. Elle avoit tousjours trois ou quatre filles ou damoiselles, les plus belles qu'elle pouvoit trouver, et qui suivoient le Roy par tout aux dépens du Roy. Nonobstant toutes ces choses, et que le pere, frere, oncle, et le sieur de Jeuly, fussent avertis de tout ce que j'ai dit, ils y envoierent Blanche, laquelle au partir de l'hostel de son pere, en la cité d'Arras, plouroit fort; et me fut assuré qu'elle disoit qu'elle aimeroit mieux demourer avec son pere, et menger du pain et boire de l'eau. Toute fois elle y alla. Son pere l'y avoit envoyée par chiceté, afin qu'elle ne luy coustât rien, ni son fils, nonobstant qu'il fust trés-riche homme, ayant de beaux héritaiges. Et assez tôt aprés que icelle damoiselle Blanche olt [2] esté un peu de tems avec ladite damoiselle de Villecler, la renommée publia qu'elle estoit aussy tres-bien en la compagnie du Roy, et pareillement que la damoiselle de Villecler.

(1) *Icelle Agnès* : Agnès Sorel, suivant les traditions les plus vraisemblables, mourut d'une dysenterie le 9 février 1450, âgée d'environ quarante-un ans, dans un château peu éloigné de l'abbaye de Jumiège, où elle étoit allée trouver Charles VII. — (2) *Olt* : eut.

CHAPITRE V.

Comment Loys, daulphin de Vienne, aisné fils du roy de France, vint à refuge au duc de Bourgongne, et eschappa des mains de ceulx qui le cachoient; et de plusieurs incidens.

En 1456, le roy Charles VII avoit envoyé secretement messire Antoine de Chabanne, comte de Dampmartin, au pays de Viennois, avec grand nombre de gens d'armes, pour prendre et amener devers luy son fils Louis, daulphin, à raison de causes que je ne sçay pas au vray, sinon que aulcuns disoient qu'il avoit tellement taillé le pays du Dauphiné et mis au bas pour son entretien, sy que plus n'en pouvoit; et avec ce avoit totalement osté le temporel de ceulx de l'Eglise, qu'ils n'avoient de leurs bénéfices que ce qu'il vouloit. Et aulcuns disoient aussy que ledit Daulphin avoit fait mourir une damoiselle nommée la belle Agnés, laquelle estoit la plus belle femme du royaulme, et totalement l'amour du Roy son pere; aprés la mort de laquelle, comme cy dessus ay dit, le Roy retint en sa cour sa niepce nommée la damoiselle de Villecler, auquel gouvernement le Daulphin avoit esté et estoit bien déplaisant; et pour cette cause s'estoit absenté du royaulme de France plus de douze ans entiers, et s'estoit tenu au pays de Dauphiné, durant lequel temps il n'avoit eu deniers de son pere ni du royaulme : ainsy luy avoit failly vivre du pays. Aultres aussy disoient que le Roy le vouloit retraire devers luy, et luy donner estat comme il appartenoit; aultres encoires contoient que sy le Roy son pere l'eut tenu, il l'eut mis en tel lieu que jamais on n'en eut ouy parler : desquelles choses je m'atens à ce qu'il en est. Mais toutefois le Daulphin sçachant que le Roy son pere tendoit à le faire prendre secretement, fit appointer ung disner en une forest pour se desrober; il feignit d'y aller disner, et y faire une grande feste. A icelle feste le cuida prendre le comte de Dampmartin; mais le Daulphin, le jour qu'il devoit partir pour aller à la chasse, luy sixieme ou septieme, deslogea à cheval, et chevaucha vers les marches de Bourgongne; et jaçoit sitot que l'on sceut son departement, il fut suivi du comte de Dampmartin de sy prés que on ne pourroit plus. Toutefois il leur eschappa, et vint à Saint-Claude en Bourgongne; il y fut receu honorablement par le prince d'Orange, qu'auparavant le Daulphin avoit moult hay pour aulcunes des trousses (1) que ledit prince et le mareschal de Bourgongne avoient fait sur les gens du Roy. Toutefois luy estant avec le prince, il manda le mareschal de Bourgongne, et le pria de le mener devers le duc de Bourgongne, lequel mareschal vint bien accompagné de gens de guerre, convia et amena le Daulphin vers le duc de Bourgongne. Il arriva, environ le mois de septembre l'an dessus dit 56, à Louvain en Brabant, et à Bruxelles où le duc de Bourgongne estoit; lequel duc, quand il sçut sa venue, alla allencontre de luy, et le receut comme aisné fils du roy de France; il luy donna pour entretenir son

---

(1) *Trousses* : pillages.

estat deux mil couronnes d'or par mois, les soixante
dix couronnes pesant le marc de huit onces; il le
pria d'élire pour sa demeure telle place qu'il luy plairoit prendre en ses pays. Le Daulphin choisit une forteresse en Brabant, nommée Genappe, laquelle estoit
à quatre lieues de Bruxelles; et depuis cette heure fut
le mareschal de Bourgongne totalement en la grace du
Daulphin.

CHAPITRE VI.

*Comment le duc de Bourgongne se courrouça à
Charles son fils, et comment depuis le Daulphin
fit leur paix; et d'aultres incidens.*

L'AN dessus dit 1456, le 17 de fevrier, monsieur le
Daulphin, le duc de Bourgongne et Charles son fils
estans en la ville de Bruxelles, moult parolle (1) entre
le sieur de Sempy, aisné fils de messire Jehan de Croy,
bailly de Hainault, et le sieur Damery, fils du chancelier de Bourgongne, lesquels estoient chambellans
d'iceluy Charles comte de Charolois, seul fils du duc
de Bourgongne. La raison fut pour ce que chacun des
deux contendoit, en l'absence du sieur Daussy, lequel
estoit premier chambellan du comte de Charollois,
estre le premier aprés luy, et tant que ce bruit vint à
la connoissance du duc de Bourgongne, lequel manda
son fils, et ordonna que le sieur de Sempy fut le premier. Le comte respondit au duc son pere que jamais

(1) *Moult parolle :* il s'éleva une querelle.

ceulx de Croy ne le gouverneroient ainsy qu'ils le avoient gouverné : pour lesquelles parolles le duc se courrouça sy fort contre son fils, qu'il lui fit commandement de sortir de ses Etats. Il tira une dague qu'il portoit, et le en eut feru s'il ne se en fut fuy : car il en fit tout son pouvoir; et aprés qu'il fut party (jaçoit ce qu'il fut prés de la nuit (¹)), le duc manda ung cheval, et monta dessus. Nonobstant qu'il plut fort, il partit tout seul de Bruxelles, et comme homme troublé s'en alloit ne luy en chaloit où (²). La nuit venue, il se trouva en un bois où il se perdit, et fallut qu'il couchat en la maison d'un pauvre homme, lequel pauvre homme le conduisit jusques à Genappe. A ce pauvre homme il donna huit pieces d'or; et combien qu'on ne sçavoit où il estoit allé, toutefois il fut incontinent suivy de ses gens, et tant qu'on le trouva. Il s'en revint à Bruxelles.

Et le vingtunieme jour dudit mois de janvier, à la requeste de monsieur le Daulphin, de l'evesque de Liege, nepveu du duc, de la femme d'iceluy comte de Charollois, de l'evesque d'Utrecht, et de la duchesse de Bourgongne, le duc pardonna à son fils son maltalent; mais pourtant que son fils avoit esté, comme on disoit, induit par aulcuns ses serviteurs d'agir contre la volunté de son pere, le duc fit bannir de tous ses pays deux des principaux : le premier appellé Guillaulme Visse, maistre de sa chambre, lequel ne avoit gueres de temps estoit arrivé pauvre valeton, et avoit premier servy Martin Cornille, receveur-général et garde des chevaux; et de là servit

---

(¹) *Jaçoit ce qu'il fut prés de la nuit* : quoique la nuit approchât. —
(²) *S'en alloit ne luy en chaloit où* : il partit sans savoir où il iroit.

ledit comte de Charrolois; le second fut ung escuyer natif du pays de Bourgongne, nommé Guyot Duisy.

Environ ce temps, monsieur le Daulphin et le comte de Charrolois s'en allerent à la chasse, en laquelle le Daulphin se perdit luy troisieme en un bois, et pareillement se perdit le comte; et quant vint sur le soir, le comte cuidant que iceluy Daulphin fut retourné, s'en retourna à Bruxelles, et sitôt qu'il fust descendu alla veoir son pere, lequel lui demanda où estoit monsieur le Daulphin. Il respondit qu'il ne savoit, et qu'il cuidoit qu'il fut revenu devant luy. Lors le duc se courrouça, et luy commanda que pressément s'en allat vers luy, et ne retournat jusques à ce qu'il l'eust retrouvé : ce que le comte fit, et y alla. Le duc fit monter gens à cheval, et avec torses ardantes pour le querir, lequel s'étoit jà porté à huit grosses lieues de Bruxelles; et n'euist esté ung paysan auquel il donna une piece d'or, quy le guida tant qu'ils trouverent le comte de Charrollois et aultres quy le ramenerent à Bruxelles vers le duc, lequel duc fit venir vers luy celuy quy l'avoit conduit. Il luy donna ung beau présent.

En ce temps, dame Ysabeau, duchesse de Bourgongne et fille du roy de Portugal, fit une religion de grises sœurs de l'ordre Saint-François mendians, en Flandres, en ung lieu nommé la Motte-au-Bois, és-bois de Nieppe; et illecq s'alla tenir menant une vie de dévotion. Et disoit on qu'elle estoit mal avec le duc son mary, à cause du discord quy avoit esté entre le fils et le pere; et cuidoit le duc que ce eust esté par elle : pourquoy il ne vouloit luy parler.

En celuy temps, ung pelletier nommé Jean Pinte

mourut le vingt-septieme jour du mois de juin audit an cinquante-sept; et le lendemain matin, ainsy que Jean Pinte fut mis en terre, sa femme, qui estoit jeune femme de trente-quatre ans ou environ, fiança et épousa ce propre jour ung nommé Willeret de Nœuville, pelletier, aussy de l'aige de vingt ans ou environ; et la nuit ensieuvant coucha avec son dit second mary. Je mets ce par escrit, pourtant que, comme je crois, on n'a veu peu de femme qui se soit plustost remariée, combien que en aulcune maniere on la pourroit excuser : car en ce temps, par-tout le pays du duc de Bourgongne, sytost qu'il advenoit que aulcun marchand, laboureur, et aucune fois bourgeois d'une bonne ville ou officier, trespassoit, s'il estoit riche, ou s'il délaissoit femme riche, le duc, son fils, ou aultres de leurs gens, vouloient marier lesdites veuves à leurs archiers et à leurs serviteurs. Il falloit que lesdites veuves, si elles se vouloient marier, qu'elles prinssent ceux que lesdits sieurs leur vouloient bailler, ou donnassent de l'argent, soit à ceux qui les vouloient avoir, soit à ceux qui gouvernoient les seigneurs, et aulcune fois au seigneur même; encoires estoient ce les plus heureuses celles quy par force d'amis et d'argent en pouvoient estre délivrées : car le plus souvent de gré ou non, sy elles songeoient à mariage, il falloit prendre ceulx que leurs signeurs leurs bailloient; et pareillement quand ung homme estoit riche, avoit-il fille à marier, s'il ne la marioit bien jeune, il estoit travaillé comme ay dit cy-dessus.

CHAPITRE VII.

Comment le comte de Saint-Paul vint devers Philippes, duc de Bourgongne, pour cuider avoir la main levée de sa terre d'Enghien; et comment le duc, en la presence dudit comte, luy fist proposer plusieurs crimes par lui faits; et de la reponse dudit comte, et d'aultres choses.

Comme en l'an précédent 56 Philippes, duc de Bourgongne, eut fait mettre en sa main la terre d'Enghien, appartenant au comte de Saint-Paul, laquelle terre est hors du royaulme de France, jaçoit pourtant que le comte avoit plusieurs grandes terres et seigneuries enclavées es pays du duc, qu'il tenoit du royaulme. Or le duc n'avoit touchié que à la terre d'Enghien. Le comte desirant d'avoir main levée de sa dite terre, ou sçavoir pourquoy le duc l'avoit mise en sa main et en recevoit les prouffits, il envoya prier et requerir au duc qu'il luy pleust luy bailler ung saulf-conduit, afin qu'il peult venir vers luy, et sçavoir pourquoy il avoit prins sa terre : lequel saulf-conduit le duc ne voulut bailler ni envoyer de prime face, sy ledit comte ne se déclaroit son ennemy; mais s'il le faisoit, que tres-volontiers le luy envoyroit. A quoy fut respondu par le comte qu'il ne se déclaroit point son ennemy, mais son humble subject; et que, pour doute de son ire, il n'oseroit venir devers luy sans saulf-conduit. A la par fin, le duc luy en envoya ung; et des que le comte l'eut, il vint accompagné du sieur de Dossemon, du sieur de Jeuly, du sieur de Hapelaincourt et aultres chevaliers, jusques au nombre de vingt-quatre ou plus, avec deux advocats de parlement, aultres gens de conseil, et escuyers, jusques au nombre de deux cents chevaux. Environ le 15 septembre il arriva en la ville de Bruxelles, où estoit le duc : le 16 dudit mois, il se rendit en son hostel à Bruxelles; et là, devant tous ceux qui y devoient estre, fut dit et remonstré au comte, par le conseil du duc (le duc présent), comme il estoit bien tenu à luy, puisque tous les biens qu'il avoit venoient la pluspart ou de luy ou de ses prédécesseurs : car par les prédécesseurs dudit duc avoit esté envoyé querir le pere du comte avec ses deux freres au pays de Luxembourg, lesquels on avoit rapportés petits enfans en *hottes*. Depuis, par le moyen dudit duc, avoient eu soubs luy et ailleurs les seigneuries que chascun sçavoit : c'est à sçavoir son pere, nommé Pierre de Luxembourg, le comté de Saint-Paul, la seigneurie d'Enghien, et aultres grandes terres; son oncle, messire Jean de Luxembourg, le comté de Lignes, et plusieurs aultres grandes terres : et sy le avoit fait capitaine de la comté d'Artois, et son second oncle cardinal de Rouen; que s'il avoit mis sa terre d'Enghien en sa main, c'estoit pour certains homicides occultz (1), et aultres crimes que le comte avoit fait ou fait faire, lesquelles choses on luy déduisit. Dura cette déclaration bien l'espace de trois heures. On luy ajouta qu'il n'estoit point venu vers le duc comme son subject et vassal : ainsy estoit arrivé l'es-

(1) *Occultz* : secrets.

pée au poing, accompagné comme ci-dessus est dit, et avec saulf-conduit. Le comte respondit que au regard du saulf-conduit, il ne l'avoit pas prins comme ennemy du duc; que s'il n'eut craint que luy, il le sentoit sy sage et sy prudent, que par-tout il iroit à sa volunté; mais certaines gens en sa cour l'enflammoient devers luy, et ne l'aimoient pas : pourquoy doutant l'ire de son prince, il n'eut paru sans saulf-conduit; il requist au surplus au duc de parler à luy en particulier, pour s'excuser des crimes qu'on luy imputoit. Sa demande luy fut accordée. Toutefois, quelque excusation qu'il fit, tant par sa bouche que par la bouche de M. Jean de Poupecourt (1), advocat en parlement, la main du duc ne fut pas levée de sa terre d'Enghien, et partit le comte sans rien faire. La cause principale entre plusieurs aultres pourquoy on présumoit que le duc n'estoit pas content du comte, estoit que le comte aiant plusieurs enfants, tant fils comme filles, avoit donné en mariage au fils aisné du sieur de Croy une de ses filles, laquelle avoit esté dix ans en la main dudit sieur de Croy, parceque la fille estoit trop jeune, et le fils du seigneur de Croy aussi; mais en iceluy temps furent assez agiés : pourquoy le sieur de Croy avoit fait les nopces de son fils et de ladite fille à Noel l'an précédent, et les avoit fait couchier ensemble. Or les nopces s'estoient faites contre la volunté du comte : il n'y avoit point esté, ains y avoit envoyé son fils aisné, secrettement accompagné de gens de guerre, pour ramener en son hostel sa fille; mais le sieur de Croy en fut adverti à tems. S'en retourna donc le fils du sieur de Croy sans

---

(1) *Poupecourt* : **Popincourt**.

rien faire, et fut consommé ledit mariage. Aprés cela le sieur de Croy voulut que le comte payat le mariage de sa fille : ce que le comte refusa. Toutefois touchant toutes ces choses ne fut rien dit par le duc, quand il déclara au comte les causes qui l'avoient mu à prendre ses terres.

CHAPITRE VIII.

Comment Baudechon Mallet fut décapité en la ville de Lille, pour avoir forcé une jeune femme.

AUDIT an, Baudechon Mallet et son frere, maistre de la chambre des comptes de Philippes, duc de Bourgongne à Lille, furent prins en ladite ville pour avoir forcé une jeune femme aimée d'ung compagnon. Le dit Baudechon avoit fait la force : pourquoy il fut mené au château de Lille; et là, tant pour ledit cas que pour aultres, comme d'avoir tué ung sergent en ladite ville par le commandement de Charles, comte de Charrolois, il fut décapité. Mais Baudechon ne se vouloit agenouiller, et ne vouloit souffrir qu'on le décapitast : quant le bourel veit ce (ledit Baudechon estant droit), d'ung revers de l'espée pardevant par la gorge, il luy envoya la teste sur les épaules : ce qu'on n'avoit oncques veu faire.

Audit an aussy, environ le caresme et aprés Pasques l'an 1458, grande multitude d'Alemans et des Brabanssons et d'aultres pays, tant hommes que femmes et enfans en tres-grand nombre, par plusieurs fois passerent par le pays d'Artois et les pays d'environ; et alloient en pélérinages au Mont-Saint-Micquel, et disoient que c'estoit par miracles que monsieur Saint-Micquel avoit fait en leur pays. Entre aultres choses ils racomptoient que ung homme mourut soudainement en battant son enfant, pour ce que l'enfant vouloit aller au Mont-Saint-Micquel : ils disoient que monsieur Saint-Micquel le avoit fait mourir. Aulcuns disoient aussy que communément cette volunté leur venoit, et ne sçavoient pourquoy, sinon que nullement ne pouroient avoir repos, par nuit, qu'ils n'euissent volonté de aller visiter le saint lieu du Mont-Saint-Micquel; et en y passa des milliers par plusieurs fois.

CHAPITRE IX.

De la venue de la femme du comte de Never à Lille devers Philippes, duc de Bourgongne, et de la feste que on luy fist; et d'aultres choses.

Le quinzieme jour d'aoust audit an 1458, Philippes, duc de Bourgongne, estant en la ville de Lille, Charles comte de Charolois, Charles comte de Nevers, Adolphe de Cléves, et plusieurs aultres princes et seigneurs, monterent à cheval, et allerent à l'encontre de la femme de Charles, comte de Nevers, laquelle estoit fille du sieur d'Albret en Auvergne, et venoit veoir le duc. Ils le rencontrerent environ à une lieue prés de la ville, et l'amenoit Jean comte d'Estampes, frere du comte de Nevers. L'honneur que le duc fit à ladite dame, les esbatemens, belles compagnies, et mysteres que ceulx de la ville firent à l'entrée de ladite dame, seroit chose longue à racompter : sy m'en tairay; mais elle venue en ladite ville, elle vint à l'hostel dudit comte d'Estampes, et dessendit le duc de son cheval pour se mettre prés de la haquenée sur quoy elle estoit; puis il la mena en sa chambre, et durant toute la nuit on joua jeux de personnages devant son hostel. Le lendemain, messire Philippe de Lalaing, chevalier, fit une jouste de sept courses de lances contre tous venans; et le samedy ce fut Adolf de Cleves; dimanche, Charles, fils dudit duc Antoine, bastard de Bourgongne, son frere : en nombre de vingt, ils tournoierent contre vingt aultres, desquels estoient messire Philippes Pot, Philippes de Bourbon, le bastard de Brabant, Adolf de Cleves, et plusieurs aultres grands seigneurs. Ainsi fut ladite dame festiée dix jours durant, et le onzieme jour elle partit de ladite ville pour aller à Aigle-Monstier, où estoit la comtesse d'Estampes, sa belle sœur; la renvoia le duc et ledit Adolf avec luy, luy sixieme, chacun ayant sa lance devers luy. A un quart de lieue prés ladite ville, vindrent à l'encontre desdites dames Charles, comte de Charolois, fils dudit duc, eux sixiesmes; lesquels demanderent à Adolf quy il estoit, et où il menoit ces dames. Celuy-cy leur répondit qu'il ne leur chaulsit (1), et qu'ils les laissassent passer leur chemin. Lors ledit Charles, comte de Charolois, luy et ses gens, et ledit Adolf pareillement, rompirent chacun leurs lances, puis saisirent leurs espées, lesquels estoient rabattues; et tournans comme en ung tournois, ils se battirent tant et si bien, que chacun en fut esbahy

---

(1) *Qu'il ne leur chaulsit :* qu'ils ne se missent pas en peine.

et réjouy; ensuite ils osterent leurs heaulmes, vindrent aux dames, et les mirent en un bel hostel assez prés dudit pont qui appartenoit au fils de monsieur Betremy, jadis maître de la chambre des comptes dudit duc, auquel lieu le comte de Charolois avoit fait appointer ung moult riche menger; et aprés menger, chanterent et danserent; et aprés, les dames remonterent à cheval. Là print congié le duc des dames, et s'en retourna à Lille; et les dames et ledit comte de Nevers, et le comte d'Estampes, à Aigle Monstier.

Environ ce temps, le vingt-sixieme d'aoust environ, Willaume de Chelers et sept compagnons prindrent en plain champ une jeune fille, laquelle amassoit avesne avec sa mere et sa sœur. Ils battirent la mere et la sœur tellement, que la mere fut en péril de mort; ils emmenerent ladite fille, et trois jours aprés vindrent à la feste audit Chelers avec la fille, laquelle disoit que c'étoit de son bon gré qu'ils l'avoient emmenée. Combien que les amis de la fille s'en allassent plaindre au sieur de Griencourt, qui estoit à Arras devers le duc, il ne s'en bougea.

A verité dire, en ce temps on faisoit sy peu de justice: pourquoy on faisoit tant d'occisions et de larcins sans nombre; et n'y avoit pas homme de peu, laboureur, marchand ny aultres, quy osassent aller par les champs sans porter ung espieu, hache ou aultre baston, à cause des mauvais garçons. Il sembloit que chacun fust homme de guerre; et quant les mauvais du pays avoient desrobé aulcuns de nuit, on disoit que c'estoit ceulx de la garnison de Calais; et tout ce se faisoit par faulte de justice.

LIVRE QUATRIEME.

CHAPITRE PREMIER.

Comment Charles, roi de France, envoya en ambassade devers le duc de Bourgongne le cardinal de Constance, et aultres gens de son conseil; de la proposition que le cardinal feit, et comment le duc luy répondit de luy mesme.

En ce temps, le vingtieme jour de decembre 1456, en ladite ville de Bruxelles arriva ung ambassadeur envoyé de par Charles, roy de France, devers le duc de Bourgongne : estoit chef de ladite ambassade le cardinal de Constance, et aultres gens de la court du Roy; et le lendemain vingt-unieme jour dudit mois, eut ladite ambassade audience publiquement. Là proposa ledit cardinal ce dont il estoit chargé devant le duc : sa proposition dura deulx heures ou plus; entre aultres choses, il dit qu'il y avoit deux choses pourquoi le roy de France n'estoit pas du duc bien content, et lui en déplaisoit : la premiere estoit que le duc avoit sesduit son aisné fils, nommé Loys, daulphin de Vianne, de venir vers luy, lequel il soustenoit en ses pays contre le gré et la volonté du Roy, quoique le Roy plusieurs fois l'eut requis de le luy renvoyer; la seconde chose estoit que le duc avoit print trefves avec les Anglois : ce que faire ne devoit, par l'accord et traicté qu'ils avoient ensemble; qu'il souffroit les Anglois de Calais passer par ses pays, et aller en France rober et prendre prisonniers les gens de France et des pays du Roy; et que sytost qu'ils estoient rentrés au pays du duc, ils estoient aussy assurés que s'ils fussent en Angleterre. Il dit encoires que le Roy luy avoit commandé de bailler les choses dessusdites par escript et par articles, lesquelles il présenta au duc, qui de lui mesme, et sans prendre conseil, prestement respondit qu'à l'égard de monsieur Loys aisné, fils du Roy, lequel s'estoit restrait (1) devers luy, il n'en estoit pas ainsy que le Roy luy mandoit, ny que le cardinal avoit dict : car il n'avoit point sesduit et enhorté ledit monsieur Loys de venir devers luy, mais y estoit venu à garand et saulveté, pour le doubte (2) du Roy son pere ; lequel monsieur Loys il avoit reçu pour l'honneur du Roy, et l'avoit soustenu de ses biens au mieulx qu'il avoit peu, et non pas tant qu'il voudroit bien, et appartiendroit audit monsieur Loys; qu'il voulloit bien que chacun sceut que tant qu'il plairoit audit monsieur Loys se tenir en ses pays, il ne luy fauldroit pas (3); que tant qu'il auroit ung denier, il en auroit la moitié; qu'il ne luy deffendoit pas de retourner devers son pere le Roy, ains estoit prest, toute fois qu'il plairoit audit monsieur Loys, de le faire conduire jusques au Roy son pere par son fils le comte de Charolois, ou luy mesmé sy besoin estoit. Que par ainsy apparoissoit clairement que ce n'estoit point par luy que ledit

---

(1) *S'estoit restrait :* s'étoit retiré. — (2) *Pour le doubte :* par la crainte. — (3) *Il ne luy fauldroit pas :* il ne lui manqueroit pas.

monsieur Loys ne retournoit vers son pere le Roy, comme aussy ne le constraindroit pas d'y aller s'il ne vouloit. Dit encoires le duc, pour respondre au second point, que au regard des Anglois qui couroient par ses pays et par le pays de France, ce n'estoit pas par luy, et n'en pouvoit mais, et que chacun pouvoit sçavoir comment il faisoit garder les frontieres d'entour Calais; et encoires de nouveau depuis ung an avoit bien refforcé les garnisons, et que mesmes lesdits Anglois couroient par ses pays, et y faisoient beaucoup de maulx; et si n'en pouvoit avoir aultre chose, sinon, quant on les pouvoit prendre, il les faisoit pendre ou exécuter par justice.

CHAPITRE II.

D'une femme nommée Demiselle, laquelle fut prinse en la ville de Douay comme Vauldoise, et amenée prisonniere en la cité d'Arras, es prisons de l'evesque; laquelle raccusa ung appellé Jehanh Lavite, dit Abbé de peu de sens. Et comment aussy ledit abbé fut prins, et les morgues qu'ils tindrent quant ils furent prins; et aultres incidens.

Environ le jour de tous les Saints, l'an 1459, fut prinse en la ville de Douay une jeusne femme de l'age de trente à quarante ans, nommée Demiselle, femme de folle vie, et fut prinse à la requeste de l'inquisiteur de foy demourant à Arras, nommé frere Pierre Le Broussart, jacobin, maistre en théologie; laquelle

Demiselle sytost qu'elle fut prinse fut menée devant aulcuns eschevins et hommes de loy de ladite ville de Douay. Elle demanda ce qu'on lui vouloit : on luy respondit qu'on luy diroit en temps et lieu; et aultres choses ne fut respondu, sinon qu'on luy demanda par maniere de raillerie sy elle ne connoissoit point ung hermitte nommé Robinet de Vaulx, laquelle aussytôt qu'elle ouy ce, elle dit : « Et que chechy (1)? Cuide « ton (2) que je sois Vauldoise ? » Aprés qu'elle eut esté remonstrée à la loy (3) de Douay, fut amenée prisonniere en la cité d'Arras, es prison de l'evesque; et la cause pourquoy icelle Demiselle fut prinse estoit que l'inquisiteur de la foy avoit esté au chapitre général que les freres Prescheurs font tous les ans, lequel s'estoit tenu à Langres en Bourgongne : durant lequel chapitre avoit esté ards comme Vauldois ung nommé Robinet de Vaulx, né en Artois, qui se contenoit comme ung hermitte, et avoit déclaré que plusieurs personnes, hommes et femmes, estoyent Vauldois; et entre les aultres avoit nommé icelle Demiselle, demeurant à Douay, et Jehan Lavite, dit *Abbé de peu de sens*. Voilà pourquoy ledit inquisiteur, quand il fut revenu dudit chapitre, feit prendre Demiselle. Elle fut interrogée, et par plusieurs fois mise à la torture par devant les vicaires dudit evesque. Avecq eulx se boutta à interroger ladite Demiselle maistre Jacques Dubois, docteur en théologie, aussi chanoine, et doyen en l'église d'Arras, de l'age de trente quatre ou trente cinq ans; et fut iceluy maistre Jacques quy prist le plus de peine à interroger Demi-

---

(1) *Que chechy* : qu'est-ce ceci? — (2) *Cuide ton* : pense-t-on. —
(3) *Remonstrée à la loy* : présentée aux juges.

selle sur le fait de Vauderie. Aprés avoir esté par plusieurs fois mise à la gehenne et torture, elle confessa avoir esté en Vauderie, où elle y avoit veu plusieurs personnes, et entre les aultres ledit maistre Jehan Lavite, abbé de peu de sens, qui estoit peintre, et demouroit à Arras; elle ajouta ne sçavoir alors où il estoit. L'inquisiteur feit tant qu'il sceut qu'il demouroit à Abbeville en Ponthieu, en laquelle ville ledit inquisiteur alla, et le feit prendre prisonnier, et amener le vingt-cinquieme jour de febvrier audit an en la cité d'Arras, es prisons de l'evesque. L'Abbé de peu de sens, aussytôt qu'il fut mis es prisons, pour doubte (1) qu'il ne confessat chose qui ne pust lui nuire, se couppa la langue d'ung canivet (2); mais quant il sentit la douleur, il ne la couppa point tout oultre, et ne se feit que blesser, mais si fort qu'il fut long-temps sans pouvoir parler. Pour ce, on ne laissa point de l'interroger par la gehenne et aultrement : car il sçavoit bien escripre, et mettoit sa confession par escript. Iceluy Abbé de peu de sens confessa d'avoir esté en Vauderie, et y avoir veu moult de gens, lesquels il nomma par nom et surnom, et gens de tous estats, nobles, bourgeois, gens d'Eglise et aultres hommes et femmes, et entre aultres ung nommé Huguet Camery, dit Patre-nostre, barbier; Jehan Le Fevre, sergent d'eschevins d'Arras; Jeanne Dauvergne, dame des noeuves estimes d'Arras; et trois filles de joye, l'une nommée Belotte, l'autre Vergengen, et la troisieme Blancqminette : pourquoy lesdits Huguet, Jehan Le Febvre et les femmes susdites furent prinses, et mises es prisons de l'evesque, en ladite cité d'Arras.

(1) *Pour doubte;* par crainte. — (2) *Canivet :* petit couteau.

Ces choses ainsy faites, quand les vicaires veirent que les choses montoient de plus en plus, ils furent touts deliberés de laisser aller ces gens prins comme Vauldois et Vauldoises, sans nulle punition. De fait ils les eussent laissé aller environ la feste de Pasques, quand maistre Jacques Dubois, docteur en théologie, et doyen de l'eglise Nostre Dame d'Arras, se vint opposer à leur delivrance, et se rendit partie contre eulx. A lui se joignit frere Jehan, evesque de Barut, frere mineur, docteur en théologie, et suffragant de l'evesque d'Arras; et aprés ce, ledit doyen alla à Peronne devant Jehan, comte d'Estampes; et fut le conducteur dudit doyen, pour lui faire accés auprés du comte et pour lui tenir compagnie, ung appelé Jehan de Meurchin, qui estoit aveugle. Sytost que le doyen eut parlé au comte, ce seigneur vint à Arras, demanda les vicaires, leur ordonna qu'ils feissent leur devoir desdites personnes prinses, ou qu'aultrement il s'en prendroit à eulx-mesmes; puis s'en retourna à Peronne.

CHAPITRE III.

Comme la susdite Demiselle, l'une cinquiesme des femmes, l'Abbé de peu de sens, et Jehan Le Febvre, furent mis et preschiez publiquement, puis rendus à la justice layc, et ards leurs corps ramenez en pouldre comme Vauldois; la maniere comme ils alloient à la vauderie, et quelles choses ils faisoient quand ils y estoient. Comme il fut dit publiquement, et comme ils se dedisoient tous à la mort.

COMME cy-dessus j'ay dict, furent prins lesdits Demiselle, l'Abbé de peu de sens, et aultres: lesquels, interrogiez par gehenne ou aultrement, confesserent (c'est à sçavoir ladite Demiselle, ledit Abbé, Jehenne d'Auvergne, Bellotte, Vergengen et Blancqminette) avoir esté en vauderie, et y avoir veu moult d'hommes, de femmes, et gens de tous estats riches et pauvres, et tant que sans nombre, comme on disoit. Aprés lesquelles confessions les vicaires de l'evesque envoyerent à Cambray, pour avoir conseil de ce qu'ils avoient à faire, à ung nommé Gilles Carlier, docteur en théologie, âgié de soixante-douze ans au plus, doyen de l'église Nostre-Dame de Cambray, et ung des notables clercqs quy fut en chrestienneté, comme on disoit; et à maistre Grégoire Nicollay, channoine et official de l'evesque de Cambray, tres-noble clercq, comme on disoit : lesquels notables clercqs, ladite confession veue des prisonniers, renvoyerent leur opinion par escript aux vicaires. Et nonobstant que ne veis pas ladite opinion, toutefois on disoit que l'opinion desdits clercqs estoit que s'ils vouloient rappeller pour la premiere fois, ils n'en devoient pas mourir, au cas qu'ils n'eussent commis nuls meurdres, ny mal usé du corps de Nostre-Seigneur Jesus-Christ, c'est à sçavoir du sacrement de l'autel. Contre cette opinion, lesdits evesque de Barut, suffragant de l'evesque d'Arras, et maistre Jacques Dubois, doyen de l'église de Nostre-Dame d'Arras, furent totalement : car leur opinion estoit que tous ceulx quy avoient estez à la vauderie, et qui l'avoient confessé, debvoient mourir, et ceulx quy estoient accusez d'eulx, supposez même qu'ils ne l'avouassent point par gehenne, moyennant toutefois qu'ils aient trois ou quatre tesmoings contre eulx ; et sy faisoient iceulx doyen et evesque moult grande diligence, afin qu'ils fussent ards. Iceluy doyen disoit et certiffioit en toutes compagnies où il estoit (et sçay bien que je luy ouis dire que le tiers de chrestienté et plus avoient estez en ladite vaulderie) qu'il sçavoit telle chose dont il ne pouvoit parler ; et que s'il le pouvoit, on en seroit moult esbahy. Il disoit encore que tous ceulx quy estoient accusés d'estre Vauldois l'estoient, et qu'on n'en pouvoit accuser nul qui ne le fust. Suivant luy on debvoit prendre iceulx comme suspects d'estre Vauldois, et que quand ce viendroit à la mort ils rappelleroient tout ce que le diable leur faisoit faire, afin qu'ils fussent damnez. En toutes ces choses le soustenoit et confortoit l'evesque de Barut ; il ajoustoit qu'il croyoit qu'il y avoit des evesques, voires des cardinaulx, qui avoient esté en ladite vaulderie; et qu'il y en avoit tant, que s'ils pouvoient avoir quelque roy ou grand prince de leur compagnie, ils s'esleveroient contre tous ceulx quy ne seroient pas de leur compagnie. Cet evesque avant qu'il le fust avoit esté pénitentier du Pape à Rome durant l'an des pardons, à sçavoir l'an mil quatre cent et cinquante. Pourquoy on disoit qu'il pouvoit sçavoir moult de choses, et avoit icelluy evesque une telle magination, que quand il voyoit les gens il disoit et jugeoit s'ils avoient esté en vaulderie ou non. Luy et le doyen soustenoient que aussytost qu'un homme estoit prins ou accusé pour vaulderie, nul ne debvoit l'aider ny secourir, fut pere, mére, frere, sœur, ou quelque autre prochain parent, sur paine d'estre prins comme Vauldois. Tant ils feirent, qu'on prist encoires comme accusé dudit crime ung nommé Jeunin Du Bœury, marchand de bois, à marier, de l'âge de quarante ans; et feirent de rechief rescripre par le comte d'Estampes, aulx vicaires de l'evesque d'Arras, qu'ils abregeassent les procés des prisonniers. Pourquoy lesdits vicaires, usant du conseil de l'evesque de Barut et du doyen d'Arras, assemblerent tous les clercqs de ladite ville d'Arras, laïcs et aultres : ausquels clercqs ils monstrerent les dépositions du procés; aprés quoy, veu les opinions desdits clerqs, dites le lendemain neuvieme jour de may, en la maison episcopalle, sur un hault hourcq (1) fait pour cette cause, furent amenez lesdits Abbé de peu de sens, Demiselle, et les aultres; et là furent mitrez d'une mitre où estoit peinte la figure du diable en telle ma-

(1) *Hourcq*: échafaud, estrade.

niere qu'ils avoient confessés luy avoir fait hommage; et eulx à genoulx, par maistre Pierre Le Broussart, docteur en théologie, jacobin, et inquisiteur de la foy chrestienne, furent preschiés publiquement; et y avoit tant de gens que c'estoit merveille : il y en avoit de tous les villaiges d'entour d'Arras, et de par douze lieues aux environs. Or déclara l'inquisiteur que les cy-dessus nommez avoient esté en vaulderie, en la maniere qui suit.

Que quand ils vouloient aller en ladite vaulderie, ils se oingnoient d'ung oingnement que le diable leur avoit baillé; ils en frottoient une verge de bois bien petite, et des palmes en leurs mains; mettoient icelle verguette entre leurs jambes, s'envoloient où ils voulloient, et les portoit le diable au lieu où ils debvoient faire ladite assamblée. En ce lieu où ils trouvoient les tables mises chargiées de vins et de viandes, et ung diable en forme de boucq, à queue de singe, et aulcune forme d'homme, là faisoient oblation et hommage audit diable, et l'adoroient, et luy donnoient aulcuns leurs ames, ou dumoings quelque chose de leurs corps; puis baisoient le diable en forme de boucq au derriere, avec candeilles (1) ardentes en leurs mains; et estoit ledit Abbé de peu de sens le maistre qui leurs faisoit faire hommage quand ils estoient nouveaulx venus. Aprés cette hommage ils marchoient sur la croix, et racquoient (2) de leur salive sus, en despit de Jesus-Christ et de la Sainte-Trinité; puis monstroient le cul devers le ciel et le firmament en despit de Dieu; et aprés qu'ils avoient touts bus et mangiez, ils prenoient habitation

---

(1) *Candeilles* : flambeaux. — (2) *Racquoient* : crachoient.

carnelle ensemble, et mesme le diable se mestoit en forme d'hommes et de femmes; et prenoient habitation les hommes avecq le diable en forme de femme, et le diable en forme d'homme avecq les femmes. Là ils commettoient tant des crimes sy puants et énormes tant contre Dieu que contre nature, que ledit inquisiteur dit qu'il ne les oseroit nommer, pour doubte que les oreilles innocentes ne fussent averties de sy villaines choses : et sy dit encoires ledit inquisiteur qu'en leur assemblée le diable les preschoit, et leur deffendoit d'aller à l'eglise, d'ouyr messe, prendre de l'eau bénite; et que s'ils en prenoient, pour monstrer qu'ils fussent chrestiens, ils disoient : *Ne déplaise nostre maître;* qu'ils n'alloient point à confesse, et qu'ils avoient tenu leur dite assamblée au bois *de Mofflaines*, assez prés d'Arras, et ailleurs; et ausdites hautes fontaines avoient esté à pieds et en plein jour aprés disner.

Toutes ces choses dites et remonstrées par l'inquisiteur, il leur demanda s'il estoit ainsy. Touts l'ung aprés l'aultre respondirent que ouy, et mesme ledit Abbé et touts le confesserent publiquement; aprés laquelle confession fut leur sentence rendue en françois et en latin : c'est à sçavoir tous remis es-mains de justice laïque, comme pourys et non dignes d'estre avec les membres de sainte Eglise, et touts leurs héritaiges confisqués au Seigneur, et leurs biens meubles à l'evesque. Ladite Demiselle fut rendue à la loy(1) de la ville de Douay, quy pour la ravoir et pour cette cause estoit là venue : ledit Abbé fut rendu aulx prevost et échevins de la cité; et les quatre femmes, et ledit

---

(1) *A la loy* : aux juges.

Jehan Le Febvre, à la loy d'Arras : lesquelles femmes furent prestement menées en la halle de la ville d'Arras, et lesquelles femmes et ledit Jehan Le Febvre furent condampnés par lesdits échevins à estre ards, et leurs corps ramenez en pouldre. Sytost que lesdites femmes ouyrent leur sentence, comme femmes désespérées commencerent à crier, et à dire à maistre Gilles Flameng, advocat quy estoit présent, et quy tousjours avoit adsisté à les interroguer, tant par torture comme aultrement, tels mots : « Hà, faulx, thraistre, « desloyal, tu nous a déceptés (1); tu nous disois que « nous confessimes ce qu'on nous disoit, et qu'on nous « lairoit aller, et que nous n'auriesmes aultres péni- « tences que d'aller en pelerinage six lieues long, ou « dix ou douze; tu sais, méchant, que tu nous a « trahy. » Et là publiquement disoient qu'oncques n'avoient esté à ladite vaulderie, et que ce qu'elles en avoient confessé avoit esté par force de gehenne et de torture, et par les blandissements (2) et promesses dudit maistre Gilles, et aultres quy les avoient interroguiées; et moult d'aultres choses elles disoient. Mais ce ne leur valoit riens : car elles furent baillées esmains des bourreaulx, et prestement menées à la justice de la ville d'Arras, et là leurs corps ards, et ramenez en pouldre. Et en les menant mourir, et jusques à ce qu'elles rendirent l'ame, sans en rappeller, disoient publicquement qu'oncques n'avoient esté à ladite vaulderie, et que ce qu'elles en avoient confessé avoit esté par gehenne et torture, et pour ce qu'on leur faisoit entendre que si elles ne les confessoient on les arderoit; et depuis leur sentence rendue jus-

---

(1) *Déceptés* : trompés. — (2) *Blandissements* : séductions.

ques à la mort, elles feirent toutes les manieres qu'un bon chrestien doibt faire en se confessant, en recommandant leurs ames à Dieu, priant au peuple qu'on priat Dieu pour elles, et requerant à ceulx et celles quy les connoissoient qu'on feit dire des messes pour elles. Elles moururent en cet état, disant qu'oncques n'avoient esté en ladite vaulderie, et qu'elles ne sçavoient ce que c'estoit : lesquelles parolles et manieres qu'elles tenoient meurent le peuple en grande pensée et murmure. Sy disoient aulcuns que c'estoit à tort qu'on les faisoit mourir ; les aultres disoient que le diable leur avoit commandé d'ainsy dire, et qu'ils se rappellassent afin qu'ils fussent dampnés : desquelles choses je m'en attens à Dieu. Toutefois ladite Demiselle fut menée à Douay, et de par les échevins de la ville condampnée à estre arse, et fut arse; laquelle aussy dit qu'on la faisoit mourir à tort, et dit toutes les parolles et tint toutes les manieres que les aultres avoient tenus jusques à la mort.

Ledit Abbé de peu de sens fut aussy condamné par les échevins de la cité, le jour que sa sentence fut rendue, à estre ars, et fut le premier exécuté à la justice de l'evesque. Icelluy Abbé dit aussy toutes les parolles et tint toutes les manieres que les aultres avoient fait, et encoires plus disoit qu'on le faisoit mourir à tort; et les dernieres parolles qu'il dit estant lyé à l'estracque (1), pour ardoir, furent telles en latin : *Jesus autem transiens per medium illorum ibat.* Icelluy Abbé estoit de l'âge de soixante ou soixante-dix ans, et estoit peintre : il estoit bien venu en plusieurs lieulx, parce qu'il estoit réthoricien et faisoit chants

(1) *A l'estracque :* à l'étroit.

et ballades; il les disoit devant les gens, et par espécial avoit feit plusieurs beaux dictiers (1) et ballades à l'honneur de la glorieuse vierge Marie : aussi plusieurs gens l'avoient bien cher. Mais à chacune fois qu'il lisoit ou disoit aulcuns dictiers ou ballades à l'honneur de Dieu, de Nostre-Dame, ou de quelque saint ou sainte; quand il avoit tout dit en la fin, il ostoit son cappel ou capperon, et disoit : *Ne déplaise à mon maistre*, comme aulcuns certiffioient. Pour moi, je ne sçay ce qu'il en est.

CHAPITRE IV.

Comment maistre Anthoine Sacquespée, bourgeois et eschevin de la ville d'Arras; Jehan Josset, aussi eschevin, et Henriet de Royville et aultres, furent prins comme accusés d'estre Vauldois; et comment Martin Cornille, recepveur du duc de Bourgongne, des aydes, et Willeaume Le Febvre, eschevin de ladite ville, et Hotin Loys, sergeant, s'enfuirent pour doupte d'estre prins pour ce cas; et de la grande perplexité en quoy ceulx de la ville estoient; et des preschemens que les vicaires feirent preschier, et de ceulx quy furent commis à interroguer les prisonniers prins comme Vauldois.

Le seizieme jour de juillet audit an 1460, en la ville d'Arras, sur le soir, fut prins comme accusé d'estre Vauldois, par messire Bauldin, sieur de Noyelles,

---

(1) *Dictiers* : poèmes.

chevalier et gouverneur de Péronne, maistre Anthoine Sacquespée, bourgeois et eschevin de la ville d'Arras, ung des plus riches bourgeois et grand rentier en héritage de ladite ville; lequel gouverneur de Péronne, après qu'il l'eut prins, le bailla au lieutenant d'Arras, et c'estoit le soir entre huit et neuf. Le lieutenant le mena par la porte de Saint-Micquiel, et le boutta es-prisons de l'évesque, où les aultres estoient.

Le lendemain, furent aussy prins pour ledit cas Jehan Josset, eschevin d'Arras, et Henriet de Royville, sergent de ladite ville; et furent menez comme les aultres es-prisons de l'évesque.

Et cestuy propre jour partirent de la ville, de pœur d'estre prins pour ledit cas, Martin Corneille, recepveur, et Willeaume Le Febvre, tres-riches bourgeois et eschevins de la ville; lesquels, comme on dit, eussent esté prins et menez avecq les aultres s'ils ne s'en fussent partis et dépaysés. Combien que le comte d'Estampes les feist querir, sy ne les peult on trouver, et furent poursuivis jusques à Paris; or emporta ledit Martin grand thrésor, comme on disoit. Ce Martin tenoit moult grand estat, et encoires plus sa femme: il estoit de petit lieu, et avoit esté en ses jeunes jours parmentier, c'est-à-dire couturier de robbes, et pauvre compagnon.

Avant que ledit maistre Anthoine fut prins, plusieurs de ses parens et admis (car il estoit de grand lygnage en la ville) luy avoient assez de fois dit, et fait prier instamment, qu'il se volsist absenter un espace de temps de la ville; qu'il estoit accusé d'avoir esté en vaulderie. A chacune fois il leur répondit qu'il n'en estoit coulpable; et que s'il estoit à mil lieues loing, et qu'il sceut en estre accusé, il reviendroit pour s'excusier, et qu'il aimeroit mieulx mourir et perdre ce qu'il avoit vaillant, que de s'absenter pour ce cas.

Or pour vous déclarer ceulx quy furent commis à l'effet d'interroger lesdits prisonniers, avec les vicaires de l'église et de l'évesque cy-dessus nommé, ce fut l'inquisiteur, l'évesque de Barut, suffragant; maistre Jacques Dubois, doyen d'Arras; maistre Jehan Boulengier, docteur en théologie; Philippes, sieur de Saveuses, chevalier, quy estoit grand seigneur, et moult affecté de faire justice, et ardoir touts ceulx quy estoient prins et accusez Vauldois; et estoit ledit seigneur de Saveuses commis par le comte d'Estampes, avec le sieur Crievecœur, bailly d'Amiens; Guillaume de Bery, lieutenant dudit bailly; et maistre Jehan Forme, secretaire du comte. Aprés y estoit l'inquisiteur de la foy, jacobin, demeurant à Tournay; maistre Gilles Flameng, advocat à Beauquesne; maistre Mathieu Paille, aussi advocat audit Bauquesne. Et encoires et avecq iceulx envoya le duc de Bourgongne l'évesque de Selymbrie, jacobin, docteur en théologie, âgié de quatre-vingt ans ou environ, et ledit messire Baudin, sieur de Noyelles, chevalier, gouverneur de Péronne : car jusques alors, pour visiter les proces de ceulx quy avoient esté condampnés et exécutés, n'y avoit eu aultres que lesdits vicaires, l'évesque de Barut, le doyen et les aultres clercqs de Saint-Vaast d'Arras; carmes, jacobins, cordeliers, Nostre-Dame, tant chanoines qu'aultres.

Et le vingt-septieme jour dudit mois de juillet fut prins pour ledit cas Jacotin d'Athies, fils d'un bourgeois d'Arras, lequel se tenoit avecq ledit Martin Cornille, et estoit parent de sa femme; et il fut mené en la prison de l'évesque.

En ce temps, les ville et cité d'Arras, et pour certain touts ceulx quy y demouroient, furent sy scandalysés par tout le royaulme de France et ailleurs d'estre Vauldois, qu'à peine voulloit on loger les marchands et aultres de la ville, et mesmes les marchands en perdirent leur crédence; et vouloient ceulx à quy ils debvoient estre payés, de peur qu'ils ne fussent prins comme Vauldois : parquoy ils euissent leurs biens confisqués.

Et certes en ce tems il n'y avoit sy notable homme es-ville et cité d'Arras, ne sy bon chrestien, qui bonnement endura pour quelque besoigne qu'il euist, tant fut nécessaire, d'aller hors la ville, de peur d'estre punis comme Vauldois. Et il n'y avoit ni sy bon ni sy loyal, que s'il fut allé au loing pour l'espace de quinze jours ou plus, que le menu peuple n'euist dit qu'il s'en fut allé de peur d'estre prins comme Vauldois, et euist on dit publiquement qu'il l'estoit. Comme les vicaires de l'évesque furent advertis de la grande crainte et mauvaise renommée que ceulx de la ville d'Arras avoient par tout le pays, ils feirent bien preschier publiquement que nul ne murmurat contre eulx, et que nuls n'euissent nule pœur d'estre accusés sans cause : car ils n'en faisoient point prendre comme Vauldois quy ne fussent accusez de huit ou dix témoins, lesquels avoient esté en ladite vaulderie, et les y avoient veus; mais depuis fut sceu qu'aulcuns n'avoient esté accusez que d'ung ou de deulx ou de trois pour le plus.

CHAPITRE V.

Comme, à la requeste du sieur de Beauffort, Anthoine Sacquespée, et ceulx quy estoient prisonniers comme Vauldois, on envoya les vicaires de l'évesque devers le duc de Bourgongne, afin que ledit duc assemblat touts les plus grands clercqs qu'il polroit trouver, afin d'avoir conseil, et de déterminer ce qu'on feroit desdits prisonniers; et avecq ce on envoya querir plusieurs clercqs aulx dépens desdits prisonniers, lesquels vindrent à Arras.

LE seigneur de Beauffort aiant esté aussi prins, à sa requeste et celle des aultres prisonniers furent envoyez querir en la ville d'Amiens maistre Martin Malingre, licencié es loix, official d'Amiens; l'inquisiteur de la foy de Tournay, et plusieurs notables clercqs, desquels ne vindrent que ledit Martin et ledit inquisiteur de Tournay : les aultres s'exemptoient, les ungs par viellesse, les aultres aultrement. Dequoy aulcuns disoient qu'ils n'y vouloient point venir, qu'oncques on n'avoit veu en ce pays tels cas advenus, et que la matiere estoit pressante et bien mauvaise, car nulle personne hors de la ville d'Arras ne croyoit que cela fut vray. Je ne sçay si ce fut pour cette cause ou non : il n'y vint que les deulx dessusnommez. C'est pourquoy les vicaires de l'évesque et les aultres, à la requeste et aulx dépens des prisonniers, allerent devers le duc de Bourgongne, pour avoir conseil de ce qu'ils avoient à faire en ladite matiere de vaulderie et des prisonniers. Eulx venus à Bruxelles, quand que le duc sçut pourquoy, desirant de tout son cœur la foy chrestienne soustenir et garder, il envoya en la ville de Louvain, où il y a université renommée, querir les plus grands clercqs quy y fussent, et leur commanda de venir à Bruxelles : aprés ce, il manda touts les clercqs notables et exprés du pays, qui y vindrent en grand nombre, ausquels les procés dudit seigneur de Beauffort et aultres furent montrez. Les procés veus par lesdits clercqs, de ce qu'ils convenoient et de leurs opinions, je n'ai pu rien sçavoir : car, comme on disoit, ils ne furent pas bien unis enssamble. Les uns disoient que la vaulderie n'estoit point réelle, et que supposé qu'il y put avoir aulcune réalité par la permission divine, aussy pouvoit-il y avoir beaucoup d'illusion, et qu'ils en faisoient pas tout ce qu'ils cuidoient faire. Aulcuns aussy soustenoient que c'étoit chose réelle, et qu'ils alloient en ladite vaulderie en corps et en ame; et que dés qu'ung homme s'adonne à l'ennemy d'enfer, Dieu permet que l'ennemy ayt sur luy cette puissance de le porter en vaulderie et ailleurs. Aprés que lesdits vicaires se furent conseillez, sy prindrent congié du duc, lequel duc envoya avec eulx, pour estre présent à interroger les prisonniers, Toison d'or son premier hérault, en qui il avoit parfaite fiance et crédence. Il envoya donc Toison d'or pour estre mieulx adverti de la vérité, parce qu'on luy avoit rapporté qu'aulcuns de la ville de Paris et d'ailleurs en France disoient qu'ils faisoient preindre en ses pays les riches hommes, affin d'avoir leurs biens et leurs terres : dont trés-troublé il estoit ; mais pour ce aussy ne voulloit-il pas laisser à soustenir la foy, sy le cas le requeroit. Ainsy retournerent lesdits vicaires et leur compagnie, et ledit Toison d'or avecques eulx, et revindrent en la ville d'Arras le quatorzieme jour du mois d'aoust, en la même année.

Combien que je ne puisse sçavoir quel conseil on leur bailla à Bruxelles, toute fois eulx revenus, on ne prins plus nulle personne pour ledit cas de vaulderie ; furent lesdits prisonniers plus doulcement traitez que pardevant ils n'avoient estez ; et ne feirent lesdits vicaires de l'evesque, depuis leur revenue jusques à la my mois de septembre, que quatre proces : c'est à sçavoir le proces du sieur de Beauffort, de Jehan Tacquet, de Pierotin Du Cariœul, et de Huguet Obry, dit Patrenoste ; et fut fait le proces dudit Huguet, nonobstant qu'il n'eust oncques rien confessé, quoique ce Huguet eut une fois rompu prison, et eschappé ; mais il fut reprins. Lesquels proces fait aprés qu'ils ouyrent l'opinion des clercqs estant à Arras, et aultres cy-dessus nommés, de rechief ils renvoyerent les proces à Bruxelles devers ledit duc, pour avoir encoires l'opinion des clercqs.

Et porta ledit proces maistre Mathieu Duhamel, avec luy messire Guillaume de Bery, lieutenant du bailly d'Amiens ; ainsy s'en retourna avecque eulx Toison d'or, que le duc y avoit envoyé. Eulx venus à Bruxelles, le duc feist visiter ledit procés.

CHAPITRE VI.

Comment ceulx quy avoient porté les procés des prisonniers pour le feit de vaulderie revindrent, et comment le seigneur de Beauffort fut preschié publicquement; et Jehan Tacquet, Pierrotin Du Cariœul, et Huguet Emery, furent mitrés et preschiez aussy publiquement; et de leur condempnation.

Le douzieme jour d'octobre 1460, revindrent en la cité d'Arras, de devers le duc de Bourgongne, messire Guillaume de Bery, lieutenant du bailly d'Amiens, et maistre Mathieu Duhamel, secretaire de l'evesque d'Arras, qui avoient porté les proces de quatre prisonniers pour le fait de vaulderie; revint aussy avec eulx maistre Andrien Collin, président de la chambre du conseil du duc, laquelle chambre se tenoit à Ypre; et eulx de retour, furent de rechief interrogez les prisonniers, en la présence du président. Ce fait, les vicaires rassemblerent encoires touts les clercqs de la ville et de la cité d'Arras, où estoient, entre aultres, lesdits président, l'evesque de Selymbrie et de Barut, le doyen d'Arras, et son frere. Les opinions prises, les vicaires de l'évesque, le vingt-deuxieme jour dudit mois d'octobre, rendirent la sentence des quatre proces : car combien qu'on assemblat les clercqs et qu'ils dissent leurs opinions, sy rendoient la sentence les vicaires, et ne les jugeoient point les clercqs.

Icelluy vingt-deuxieme jour du mois d'octobre au

dessusdit an 1460, en la maison episcopalle de l'evesque d'Arras, publiquement furent mis, sur ung hault hourt (1) fait exprés, messire Collart, dit Payen, seigneur de Beauffort, chevalier; Jehan Tacquet, Pierrotin Du Carioeul, et Huguet Aubry : et là fut mis sur les têtes de Jehan Tacquet, Pierrotin Du Carioeul, et Huguet, une mistre, en laquelle estoit peinte l'image du diable, de telle façon qu'ils l'avoient adoré. Nonobstant que ledit Huguet n'eut rien confessé, il fut mistré; et y estoit peint en telle façon qu'on avoit desposé contre luy. Par l'inquisiteur de la foy de Cambray, jacobin, ils furent preschiez publiquement; et dit ledit inquisiteur que le sieur de Beauffort, chevalier, qui estoit présent, avoit consenty au voulloir de méchantes femmes, lesquelles avoient esté arses comme Vauldoises, comme cy-dessus est dit; et par leur enhort (2) avoit prins ung bastonchier (3), et oingt ledit bastonchier et ses mains d'ung oignement qu'on luy avoit baillié; et puis mis ledit baston entre ses jambes, qu'incontinent luy estant en la ville d'Arras en sa maison, fut porté par l'ennemy d'enfer la premiere fois au bois de Mofflaine, à une lieue prés d'Arras, en la vaulderie, où il y avoit plusieurs hommes et femmes; là, qu'il avoit fait hommage au diable d'enfer, qui y estoit et présidoit en forme de singe; et qu'il baisa au diable la patte. Toutes ces choses dites par l'inquisiteur, il demanda au chevalier de Beauffort s'il n'estoit point ainsy qu'il avoit dit : icelluy chevalier respondit hault et clair qu'ouï, en requerant miséricorde; lors dit ledit in-

(1) *Hourt* : estrade. — (2) *Par leur enhort* : par leurs exhortations. — (3) *Bastonchier* : bâton.

quisiteur publiquement au peuple qu'on ne se donnat point de merveille sy ledit sieur de Beauffort n'estoit mistré, et s'il ne l'avoit point esté, parce que ledit seigneur de Beauffort avoit confessé d'avoir esté en la vaulderie sans gehenne ou torture, ny oncques depuis s'estoit rappellé.

Après ce, adressa l'inquisiteur ces parolles à Jehan Tacquet, et dit publiquement que ledit Tacquet avoit esté en vaulderie par dix fois ou plus. Il lui demanda s'il n'estoit pas vray; lequel Jehan Tacquet respondit oui, en requerant misericorde.

Après ce, il s'adressa à Pierrotin, dit Carioeul, et dit que ledit Pierrotin avoit esté en ladite vaulderie tant de fois que sans nombre, et qu'il avoit fait hommage à l'ennemy d'enfer, et luy avoit donné son ame.

Pierrotin, nonobstant trois mois devant qu'il avoit esté prisonnier avoit confessé les choses dessus dites, respondit publiquement qu'il n'en estoit rien, et que ce qu'il en avoit confessé avoit esté par force de gehenne et de torture. Toute fois l'avoit ledit Pierrotin escript de sa propre main. Il nyoit tout, et eult dit moult des choses sy on l'euist laissé parler.

Après ce, l'inquisiteur dit à Huguet Aubry qu'il avoit esté accusé dudit crisme de vaulderie par noeuf tesmoings, dont trois lui avoient dit en sa présence; et que quelque torture qu'on luy sceut faire, il n'avoit oncques riens voulu confesser; que s'il le voulloit on luy feroit grace. Il demanda audit Huguet s'il n'estoit pas vray : Huguet respondit qu'il ne sçavoit ce que c'estoit, et qu'oncques n'y avoit esté. Iceluy Huguet, comme on disoit, avoit esté mis à la gehenne et torture : on l'y avoit mis quinze fois, et meismement deulx fois en un jour; encoires luy fit on plus : car quant on vit qu'il ne voulloit rien confesser touchant la vaulderie, on le mena en ung fort chastel assez prés d'Arras, qu'on appelle Bellemotte; et là fut interrogé, aprés qu'on luy eut monstré le bourel, pour l'exécuter à la mort, et que s'il ne voulloit prestement confesser son fait, il seroit aussy tost exécuté. Disent aulcuns qu'il eut les yeux bandés comme sy on le deult descapiter; mais oncques pour tout il ne confessa d'avoir esté en ladite vaulderie, et disoit qu'il ne sçavoit ce que c'estoit, et qu'on le faisoit mourir à tort. Quand l'inquisiteur ouyt qu'il ne voulloit rien confesser, il luy dit publicquement qu'il avoit rompu prison, et qu'il s'estoit eschappé de nuit avec ung prestre qui estoit prisonnier pour larcin : parquoy il s'estoit rendu coupable du fait; mais qu'il avoit esté reprins. Lors se jetta Huguet à genoulx, disant que le prestre l'eust occis s'il ne s'en fut allé avecq luy, et luy avoit prié mercy : toulte fois pour ce qu'il eschappa fut-il preschiez et mistré, car les clercqs disoient que puisqu'il avoit rompu prison, il debvoit estre attainct du cas. Toutes les choses dites et remonstrées publicquement par l'inquisiteur, il feit fin de son preschement.

Aprés ce, incontinent devant le peuple, messire Pierre Le Broussart, inquisiteur de la foy en la ville et cité d'Arras, et messire Mahieu Duhamel, secretaire de l'evesque d'Arras, c'est assavoir ledit inquisiteur en latin, et ledit messire Mahieu en françois, rendirent les sentences chacune l'une aprés l'autre.

1º La sentence dudit sieur de Beauffort, par laquelle il fut déclaré hérétique, apostat et ydolatre; lequel publicquement en battit sa coulpe, en requerant miséricorde de l'Eglise, et par ladite sentence fut condempné à estre battu publicquement de vergins, comme ce fut sur les épaules, tout vestu par l'inquisiteur; et fut condempné à tenir prison fermée l'espace de sept ans, en tel lieu que bon sembleroit à l'evesque.

Item, fut condempné d'envoyer mettre au troncque des pardons (1) de la ville de Malines en Brabant, lequel troncque estoit ordonné, pour les aulmosnes de ceulx qui vouloient donner pecune pour aller sur les Turcqs ennemys de la foy, la somme de six cents livres, monnoie d'Artois, qui valloient six cents escus d'or, les soixante-dix pesant un marc de huit onces.

Item, pour les frais de l'inquisition chrestienne, la somme de six cents livres, monnoie dite.

Item, cent et cinquante livres, monnoie dite, à la fabrique de Nostre-Dame d'Arras.

Item, cent livres monnoie dite, pour faire une croix de pierres à Haultes-fontaines, au lieu auquel il avoit promis faire service au diable, afin qu'il fut mémoire de ce.

Item, cent livres à l'église de la Trinité, es-fauxbourgs d'Arras.

Item, cent livres monnoie dite, à l'église des Carmes, es-fauxbourgs d'Arras.

Item, cent livres aulx Jacobins, es-fauxbourgs d'Arras, et cent livres aulx Freres Mineurs, toute monnoie dite.

Item, aux Filles Dieu, et aulx hospitaulx des ville

---

(1) *Troncque des pardons :* tronc des indulgences.

et cité d'Arras, à chacun dix livres, monnoie dite.

Et la punition de prison réservée à la volunté de l'evesque.

Aprés laquelle sentence dudit sieur de Beauffort, rendirent la sentence dudit Jehan Tacquet, bourgeois et eschevin d'Arras, par laquelle sentence ils déclaroient ledit Jehan Tacquet hérétique, apostat et ydolâtre, et le condempnerent par maniere de pénitence à estre publicquement battu de verges, comme le sieur de Beauffort l'avoit esté; et le battit prestement ledit inquisiteur, comme le sieur de Beauffort. Lequel Jehan Tacquet requeroit publicquement la miséricorde de l'Eglise.

Item, fut condempné à tenir prison fermée l'espace de dix ans, tousjours réservant la longueur de la prison à la volunté de l'evesque.

Item, à payer au dessusdit troncque de Malines, pour employer à soustenir ladite foy chrestienne, mil livres, monnoie dite.

Item, pour soustenir les frais de ladite inquisition, deulx cents livres.

Item, cent livres, monnoie dite, en l'église de Saint-Jehan en Rouville, dont il estoit paroissien.

Item, cent livres pour faire une croix de pierres aulx bois de Mofflaines, en la place où il avoit donné son ame au diable.

Aprés ce, ils rendirent la sentence de Pierrotin Du Carioeul, par laquelle il fut déclaré hérétique, apostat, homicide et ydolâtre; et comme ayant esté aultrefois reprins sur la foy, et ne voyant en luy aulcun signe de répentance, comme membre pourry il fut délivré à la justice laye.

Aprés ce, ils rendirent la sentence de Huguet Aubry; et combien que ledit Huguet n'euist rien confessé, toutefois selon l'opinion de plusieurs clercqs il estoit atteint du cas, pource qu'il avoit rompu prison. Quand on rendit sa sentence, il estoit à genoulx et plouroit, en disant qu'il s'attendoit à la sentence des vicaires, par laquelle il fut condempné à estre mis en chartre, qu'on appelle le *bonnel*, l'espace de vingt ans, au pain et à l'eau.

Le bruit commun couroit que pourtant Huguet avoit esté serviteur de l'evesque d'Arras, et depis de Martin Cornille; qu'il avoit tousjours esté conseillé et aidé par les vicaires dudit evesque, et que iceulx vicaires mettoient paine, tant qu'ils pouvoient, d'annuller et estaindre le fait de vaulderie. Ne sçay sy ce estoit vray, qu'à Paris, Amiens, Tournay, quy sont grosses villes, on avoit prins plusieurs hommes et femmes comme Vauldois, ausquels on n'avoit rien fait, ains les avoit-on laissé aller sans aulcune punition. De tout ce, je m'attends à ce quy en est, et n'en veult personne charger.

Mais toutefois aulcuns clercqs maintenoient que par-tout estoient tant de Vauldois, et qu'il y en avoit de sy grands en l'Eglise, à la court des princes et ailleurs, que c'estoit merveille.

On disoit aussy que antechrist le faulx et desloyal estoit né, que de bref il devoit régner, et que touts les Vauldois estoient de sa partie. Dieu par sa grace voeuille en garder touts loyaulx chrestiens, et que de nostre temps ce n'advienne!

Aprés lesquelles sentences rendues, et chacun ou en partie despartis, les eschevins de la ville d'Arras vindrent requerir comme leur bourgeois ledit Pierrotin Du Carrioeul, lequel en payant les despens par luy faits en ladite prison leur fut rendu celuy jour, environ quatre heures aprés dîner.

CHAPITRE VII.

Comment Charles, comte de Charoilois, fils de Philippes, duc de Bourgongne, se vint plaindre audit duc de Bourgongne, son pere, du seigneur de Croy, principal gouverneur dudit duc.

En ce temps, Charles, comte de Charrollois, accompagné du comte d'Estampes et aultres seigneurs de son sang, arriva à Bruxelles, et vint devant le duc de Bourgongne son pere : ledit Charles et tout son train estoient vestus de blancq. En cette estat, il alla saluer son pere.

Ung jour, se trouva ledit Charles avecq le duc son pere, auquel Charles pria qu'icelluy voulsist luy donner audience, pour luy dire ce qui luy gisoit sur le cœur. Le duc y consentit : lors ledit Charles dit à maistre Gerard Vauris, natif de Bourgongne, quy estoit son principal consellier, de dire ce dont il l'avoit chargé. Maistre Gerard Vauris commença bientost à parler devant le duc; il remonstra les deffaulx, crimes et delicts faits par le sieur de Croy, quy estoit présent : car sans la présence dudit sieur de Croy, le comte de Charrollois ne les eut voullu dire.

Sytost que le duc ouyt qu'on accusoit le seigneur de Croy de plusieurs choses quy touchoient grandement à l'honneur dudit sieur de Croy, le duc dit audit maistre de Vauris qu'il se gardat bien de parler contre vérité. A ces parolles dites par le duc, maistre Gerard eut si grande pœur que le cœur luy faillit; et quand le cœur luy fust revenu, il s'excusa audit Charles de plus parler, car il s'apperçut bien que le duc se troubloit.

Ce Vauris estoit renommé d'estre tres notable clerq et beau parleur, et se donnerent de merveilles les adsistants de la pœur qu'il eut. Le comte de Charollois se jetta prestement à genoulx devant son pere, et reprint la parolle pour ledit maistre de Vauris; et moult haultement et en beau langaige commença à assigner devant le duc son pere, et devant le seigneur de Croy et aultres, plusieurs faultes et crismes qu'il disoit que le seigneur de Croy avoit commis et perpetré (1).

Le duc Philippes couppa la parolle à son fils, et luy dit que plus il n'en voulloit ouir parler, et qu'il se gardat bien que plus il en parlat, ny vinst devers luy pour telles choses. Il commanda audit seigneur de Croy qu'il fit tant devers son fils, qu'icelluy fut content et combien qu'après le département dudit duc le seigneur de Croy feit son devoir de prier merci audit comte de Charollois, fors que quant luy sieur de Croy auroit fait réparation du mal qu'il avoit fait, il auroit autant regard au bienfait que au mal fait, n'en pût ledit seigneur de Croy avoir responce, et demoura sur ce point.

(1) *Perpetré :* consommé.

Aprés toutes ces choses, partist ledit seigneur comte de Charollois pour aller au Quesnoy devers sa femme, son pere et luy, tres-content; et le convoya ledit seigneur de Croy jusques hors des portes de Bruxelles; mais oncques ne put ledit seigneur de Croy avoir aultre response d'icelluy Charles, et ainsy s'en revint devers le duc, et demoura en tel estat et gouvernement que devant.

CHAPITRE VIII.

Comment ung huissier du parlement vint en la prison de l'evesque d'Arras, et en tira hors le seigneur de Beauffort.

Audit an 1460, le seixieme jour de janvier, arriva ung huissier de parlement en la ville d'Arras, pour faire information du tort que le seigneur de Beauffort disoit qu'on luy avoit fait aussy; pour s'informer des torts que Jehan Tacquet et aultres disoient qu'on leur avoit fait par gehenne et aultrement, et aussy pour une appellation que le sieur de Beauffort disoit avoir fait des vicaires : c'est à sçavoir qu'avant qu'il fust oncques interrogé, et condempné d'avoir esté en ladite vaulderie, il avoit appellé des vicaires et leurs complices en parlement, et avoit esté amené icelluy huissier par Philippes de Beauffort, aisné fils dudit sieur de Beauffort : lequel aprés information faite, et plusieurs témoings ouis tels que ceulx qui l'avoient fait cy venir, luy voullurent bien administrer.

Le vingt-cinquieme jour de janvier enssuivant, ledit huissier, accompagné de Philippes de Beauffort luy quatriesme de frères légitismes, à sçavoir de Pierre Raoult, et Jaques de Habacq freres, et aultres jusques au nombre de trente compagnons es-environ, bien embastonnez de bastons de guerre, vindrent aulx vicaires de l'evesque, ausquels l'huissier de par le roy de France requist avoir obéissance d'exploiter ce qu'il avoit charge; lesquels vicaires, de la pœur qu'ils eurent de ceulx de sa compagnie (comme dit est embastonnez), ne comparurent. Lors l'huissier, entre dix et onze heures avant midy, alla à l'hostel de l'evesque, et demanda les clefs des prisons au geolier, lequel les luy refusa. Lors ledit huissier les lui print par force, puis alla en la prison où le sieur de Beauffort estoit, et l'emmena en la ville d'Arras, dans sa maison nommée le Quiesurette; et donna jour aulx vicaires de l'evesque pour comparoir en la court de parlement contre le seigneur de Beauffort au vingt-cinquieme de febvrier en suivant, pour respondre en la cause d'appel dudit seigneur, et aultres choses. Et le lendemain l'huissier emmena ledit sieur de Beauffort à Paris.

CHAPITRE IX.

Comment le doyen d'Arras, quy avoit esté cause de faire ardoir ceulx quy avoient esté prins comme Vauldois, tumba malade, et hors de son bon sens.

Environ ce temps, messire Jacques Dubois, maistre et docteur en théologie, et doyen de l'église Notre-Dame d'Arras, comme il alloit en la ville de Corbey, eut une maladie, et fut hors de son bon sens; on le ramena à Paris. Iceluy messire Jacques estoit repputé bon clercq, et le plaignoient plusieurs; il y en avoit aussy quy disoient que c'estoit punition de Dieu, vu que par son admonition et advertissement on avoit prins comme Vauldois ceulx cy-dessus nommez, et les avoit-on ards.

Et combien que messire Jacques revint comme on disoit en son bon sens, il n'y avoit point de seureté : il falloit qu'il se tint en une chambre; et enfin les membres lui faillirent, il s'allita par maladie : il avoit grands troulx en son corps, et grandes playes, et fut fort martirisé. Disoient aulcuns qu'il avoit esté empoisonné par les Vauldois, ou ensorcelé; et à la par fin, environ le mois de fevrier audit an 1461, mourut ledit messire Jacques Dubois, lequel eut tout son bon sens à la mort, et certes il fit belle fin.

L'an 1461, au mois de juin, fut la cause du seigneur de Beauffort plaidoyée en parlement, allencontre des vicaires de l'evesque d'Arras, et contre touts ceulx qui avoient interrogé les prisonniers comme

Vauldois. En plain parlement il fut dit par maistre Jehan de Popincourt, advocat en parlement, conseiller dudit seigneur de Beauffort, plusieurs cruelles choses, en donnant de grandes charges à ceulx quy s'estoient meslez de l'inquisition de ladite vaulderie; et sy dit entre aultres choses que dés qu'ung prisonnier estoit prins pour vaulderie, on luy disoit que s'il n'avouoit il seroit bruslé, et que s'il avouoit on le lairoit aller, sauf quelque paine, comme ung petit pelerinage. Quand ils ne voulloient rien confesser, on les mettoit à la torture : tellement qu'il falloit qu'ils confessassent tout ce qu'on voulloit. Dit encoires ledit Popincourt que quand le sieur de Beauffort eust esté mené es prisons, aprés avoir juré qu'oncques n'avoit esté en ladite vaulderie, messire Jacques Dubois se jetta à genoulx devant ledit sieur de Beauffort, et le pria moult humblement qu'il confessât d'avoir esté en ladite vaulderie : qu'aultrement il ne le pouvoit empescher d'estre ards, et touts ses biens et héritaiges confisqués; mais que s'il le voulloit confesser il seroit delivré avant quatre jours, et ne seroit ny mistré ny preschiez; et que ce qui le portoit à le prier, c'estoit pour la pitié qu'il avoit de luy et de ses enfans, lesquels demoureroient touts pauvres; et quant le seigneur de Beauffort l'ouit, il dit qu'il avoit juré le contraire : à quoy le doyen respondit qu'il ne luy en chaulsist (1), et qu'on l'en absouderoit; et par telles parolles et aultres qui estoient longues à racompter, ledit seigneur de Beauffort confessa avoir esté en vaulderie. Ledit Popincourt dit encoires que le seigneur de Beauffort aiant con-

---

(1) *Qu'il ne luy en chaulsist* : qu'il ne s'en mît pas en peine.

fessé ce qu'on a vu, il fallut qu'il payât au duc quatre mille francs.

Item, au comte d'Estampes, deux mille francs.

Item, au bailly d'Amiens, mil francs, et au lieutenant dudit bailly deux cents francs, sans qu'il fut en riens condempné envers ledit comte d'Estampes, bailly ny lieutenant; et avoit pareillement prins ledit bailly de Jehan Tacquet, lequel estoit prisonnier pour ledit cas, quatre cents livres. Plusieurs aultres choses plaidoya, et dit publiquement moult terribles et moult chargeables pour ceux qui s'estoient meslez de l'inquisition de la vaulderie. Aprés que ledit Popincourt eut parlé, il fut ordonné par parlement que ledit sieur de Beauffort seroit eslargy de prison, qu'ung huissier du parlement iroit aulx dépens dudit Beauffort en cité d'Arras, es prisons de l'evesque, chercher Jehan Tacquet, Jean Dubois, et la femme qu'on nommoit Franche-Comté, lesquels avoient esté preschiez comme Vauldois, lesquels on vint querir environ dix jours aprés, et furent menez à Paris; et assez tost aprés qu'ils furent venus à Paris, furent touts eslargis, pour aller où bon leur sembleroit; et revint chacun en sa maison.

Et disoient touts qu'oncques n'avoient esté en ladite vaulderie, et que ce qu'ils avoient dit avoit esté par force de gehenne, et de pœur d'estre ars : et combien que chacun s'en retourna en sa maison, sy estoient touts leur procés pendants audit parlement, y furent long-temps aprés, et n'estoit point la cause déterminée s'ils avoient esté condempnez, et prins à tort ou à droit; et alloient quelques fois à Paris pour solliciter leur procés.

CHAPITRE X.

Comment Charles, roy de France, septiesme de ce nom, à Meung, prés de Bourges en Berry, alla de vie à trespas.

L'an de grace 1461, le vingt-deuxieme jour de juillet, au chasteau de Meung, à quatre lieues de Bourges en Berry, Charles, roy de France, septieme de ce nom, closit (1) son dernier jour, et mourut environ l'age de cinquante-huit ans, et avoit regné trente-neuf ans.

Et prestement que ledit roy Charles fut mort, Charles d'Anjou, comte du Mayne, oncle de monseigneur Loys, aisné fils dudit roy Charles, envoya signifier la mort dudit roy Charles à monseigneur Loys, lequel se tenoit à Genappe en Brabant; et vindrent trois messagers vers ledit monseigneur Loys, quy creverent trois chevaulx : et sceut la mort de son pere le vingt-deuxieme jour du mois de juillet. Dés que monseigneur Loys sçut que son pere estoit mort, il envoya hastivement dire ces nouvelles à Philippes, duc de Bourgongne, lequel duc estoit lors en sa ville de Hesdin en Arthois. Ils assignerent jour ensemble pour se trouver à Avesnes en Haynault, et aller de-là à Reims. Comme le duc doubtoit qu'aulcun empeschement ne fût fait pour sacrer et couronner ledit monseigneur Loys, il escripvit à touts les nobles de ses

---

(1) *Closit* : ferma.

pays qu'ils se meissent sus en armes, et le plus de gens qu'ils pourroient; et fussent prés Saint-Quentin en Vermandois au septieme d'aoust en suivant. Aprés lesquelles lettres reçues des nobles par touts les pays dudit duc, ils se meirent sus en armes en plus grand nombre de gens qu'oncques n'avoient fait, et le plus richement qu'ils purent.

Icelluy monseigneur Loys considérant la grande armée que le duc de Bourgongne faisoit, laquelle estoit si grande que la pluspart des pays par où les gens d'armes eussent passés eussent esté tout pillés et mangés, il feit prier le duc de se depporter de faire sy grande armée. A laquelle requeste et priere ledit duc obéyt, et manda à touts ceulx de ses pays qu'ils s'en retournassent en leurs maisons, sans robber (1) ny faire dommage, sous paine de la hart; mais bien demanda aulx grands seigneurs et capitaines de ses pays que s'ils voulloient venir avecque luy à Reims et à Paris au sacre du roy Loys, avecque eulx leur estat quotidien en armes, ils fussent les bien-venus; lesquels seigneurs et capitaines, au moings la pluspart, y allerent en armes moult noblement habillés, et le plus richement qu'ils purent : sy feirent ils bien quatre mil combattants, ou davantage. On disoit que sy touts ceulx qui s'estoient monstés y fussent allez, ils eussent esté bien cent mil hommes. Ne sçay ce qui en est; mais je sçay que plusieurs gentilshommes et gens de guerre avoient mis grands frais à monter eulx et leurs compagnons : à quoy faire ils perdirent assez, car sy ung cheval avoit cousté cinquante escus, ils n'en trouvoient que la moitié, aulcune fois moings; de

(1) *Robber* : piller.

quoy ils estoient moult courroucés, tant pour leur dite perte qu'aussy comme je crois qu'il y avoit plusieurs quy desiroient d'y aller pour piller et robber.

CHAPITRE XI.

Comment le Roy partit de Paris, et comment il prit congié au duc de Bourgongne; et comme ledit duc le reconvoya.

LE roy Loys, qui desiroit d'aller veoir sa mere, laquelle estoit à Amboise, là où il luy avoit mandé qu'elle l'attendît, le jour de devant son partement de Paris dit à aulcuns de gens qu'il partiroit le lendemain, et que avant il voulloit dire adieu à son oncle le duc de Bourgongne : pourquoy, aprés qu'il eut disné, il partist de son hostel des Tournelles pour venir à l'hostel d'Arthois, quy estoit l'hostel du duc. On vint dire au duc que le Roy venoit vers luy; le duc estoit assis à table et disnoit : mais dés qu'il ouyt ce, il se leva de la table, et alla allencontre du Roy à pied tout au long de la rue; et sytost qu'il rencontra le Roy, il se mit à genoulx et le salua.

Le Roy descendit de cheval, et ramena le duc jusques en son hostel, touts deulx à pieds; et quant ils furent entrés en l'hostel d'Arthois (oyans touts ceulx qui y estoient), Loys remercia le duc des biens et de l'honneur qu'il luy avoit fait, en luy disant qu'il sçavoit que s'il n'y eut esté, il estoit possible que par aventure il ne fut pas en vie. Plusieurs aultres parolles moult honorables il dit audit duc; puis après le congié prins, le Roy s'en retourna en son hostel aulx Tournelles.

Le lendemain vingt-quatrieme jour de septembre, partist le Roy de Paris; et combien qu'il euist pris congié du duc; toutefois le duc le convoya hors de Paris bien loing, moult richement et honorablement accompagné, et son fils aussy, et touts les seigneurs quy estoient avecque luy.

CHAPITRE XII.

Comment Charles, fils du duc de Bourgongne, alla veoir le roy Loys; et comment il se perdit à la chasse, et du doeuil que le Roy en faisoit; et aultres choses.

APRÈS que le roy Loys fut parti de Paris, le duc de Bourgongne et son fils partirent aussy; et s'en alla le duc à Bruxelles, et son dit fils le comte de Charollois en Bourgongne et à Saint-Claude, et de là revint à Tours, où ledit roy Loys estoit; lequel roy Loys sytost qu'il sceut la venue du comte de Charollois, envoya allencontre de luy le duc d'Alençon, le comte d'Eu, le comte de La Marche, le comte de Perdriac, le duc de Sommerset, et tous les princes de sa court. Charles avoit avec luy, tant de Bourgongne que d'aultres, trois cents cinquante chevaulx, et bien des seigneurs. Quant Charles fut entré à Tours par le commandement du Roy, il alla loger à l'hostel du Roy mesme, et le Roy descendit de sa chambre jusques en bas pour le venir bien veigner. Il le reçut moult lyëment, et lui fit grande chiere.

Durant le temps que le comte de Charollois fut devers le roy Loys, icelluy Roy le mena ung jour chasser, et estoit avecque luy Charles d'Anjou, comte du Mayne. Il advint que le comte de Charollois poursuivit une beste rousse, tellement qu'il se perdit, et ne demoura que luy cinquieme. Quand il ne sceut où il estoit, il alla tant, qu'il trouva ung villaige où il y avoit une belle hostellerie, en laquelle il s'esbergea le mieulx qu'il put, car il estoit noire nuit; Loys et le comte du Maine revinrent. Quand le Roy fut descendu, il demanda son beau-frere de Charollois; on luy respondit qu'on ne sçavoit où il estoit. Lors fut le Roy troublé comme on ne le vit oncques : il envoya par-tout les villaiges d'entour d'où il venoit pour le trouver; et es-clochiers des villaiges faisoit allumer torses et fallots, affin que sy ledit comte estoit prés, qu'il apperceut les feux; il fit gens aller avec torses et fallots par champs et par bois; mais il n'en ouit aucunes nouvelles. Ledit Charles d'Anjou en estoit aussi moult troublé, car il doubtoit qu'il y eût quelque encombrier, et que on ne le luy mit sus. Ledit roy Loys estoit sy affligé, qu'il jura qu'il ne boiroit ni ne mangeroit jusques à ce qu'il en eût de nouvelles; il rongeoit par courroulx un baston. Et aussy comme on queroit ledit sieur de Charollois, icelluy seigneur pensa bien qu'on le quereroit, et qu'on seroit en doubte (1) pour luy: partant, il demanda à son hoste combien il y avoit jusques où le Roy estoit; lequel

---
(1) *En doubte :* en crainte.

luy respondit qu'il n'y avoit que deulx lieues; lors il le pria de luy bailler quelque homme paisant pour conduire ung de ses gens jusques au Roy : ce que l'hoste feit. Lors escripvit ledit seigneur de Charollois au Roy son advanture, et comme il estoit bien logié; il envoya ung chevalier de son hostel nommé Philippes de Crievecœur. Il estoit bien onze heures en la nuit ainsy que ledit Philippes vint vers le Roy, auquel il bailla les lettres dudit comte. Quand le Roy eult veu ces lettres, il fut moult joyeux; il beut et mangea. Le lendemain matin, il le renvoya querir.

Devers le roy Loys estoit, comme dessus ay dict, le duc de Sommerset, anglois, lequel duc estoit venu en France cuidant trouver le roy Charles vivant; et comme il arriva en France, ledit roy Charles mourut: pourquoy il fut prins des gens du Roy, et le feit le Roy venir à Tours vers luy, et luy feit très-bonne chiere. Jà fut-il que le duc de Sommerset fut ennemy mortel d'Edouart, nouvel roy d'Angleterre, et avoit tousjours conduit la guerre de la royne d'Angleterre contre ledit Edouart : or le duc de Bourgongne tenoit à ami ledit roy Edouart, comme on disoit, et ne luy avoit point nui en ses affaires, ains l'avoit favorisé. Toutefois ledit seigneur comte de Charollois aimoit le duc de Sommerset, quy estoit son parent; il l'eut volontiers aidé contre ledit Edouart. Pour l'amour du seigneur de Charollois, le roy Loys délibvra ledit duc, et luy feit donner de l'or et de l'argent pour aller où bon lui sembleroit. Le duc se meist en mer pour se rendre en Ecosse; mais on luy conseilla qu'il n'y allât point, car il estoit espié par le roy Edouart. Sy ne passa pas oultre, ains retourna, et s'en alla à Bruges en Flandres, où il fut un grand espace. L'y laissoit estre le duc de Bourgongne sans lui faire empêchement, pour l'amour dudit sieur comte de Charollois son fils; et ainsy tenoient le pere et le fils chacun ung parti; et quand le pere estoit joyeulx de quelque victoire que ledit Edouart avoit, le fils en estoit dolent et triste.

Aprés que le comte de Charollois eut esté prés d'ung mois avecque le roy Loys, le comte print congié du Roy, lequel l'avoit moult haultement reçu; puis s'en retourna, et repassa par la Normandie. Dans toutes les bonnes villes du royaulme où il passoit, les nobles venoient allencontre de luy, et le clergié à croix et processions; et ainsy l'avoit commandé le Roy qu'on lui feit. Comme prince, il délibvroit touts prisonniers de prisons. Il repassa par Blois, où le duc d'Orléans le festia moult haultement, et encoires euist il fait plus; mais il ne voulloit nulle part sesjourner, parce qu'il contendoit à faire sa feste de Noël avecque sa femme, qui estoit à Aire en Arthois.

CHAPITRE XIII.

D'ung mauvais fait que feit messire Loys de La Viefville, et comment il mourut; et aultres incidens.

En 1461, mourut en la ville de Saint-Omer messire Loys de La Viefville, chevalier, sieur de Sains, en l'âge de quarante ans ou environ, assez soudainement : car assez tost aprés qu'il fust descendu de son cheval s'alla coucher en son hostel, et y mourut sans faire aulcune ordonnance. Il estoit capitaine de Gravelines, tres beau chevalier, mais tres luxurieulx; et par especial en ce cas avoit fait ung merveilleux faict : car deulx ou trois ans devant avoit ravi une damoiselle en plains champs, tres belle, laquelle estoit niepce de l'abbesse de Bourbourg et noble femme, et l'une des plus belles que lors on veit. Il l'amena avecque sa femme : or sa femme estoit de noble lieu, belle et bonne, et en avoit-il plusieurs enfans. Quoiqu'elle fut belle, bonne et preude femme, si faisoit il seoir ladicte fille qu'il avoit ravie à sa table, et lui au milieu d'elles deulx; et devant sa femme alloit coucher avecque ladite fille, et bouttoit sa femme hors de sa chambre, pour qu'elle allât où bon luy sembloit. La noble dame souffroit ce patiemment, et plus fit elle : car aprés que ledit chevalier eut ravi la damoiselle, le duc de Bourgongne le manda luy et ladite damoiselle, en intention d'en faire justice; mais la tres-noble dame, qui du chevalier avoit plusieurs enfans, doubtant en soi-même que si ladite fille se plaignoit de violence, et disoit la vérité de ce que luy avoit fait son mary, le duc en feroit justice telle qu'il appartenoit (ce dont il mourroit, parquoy lui et ses enfans en seroient au temps advenir reprochiez) : par plusieurs fois et par plusieurs jours elle se jettoit à genoulx devant la fille, et lui prioit tres-instamment qu'elle eût pitié de son mary, et qu'elle ne se voulût plaindre de violence. Tant elle fit par doulces et humbles prieres, avecque mil florins d'or qu'elle lui feit avoir, que ladicte fille venue devers le duc ne se plaignit pas; et par ainsy avecque l'aide de Dieu et de ses parents, et encore mieux de la dame sa femme, icelluy chevalier ne fut point mis à mort, car le faict estoit trop-cler. Cela arriva en plain jour, et montra ladicte fille telle rebellion qu'une femme doibt et peult faire; et sans doubte pour sy horrible cas plusieurs eussent bien voullu que justice euist esté faite du chevalier. Sa femme mourut ung jour auparavant luy, de l'ennuy et du déplaisir qu'elle avoit de la vie de son mary; le chevalier estoit grand parleur, et ne tenoit chose qu'il promettoit. J'escrips ce par maniere d'exemple, pour montrer que souvent belle vie amaine belle fin.

CHAPITRE XIV.

Comment le duc de Bourgongne fust fort malade, et des prieres et processions qu'on en feit; et aultres choses.

Audit an 1461, en la ville de Bruxelles en Brabant, environ la Chandeleur, prit au duc de Bourgongne une grande maladie, et si grande que touts les maistres en medecine l'abandonnerent, et esperoient plus sa mort que sa vie. Ledit duc estant ainsy malade, manda son fils Charles, comte de Charollois, quy estoit au Quesnoy avecque sa femme, lequel y vint prestement. Son dit fils venu, dés qu'il veit son pere ainsi aggressé (1) de maladie, il manda incontinent,

(1) *Aggressé* : attaqué.

par toutes les villes fermées des pays de son pere, qu'il estoit griefvement malade, et que les medecins faisoient grand doubte de sa mort; parquoy il requeroit à touts ses sujets, et tous gens d'Eglises, qu'ils volsissent faire processions generales, prieres et oraisons à Dieu. Le comte de Charollois feit grandement son debvoir : car lui-mesme, sans se despouiller et sans dormir, veilla sondit pere quatre jours et quatre nuits, sans le laisser; et jà fut chose vraie que son pere vouloit souvent qu'il se déportât, et lui disoit : « Mon fils, je vous prie de ne pas prendre tant de « paine pour moi, vous en pourriez estre malade : ce « dont je serois courroucé; et puis qu'il plait à Dieu « que je le sois, il vaut mieulx que je le sois seul « que vous et moi. » Le bon prince parloit ainsi à son fils, craignant qu'il ne prît quelque maladie, car il n'avoit plus d'aultre enfant légitime; toulte fois son dit fils ne le voulut oncques laisser. Ainsi, quand son pere le cuidoit reposant, il estoit tousjours au tour de luy qu'il ne voioit point. Devers ledit duc vint aussy la duchesse sa femme, laquelle se tenoit aulx bois de Nieppe comme en dévotion, sans porter d'habit de religieuses; et assez-tost après les prieres et processions faites pour ledit duc, il revint en convalescence, et de jour en jour amenda tant qu'il fut gueri.

CHAPITRE XV.

De la mort de Jehan Constain, premier varlet de chambre du duc de Bourgongne, que le comte de Charollois feit decappiter, pourtant qu'il l'avoit cuidé faire mourir par poison; et aultres choses.

En l'an suivant 1462, ung dimanche, jour de Saint-Jacques et de Saint-Cristophe, fut prins en la ville de Bruxelles, par le sieur Daussy et messire Philippes de Crievecœur, chevalier, Jehan Constain, par le commandement du duc de Bourgongne, à la requeste de son fils le comte de Charollois, et fut prestement mené à Ryppelmonde; et la cause pourquoy Jehan Constain avoit esté au pais de Bourgongne dont il estoit, et là avoit traisté avec un pauvre gentil-homme nommé Jehan Osmy, pour une certaine somme d'argent, d'aller querir poisons au pays de Lombardie, pour empoisonner le comte de Charollois. Jehan Osmy y alla, et rapporta les poisons audit Jehan Constain. Constain ne lui tint pas convenance, et sy ne luy bailla point tant deniers qu'il lui avoit promis. Don Jehan Osmy fut mal content; il se plaignit de Constain à un gentil-homme nommé Archembault, natif de Bourgongne, qui estoit de l'hostel dudit comte de Charollois, en disant que Constain estoit ung mauvais homme, et que s'il voulloit tenir secret il luy raconteroit merveilles : ce que ledit Archembault lui promist. Et lors dit comment Constain avoit marchandé avec luy d'apporter poison, et sy ne luy voulloit payer. Ledit Archembault ce ouy, lui dit que s'il ne voulloit le dire au comte de Charollois, lui mesme le diroit. Jehan, qui doupta que son faict ne fust descouvert, s'en alla prestement au comte de Charollois, luy cria mercy, et raconta toute l'œuvre, et dit qu'il se faisoit partie contre Constain. Afin qu'il fut plus certain de l'œuvre, il luy bailla plusieurs lettres escriptes de la main dudit Constain, touchant le poison; le comte lui ordonna de s'aller rendre prisonnier à Ryppelmonde, comme il feit. Le comte sçachant ces choses, alla devers son pere, se jetta à ses genoulx, et le pria de lui faire justice, comme il la feroit au plus pauvre homme de ses pays. Le duc lui demanda de qui: le comte respondit que c'estoit de Jehan Constain, lequel avoit envoyé querir poisons pour l'empoisonner; il luy monstra les lettres escriptes de sa main. Le duc, qui congnut les lettres de Constain, luy dit qu'il luy en feroit raison. Icelluy Jehan Constain estoit le premier varlet de chambre, et le plus privé de ceulx qu'il eut, et si privé qu'il n'y avoit office es pays dudit duc que ledit duc donna, qui ne passassent par les mains de Constain, et qu'il n'en eust quelque chose. Constain estoit tenu riche de cent mil florins de rentes d'or, ou plus, avec dix mil florins chacun an. Quand il vint à l'hostel du duc, il estoit vestu d'une pauvre juppel de toile; il servit son oncle Imbert, garde des joyaulx dudit duc, lequel Imbert le feit varlet de chambre dudit duc. Or le jour que ledit comte se plaignit, fut la nuit devant la prinse dudit Constain; et le lendemain, comme le duc s'appuyoit à une fenestre avec sa femme la duchesse et avec son dit fils, pour conclure du fait de Constain, ledit Constain, comme il avoit accoustumé, chassoit au parc de Bruxelles, présent ledit duc, et de rien ne se doubtoit; après laquelle chasse ledit Constain vint devers ledit duc, auquel celuy-cy dit telles parolles, ou en substance : « Il y a ung homme à Ryppelmonde, lequel te charge « fort de ton honneur. Je te commande que tu voies « à Ryppelmonde avecque le sieur Daussy, lequel y va « pour cette cause; vas y prestement. » Constain lui respondit qu'il iroit volontiers, et qu'il ne doubtoit homme qui le chargeast, que bien ne s'en excusât; s'y s'en alla monter à cheval, et richement monté de cinq chevaulx, et bien habillé de son corps, s'en alla à l'hostel du sieur Daussy, ancien et sage chevalier, premier chambellan dudit comte, et qui l'avoit noury dés qu'il fut né. Il trouva le sieur Daussy tout prest, et à cheval; avecque luy seize archiers de corps dudit duc, et ledit messire Philippes de Crevecœur. Quand ledit Constain veit les archiers, il démanda ce qu'ils faisoient là; lors respondit le sieur Daussy qu'ils y avoient à faire, et qu'ils iroient avecque luy. Lors partit ledit sieur Daussy et messire Philippes, et ledit Jehan Constain au milieu d'eulx, touts trois en rang, et passerent par la ville de Bruxelles, sans aultre chose dire à Constain. Quand furent hors de ladite ville, ledit sieur d'Aussy dit à Constain qu'il falloit qu'il descendit de son cheval, lequel estoit un beau destrier, et qu'il montât sur une petite hacquenée. Quand Constain veit ce, il obéit, et devint moult pasle; lors le noble et sage chevalier le feit prisonnier du duc, puis le mena au chastel de Ryppelmonde; et les suivit le comte de Charollois de prés, qu'il fut aussitost audit chastel que ledit Constain; il prist les clefs de la tour où Constain fut mis. Aprés lui allerent le bastard de Bourgongne, l'evesque de Tournay, le sieur de Croy, et ne parloit nul audit Constain que les susdits sieurs, encore le comte estant présent. On fit venir devant Constain Jehan Osmy, lequel lui dit ce qu'il avoit fait et marchandé avec lui. Il y eust entre eulx deulx de moult grosses parolles : Jehan Osmy luy feit monstrer les lettres escriptes de sa main. Tant fut parlé audit Constain, que sans gehenne il confessa son fait : c'est assavoir qu'il avoit esté lui mesme par deulx fois au pays de Piedmont en Lombardie pour avoir lesdits poisons, et ne les avoit peu avoir, et pour ce avoit marchandé avec Jehan d'Osmy; et que la cause pourquoy il les faisoit, ce n'estoit pas, comme il dit de prime face, pour faire mourir le comte de Charollois. Enfin il avoua que aprés ledit poison prins il n'euist vescu qu'ung an. Il le lui debvoit donner à la my aoust prochain, lors d'aulcuns banquets qui se debvoient faire à l'hostel dudit duc; il dit que la cause qui le menoit à ce faire estoit qu'il se doubtoit n'estre pas bien en la grace du comte, et que si le duc son pére fut mort, il avoit doubte qu'il ne luy eult osté le sien, ou par avanture la vie; des aultres choses qu'il confessa, je ne le peux sçavoir, car trop fut tenu secret. Aprés cette confession, le comte demanda à Jehan Osmy si Constain luy eut tenu sa promesse, s'il l'auroit accusé; auquel il respondit que non : et on le fit mourir, car il ne l'avoit accusé que par convoitise.

Ces choses faites, le vendredy en suivant Constain fut mené sur une haulte tour à Ryppelmonde pour le décapiter, présent ceulx du conseil du duc. Mais avant Constain pria qu'il peut ung peu parler au comte : ce qu'on luy octroya. Il parla audit comte seul à seul, et ne sceut-on ce qu'il lui dit, combien que ceulx qui estoient loing d'eulx veirent bien qu'à chacun propos que ledit Constain disoit, voir à peu-prés à chacun mot, ledit comte faisoit le signe de la croix : pourquoy on doubtoit qu'il n'euist accusé plus grande chose qui fut plaine de mal, de luy ou d'aulthruy. Aprés qu'il eut parlé audit comte, il le pria que son corps ne fut point escartelé, et qu'il fut mis en terre sainte. Ce fait, il fut décapité, et assez tost aprés luy ledit Jehan Osmy, audit lieu.

Les biens et héritages dudit Constain furent touts confisqués; mais le duc assez tost aprés les redonna à la femme de Constain et à ses enfans, laquelle femme estoit bien en la grace du duc. On disoit encoires que ledit Constain avoit fait morir par poison la dame de Ravestain, femme d'Adolphe de Cleves, nepveu du duc.

LIVRE CINQUIEME.

CHAPITRE PREMIER.

Comment le duc de Bourgongne de rechef rassembla les trois Estats de ses pays à Bruges, et comment son fils les feit venir en dedans le jour en Anvers en Brabant par devers luy, dont le duc fut mal content; item, *des crismes que sondit fils dit que le sieur de Croy avoit commis; et comment enfin le duc pardonna à sondit fils ce qu'il luy pouvoit avoir meffait.*

Environ ce temps, le duc de Bourgongne convoqua les trois Estats de ses pays à ce qu'ils fussent en nombre complet le neuvieme jour de janvier à Bruges. Ce que sçachant son fils le comte de Charollois, lequel estoit en l'indignation de son pere, comme je dirai cy aprés, il escrivit par touts les pays dudit duc aulx trois Estats d'estre devers lui en la ville d'Anvers en Brabant le troisieme jour de janvier; il manda auxdits trois Estats comment il estoit desplaisant du courroulx que son pere tenoit contre luy sans cause : car il n'avoit fait ny ne voulloit faire chose dont il se deubt troubler vers luy. Mais aulcuns des gouverneurs de son pere, et qui ne l'aimoient point, le tenoient en indignation, et pour ce desiroit de parler à eulx avant que le jour vint où ils devoient estre pardevers son pere, afin qu'ils peussent prier à son dit pere qu'il fut content de luy, et qu'il estoit prest de faire tout ce que bon fils doit faire. Comme plusieurs prélats, nobles et députés des villes estoient partis pour se rendre prés le comte de Charollois, le duc son pere en fut adverty; et trés troublé de ce, il ordonna auxdits Estats qu'on n'y allat point, et meismement feit faire commandement à plusieurs qui jà estoient au de-là de Gand de retourner sur leurs pas. Ceux-cy obéirent; mais ainsy que ledit duc eut envoyé lesdites lettres, aulcuns desdits trois Estats estoient jà devers ledit comte. Ce qu'ils y feirent, je ne le sçay.

Le neuvieme jour de janvier, touts les dessusdits qui avoient esté devers le comte arriverent à Bruges auprés du duc.

Touts estant assemblés, le duc vint; avecque lui ceulx qui s'ensuivent: Adolphe de Cleves son nepveu, le seigneur de Croy, le bailly de Haynault, nepveu dudit sieur de Croy, et aultres seigneurs; et devant touts l'evesque de Tournay remercia, pour et au nom dudit duc, lesdits trois Estats de leur bonne diligence. Il ajouta que le duc estoit sy troublé de certaines nouvelles qu'il avoit eu de son fils le comte de Charollois, que pour lors il n'estoit pas en poinct de dire ce qu'il avoit à proposer. A ces mots le duc prist la parolle, et dit que ce dont il estoit troublé estoit que son fils se laissoit gouverner par des gens qu'il n'aimoit pas, et qu'il ne voulloit faire sa volunté; et lors prist ung papier, et le bailla à ung secrétaire pour le lire, en disant : «Ce que mon fils a escrit, entendez y.»

Auquel papier ledit comte entr'aultres choses lui marquoit que la chose qui le plus luy desplaisoit au monde estoit de ce qu'il estoit troublé envers luy, parce qu'il n'avoit voullu venir à son commandement; qu'il le prioit le tenir pour excusé, car son intention n'estoit pas d'y aller tant que ceulx qui estoient autour de luy y seroient, lesquels l'avoient cuidé faire mourir par poisons, et touts les jours pourchassoient sa mort s'ils pouvoient; que c'estoit chose vraye, et que trois choses l'en empêchoient. La premiere, parce qu'il n'aimoit pas le sieur de Croy, et n'avoit cause de l'aimer : car ledit de Croy avoit tant fait avecque ses alliés, que le Roy avoit obtenu les terres engagées : ce qui estoit à son préjudice.

La seconde cause estoit que ledit comte avoit retenu de son hostel l'archidiacre d'Avalon, aprés qu'il eut quitté le comte d'Estampes son cousin; qu'il ne debvoit pas estre mal content de luy pour certaines causes qu'il lui diroit, mais qu'il luy pleut de parler à luy.

La troisieme cause estoit parce qu'il avoit envoyé querir en Hollande par les archiers maistre Anthoine Michel, par le conseil duquel et aultres ledit comte de Charollois s'estoit, comme il disoit, voullu faire sans son gré et congié comte de Hollande, et qu'aprés qu'il fut prins les archiers dudit comte vindrent rescourre ledit maistre Michiel : desquelles choses ledit comte s'excusoit, disant que oncques ne l'avoit voullu faire, ny estre comte de Hollande; ainsy s'il sçavoit où ledit maistre Michiel estoit, il le renverroit devers ledit duc son pere. Ces choses ainsy dites, le duc remercia les trois Estats, et leur donna congié jusques à ce qu'il les mandat. Sy partirent aulcuns des trois

Estats, non pas touts : car de chacune bonne ville des pays dudit duc en demoura deulx ou trois, et conclurent de demourer touts à Bruges jusques à ce que la paix et union dudit duc et de son fils fut faite. Et avecque eulx demoura ung tres-notable clercq et preud'homme comme on disoit, lequel estoit abbé de Cîteaux en Bourgongne.

Pendant que les députés desdits trois Estats estoient à Bruges, le comte de Charollois partit d'Anvers et vint à Gand, auquel lieu de Gand lesdits députés se retrouverent avecque l'évesque de Tournay, le sieur de Gouy et messire Simon de Lallaing, chevalier, et allerent touts devers le comte pour lui dire leur volunté. Et proposa pour eulx ledit abbé de Cîteaux en telle maniere : c'est à sçavoir qu'aprés plusieurs nobles remontrances, en alléguant la sainte Escripture, et l'obéissance que fils doibt faire à pere, ils le requeroient de condescendre en toute humilité, et estre content de faire au plaisir de monseigneur le duc, qu'ils le requeroient de se déporter d'aulcuns siens serviteurs. Et aprés que ledit abbé de Cîteaux eut conclu, l'évesque de Tournay se jetta à genoulx devant lui, et feit pareillement des belles remonstrances : mais le laissa ledit comte long-tems à genoulx, car il n'estoit pas bien en sa grace, et entr'aultres choses dit qu'il n'estoit point venu vers luy comme serviteur de son pere, mais comme évesque; et à cette cause est tenu toute paix nourrir, pour éteindre tout meschief. A ces mots le comte de Charollois le reprint bien court, disant que s'il n'eut oncques esté serviteur de monseigneur son pere, il n'y eut guerres gaigné. Aprés ce, dit ledit comte aux députés qu'il estoit trés-

joyeulx de leur venue. Il osta son bonnet de dessus son chief, et les remercia, comme ses loyaulx amis, de la peine et travail qu'ils avoient prins, et de l'amour qu'ils lui monstroient, en disant que jamais il ne l'oubliroit, et que pour le grand amour qu'ils lui tesmoignoient il ne leur voulloit plus celer son couraige : ainsy leur alloit déclarer une partie des délicts et malefices que le sieur de Croy et ses alliés avoient faits. Ensuite il leur dit : « Messieurs et mes amis, n'en-
« tendez mie que je me deffie de vous, si je ne vous
« nomme touts les complices de ceulx qui ainsy ont
« pourchassiez ma mort. Vous avez ouy touts mon cas :
« vous sçavez comment dernierement je conclus ; pour-
« quoy je vous prie que voeuilliez parler ensemble, et
« me bailliez conseil de ce que j'ai à faire, attendu ce
« que j'ai dit : car en vérité je sçay que vous seroit
« déplaisant s'il m'advenoit de me mettre és-mains de
« mes ennemis ; par eulx ne voeulx estre gouverné,
« mais par mes bons et loyaulx serviteurs. Donnez
« moi advis, je vous supplie, car de cette place ne
« partiray jusques à ce que j'aye votre response :
« Dieu me la donne bonne, comme en vous j'ai par-
« faite confiance ! »

CHAPITRE II.

Comment les députés rendirent response audit comte; et comment par leur conseil ledit comte s'en alla devers son pere à Bruges, et furent d'accord enssemble.

Les députés se retirerent en une chambre, où ils furent environ demie heure; puis retournerent devers le comte, et se jetterent touts à genoulx devant lui, lequel incontinent les feit relever. Lors l'abbé de Cîteaulx, pour et au nom desdits députez, porta la parolle, et dit audit comte comment ils avoient parlé enssemble, et qu'ils estoient touts d'une opinion : c'estoit qu'ils luy requeroient trés-humblement que pour parvenir à la bonne grace et amour de monseigneur son pere, il fut content de retourner devers lui, et qu'en ce faisant il escheveroit [1] ung grand trouble qui pourroit advenir en touts les pays de son pere; et qu'au regard de ses ennemis Dieu l'en avoit gardé jusques à cette heure, et encoires par les bonnes prieres de touts ceulx desdits pays il l'en garderoit, et que quand son pere le verroit il auroit sy grande joye, que ce seroit celluy qui mieulx le garderoit; qu'au regard de ses serviteurs on le supplioit qu'il les voulut pour cette fois laisser derriere sans leur donner congié, et qu'il feroit bref la paix d'iceulx vers son pere; qu'ils s'offroient en tout ce qu'il seroit leur possible. Ce ouy

---

[1] *Escheveroit :* épargneroit.

par ledit comte, il les remercia, et leur dit que pour entretenir l'amour de Dieu, et de monseigneur son pere, et d'eulx, il leur accordoit de bon coeur leur demande, en les priant de l'accompagner, et de lui faire requeste pour ses serviteurs : ce qu'ils lui accorderent; et le lundy enssuivant, le comte de Charollois, accompagné de grand nombre de nobles gens, chevaliers et escuyers, avec lesdits deputés, partit de Gand, et arriva ce jour à Bruges. Vindrent au devant de luy l'archevesque de Lyon, Adolphes de Clesves, Anthoine, bastard de Bourgongne, et plusieurs aultres seigneurs, avecque la loy (1) de la ville; de laquelle ville ce jour le sieur de Croy sçachant sa venue, estoit parti, et estoit allé devers le roy Loys à Tournay. Le comte descendit à l'hostel de son pere, puis monta en sa chambre; sitost qu'il le veit, il s'agenouilla par trois fois, et à la troisieme fois dit : « Mon tres-doulx seigneur « et pere, j'ai entendu qu'estes mal content de moi « pour trois choses, » lesquelles il luy déclara (comme dit est cy-dessus quant il parla aulx depputés); il s'en excusa, puis dit : « Toutefois, sy en ce ou en aultres « choses je vous ay aulcunement troublé ou courrou- « cié, je vous en prie mercy. » Alors le duc respondit : « De toutes vos excusations je sçay bien ce qu'il en « est : ne m'en parlez plus; mais puis qu'estes ici venu « à mercy, soyez-moi bon fils, et je vous seray bon « pere. » Il le print par la main, et lui pardonna. Ce fait, les depputez des bonnes villes prinrent congié du duc, qui leur assigna jour au huitieme de mars à Bruges, pour leur déclarer son intention. Chacun s'en retourna en son lieu.

(1) *La loy* : les magistrats.

CHAPITRE III.

Habillements du tems, et mort du duc Phillippes le Bon.

En 1467, les dames et demoiselles ne portoient plus nulles queus à leurs robbes, mais elles portoient bordures de gris de letisses (1) de velours et aultres choses, de largeur d'ung velours de hault; elles portoient sur leurs chiefs (2) bourlets en maniere de bonnets ronds, et diminuant par dessus de la haulteur de demie aulne ou trois quartiers de long, aucunes moins, aultres plus, et déliés couvierchefs par-dessus pendans par derriere jusques en terre, avec cinture de soye de la largeur de quatre ou cinq pouces, les tissus et ferures larges et dorées, pesant cinq, six et sept onces d'argent; de larges colliers d'or en leurs cols, de plusieurs façons.

En ce temps aussy les hommes se vestoient sy court, que leurs chausses alloient prés jusques à la forme de leurs fesses; ils faisoient fendre les manches de leurs robbes et de leurs pourpoints, si bien qu'on voyoit leurs bras, parmy une déliée chemise qu'ils portoient. La manche de la chemise estoit large : ils avoient longs cheveulx qui leur venoient pardevant jusques aulx yeux, et par derriere jusques en bas; sur leurs testes ils portoient ung bonnet de drap d'un quartier ou quartier et demy de haulteur; et les

(1) *Letisses* : fourrures. — (2) *Chiefs* : têtes.

nobles et riches, grosses chaînes d'or au col, avec pourpoint de velours ou drap de soye, et de longues poulaines à leurs solliers de ung quartier ou quartier et demy de long, et à leurs robes gros maheutres sur leurs épaulles, pour les faire apparoistre plus gros et plus fournis. Leurs pourpoints estoient garnis de bourre; et s'ils n'estoient ainsy, ils s'habilloient touts long jusques en terre de robes, tantost en habit long, tantost en habit court; et ny avoit sy petit compagnon de mestier qui n'eut une longue robe de drap jusques aulx talons.

Le douzieme jour de juin en l'an 1467, par un vendredy au soir, en la ville de Bruges, Philippes, duc de Bourgongne, eut une maladie, laquelle luy prist par vomir : le lundy ensuivant, le quinzieme jour dudit mois, entre neuf et dix heures du vespre (1), il mourut. Le dimanche avant sa mort, on alla hastivement dire au comte de Charollois, qui estoit à Gand, comment son pere estoit griefvement malade. Le comte, la nouvelle ouye, prestement monta à cheval, et alla à Bruges, et sembloit par tout où il passoit qu'il dévist faire fendre les pieds de son cheval; et n'y eut que quatre ou cinq chevaliers qui le peurent suivre. Il arriva le lundy environ midy à Bruges, et descendit à l'hostel de son pere, qui avoit jà perdu la parolle; le comte se jetta devant son lit à genoulx, plourant, et luy requérant sa bénédiction; et que si aulcune chose lui avoit meffait, qu'il la luy pardonnast. Auprés du duc estoit son confesseur, evesque, lequel l'admonesta, et pria moult que s'il avoit encoires entendement, qu'il le monstrast, et que au moings s'il ne

(1) *Du vespre :* du soir.

pouvoit parler, qu'il feit aulcun signe; à laquelle admonestation, veue et priere de son fils, il retourna ses yeux sur sondit fils. Il le regarda, et luy estendit la main, laquelle il avoit mise sur la sienne; et aultre signe ne luy peut faire.

Le duc mort, son corps fut laissé sur son lit toute cette nuit, ung noir bonnet sur son chef, et en sa chambre. Le lendemain jusques au soir, chacun qui vouloit le venoit veoir; il y eult moult grand peuple. Quant vint à mettre le corps en terre, n'est homme qui sceut dire la grande pitié des pleurs des officiers et aultres. A vérité dire, pouvoient et devoient plourer ceulx qui estoient sujets du duc : car ils perdoient ce jour un prince, le plus renommé qui fut sur la terre, plain de largesse, plain d'honneur, plain de hardiesse et vaillance, bref remply de moult nobles vertus.; lequel avoit touts ses pays gardé en paix à la pointe de l'espée, sans espargner son corps. Touts nobles hommes qui venoient vers luy à sauveté (ses ennemys ou non), il les recepvoit, les retenoit à sa court, et leur faisoit ce qu'il pouvoit de bien.

FIN DES MEMOIRES DE JACQUES DU CLERCQ.

MEMOIRES

DE MESSIRE

PHILIPPE DE COMINES,

SEIGNEUR D'ARGENTON,

OÙ L'ON TROUVE L'HISTOIRE DES ROIS DE FRANCE

LOUIS XI ET CHARLES VIII.

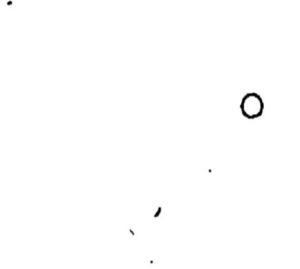

AVERTISSEMENT.

Dès sa jeunesse Louis XI fut un personnage historique, soit par les services qu'il rendit à l'Etat, soit par les troubles qu'il fomenta dans le royaume, soit par ses révoltes contre son père. Les premières années de son règne méritent également de fixer l'attention. Son administration injuste et capricieuse mécontente les princes et les seigneurs, qui se liguent contre lui et se disposent à lui faire la guerre, sous le prétexte du bien public. Cependant, à l'époque où commencent les Mémoires de Philippe de Comines, ce prince atteignoit sa quarante-deuxième année, et régnoit depuis trois ans. Une Introduction semble donc nécessaire pour faire lire avec plus d'intérêt les Mémoires, qui ne donnent aucun détail sur les événemens antérieurs à l'année 1464.

Lenglet-Dufresnoy l'avoit pensé ainsi, lorsqu'il a publié en 1747 sa belle édition des Mémoires de Philippe de Comines, en quatre volumes in-4°. Dans sa préface, il a fait l'histoire de Louis XI jusqu'à la *guerre du bien public*, et les éditeurs de l'ancienne Collection des Mémoires relatifs à l'histoire de France ont réimprimé son travail. Nous aurions suivi leur exemple, si cette préface nous avoit paru satisfaisante sous tous les rapports; mais, soit que ce savant et laborieux écrivain ait été entraîné par l'esprit de système, soit qu'il ait cru nécessaire au succès de son entreprise de dissimuler les reproches que l'on fait au prince dont il publioit l'histoire, sa préface n'est trop souvent qu'un panégyrique, et l'on n'y trouve point Louis XI tel qu'il est présenté par les chroniques du temps et par les témoignages les plus incontestables. Non-seulement les faits n'y sont pas racontés avec exactitude, mais l'auteur néglige de rapporter grand nombre de circonstances importantes, qui sont essentielles pour donner une juste idée du caractère que ce prince annonça dès son jeune âge, et pour en suivre les développemens.

Nous avons donc cru devoir faire une Introduction nouvelle, plus complète et plus impartiale. Nos histoires de France, où les événemens sont divisés par règne, et où l'on ne s'occupe guère que de ce qui se rattache au prince régnant, nous ont offert peu de ressources pour ce travail. Nous avons trouvé plus de déclamations que de faits positifs dans Pierre Matthieu (1), qui n'a écrit d'ailleurs que sur des documens incomplets. Varillas (2), chez lequel Godefroy a relevé un si grand nombre d'erreurs, ne pouvoit nous servir de guide; et nous devions être en garde contre Duclos (3), parce qu'il a suivi le même système que Lenglet-Dufresnoy, et présenté les choses sous le même point de vue. Pour découvrir la vérité, il a fallu remonter aux sources, compulser les chroniques contemporaines, et consulter surtout les actes authentiques qui nous ont été conservés. Notre but n'a été ni de flétrir la mémoire de Louis XI, ni de la justifier. Nous nous sommes attachés à peindre ce prince par des faits dont l'authenticité ne nous a pas semblé pouvoir être contestée; et sa conduite pendant les dix-neuf dernières années de sa vie confirme les détails que nous donnons sur lui dès l'âge de dix-sept ans. Les six premiers livres des Mémoires de Philippe de Comines sont consacrés à Louis XI, et les deux derniers à Charles VIII. Nous ne nous sommes occupés que de Louis XI dans notre Introduction. On trouvera le tableau du règne de Charles VIII en tête des Mémoires de Villeneuve et de La Trémouille.

---

(1) Histoire de Louis XI, par P. Matthieu; 1 vol. in-fol. Paris, 1610. — (2) Histoire de France, depuis la naissance de Louis XI jusqu'à la mort de Henri III, par Varillas; 15 vol. in-4°. — (3) Histoire de Louis XI, de Duclos; 4 vol. in-12.

Cette Introduction sera précédée d'une notice sur Philippe de Comines. Nous y avons réuni tous les renseignemens qu'il nous a été possible de recueillir sur cet homme célèbre et sur ses Mémoires. Comme sa conduite lorsqu'il a quitté le duc de Bourgogne pour passer au service de Louis XI a été diversement jugée par les historiens, nous avons pensé qu'il ne seroit pas inutile de rapporter leurs opinions; nous y avons joint les documens que l'on trouve, soit dans ses propres Mémoires, soit dans les actes publics du temps.

Les premiers éditeurs se sont bornés à copier les notes historiques et explicatives de Lenglet-Dufresnoy, qui lui-même en avoit emprunté une partie à Denis Godefroy. Nous avons reconnu que parmi les notes il y en avoit un assez grand nombre qui n'offroient aucun intérêt, et qu'il étoit possible de resserrer la plupart des autres sans rien supprimer d'essentiel. Ces notes ont principalement pour objet de faire connoître les titres et la famille des personnages dont il est fait mention dans les Mémoires de Philippe de Comines. On nous saura gré d'avoir abrégé des détails généalogiques qui étoient déplacés dans un pareil commentaire. Nous avons ajouté des notes lorsqu'elles nous ont paru nécessaires, soit pour l'intelligence des faits, soit pour indiquer quelques événemens sur lesquels Philippe de Comines garde le silence; mais nous ne nous sommes occupés que de ceux de ces événemens qui avoient une véritable importance. Sur les quatre volumes in-4° de Lenglet-Dufresnoy, il y en a plus de deux qui sont consacrés aux pièces justificatives : les premiers éditeurs en ont pris quelques-unes, et ont donné le titre des autres. Nous avons examiné attentivement ces pièces. La lecture peut en être très-utile si on veut écrire l'histoire; mais nous en avons trouvé très-peu qui fussent assez intéressantes pour entrer dans cette Collection. La plupart sont des traités faits par les divers princes qui régnoient à cette époque; et le grand nombre de ces traités n'étonnera point, si l'on considère que Louis XI négocioit aussitôt que la guerre étoit déclarée, et qu'il cherchoit à recommencer la guerre dès qu'il avoit fait la paix : aussi compte-t-on plus de vingt traités signés par ce prince, depuis 1468 jusqu'à 1475, avec les seuls ducs de Bourgogne et de Bretagne. Les plus curieuses de ces pièces justificatives sont les lettres que Louis XI adressoit à ses généraux ou à ses agens, et les instructions secrètes qu'il leur donnoit ; elles dévoilent le caractère et la politique de ce monarque. Nous en insérerons quelques-unes, soit en notes au bas des pages, soit à la fin des Mémoires, suivant leur étendue [1].

Quant au texte des Mémoires, nous avons dû adopter celui de l'édition in-4° de Lenglet-Dufresnoy, qui est le plus correct et le plus complet.

[1] Nous avons en outre choisi plusieurs pièces très-intéressantes dans les recueils de l'abbé Le Grand.

NOTICE

SUR PHILIPPE DE COMINES,

ET SUR SES MÉMOIRES.

Philippe de Comines, issu d'une famille de Flandre ancienne et distinguée, naquit en 1445 (1). Collart ou Nicolas de La Clite, son père (2), fut armé chevalier par Philippe-le-Bon avant la bataille de Wimen, où il resta prisonnier. En 1435, il succéda à Jean I de La Clite, son frère aîné, dans la charge de bailli de Flandre, fut banni par les Gantois, et rétabli par le duc de Bourgogne en 1451; il mourut en 1454, ayant été marié deux fois (3), et n'ayant pas d'autre héritier que l'auteur des Mémoires. Il lui laissoit de riches domaines, mais ses biens étoient grevés de dettes considérables (4). Comines, orphelin à l'âge de

---

(1) Philippe de Comines étant mort en 1509, à l'âge de soixante-quatre ans, a dû naître en 1445; on ignore d'ailleurs la date précise et le lieu de sa naissance. On croit cependant qu'il naquit au château de Comines, à quelques lieues de Lille.

(2) Dans la généalogie de sa maison, son père est appelé Collart de La Clite, ou Nicolas de Comines. La Clite étoit le nom de ses ancêtres; le père de Collart de La Clite ayant épousé Jeanne de Waesieres, dame de Comines, prit le titre de seigneur de Comines, et le transmit à ses enfans.

(3) Sa première femme fut Catherine de Haveskerke, morte en 1440; la deuxième, Marguerite d'Armuden.

(4) Presque tous ses biens étoient engagés au duc de Bourgogne.

neuf ans, eut pour tuteur Jean II de La Clite, son cousin-germain. Sleidan, qui a publié en 1548 une traduction latine de ses Mémoires, nous a transmis sur lui quelques particularités qu'il tenoit de Matthieu d'Arras, qui avoit *connu familierement et servi* Philippe de Comines. Il étoit, dit-il, beau personnage, et de haute stature; il parloit assez bien italien, allemand et espagnol, mais il ne savoit pas le latin, et s'en plaignoit souvent; il aimoit les livres d'histoire, et surtout ceux qui traitoient de l'histoire romaine; il recherchoit la conversation des étrangers; sa mémoire étoit prodigieuse; il n'étoit jamais oisif, et savoit bien régler l'emploi de son temps. Ces détails, qui sont les seuls authentiques que nous ayons pu découvrir, ne s'appliquent pas rigoureusement à la jeunesse de Philippe de Comines, mais ils peuvent donner une idée de l'éducation qu'il reçut, et des dispositions naturelles de son esprit; car, si dans un âge plus avancé il témoigna un vif regret de ne pas savoir le latin, et ne put se résoudre à l'apprendre, on doit en conclure que les langues italienne, allemande et espagnole firent partie de ses premières études (1). Et il ne faut pas perdre de vue que si la connoissance de ces dernières langues pouvoit lui être d'un grand avantage pour les négociations dont il étoit chargé, le latin lui auroit été encore plus utile, parce qu'on s'en servoit alors pour la plupart des actes publics. On doit encore faire remarquer qu'il eut néces-

(1) Cependant Paquot, dans ses Mémoires pour servir à l'Histoire littéraire des Pays-Bas, prétend que Comines fut élevé avec beaucoup de négligence, suivant l'usage de la noblesse du temps; mais il ne cite aucune autorité à l'appui de cette opinion.

sairement de bonne heure le goût du travail, et qu'il lui auroit été difficile d'en contracter plus tard l'habitude, au milieu du tumulte des camps et des plaisirs de la cour.

Au commencement du mois de novembre 1464, il fut amené à Lille, et présenté à Charles, comte de Charolois (1), qui le prit à son service (2). Il avoit alors dix-neuf ans. Peu de temps après son arrivée, le comte de Charolois, ligué avec le duc de Bretagne et avec les seigneurs français mécontens du gouvernement de Louis XI, entra en France, et commença la guerre connue sous le nom de *guerre du bien public*. Comines le suivit dans cette expédition, dont il a fait une relation détaillée. Après le traité de Conflans, par lequel Louis trompa les princes ligués contre lui, en paroissant leur accorder plus qu'ils ne demandoient, Comines retourna en Bourgogne avec le comte de Charolois, qui l'avoit distingué parmi ses autres serviteurs, et admis dans son intimité. Jacques Marchand rapporte, sur le témoignage d'un vieillard contemporain, que Comines, revenant de la chasse avec le comte, s'oublia jusqu'à dire à ce prince de le débotter; que Charles lui tira effectivement ses bottes et l'en frappa au visage, en lui disant : « Comment, « coquin, tu souffres que le fils de ton maître te rende « un si vil service? » Il ajoute que depuis cette aventure Comines fut surnommé *la tête bottée*. L'anecdote

---

(1) Charles, comte de Charolois, fils unique de Philippe-le-Bon, duc de Bourgogne, lui succéda en 1467.
(2) Mémoires de Philippe de Comines, liv. 1, chap. 1. Paquot rapporte que le comte de Charolois accorda au jeune Comines une pension de six mille livres.

a été contestée par plusieurs historiens; ceux qui l'ont adoptée ont cru que ce fut pour se venger de cet affront que Comines abandonna plus tard le service de Charles, devenu duc de Bourgogne.

Tout ce que l'on sait sur Philippe de Comines jusqu'en 1472, époque à laquelle il passa en France, se trouvant raconté dans ses Mémoires, il seroit inutile de le répéter ici.

Comines ne fait point connoître les motifs qui le déterminèrent à quitter, pour s'attacher à Louis XI, la cour de Bourgogne, où il jouissoit de la confiance et de la faveur du prince. Sa conduite a été jugée diversement par les historiens. « Si le motif eût été « honnête, dit Mézeray, sans doute qu'il l'eût expli- « qué, lui qui a si bien raisonné sur toutes choses[1]. » Lenglet-Dufresnoy pense, au contraire, que plus les motifs de sa retraite sont restés secrets, plus il y a lieu de les interpréter en sa faveur; « car, ajoute-t-il, « ses ennemis n'auroient pas manqué de les faire con- « noître : le duc de Bourgogne lui-même, qui a cherché « à diffamer les transfuges [2], n'a pas osé l'accuser. »

---

[1] Mézeray, en s'exprimant ainsi, paroît avoir suivi l'opinion de Mayer, qui, comme Flamand, juge Comines avec une excessive sévérité : *Cum autem Cominius, suis in scriptis, causam suæ defectionis reticeat, non dubium puto quin ob fœdum aliquod patratum scelus more proditorum aufugerit, non autem solá tyranni largitione corruptus.* Ann. Fland., lib. 17.

[2] En 1470, Baudouin, bâtard de Bourgogne, Jean d'Arson et Jean de Chassa ayant passé au service de France, Charles publia contre eux une espèce de manifeste dans lequel il accusoit les deux premiers d'avoir attenté à sa vie par le fer ou par le poison, et d'avoir formé ce complot avec Jean de Chassa, de concert avec Louis XI, afin de partager les Etats de Bourgogne. Jean de Chassa répondit à cette accusation, vraie ou fausse, par la lettre la plus injurieuse au duc. Il

Voltaire ne voit dans Philippe de Comines qu'un célèbre traître qui, ayant long-temps vendu les secrets de la maison de Bourgogne, passa enfin au service de France. Garnier pense également que Philippe de Comines, avant de venir en France, trahissoit son maître depuis long-temps. Duclos reconnoît que la conduite de Comines fut très-équivoque à l'égard du duc de Bourgogne. « Il le quitta, dit-il, parce qu'il « n'y avoit rien à espérer d'un prince qui devoit in- « failliblement se perdre par sa fureur et sa présomp- « tion ; et ses motifs, quels qu'ils puissent être, me « paroissent difficiles à justifier. » P. Matthieu croit

donne à Charles le démenti le plus formel, l'appelle soi-disant duc de Bourgogne. « La cause, dit-il, qui m'a meu à ce faire (à quitter son « service) est pour les très-viles, très-énormes et deshonnestes choses « que ledit duc, lorsque j'étois devers lui, fréquentoit et commettoit « contre Dieu, contre nature et contre nostre loy : en quoy il m'a « voulu attraire et faire condescendre d'en user avec lui ; et s'il veut « dire le contraire, j'offre sur cette querelle de combatre devant ledit « très-chrétien roy de France, son souverain seigneur. » Plus loin il ajoute : « Quoique né sujet du duc, il ne s'en suit pas que moy ni « autre quelconque qu'il voudroit dire son sujet soyons tenus de lui « obeir ne le respecter pour nostre seigneur et nostre prince, ne ceste si « très-détestable et deshonneste vie dont l'énormité est si grande, que « par la seule parole l'air en est corrompu et infect. » Il termine en disant « qu'il est venu sous l'obéissance du dit roy très-chrétien, sous « lequel il pourra vivre vertueusement en gardant son honneur et sa « conscience, et y avoir, lui et ceux qu'il a engagés à le suivre, des « biens selon leurs vertus et mérites. » Ces imputations odieuses sont démenties par les chroniques contemporaines. (*Voyez* le Précis de l'histoire de la deuxième maison de Bourgogne, tom. 9 de cette série, p. 52.) Néanmoins Lenglet-Dufresnoy les adopte, et prétend *que la cour de Bourgogne étoit alors plongée dans des désordres si affreux qu'un homme de probité avoit peine à y demeurer sans mettre son honneur en danger.* C'est un de ses principaux argumens pour justifier la retraite de Comines.

que Comines étoit tout Français quand Louis XI fut arrêté à Peronne [en 1468], et que dès-lors il prit la résolution de se retirer en France. « Mais il n'est pas « croyable, ajoute-t-il, qu'il y ait eu trahison dans « son fait; s'il eust eu le blasme d'infidélité et d'ingra- « titude, qui sent la dissolution de l'humaine société, « le Roy ne lui eust pas fié tant de grands et impor- « tans affaires. » Louis XI, pendant tout le cours de son règne, a employé pour les affaires les plus importantes un si grand nombre d'hommes dont la trahison ne sauroit être révoquée en doute, que cette dernière observation ne semble pas devoir être d'un grand poids. Le père Daniel s'abstient de porter aucun jugement. « Il faudroit, dit-il, connoître la véritable « cause de la retraite de Comines, pour le justifier ou « le condamner. »

Nous croyons devoir rapporter ici quelques faits bien constatés, et qui pourront aider les lecteurs à établir leur opinion sur la conduite de Philippe de Comines. Cet historien (liv. 1, chap. 9 de ses Mémoires) parle d'un lieu où, pendant le siége de Paris en 1465, les envoyés du Roi et des princes se réunissoient pour traiter de la paix, et où l'on cherchoit des deux côtés à s'enlever réciproquement des gens de guerre. Comines, âgé alors seulement de vingt ans, étoit trop jeune pour être employé dans ces négociations; mais il n'ignoroit pas les intrigues qui se pratiquoient, et l'amitié que lui témoignoit le comte de Charolois lui donnoit déjà une certaine importance.

Lorsque le Roi fut arrêté à Peronne, Philippe de Comines raconte que dans les premiers momens il adoucit de tout son pouvoir le duc, qui paroissoit avoir les plus sinistres projets (1). Il dit ensuite que *le Roi faisoit parler à tous ceux qu'il pensoit qui lui pourroient aider; qu'il ne failloit point à promettre; qu'il fit distribuer quinze mille écus d'or, et que celui qui en eust la charge en retint une partie; que la nuict qui précéda le traité, le Roy eut quelque amy qui l'avertit que le duc iroit le trouver, l'asseurant de n'avoir nul mal s'il consentoit à jurer la paix, et à suivre Charles contre les Liégeois; mais qu'en faisant le contraire il se mettoit en si grand peril, que nul plus grand ne lui pourroit advenir* (2). Comines ne nomme pas cet *ami* qui fit avertir le Roi. Il ajoute seulement plus loin que Louis XI *lui fit cet honneur de dire qu'il l'avoit bien servy à Peronne.* S'il étoit dès-lors en intelligence avec Louis XI, et s'il avoit pris des engagemens avec lui, le duc de Bourgogne n'en eut aucun soupçon; car, en 1469, ce prince lui fit la remise des dettes dont les biens de sa famille étoient grevés depuis la mort de Nicolas de Comines (3).

On croit généralement que Philippe de Comines vint en France au mois de septembre 1472. Dès le mois d'octobre suivant, le Roi le fit conseiller et

---

(1) Mém. de Comines, liv. 2, chap. 7. — (2) *Id.*, liv. 2, chap. 9.
(3) Plusieurs écrivains cités par Moreri disent, pour justifier Comines, que tous ses revenus étoient saisis par le gouvernement de Bourgogne; que le duc Charles ne lui remit qu'une partie de ses dettes, et qu'il ne se décida à passer en France que parce qu'il reconnut qu'il lui seroit impossible de pouvoir jamais se libérer. Nous ferons remarquer que les lettres-patentes délivrées par Charles, duc de Bourgogne, le premier octobre 1469, accordent à Comines la remise totale de ses dettes.

chambellan, lui donna la principauté de Talmont, les terres d'Aulonne, Château-Gonthier, etc.; et on remarque les passages suivans dans les lettres patentes de cette donation :

« Comme notre ami et féal conseiller et chambellan
« Philippe de Comines, seigneur de Revesture (châ-
« tellenie de Cassel en Flandres), *démonstrant sa*
« *grande et ferme loyauté, et la singuliere amour*
« *qu'il a eue et a envers nous, se soit des son jeune*
« *âge* (1) *disposé à nous servir, honorer et obeyr*
« *comme bon, vray et loyal sujet doit à son souve-*
« *rain seigneur;* et nonobstant les troubles, divisions
« qui ont esté, et les lieux où il a conversé, qui par
« aucuns temps nous ont esté et encores sont con-
« traires, rebelles et desobeissants, toujours ait gardé
« envers nous vraye et loyale fermeté de courage, et
« mesmement en notre grande et extrême nécessité
« à la délivrance de nostre personne, lors que nous
« estions entre les mains et sous la puissance d'aul-
« cuns de nosdits rebelles et désobeissants, qui s'es-
« toient déclarés contre nous comme nos ennemis,
« et en danger d'estre illec détenus. Nostredit con-
« seiller et chambellan, sans crainte de danger qui lui
« en pouvoit lors venir, *nous advertit de tout ce qu'il*
« *pouvoit pour nostre bien,* et tellement s'employa
« que par son moyen et aide nous saillimes des mains
« de nos rebelles et desobeissants, etc. *Et en plusieurs*
« *autres manieres nous a fait et continue de faire*
« *chacun jour plusieurs grands, louables et recom-*
« *mandables services;* et au dernier a mis et exposé

(1) En 1472, Philippe de Comines avoit vingt-sept ans. Il n'en avoit que vingt-trois à l'époque du voyage du Roi à Peronne.

« sa vie en aventure; et sans crainte ne consideration
« du danger de sa personne, a abandonné et perdu tous
« ses biens, meubles et immeubles pour nous servir.
« Connoissans que, selon Dieu et nostre conscience,
« sommes obligés de le récompenser des pertes et dom-
« mages qu'il a eus et soutenus, aussy de reconnoistre
« envers luy les grands périls, dangers et adventures
« qu'il a eus, endurés et attendus, lui donnons, etc. »

Outre la principauté de Talmont et les autres terres dont on vient de parler (1), le Roi accorda, le 28 octobre de la même année, une pension de six mille livres à Philippe de Comines; au mois de janvier suivant, il lui donna encore trente mille écus d'or (2) pour l'aider à acquérir la terre d'Argenton, et quatre cents pour emménager le château. En 1473, il lui céda les deniers provenant des francs-fiefs, etc., du bailliage de Tournay, qui sont évalués à quatre mille huit cent quatre-vingts livres dans les registres de la chambre des comptes.

Soit que Philippe de Comines ait voulu faire passer quelques fonds en France avant de quitter le service de Bourgogne, soit qu'il ait eu antérieurement des relations d'affaires dans le pays, il lui étoit dû six mille livres par un marchand de la ville de Tours. Le

---

(1) Ces terres provenoient de la maison d'Amboise : une partie en avoit été confisquée par un arrêt rendu en 1431 contre Louis d'Amboise; l'autre avoit été donnée par testament à Louis XI. La Trémouille, qui avoit épousé Marguerite d'Amboise, s'opposa à l'enregistrement des lettres-patentes; le Roi ayant garanti la possession entière de ces biens à Philippe de Comines, fut obligé de traiter avec La Trémouille.

(2) L'écu d'or est évalué à vingt-sept sols six deniers tournois au contrat de mariage de Philippe de Comines, signé le 27 janvier 1472 (ancien style).

Roi, qui avoit d'abord confisqué cette somme, la lui fit restituer.

On a dit, pour justifier Philippe de Comines, qu'à cette époque il étoit permis de passer du service d'un prince vassal à celui du souverain; mais ce moyen a été victorieusement réfuté par Duclos. A la vérité, Godefroy donne une liste assez considérable de seigneurs qui quittèrent les ducs de Bourgogne pour s'attacher au Roi : on y remarque Morvilliers, qui, après avoir été élevé à la cour de Philippe-le-Bon, devint chancelier de France; le cardinal Jean Rolin, fils d'un chancelier du duc de Bourgogne; Jeofredi, qui devoit sa fortune à Philippe-le-Bon, et pour lequel ce prince n'en sollicita pas moins le chapeau de cardinal, quoiqu'il se fût attaché à Louis lorsqu'il étoit encore Dauphin. On y trouve même plusieurs chevaliers de la Toison d'or qui continuèrent de faire partie de cet ordre. Mais Philippe de Comines avoit été comblé de biens par son maître, et jouissoit de toute sa confiance. Aussi lors du traité de 1475, par lequel Louis XI et Charles accordoient une amnistie générale à tous leurs sujets, le duc de Bourgogne en exclut nommément Philippe de Comines, et maintint la confiscation de ses biens.

Quelques mois après son arrivée en France, il épousa Hélène de Jambes [janvier 1472, ancien style], fille de Jean de Jambes, seigneur de Montsoreau et d'Argenton, et de Jeanne de Chabot. Il devint, par ce mariage, seigneur de la terre d'Argenton [1], qui est évaluée cinquante mille francs au contrat de mariage:

[1] Le château d'Argenton subsistoit encore au temps de Louis XIV; il a été détruit par ordre de ce prince.

il paya trente mille francs au seigneur de Montsoreau, et les vingt mille autres francs furent le montant de la dot (1).

Louis, qui savoit payer généreusement les hommes dont les services lui étoient nécessaires, prodigua ses faveurs à Philippe de Comines : en 1474, il lui donna la terre et seigneurie de Chaleau (2); en 1477, il lui adjugea une partie de la confiscation des biens du duc de Nemours. On voit dans ses Mémoires que Louis lui accordoit des gratifications considérables en sus de ses traitemens et de ses pensions; en 1481, il lui fit payer quatre mille francs; il fut, en 1476, sénéchal du Poitou, et succéda au seigneur de Chaumont, qui lui résigna cette charge. Le Roi le nomma en outre capitaine du château de Chinon. Ses pensions, le revenu de ses charges, les terres que le Roi lui avoit données, et celles qu'il avoit acquises par son mariage, le rendoient l'un des plus riches seigneurs du royaume.

Du moment où il arriva en France, Philippe de Comines fut initié à tous les secrets de la politique de Louis XI, et chargé des missions les plus importantes. Il eut autant d'influence dans les affaires qu'il étoit possible d'en avoir sous un prince qui ne prenoit guère conseil que de lui-même, et qui ne souffroit ni observations ni retard lorsqu'il avoit fait connoître ses volontés. Si ce règne n'avoit pas été souillé par un

---

(1) Il prend les titres suivans dans le contrat de mariage : *Noble et puissant monseigneur de Comines, chevalier, prince de Talmont, seigneur de Reuscheure, conseiller et chambellan du Roi.*

(2) Ou Chaillot, village qui est aujourd'hui compris dans l'enceinte de Paris.

aussi grand nombre d'actes de cruauté et de perfidie, on pourroit dire, à la louange de Comines, que Louis XI trouva en lui le serviteur le plus fidèle, le plus habile et le plus dévoué ; mais il seroit difficile de le considérer comme étranger aux injustices du monarque, dont il fut le principal agent; et on regrette de ne pouvoir effacer cette tache à la mémoire de l'un des hommes les plus distingués de son siècle.

Il conserva son crédit jusqu'à la mort de Louis XI, fut admis dans les conseils de la régence au commencement du règne de Charles VIII, et envoyé comme ambassadeur, en 1483, auprès du duc de Bretagne. Mais Anne de Beaujeu ne tarda pas à s'apercevoir qu'il favorisoit les projets du duc de Bourbon et du duc d'Orléans, et il fut renvoyé de la cour. On ignore les détails de cette première disgrâce : quelques-uns ont pensé que la jalousie y avoit eu beaucoup de part, que l'on voyoit de mauvais œil la faveur et les richesses d'un étranger, et qu'on n'avoit rien négligé pour le perdre (1). On lit, dans les Mémoires de Comines, que le duc de Lorraine avoit contribué à le faire chasser *avec rudes et folles paroles.* Comines, éloigné des affaires, n'en continua pas moins de servir les intrigues du duc d'Orléans et des autres princes, qui, après avoir essayé vainement de s'emparer de la régence, en étoient venus à une révolte ouverte.

Ces intrigues ayant été découvertes, Comines fut arrêté, et conduit au château de Loches. Il resta

(1) On l'accusoit de vendre au duc d'Orléans les secrets de la cour, comme il avoit vendu ceux du duc de Bourgogne à Louis XI.

près de trois ans prisonnier, fut même pendant plusieurs mois enfermé dans une cage de fer (1). Le parlement de Paris reçut ordre de le juger en 1488 ; et l'on dit que ce fut à la sollicitation de sa femme, qui croyoit lui fournir un moyen de faire reconnoître son innocence. Lorsqu'il dut paroître devant le parlement, aucun avocat, aucun procureur, ne voulurent se charger de sa cause ; il se défendit lui-même, mais les ressources de son talent et de son esprit ne suffirent pas pour convaincre ses juges. Par un arrêt du 24 mars 1488, il fut déclaré coupable d'avoir entretenu des intelligences avec les rebelles et désobéissans sujets du Roi, condamné à perdre le quart de ses biens, à rester pendant dix ans dans une de ses terres, et à fournir une caution de dix mille écus. L'arrêt porte qu'il a lui-même confessé son crime devant les commissaires nommés par le Roi, et devant la cour (2).

Environ une année après ce jugement, sa femme lui donna une fille ; il y avoit dix-sept ans qu'il étoit marié, et il n'eut point d'autre enfant.

Cependant Comines ne resta point exilé pendant

---

(1) Il disoit souvent alors : « Je suis venu à la grande mer, et la « tempeste m'a noyé. » Mais, comme tous les ambitieux, il n'hésita pas à s'exposer de nouveau à la tempête, aussitôt qu'il lui fut permis de retourner à la cour.

(2) Plusieurs historiens ont prétendu, et les éditeurs de l'ancienne Collection des Mémoires ont répété après eux, que Comines avoit été déclaré innocent par le parlement de Paris. Le texte de l'arrêt qui nous a été conservé dément cette assertion. Paquot paroît croire qu'il y a eu deux jugemens : le premier rendu en 1488, qui condamnoit Comines *sans l'avoir entendu* ; le second, rendu quelques années plus tard, et par lequel on reconnoissoit son innocence. On ne trouve aucune trace de ce deuxième jugement, et ce que dit Paquot prouve qu'il n'avoit pas lu le premier.

dix ans dans ses terres, ainsi qu'il y avoit été condamné; on ignore l'époque à laquelle il obtint sa grâce, mais on le voit figurer parmi les ambassadeurs qui signèrent à Senlis, en 1493, un traité de paix avec Maximilien, roi des Romains, et Philippe son fils, archiduc d'Autriche (1). Il fut chargé, par la suite, de plusieurs missions importantes dont il donne le détail dans ses Mémoires, et rendit de grands services à Charles VIII lors de l'expédition d'Italie; mais le Roi ne lui accorda jamais une confiance entière. Comines dit lui-même souvent qu'on avoit peu d'égard pour ses conseils; la défiance qu'on lui témoignoit, le souvenir de sa disgrâce, et la crainte d'irriter ses ennemis, le rendoient très-circonspect dans sa conduite. Singulière position pour un ambitieux! il désiroit et redoutoit la faveur de son maître. « Mes af« faires avoient esté tels, dit-il, au commencement « du regne de ce Roy, que je n'osois fort m'entre« mettre. »

Après la mort de Charles VIII, il alla se présenter à Louis XII; c'étoit le duc d'Orléans, « duquel, dit « Comines, j'avois été aussi privé que nul autre per« sonne, et pour lui avois esté en tous mes troubles « et pertes; toutes fois pour l'heure ne luy en souvint « point fort. » Le nouveau Roi lui conserva ses pensions, mais ne jugea pas à propos de l'employer. Cependant Comines n'avoit alors que cinquante-trois ans. Sa grande habileté et son expérience auroient pu être très-utiles; quelques historiens n'ont pas hésité à

(1) D'après un passage de ses Mémoires, il paroîtroit même que le Roi l'avoit envoyé dès l'année 1490 à Moulins, pour traiter des affaires du duc de Bourbon.

accuser Louis XII d'ingratitude à son égard. Ne seroit-il pas permis de croire que ce Roi, qui vouloit gouverner avec justice, craignit les conseils et l'influence d'un ministre de Louis XI?

Comines survécut onze ans à cette nouvelle disgrâce, qui dut lui être plus pénible que la première. Il maria, en 1504, sa fille unique Jeanne de Comines (1) à Réné de Bretagne, comte de Penthièvre, et mourut en 1509 (2) au château d'Argenton. Son corps fut transporté à Paris, et enterré dans une chapelle de l'église des Augustins (3). On lui a fait plusieurs épitaphes, mais aucune ne mérite d'être conservée (4).

Philippe de Comines fut un des plus grands hommes d'Etat, et le meilleur historien de son siècle. Son aptitude aux affaires étoit telle, que, suivant le témoignage

(1) Elle mourut en 1514. Son arrière-petite-fille fut mariée au duc de Mercœur, dont la fille épousa César, duc de Vendôme, fils naturel de Henri IV et de Gabrielle d'Estrées. Leur petite-fille épousa Charles-Emmanuel II, duc de Savoie, grand-père de Marie-Adélaïde, femme du duc de Bourgogne, petit-fils de Louis XIV. Ainsi une branche de sa famille se perd dans les maisons régnantes de France, d'Espagne, de Portugal, de Naples et de Savoie.

(2) Le 17 août, suivant Swertius; et le 17 octobre, suivant Vossius.

(3) Il avoit fait construire cette chapelle, dont les murs étoient recouverts d'airain. Avant la destruction du couvent on y voyoit son tombeau en marbre, avec deux statues qui représentoient, dit-on, Philippe de Comines et son épouse.

(4) La plus remarquable est celle que lui fit le poète Ronsard. C'est un long dialogue entre un prêtre et un passant qui visite le tombeau de Comines. Elle se termine par les cinq vers suivans :

> Si tu n'as plus que faire en cette église ici,
> Retourne en ta maison, et conte à tes fils comme
> Tu as veü le tombeau du premier gentilhomme
> Qui d'un cœur vertueux fit à la France voir
> Que c'est honneur de joindre aux armes le sçavoir.

de Matthieu d'Arras, qui avoit vécu dans son intimité, il dictoit en même temps quatre lettres différentes à quatre secrétaires, *avec autant de facilité et de promptitude que s'il eût devisé.* Il ne pouvoit rester oisif, ni souffrir l'oisiveté dans les autres; il disoit souvent : « Celui qui ne travaille point, qu'il ne mange « point (1). » L'activité de son esprit avoit besoin d'un aliment continuel, et il n'en trouvoit pas de plus conforme à ses goûts que dans les grandes intrigues politiques. Lorsqu'il ne put plus y prendre une part directe, il se consola en racontant celles dont il avoit connu ou pénétré le mystère. En lisant ses Mémoires, on voit qu'il se complaît à dévoiler les ressorts les plus secrets de la politique de Louis XI et des autres princes contemporains. Comme ces matières avoient été le principal et presque l'unique objet de ses méditations, et qu'il étoit doué d'un esprit supérieur, il orne ses récits de réflexions et de maximes également justes et profondes, précieuses pour les hommes d'Etat, intéressantes pour tous les lecteurs (2). Aucun autre historien du quinzième ni même du seizième siècle ne peut lui être comparé. Leur narration est diffuse,

---

(1) Cette maxime est tirée de saint Paul, qui dit *que celui qui ne travaille point n'est pas digne de manger.*

(2) P. Matthieu a extrait des Mémoires les Maximes, Jugemens et Observations politiques de Philippe de Comines; il a placé cet extrait, qui est très-curieux, à la fin de son Histoire de Louis XI. Un savant du seizième siècle (Lambert Daneau) a donné en latin des Aphorismes politiques, tirés de Thucydide, de Xénophon, d'Hérodote, de Polybe, de Tite-Live, de Tacite, etc. Philippe de Comines est le seul écrivain moderne dont il ait jugé les maximes dignes d'être recueillies avec celles des anciens. Le compilateur s'autorise du jugement de Juste-Lipse, qui veut que les Mémoires de Philippe de Comines soient *le bréviaire de son prince.* (*Lipsius, in not. politic.,* c. 29).

obscure, surchargée de détails inutiles, et souvent coupée par les plus fastidieuses digressions : la sienne est nette, et la naïveté de l'ancien langage la rend plus piquante ; ses digressions partent du sujet, et ne s'en écartent pas. S'il parle des événemens arrivés dans les pays voisins, il les rattache au prince dont il écrit l'histoire, et amène des rapprochemens aussi curieux qu'instructifs.

Les écrivains du seizième et du dix-septième siècle ont, suivant l'usage du temps, essayé de le comparer avec les historiens les plus célèbres de l'antiquité. On a voulu trouver en lui quelques points de ressemblance tantôt avec Thucydide ou Polybe, tantôt avec Salluste ou Tacite [1]. Il nous semble que ses Mémoires ont un cachet original, qui tenoit au genre particulier de son talent et aux occupations de sa vie entière. En écrivant, il n'a eu d'autre guide que son génie ; il n'a imité aucun autre historien, et n'a pu être imité. Voilà, selon nous, ce qui a le plus contribué à établir et à maintenir la réputation méritée dont jouissent ses Mémoires.

Un passage du chapitre 2, liv. 1, donne lieu de penser qu'il travailloit à l'histoire de Louis XI en 1487, pendant qu'il étoit en prison, et qu'il l'a finie pendant son exil. On ignore l'époque à laquelle il écrivit les deux derniers livres qui traitent du règne de Charles VIII.

[1] M. le marquis d'Argenson, dans ses Réflexions sur les historiens français, pense qu'on a mal à propos nommé Philippe de Comines le *Tacite français*. « Il n'entend finesse à rien, dit-il, et voit « clair à tout. Il ne montre jamais d'amertume contre les vicieux ; « pour tout sentiment, il plaint ceux qu'il blâme. » (Mém. de l'Acad. des Inscriptions, tom. XXVIII.)

Parmi les nombreux éloges qui ont été faits de cet écrivain, nous choisirons de préférence ce qu'en dit Montaigne au chap. 10 du livre 2 de ses Essais. « En « mons Philippe de Comines il y a cecy : vous y « trouverez le langage doux et agreable d'une naifve « simplicité, la narration pure, et en laquelle la « bonne foy de l'autheur reluit évidamment, exempte « de vanité parlant de soy, et d'affection et d'envie « parlant d'autruy; es discours et exhortements ac- « compagnez plus de bon zele et de verité que d'au- « cunes exquises suffisances, et tout partout de l'au- « thorité et gravité, représentant son homme de bon « lieu, et eslevé aux grandes affaires (1). »

Ces éloges cependant n'ont pas été unanimes. Mayer, dans ses Annales de Flandre, lui reproche d'avoir dénaturé plusieurs faits, et d'avoir gardé le silence sur beaucoup d'autres (2). Du Haillan, dans son épître dédicatoire de l'Histoire de France, lui fait le même

---

(1) Ce jugement de Montaigne paroîtra modéré auprès de ceux que portent Philippe Naudé et les Mémoires de Trévoux.

« *Eâdem libertate Ludovicum suum depinxit quâ ipse vixerat, tantumque sibi exquisito judicio veræ gloriæ comparavit, quantum ille triumphis et imperio.* » (Philip. Naudé, Bibliograph. politic.)

« Il ne s'en tint pas, disent les Mémoires de Trévoux, à la sécheresse « des simples mémoires : il relève les siens par la solidité de ses courtes « réflexions, par la noblesse de ses sentimens, et par la science des « choses qu'il présente..... Il n'est jamais au-dessous de son sujet, « parce qu'il écrit comme il a toujours agi lui-même, et que ce n'est « qu'en guerrier expérimenté qu'il parle de guerre, en courtisan « droit et éclairé qu'il peint la cour, et en homme de bien qu'il rap- « porte les vertus et les défauts des princes. »

(2) *Cominius ille transfuga gente Flandrus, qui multa de Carolo et Ludovico provinciali linguâ benè scripsit, sed quædam etiam scripsit planè mendaciter, multaque dicenda planè infideliter reticuit.* (Ann. Fland., lib. 17.)

reproche. « Il a celé, dit-il, plusieurs choses que j'ai
« descouvertes et tirées de plusieurs livres, mémoires
« et dépesches faites de ce temps-là, et de plusieurs
« discours secrets escrits ou durant le regne de
« Louis XI, ou par après sa mort, exempts de la
« crainte, de la haine, de la flatterie, et de la louange
« et passions ausquelles souvent tombent ceux qui
« escrivent de leur temps, et aux deux dernieres des-
« quelles ledict Comines se laisse transporter, poussé
« ou d'une grande affection envers son maistre, ou
« des biens qu'il avoit receus de luy, ou de la crainte
« de son successeur. Aussi n'a-t-il dict ce que les
« autres pourroient dire, et que d'autres histoires ont
« dict des actions, des vices, des cautelles et cruautés
« dudict Roy; et le louant plus qu'il ne devoit, fait
« en plusieurs endroits l'orateur et la panégyricq, non
« l'historien, et en ses longues digressions (1) sur les
« affaires des potentats étrangers passe les bornes de
« l'histoire et d'un historien. » Après avoir rapporté
ces deux jugemens, il faut dire que Mayer, historien flamand, ne pardonnoit pas à Philippe de Comines d'avoir abandonné le duc de Bourgogne pour
passer au service de France, et que Du Haillan
avoit le projet d'écrire une nouvelle histoire de
Louis XI.

Mais quoique Comines ne dissimule pas entièrement les vices et les fautes de ce prince; quoiqu'il
ait tracé un tableau effrayant des remords qui l'agi-
tèrent vers la fin de sa vie, on est cependant fâché de
ne trouver dans ses Mémoires aucune trace de cette

(1) Louis Vivès blâme en outre Comines d'avoir chargé ses Mémoires
de trop de minuties. (*De causis corrupt. Artium.*, lib. 2.)

indignation naturelle que la cruauté, l'injustice et la perfidie inspirent à tous les gens de bien. Comines, formé pour ainsi dire à l'école de Louis XI, parle des actes les plus iniques et les plus révoltans avec autant de sang-froid que ce prince en eût parlé lui-même; il ne les considère que comme des moyens de succès, ne les juge que dans leurs résultats; il donne des leçons de politique plutôt que des leçons de morale (1).

Cette observation, qui nous paroît fondée, peut jeter quelque défaveur sur le caractère de Philippe de Comines, dont il nous semble que plusieurs écrivains ont voulu donner une trop haute idée; mais elle ne porte aucune atteinte à ses talens supérieurs comme historien, et le succès de ses Mémoires n'a fait que s'accroître jusqu'à nos jours. Ils ont été publiés pour la première fois en 1523 (2), par Jean de Selves, premier président au parlement de Paris; cette première édition ne contient que les six premiers livres, et finit à la mort de Louis XI. François Beaucaire, évêque de Metz, rapporte « qu'il a connu « un homme digne de foi, qui disoit avoir vu un exem- « plaire de ces Mémoires plus amples et plus entiers

---

(1) De Thou remarque que les Mémoires de Comines étoient la lecture favorite de Charles-Quint, et que ce prince y avoit probablement puisé les secrets de cette politique astucieuse qu'il déploya pendant tout son règne.

« *Carolus Quintus historiâ Ludovici* XI *à Philippo Cominæo, prudentissimo equite, scriptâ, delectatus fuisse perhibetur. In quâ ut multa prudentiæ præcepta tradi inficias non ierim, ita plura minùs ingenui atque parùm regii animi exempla reperiri minimè negari potest.* » (De Thou, *lib.* 21.)

(2) A Paris, 1 vol. in-fol.

« que les manuscrits, et qui assuroit que Jean de
« Selves, avant de les donner à l'imprimeur, les avoit
« corrigés et mutilés, en ayant retranché plusieurs
« endroits ; et qu'ainsi on ne doit pas être surpris s'il
« s'y trouve quelque chose de feint ou de changé par
« un homme qui ne savoit pas l'histoire (1). »

Baluze et Jean Godefroy ont combattu cette assertion, qui est dénuée de preuves. Il a été reconnu que l'endroit qui auroit été tronqué, suivant Beaucaire, se trouve dans le septième livre, et Jean de Selves n'a fait imprimer que les six premiers : d'ailleurs le texte a été soigneusement comparé par Denis Godefroy sur un manuscrit qui avoit été fait avant la mort de Comines, et on n'y a trouvé que de légères variantes. Trois autres éditions furent publiées en 1524, en 1525 et en 1526 : la première à Paris, la deuxième sans nom de ville, la troisième à Lyon ; toutes les trois s'arrêtoient, comme celle de Jean de Selves, à la mort de Louis XI.

La première édition complète des Mémoires fut imprimée à Paris en 1528, et cinq autres éditions en furent données jusqu'à l'année 1550. En 1552, Denis Sauvage collationna le texte sur un exemplaire *pris à l'original de l'auteur*, et donna une nouvelle édition revue et corrigée, qu'il augmenta d'un abrégé de la vie d'Angelo Catto, archevêque de Vienne, auquel Philippe de Comines adresse ses Mémoires ; on compte plus de douze éditions publiées d'après son texte à Paris, à Lyon, à Rouen, à Anvers, à Leyde, etc. On commença à ajouter au texte les variantes, et quelques notes explicatives.

(1) *Rerum Gallicarum Commentaria, ab anno 1461 ad annum 1562.*

Théodore Godefroy avoit consacré plusieurs années à réunir des pièces justificatives et des renseignemens, soit sur les faits, soit sur les divers personnages dont il est fait mention dans les Mémoires de Philippe de Comines [1]. Il mourut avant d'avoir pu terminer son travail, qui fut repris et continué par Denis Godefroy son fils. C'est à ce dernier que l'on doit la belle édition faite à l'Imprimerie royale en 1649 [2]. Jean Godefroy ajouta de nouvelles recherches à celles de son père et de son grand-père; il découvrit plusieurs pièces importantes, et augmenta le nombre des notes historiques. Son édition, dans laquelle on trouve *la Chronique de Jean de Troyes,* connue sous le nom de *Chronique scandaleuse,* parut à Bruxelles en 1706, en trois volumes in-8°, avec des portraits en taille-douce; il publia un quatrième volume de Pièces en 1713. Cette édition fut contrefaite à Rouen en 1714 [3], et réimprimée à Bruxelles en 1723, avec un cinquième volume de pièces justificatives.

Malgré les soins de Denis Sauvage, de Théodore, de Denis et de Jean Godefroy, on se plaignoit encore de n'avoir pas le texte exact des Mémoires. Le savant et laborieux Lenglet-Dufresnoy entreprit de le rectifier: il consulta les deux meilleurs manuscrits de la bibliothèque du Roi, et un manuscrit de l'abbaye

---

[1] Le président de Thou avoit fourni à Théodore Godefroy plusieurs notes que son fils a conservées.

[2] Denis Godefroy a suivi le texte de Sauvage, après l'avoir collationné et rectifié sur les manuscrits qui lui avoient paru les plus anciens et les plus authentiques.

[3] Cette contrefaçon est pleine de fautes.

Saint-Germain-des-Prés, qui, suivant l'opinion des érudits, étoit du temps de l'auteur.(1). Il découvrit plus de trois mille variantes dans les six premiers livres, et se borna à relever celles qui pouvoient être de quelque importance. Quant aux deux derniers livres, comme il n'en existe depuis long-temps aucun manuscrit connu, il a eu recours aux éditions les plus anciennes, et a adopté le texte qui lui a paru être le plus correct. Nous avons dû choisir de préférence cette édition, qui est la meilleure, au jugement de tous les hommes éclairés.

Lenglet-Dufresnoy n'a rien retranché aux notes et explications de Denis et de Jean Godefroy; il les a réimprimées, en y ajoutant un assez grand nombre de nouvelles observations historiques et critiques. Ces notes, beaucoup trop multipliées, portent trop souvent sur des objets minutieux, et qui n'ont aucun intérêt. Lenglet-Dufresnoy a fait le même travail sur la Chronique de Jean de Troyes, déjà publiée par Jean Godefroy. Son édition comprend en outre une autre chronique de Louis XI, un recueil de pièces connu sous le titre de Cabinet de ce monarque, l'Eloge de Charles VIII par Brantôme, les Additions à l'histoire de Louis XI par Gabriel Naudé, les Observations de Godefroy sur l'histoire de Varillas, et le Parallèle de Louis XI et de Louis XII par Seyssel. On trouve en-

---

(1) Dans les manuscrits, les Mémoires de Comines ne sont divisés ni par livres ni par chapitres; mais on trouve quelquefois, en tête des alinéa, des sommaires qui diffèrent en général de ceux qu'on a mis dans les anciennes éditions. Lenglet-Dufresnoy s'en est servi lorsqu'ils lui ont paru mieux indiquer les faits rapportés dans le texte. Ainsi les titres des chapitres de son édition diffèrent de ceux des éditions antérieures.

suite quatre cent vingt-quatre pièces justificatives puisées, partie dans les recueils de l'abbé Legrand (1), partie dans les bibliothèques publiques ou particulières, et dans les différentes archives du royaume (2).

Il a complété son quatrième volume avec quelques pièces et fragmens relatifs à Philippe de Comines. Cette édition, qui a exigé d'immenses recherches, a paru en 1747. Elle est très-précieuse pour ceux qui veulent faire une étude approfondie du règne de Louis XI; et si toutes les pièces justificatives n'offrent pas un égal intérêt, il en est peu dans lesquelles

---

(1) L'abbé Legrand, mort en 1733, avoit consacré sa vie entière à faire des recherches sur Louis XI, dont il a écrit l'histoire. Il ne s'étoit point borné à lire tout ce qui avoit été dit sur ce prince; il avoit compulsé avec soin les registres de la chambre des comptes, ceux des divers parlemens du royaume, des hôtels-de-ville, etc; il avoit fouillé dans toutes les archives qu'il avoit pu découvrir, et copié tous les titres qu'il avoit trouvés dans le trésor des chartres. Les pièces qu'il a recueillies, et qui remplissent plus de trente cartons, sont, ainsi que son manuscrit, déposées à la bibliothèque du Roi. On y trouve des documens précieux sur la plupart des événemens du règne de Louis XI. L'abbé Legrand avoit choisi ce prince pour son héros; il le présente comme le plus habile des rois, et s'efforce de pallier les actes de perfidie, d'injustice et de cruauté qui souillent la mémoire de ce monarque. Philippe de Comines lui paroissoit beaucoup trop sévère, et il cherche à le refuter. Aussi Longuerne répondit-il à quelqu'un qui faisoit un grand éloge des Mémoires : « Allez vous-en dire cela à l'abbé « Legrand, qui depuis quarante ans travaille à faire voir que Comines « ne sait ce qu'il dit. » Duclos, qui a tiré son histoire de Louis XI du manuscrit de l'abbé Legrand, a adopté toutes ses idées. Il a fait un bon choix de pièces, dont il a formé un volume.

(2) Il y a peu de règnes sur lesquels on ait autant de pièces justificatives que sur celui de Louis XI. Outre celles qui ont été recueillies par Théodore, Denis et Jean Godefroy, par l'abbé Legrand, par l'abbé de Camps, et par Lenglet-Dufresnoy, la bibliothèque en possède des collections considérables.

on ne trouve quelques documens curieux sur les événemens et sur les usages de cette époque.

Les étrangers ont su, ainsi que les Français, apprécier les Mémoires de Philippe de Comines; dans le siècle même où ils ont paru, ils ont été traduits dans toutes les langues. On en connoît deux traductions latines, deux italiennes, une espagnole, une flamande, une allemande, une anglaise et une hollandaise.

INTRODUCTION.

Louis, dauphin de France, fils aîné de Charles VII et de la reine Marie d'Anjou, naquit à Bourges, dans le palais archiépiscopal, le 3 juillet 1423 [1]. Il fut baptisé le lendemain dans l'église Saint-Etienne, par l'évêque de Laon, Guillaume de Champeaux, et il eut pour parrain Jean, duc d'Alençon, prince du sang. Suivant l'usage du temps, on fit son horoscope [2], qui nous a été conservé dans un manuscrit de Charles Maupoint, prieur de la Culture-Sainte-Catherine.

A l'époque de la naissance du Dauphin, le duc de Bretagne venoit d'abandonner la cause du Roi pour se réunir aux Anglais, et la perte de la bataille de Crevant sembloit avoir détruit le dernier espoir de la

---

[1] Les historiens ne sont point d'accord sur la date de la naissance de Louis XI. La Chronique de Berry porte le 4 juillet; Pierre Matthieu, et après lui Villaret, la rejettent au 6. Nous avons dû adopter la date indiquée dans la circulaire que Charles VII écrivit pour annoncer la naissance de son fils.

[2] Voici cet horoscope : *Pro Ludovico, primogenito Caroli Francorum regis septimi, nato anno 1423, in mense julii, ut dicitur, pronosticatio facta de ipso cum periodo :*

Hic erit æqualis staturæ, et ad modicum masculosus in corpore; animosus rationem sequetur; suis erit familiaris et affabilis; æquora transibit, et in aquis pericula multa sustinebit, quæ si evaserit, crescet in divitiis; propter invidiam jurgia et lites à parentibus et propinquis patietur; tandem ultionem obtinebit de æmulis, et in senectute consequetur bonam fortunam; dies lunæ, jovis et veneris ei propitii; dies martis malus. Vivet autem annis septuaginta naturaliter.

France. Charles, pressé sur tous les points par des troupes aguerries et victorieuses, n'avoit plus d'armées, et manquoit d'argent pour lever des soldats (1). Sa détresse étoit telle, qu'on fut obligé de composer pour les droits dus au chapelain lors du baptême; et nous voyons, par une lettre du trésorier de la Reine, qu'il n'y avoit souvent pas quatre écus dans la caisse de cette princesse.

Ni Philippe de Comines, ni Jean de Troyes dans sa Chronique, ni Pierre Matthieu, ni aucun autre historien, ne donnent de détails sur la première jeunesse et sur l'éducation de Louis XI. « L'ignorance étoit « si hardie, et tellement suivie partout, dit Pierre « Matthieu, que ceux qui se mesloient d'histoire ne « nous ont rien laissé de la nourriture des princes de « France (2). » On sait seulement que le Dauphin fut élevé sous les yeux de sa mère, princesse aussi recommandable par son esprit que par ses vertus. Pendant plusieurs années il n'eut d'autres officiers que ceux de la Reine; et il ne paroît pas que Charles VII, dominé d'abord par d'indignes favoris, puis entièrement absorbé par les soins de la guerre, ait pu s'occuper de l'éducation de son fils. Quelques passages des anciennes chroniques donnent lieu de penser que Marie d'Anjou fut souvent embarrassée pour pourvoir à son propre entretien et à celui du Dauphin. En 1433, le Roi leur abandonna les revenus du Dauphiné, et alors on put former la maison du jeune prince. Il eut pour confesseur Jean Majoris, qui étoit déjà son précepteur; pour gouverneurs, Amauri d'Estissac et

(1) *Voyez* le Tableau du règne de Charles VII, tom. 7.
(2) Histoire de Louis XI.

Bernard d'Armagnac, comte de La Marche; et pour premier écuyer Joachim Renault, qui fut depuis maréchal de France. Une lettre de Nicolas Clémengis, archidiacre de Bayeux, nous apprend qu'il fut en outre instruit par Jean d'Arconvalle (1).

Plusieurs historiens ont élevé des doutes sur les connoissances que Louis XI pouvoit avoir acquises dès sa jeunesse, et quelques-uns même le représentent comme ayant été absolument étranger aux lettres. Nous citerons ici le témoignage de Philippe de Comines. « S'il n'eust eu, dit-il, la nourriture autre que « les seigneurs que j'ai veus nourris en ce royaume, « je ne croy pas que jamais se fust ressours, car « ils ne les nourrissent seulement qu'à faire les fols « en habillemens et en paroles; de nulles lettres ils « n'ont connoissance (2). » Comines dit ailleurs « qu'il « estoit assez lettré, qu'il aimoit à demander et à en- « tendre de toutes choses (3). » Jean Bouchet, dans ses Annales d'Aquitaine, reconnoît *qu'il avoit de la science acquise, tant légale que historiale, plus que les rois de France n'avoient accoutumé.* Robert Gaguin, auteur d'une histoire de France écrite au commencement du règne de Louis XII, s'exprime à peu près dans le même sens; et ces divers témoignages sont confirmés par André de La Vigne, secrétaire d'Anne de Bretagne. Enfin on nous a conservé une lettre que Nicolas Clémengis lui adressa lorsqu'il étoit encore fort jeune, et dans laquelle il le félicite de son goût pour l'étude et pour la science.

---

(1) La suscription de cette lettre porte : *Ad Joannem d'Arconvalle, Ludovici, Francorum regis primogeniti, institutorem.*

(2) Liv. 1, chap. 10. — (3) Liv. 2, chap. 6.

On peut donc considérer comme constant que ses premières années furent consacrées à des études utiles (1) : nous le verrons plus tard profiter de ses loisirs pour acquérir de nouvelles connoissances.

Dès l'année 1428, Charles avoit arrêté le mariage du Dauphin, âgé seulement de cinq ans, avec Marguerite, fille de Jacques 1, roi d'Ecosse, qui avoit

(1) On lit dans Brantôme: « Le Pape ayant envoyé [en 1472] vers le
« Roi un grand suffisant et docte personnage du pays de Grece, et
« archevêque de Nicée, nommé Bessarion, pour son légat, à moyenner
« la paix entre lui et le duc de Bourgogne Charles ; ce bon docteur
« n'étant si bon courtisan comme bon philosophe, et ne sachant discer-
« ner la grandeur de l'un et de l'autre, et du seigneur au vassal, il
« s'en va premierement vers le duc, duquel ayant eu sa dépêche, s'en
« alla après fort nesciemment trouver le Roi, qui trouva fort étrange la
« façon de ce pauvre philosophe, d'avoir abordé premier le vassal
« que le seigneur, cuidant que ce fût par quelque mépris. Nonobstant
« il ouït sa harangue philosophale tellement quellement ; et en après,
« d'un visage moitié courroucé, moitié ridicule et de mépris, et lui
« ayant mis la main doucement sur la barbe reverenciale, il lui dit :
« M. le révérend,

« *Barbara græca genus retinent quod habere solebant.*

« Et, sans lui faire d'autre réponse, le planta là tout ébahi. »

Ce n'est point ici le lieu d'examiner si le cardinal Bessarion, prélat aussi distingué par l'étendue de ses connoissances que par les agrémens de son esprit, avoit offensé le Roi en allant trouver le duc de Bourgogne avant de se rendre à la cour de France, ou si Louis XI avoit à se plaindre de la conduite de ce légat dans l'affaire du cardinal de La Ballue. Nous ferons remarquer seulement que le vers latin par lequel Louis répondit au cardinal est une règle de grammaire : il signifie que *les mots grecs admis dans le latin y conservent leur genre*. C'étoit une allusion piquante. Le Roi reprochoit à Bessarion d'avoir conservé, en entrant dans l'Eglise latine, l'esprit de ruse et de perfidie qu'on attribue aux Grecs. Ce vers est tiré du Doctrinal d'Alexandre, *de Villâ Dei*, ouvrage de grammaire destiné à l'instruction de la jeunesse. Louis XI ne pouvoit avoir appris cette grammaire qu'en faisant ses études dans sa première enfance.

quelques mois de moins que lui. Le traité avoit été signé le 9 juillet; le douaire de la princesse y étoit fixé à douze mille francs; lors de la ratification, qui eut lieu le 30 octobre, le Roi le porta à quinze mille. Il avoit le plus grand intérêt à ménager l'Ecosse, la seule alliée qui lui fût restée fidèle dans le malheur, et qui lui fournît des secours. Les Anglais ne négligèrent rien pour rompre ce mariage : après avoir échoué en diverses négociations, ils offrirent au roi Jacques 1 de lui rendre Berwick, Rosbourg, et plusieurs autres places. Quelque séduisante que fût cette proposition, les Etats d'Ecosse, qui furent consultés, la rejetèrent. Huit années s'étoient écoulées depuis la signature du traité; les Anglais renouveloient leurs tentatives. Charles craignant qu'ils ne réussissent enfin dans leurs intrigues, pressa le départ de la princesse, qu'il envoya demander par des ambassadeurs. Marguerite n'avoit guère que douze ans; mais les Etats déclarèrent que leur roi ne pouvoit hésiter à mettre sa fille entre les mains d'un monarque qui confioit à des Ecossais la garde de sa personne [1]. Les Anglais, ayant perdu tout espoir d'empêcher cette alliance, mirent des vaisseaux en mer pour enlever la princesse pendant la traversée : mais leur flotte s'attacha à la poursuite de quelques navires flamands qui revenoient chargés de vins de Bordeaux, et la jeune Marguerite aborda heureusement à La Rochelle. Elle fit son entrée à Tours le 24 juin 1436, et y fut reçue par la Reine et par le Dauphin. Le Roi arriva le lende-

[1] Lorsque l'Ecosse avoit envoyé des troupes au secours de la France en 1423, Charles voulant leur témoigner sa confiance, avoit choisi des Ecossais pour former sa garde particulière.

main 25, et le mariage fut immédiatement célébré. Renaut de Chartres, archevêque de Reims et chancelier de France, donna la bénédiction nuptiale aux nouveaux époux. Comme le Dauphin n'avoit que treize ans, des dispenses d'âge avoient été délivrées, sur la demande du Roi, par l'archevêque de Tours, en qualité de diocésain. Les historiens remarquent qu'au festin royal il n'y avoit que six personnes à la table du Roi; que l'archevêque de Reims y tenoit la première place, le Roi la seconde; et que les quatre autres étoient occupées par la reine de France, la reine de Sicile sa mère, la Dauphine, et madame de Vendôme. Le Dauphin étoit à une autre table avec les princes du sang, et quelques seigneurs (1).

Lorsque les fêtes du mariage furent terminées, Charles envoya son fils en Dauphiné, province qui formoit l'apanage du fils aîné des rois de France, et s'y rendit bientôt lui-même. Les Etats donnèrent au jeune prince dix mille florins pour sa première venue. Il n'avoit eu jusqu'alors que dix écus d'or par mois pour ses menus plaisirs (2).

Du Dauphiné, le Roi passa en Languedoc; il célébra les fêtes de Pâques [1437] à Montpellier (3), d'où il partit pour visiter l'Auvergne; puis il parcourut l'Anjou et la Touraine, où un chef de bandes,

---

(1) Jean Chartier, dans son Histoire de Charles VII, raconte les cérémonies qui furent observées pour l'entrée de la Dauphine et pour la célébration du mariage. Comme son récit offre des détails assez curieux sur les usages du temps, nous avons pensé qu'on le trouveroit avec plaisir parmi les pièces justificatives.

(2) L'écu d'or valoit alors trente sols trois deniers.

(3) Il ne faut pas perdre de vue que l'année commençoit à Pâques.

protégé par le duc de Bourbon et par quelques autres seigneurs, commettoit de grands ravages. Il le poursuivit dans le Berri et dans le Bourbonnais, et le força à aller chercher un asyle sur les terres de l'Empire. La Chronique de Berry, qui nous transmet ces détails, ne dit pas si le Dauphin accompagna son père, ou s'il resta en Dauphiné.

Cependant Philippe-le-Bon, duc de Bourgogne, qui depuis le traité d'Arras [1435] avoit gardé une espèce de neutralité, s'étoit enfin décidé à entrer en campagne, et il avoit mis le siége devant Calais. Quoique son entreprise eût échoué par la défection des Flamands, le Roi sentit le parti qu'il pouvoit tirer de cette diversion. Il pardonna au duc de Bourbon, et aux autres seigneurs qui avoient protégé les bandes dont nous avons parlé plus haut; leurs troupes vinrent grossir son armée, et il réunit à Gien six mille hommes d'élite, à la tête desquels se trouvoient le connétable Richemont, Dunois, et plusieurs autres célèbres capitaines.

Charles s'empara de Château-Landon, de Charny, de Nemours, et de quelques autres places du Gâtinais, traversa la province de Sens, et vint attaquer Montereau-sur-Yonne. Le Dauphin étoit alors avec lui, et faisoit ses premières armes. Comme c'est au siége de Montereau que quelques historiens font remonter l'origine des démêlés qui s'élevèrent entre Charles et son fils, nous devons examiner jusqu'à quel point leur opinion est fondée.

« Le Dauphin, dit Pierre Matthieu, prit la ville par
« assaut, le château par composition; et fit si bonne
« guerre aux Anglais qui estoient dedans, qu'ils l'en

« remercierent en la présence du Roy, confessant
« qu'il leur avoit donné occasion, en admirant sa
« vaillance, de louer sa bonté, à laquelle ils estoient
« redevables de leurs vies. » P. Matthieu ajoute *que ce
coup d'essay, relevé et rehaussé par quelques vieux
chevaliers, fit monter le feu à la teste de ce jeune
Alexandre, qui déja commençoit à s'ennuyer de ce
que son pere ne lui laissoit rien à faire; qu'ils donnerent au Dauphin un sentiment de lui-même plus
grand qu'il ne devoit; et que le Roi, qui l'avoit fait
capitaine de si bonne heure, s'en repentit incontinent;
car le jeune prince commença à faire connoître qu'il
n'estoit pas né pour suivre, mais bien pour aller
devant.* Mézeray va plus loin : il prétend que la conduite du siége avoit été confiée au Dauphin; qu'après
la prise de la ville et du château, les Anglais vinrent
le complimenter en présence du Roi, *qui s'étant apperçu que ce coup d'essai avoit enflé le cœur à son
fils, en prit jalousie, et le renvoya à l'écart sous la
conduite de son gouverneur.* Ces faits sont démentis
par les témoignages les plus authentiques. « Là, dit
« la Chronique de Berry en racontant le siége de Mon-
« tereau, furent meus et connus les vaillants hommes
« qui là furent pour ce jour, et ne pouvoient estre en
« lieu où ils deussent mieux faire ; *car le Roy y estoit
« présent en personne, faisant son devoir comme les
« autres.* » Berry ne parle du Dauphin que pour
dire qu'il demanda et obtint la grâce des Anglais,
lorsqu'ils eurent rendu le château au Roi. Jean Chartier ne fait non plus aucune mention du Dauphin
dans son récit du siége. On lit dans les registres du
parlement : « Ce jour, sont venues nouvelles comme

« hier fut prise de bel assaut la ville de Montereau-
« faut-Yonne, auquel assaut le Roy notre seigneur
« s'est exposé en personne, et vaillament s'est mis
« dans les fossés en l'eau jusques au dessus de la cein-
« ture, et monté par une eschelle pendant l'assaut,
« l'épée au poing, et entré dedans, que encores y avoit
« très-peu de ses gens, et défendit à tous, sous peine
« de la hart, que homme ne pillat église, ne violat
« femme ou fille...... » Plus loin, en rapportant la
prise du château, il est dit : « Thomas Guerard et
« ses compagnons se rendirent et ledit chatel au Roi
« notre sire, lequel, à la requête de monsieur le
« Dauphin, pour ce que c'estoit la premiere armée
« où il avoit été, laissa aller lesdits Anglois et tous
« leurs biens. » Ces trois autorités, dont la dernière
surtout ne sauroit être contestée, suffisent pour détruire des allégations injurieuses à la mémoire de
Charles VII, allégations qui ont été répétées par des
historiens étrangers. Le Dauphin se trouva au siége
de Montereau, mais le Roi y commandoit en personne; il y avoit acquis trop de gloire par sa valeur,
pour être jaloux des exploits que l'on prête à son fils,
et dont on ne découvre aucune trace dans les chroniques contemporaines. La suite de cette histoire prou-
vera que Charles offrit lui-même plus d'une fois au
Dauphin l'occasion de se distinguer, en le chargeant
d'expéditions importantes. Après la réduction de Montereau, Louis ne fut point *envoyé à l'écart sous la
conduite de son gouverneur*, comme le dit Mézeray :
il suivit son père à Melun, où la cour célébra la fête
de la Toussaint. P. Matthieu prétend qu'il n'étoit pas
avec le Roi lorsque Charles VII fit son entrée à Paris

le 8 novembre. On voit, dans la Chronique de Berry, que le jeune Louis y marchoit derrière le Roi, entre Charles d'Anjou et le comte de La Marche; qu'il étoit richement habillé, et couvert d'orfévrerie [1]. Ces détails sont confirmés par le cérémonial de France.

Lorsque Charles quitta Paris, le Dauphin l'accompagna à Blois, à Tours, puis à Bourges, où il assista aux assemblées qui se tinrent pour la pragmatique-sanction [1438]. Le Roi voulant initier de bonne heure son fils aux affaires de l'Etat, et lui concilier l'amour des peuples, le chargea de délivrer le Dauphiné, le Poitou, l'Angoumois et la Saintonge des bandes qui dévastoient les campagnes. Les excès de ces bandes, connues sous le nom d'*écorcheurs* et de *retondeurs*, surpassoient ceux des *tard-venus*, si fameux par leur cruauté et par leurs rapines pendant la captivité du roi Jean. Elles avoient pour chefs des capitaines expérimentés qui s'étoient rendus indépendans à la faveur des troubles; et les plus grands seigneurs ne rougissoient pas de s'enrichir par de pareils brigandages [2]. Le Dauphin, à peine âgé de quinze ans, auroit été hors d'état de porter remède à tant de maux [3]; mais on lui avoit donné des conseillers ha-

---

[1] Il est souvent fait mention dans les chroniques des riches habits que portoit le jeune Louis. Ce fut plus tard qu'il affecta de se vêtir avec mesquinerie.

[2] Parmi ces chefs, les anciennes chroniques citent La Trémouille, Amboise, le bâtard de Bourbon, Jean et Gui de La Rochefoucauld, de Pons, Siguinville, Chabannes, comte de Dammartin, etc.

[3] Duclos, dans son Histoire de Louis xi, après avoir dit que Charles vii faisoit si peu d'attention au malheur des peuples, qu'on avoit lieu de croire qu'il permettoit ces brigandages, ajoute, en parlant de l'expédition du Dauphin : « Il sembloit que Louis, âgé de qua-

biles (1) qui agissoient en son nom, et la présence de l'héritier du trône rendoit plus facile la soumission des rebelles. Des mesures sages et fermes firent rentrer dans le devoir ceux qui s'en étoient écartés, et l'ordre fut partout rétabli. Les succès que Louis avoit obtenus décidèrent le Roi à lui confier une autre mission non moins importante. Les Etats de Languedoc ayant adressé des remontrances, Charles répondit aux députés que le Dauphin arriveroit bientôt dans la province, et pourvoiroit à tout. Le jeune prince, toujours dirigé par son conseil, ne trompa point l'attente du Roi; il alla d'abord à Toulouse, et l'on sut tellement prévenir les habitans en sa faveur, que les états de la sénéchaussée de cette ville lui offrirent un don de six mille livres. Louis témoigna sa reconnoissance aux membres de son conseil, en leur distribuant la plus grande partie de cette somme. Il partit de Toulouse pour visiter les autres villes de la province, parvint à pacifier partout les troubles; puis, sur la nouvelle que les Anglais menaçoient d'une invasion, il convoqua les Etats, et obtint un subside de quarante-six mille livres.

Pendant ces différentes expéditions, Charles étoit occupé à diriger les opérations militaires contre les Anglais, sur la Seine et sur la Loire; mais le peu de

« torze ans, fût l'unique ressource de la France. » Lenglet-Dufresnoy partage cette opinion, qui est inadmissible dans l'ordre naturel des choses, et démentie par les faits. Nous ne l'avons citée que pour montrer jusqu'où l'esprit de système peut entraîner des historiens d'ailleurs très-estimables.

(1) Ces conseillers étoient Guillaume de Champeaux, évêque de Laon; l'évêque de Poitiers, Amaury d'Estissac, son gouverneur; et le vicomte de Carmain.

troupes dont il pouvoit disposer ne lui permettoit pas
de tirer parti de ses succès. Le Pape et le concile
faisoient de vains efforts pour ménager la paix ; des
conférences avoient été tenues, et n'avoient amené
aucun résultat. Les Etats-généraux convoqués à Orléans s'étoient séparés, sans rien décider sur la grande
question de savoir si, d'après les constitutions de la
monarchie, le Roi pouvoit, par un traité, aliéner les
provinces réunies à la couronne (1); dès-lors toute
négociation devenoit impossible avec les Anglais, qui
réclamoient la Normandie et la Guyenne, ou au
moins la dernière de ces provinces.

Le Roi se voyant dans la nécessité de continuer
la guerre, voulut la rendre moins onéreuse à ses
peuples. Il réunit à Angers les principaux seigneurs,
et les membres les plus éclairés de son conseil; là
fut publiée la première ordonnance, par laquelle il
réforma la gendarmerie.

Le Dauphin n'avoit pas été appelé à l'assemblée
d'Orléans ni à celle d'Angers; à son retour du Languedoc, le Roi l'avoit envoyé à Loches en Touraine,
et il y étoit resté sous la conduite de ses gouverneurs.
L'espèce de dépendance à laquelle il se trouvoit condamné, après avoir exercé en quelque sorte l'autorité
souveraine, lui parut bientôt insupportable. Les accla-
mations des peuples dans les provinces qu'il avoit par-
courues, les flatteries qui lui avoient été prodiguées,
les services rendus en son nom et dont il s'attribuoit
le mérite, les insinuations perfides de quelques mécontens, tout se réunissoit pour enflammer l'esprit

(1) Juvénal des Ursins y établit en principe que le Roi n'étoit qu'u-
sufruitier de la couronne.

d'un jeune prince naturellement ambitieux et ennemi du repos, et pour lui faire croire qu'on ne pouvoit plus, sans injustice, lui refuser part au gouvernement du royaume. La réforme de la gendarmerie avoit déplu aux capitaines, qui ne pouvoient plus exercer de rapine dans les provinces; ils n'osoient se plaindre ouvertement, mais ils cherchoient une occasion favorable pour se venger. D'un autre côté, les princes et les seigneurs étoient jaloux du crédit du connétable Richemont et du comte du Maine, qui jouissoient de la confiance du Roi et qui la méritoient, l'un par ses services, l'autre par sa modération et son dévouement. Ils ne voyoient qu'avec peine Charles gouverner par lui-même, et ils regrettoient le temps où ce prince, dominé par d'indignes favoris, ne pouvoit réprimer leurs excès. La Trémouille, que le connétable avoit chassé de la cour, profita habilement de ces dispositions : il lia des intrigues avec les principaux mécontens, et forma bientôt un parti redoutable (1). Une assemblée fut tenue à Blois, et il y fut décidé qu'on éclateroit aussitôt qu'on seroit parvenu à faire déclarer le Dauphin. Il ne fut pas difficile de persuader à ce jeune prince que la France étoit mal gouvernée, et que lui seul pouvoit remédier aux maux de l'Etat ; il consentit à se mettre à la tête des rebelles. Le bâtard de Bourbon et Antoine de

---

(1) Les chefs de cette ligue étoient les ducs d'Alençon et de Bourbon, Vendôme, Dunois, le bâtard de Bourbon, etc. On avoit essayé vainement d'y faire entrer le duc de Bourgogne. Mais, dans sa Chronique, Monstrelet prétend à tort que Philippe-le-Bon aida le Roi à soumettre les rebelles : il se borna à leur refuser un asyle dans ses Etats.

Chabannes (1) l'enlevèrent du château de Loches malgré la résistance du comte de La Marche son gouverneur, et le conduisirent à Niort auprès du duc d'Alençon, vers la fin de 1439. L'entreprise avoit été conduite avec tant de secret, que le Roi apprit presque en même temps la conspiration des princes et l'enlèvement de son fils. Les rebelles publièrent, au nom du Dauphin, un manifeste dans lequel ils disoient n'avoir d'autre but que le bien du royaume et la réforme de l'Etat. Plus tard, Louis XI devoit voir les mêmes princes et les mêmes seigneurs se révolter contre lui sous le même prétexte. Nous ne donnerons pas ici l'histoire de cette guerre civile, qui fut nommée la Praguerie (2). On en trouvera un aperçu dans le tableau du règne de Charles VII; nous ferons seulement remarquer que le Roi, pris au dépourvu au moment où l'emploi de toutes ses forces étoit nécessaire contre les Anglais, déploya autant d'habileté que de prudence : il soumit les rebelles en quelques mois, et leur accorda un généreux pardon. La Trémouille, Chaumont et Pryé furent seuls exceptés de l'amnistie. Louis, abusant de la clémence de son père,

---

(1) Antoine de Chabannes, comte de Dammartin, né en 1411, avoit porté les armes dès l'âge de douze ans. Son père avoit été tué à la bataille d'Azincourt, un de ses frères à celle de Crevant. Il avoit annoncé de bonne heure de grands talens pour la guerre ; mais, à l'exemple de presque tous les capitaines de ce temps, il pilloit les provinces lorsqu'il ne pouvoit combattre l'ennemi, et il s'étoit même fait remarquer plus qu'un autre par ses rapines. Il avoit embrassé avec ardeur le parti des princes, parce que le Roi l'avoit publiquement appelé *capitaine des écorcheurs*.

(2) Cette guerre fut appelée la Praguerie, parce que l'on craignoit de voir renouveler les horreurs commises à Prague par les hussites.

osa lui dire : « Il faudra donc que je m'en retourne, car
« je leur ai promis. » Le Roi lui répondit froidement :
« Partez, Louis, si vous voulez, les portes vous sont
« ouvertes ; et si elles ne sont pas assez larges, je ferai
« abattre vingt toises de la muraille, pour vous laisser
« passer où bon vous semblera. Je suis votre père, vos
« volontés dépendent des miennes ; je trouve étrange
« que vous ayez engagé votre parole sans avoir ni
« savoir la mienne. Mais s'il vous plaît en aller, par-
« tez : car, au plaisir de Dieu, nous trouverons aucuns
« de notre sang qui nous aideront mieux à maintenir
« notre honneur et seigneurie que encore n'avez fait
« jusques-ici. » Le Dauphin, humilié, eut recours à la
soumission ; et son père, espérant de le ramener entièrement, lui céda, quelques jours après, le revenu
et le gouvernement du Dauphiné [1]; mais il jugea
prudent de conserver les sceaux de la province, et
exigea que tous les officiers fussent maintenus dans
leurs charges : il crut devoir en outre changer la maison du jeune prince, afin de ne pas le laisser exposé
à de nouvelles séductions. A dater de cette époque,
Jean Xaincoin eut ordre de payer huit cents écus
d'or chaque mois au maître de la chambre aux deniers du jeune Louis. On a vu qu'en 1437 il ne recevoit que dix écus par mois ; depuis 1438, cette somme
avoit été doublée. Quand les lettres de cession eurent
été enregistrées, les Etats du Dauphiné lui firent un
don gratuit de huit mille florins.

Quelques historiens prétendent que le Dauphin
alla prendre possession de son gouvernement [2]. S'il

---

[1] L'acte de cession est du 28 mai 1440.
[2] P. Matthieu rapporte qu'il envoya Jean de Gamaches et Gabriel

contre lui, et le réduisit à implorer sa clémence. On a lieu de croire que Louis accompagna son père dans ces différentes expéditions.

Lorsque le comte de Saint-Pol vint à la cour après avoir obtenu sa grâce, il se lia intimement avec le Dauphin. Dans les épanchemens de la jeunesse, ils se connurent trop bien tous deux pour ne pas se haïr plus tard.

Louis suivit son père au siége de Creil, et se distingua à la prise de Pontoise [octobre 1441], où il monta à l'assaut à côté du Roi, auquel il disputa le prix de la valeur. La cour se rendit ensuite à Saumur, et y resta jusqu'au mois de janvier. Là furent publiées plusieurs ordonnances qui avoient pour objet de soulager les maux du peuple. Charles préparoit alors une expédition contre la Guyenne, qui étoit au pouvoir des Anglais. Pendant que les troupes se rassembloient, il parcourut avec son fils le Poitou, la Saintonge, le Limousin, et détruisit les derniers restes des bandes qui s'étoient formées dans ces provinces. Il se trouvoit, à l'époque des fêtes de la Pentecôte [1442], à Limoges, et se disposoit à entrer en campagne, lorsqu'il apprit que les princes s'étoient de nouveau ligués contre lui, et prétendoient lui dicter es lois. Cette ligue pouvoit devenir plus redoutable que celle de 1439. On y voyoit figurer les ducs d'Orléans, de Bourgogne et de Bretagne, et presque tous les seigneurs qui avoient pris les armes lors de la Prairie. Le Roi reçut leurs députés, promit d'examiner leurs griefs, négocia habilement avec les principaux chefs, parvint à les désunir, et ne fut point obligé d'employer à les combattre l'armée qu'il des-

se rendit en Dauphiné, il n'y fit que peu de
car les chroniques du temps constatent plus
sa présence près du Roi pendant les dernier{s}
l'année 1440; et après ce qui s'étoit passé, la
exigeoit que Charles veillât lui-même sur la
de son fils.

Lorsque le duc d'Orléans, prisonnier de
depuis la bataille d'Azincourt, obtint sa liber
nant une rançon de cent vingt mille écus :
prince ne pouvoit acquitter cette somm
champ, le Dauphin se rendit caution du
avec les ducs d'Alençon et de Bretagne,
de Vendôme et de La Marche, et plusieur{s}
gneurs.

Cependant le Roi, après avoir terminé
la Praguerie, employoit ses troupes cont
chefs d'aventuriers qui se maintenoien{t}
Champagne; il s'empara de leurs place{s}
quelques-uns, et rétablit l'ordre dans
Le bâtard de Bourbon fut arrêté, et jugé
brigandages dont il s'étoit rendu coupab
que le prétexte du jugement; son véritabl
d'avoir enlevé le Dauphin. Ces exemple{s}
n'intimidèrent pas le jeune comte de S{.}
joua un si grand rôle sous le règne de L{.}
enlever un convoi d'artillerie que le Ro
duire de Tournay à Paris. Charles marcha

de Bernet avec le titre d'ambassadeurs, pour pren{.}
Dauphiné. Le même auteur remarque que le présid
phinal, dans la harangue qu'il adressa à ces envoy
fils aîné de France ne peut être reconnu pour pri{.}
Dauphiné, qu'après qu'il a plu au Roi de lui en don{.}
le commandement.

tinoit à l'expédition de Guyenne. Le Dauphin, qui n'avoit point quitté son père, resta étranger à cette révolte; Charles lui confia une partie de ses troupes, et il se montra aussi bon capitaine que vaillant soldat; il se distingua surtout au siége de Dax. Le défaut de vivres et les maladies n'ayant pas permis de poursuivre les premiers avantages que l'on avoit obtenus en Guyenne, Louis revint avec son père en Languedoc, et ils célébrèrent les fêtes de Noël à Montauban. De là, la cour se rendit à Tulle, où elle étoit au commencement de 1443; le Roi y apprit que Talbot menaçoit la ville de Dieppe. Cette place étoit défendue par Dunois; et le capitaine anglais, convaincu qu'il ne pourroit l'emporter de vive force, avoit converti le siége en blocus. De fortes bastilles interceptoient les communications.

Charles, satisfait de la conduite que son fils avoit tenue depuis la Praguerie, jugea qu'il pouvoit sans danger l'éloigner de sa personne, et rendre utiles à l'Etat les talens que le jeune prince annonçoit. Il lui donna des troupes, le nomma gouverneur des pays placés entre la Seine et la Saône, et le chargea de délivrer la ville de Dieppe. Louis part sur-le-champ, visite les places les plus importantes de son nouveau gouvernement, pourvoit à leur sûreté, et entre en Normandie. Il arrive devant Dieppe le 12 août, reconnoît le 13 la position des ennemis, et attaque leur bastille le 14. Ses soldats sont repoussés: il se met à leur tête, les ramène lui-même à l'assaut, les anime par ses discours et par son exemple; les habitans le secondent en faisant une sortie, et la bastille est enlevée. Tous les Français qui se trouvèrent dans le fort, et qui avoient porté les armes contre leur souverain, furent pendus. Les chroniques du temps remarquent que le Dauphin dédommagea ceux de ses soldats auxquels les prisonniers appartenoient. Il fit payer trente livres pour chaque homme d'armes, et dix-huit livres pour chaque archer. Le jeune prince, reçu en triomphe dans la ville qu'il venoit de délivrer, remercia, au nom du Roi, les habitans de la fidélité qu'ils avoient montrée, et distribua des secours à ceux qui avoient le plus souffert pendant le siége. Il fit aussi récompenser les troupes auxquelles il devoit la victoire; il fit plusieurs chevaliers, parmi lesquels on remarque le comte de Saint-Pol. La terre de Valbonois, que Dunois possédoit dans le Dauphiné, fut déclarée exempte de tout droit; des gratifications furent données aux pauvres gentilshommes, et même aux paysans qui avoient rendu quelques services à l'armée. Louis parcourut ensuite l'Ile de France, la Brie et la Champagne, et assura la paie des gens de guerre, afin d'ôter tout prétexte au pillage.

Charles, loin d'être jaloux de la réputation que son fils acquéroit, lui fournit une nouvelle occasion de se distinguer. Jean, comte d'Armagnac [1], l'un des plus puissans vassaux de la couronne, cherchoit non-seulement à se rendre indépendant, mais il se disposoit à s'emparer du comté de Comminges, qui devoit être réuni au domaine royal après la mort de Marguerite, âgée alors de quatre-vingts ans. Déjà il avoit fabriqué une fausse donation, il faisoit fortifier ses places, et se refusoit à toute espèce d'accommode-

---

[1] Jean, comte d'Armagnac, petit-fils du célèbre connétable d'Armagnac massacré à Paris en 1418.

ment. Ne se croyant pas néanmoins assez fort pour se soutenir seul dans sa révolte, il recherchoit l'appui des rois d'Arragon, de Castille et d'Angleterre. Ses projets et ses intrigues furent, si l'on s'en rapporte à Pierre Matthieu, révélés à la cour de France par le bâtard de Lescun (1). Charles résolut de punir le comte, et chargea le Dauphin de cette expédition. Louis ne laisse pas au comte d'Armagnac le temps de se mettre en défense : il fond sur le Rouergue, et s'empare d'Entragues et de Rodez. La première de ces places fut obligée de se rendre à discrétion ; Sallazart, capitaine espagnol, qui y commandoit, avoit d'abord pris du service en France, puis s'étoit vendu au comte d'Armagnac; le Dauphin lui laissa la vie, mais il le punit de sa trahison, en lui défendant de porter les armes (2). Du Rouergue, le jeune prince entre dans le Languedoc, fait passer la Garonne à ses troupes, et, par une marche aussi imprévue que rapide, surprend le comte dans le château de l'Ile-Jourdain. Armagnac sort de la place (3) pour parler au Dauphin, qui refuse de l'entendre, le fait arrêter avec son second fils et ses deux filles, et met toutes les terres du comte d'Armagnac en la main du Roi. Le comte s'étoit rendu non-seulement coupable de rebellion, mais il avoit supposé une fausse bulle du Pape

---

(1) Le bâtard de Lescun, fils de Guillaume de Lescut ou de Lescun, et d'Anne d'Armagnac ; il fut légitimé en 1463, prit le nom de comte de Comminges, et joua un grand rôle sous Louis XI.

(2) Louis, lorsqu'il fut monté sur le trône, pardonna à Sallazart, et le prit à son service.

(3) Quelques historiens croient que ce fut le Dauphin qui fit engager Armagnac à sortir du fort, sous prétexte de traiter avec lui. Mézeray penche pour cette opinion.

pour épouser sa sœur, et il faisoit fabriquer de fausses monnoies dans ses châteaux. Il étoit perdu si on l'eût fait juger. Charles lui accorda sa grâce, à la sollicitation du roi de Castille, des ducs d'Orléans, d'Alençon, de Bourbon; mais ses terres furent confisquées. Le Dauphin reçut, pour récompense de ses services, le comté de Comminges et les châtellenies du Rouergue (1).

Le jeune prince avoit maintenu une discipline sévère parmi ses troupes. Ayant été rappelé à la cour, il les laissa sous le commandement de Valpergues, qui ne sut point faire respecter son autorité : les capitaines l'abandonnèrent, formèrent des bandes, se répandirent dans les provinces, et y renouvelèrent les désordres que l'on avoit eu tant de peine à réprimer. Quelques-unes de ces bandes se portèrent jusque sur les frontières de Bourgogne (2), et y pillèrent quelques villages. Le seigneur de Beaumont, maréchal du duché, les surprit et les tailla en pièces à Epoisse. Cet incident faillit rallumer la guerre avec la Bourgogne: le Dauphin insistoit pour venger la défaite de ses gens; Charles réprima cette ardeur imprudente, et la bonne intelligence ne fut point troublée.

○

(1) Le bâtard de Lescun obtint Severac et Copdenac, soit que le Dauphin eût été obligé de traiter avec lui, comme le pensent quelques historiens; soit qu'on l'eût ainsi récompensé de sa trahison, comme le prétendent quelques autres. Il attacha alors sa fortune à celle de Louis.

(2) Dans la Chronique anonyme, on prétend que ce fut le Dauphin qui envoya ses troupes sur les frontières de Bourgogne, pour y vivre. Quelques historiens ont confondu les courses qui eurent lieu alors sur les terres de Bourgogne, avec celles que firent l'année suivante les troupes du Dauphin à leur retour d'Allemagne.

Cependant le Roi avoit conclu une trêve de vingt-deux mois avec l'Angleterre, au commencement de 1444. Les derniers brigandages exercés par les troupes, qu'il avoit été impossible de retenir sous les drapeaux après la réduction du comte d'Armagnac, montroient ce qu'il y avoit à craindre des gens de guerre, lorsque la paix les laisseroit sans emploi. Charles sentit que le seul moyen de sauver les campagnes du pillage étoit de faire partir immédiatement les troupes pour une expédition étrangère. « Il vou-
« lut, dit Fauchet, ôter le mauvais sang qui si long-
« temps avoit altéré le corps du royaume. » Le commandant de Montbelliard, ville qui dépendoit alors de l'Allemagne, avoit fait des courses sur les frontières de France, et pillé une petite ville. Le Dauphin fut chargé de le punir. Au mois de juillet, il réunit à Troyes douze mille Français, auxquels se joignirent huit mille Anglais, se porta rapidement sur Montbelliard, et força le commandant à capituler. De là le jeune prince devoit marcher contre les Suisses, qui, après avoir secoué la domination de l'Autriche, vouloient chasser les nobles, et attaquoient leurs châteaux. Le duc d'Autriche, les nobles eux-mêmes, avoient réclamé les secours du Roi, qui se trouvoit trop heureux de les leur accorder.

En entrant en Suisse, le Dauphin publia en même temps plusieurs manifestes, qui varioient suivant les intérêts de ceux auxquels ils étoient adressés. Il annonçoit aux partisans de l'Autriche qu'il venoit rétablir le gouvernement de cette puissance; il déclaroit aux nobles qu'il n'avoit pris les armes que pour les secourir; enfin, pour exalter l'imagination de ses troupes par la perspective d'une grande expédition, il prétendoit faire valoir des droits dont on avoit dépouillé la France, qui devoit, disoit-il, commander jusqu'au Rhin. Il avoit alors vingt-un ans.

Le duc d'Autriche et les nobles s'étoient engagés à lui fournir des vivres; cette promesse ne fut point remplie : le Dauphin permit le pillage à ses troupes, et les environs de Bâle furent ravagés. Les Suisses assiégeoient la ville de Zurich, qui ne s'étoit point encore réunie à leur confédération, lorsqu'ils apprirent l'arrivée de Louis. Ils envoyèrent une partie de leurs troupes à sa rencontre, dans la plaine de Bottelen.

Les historiens de cette nation ne sont point d'accord avec les nôtres sur la force de leur armée; mais, quelle que soit la version que l'on adopte, le prince avoit sur eux une prodigieuse supériorité. Cependant ils repoussent d'abord la cavalerie du Dauphin, traversent une petite rivière très-rapide, se retranchent dans un cimetière, y arrêtent long-temps les efforts de l'ennemi, voient éclaircir leurs rangs sans se rompre; et n'ayant plus l'espoir de vaincre, ils songent à vendre chèrement leur vie (1). Ils périrent presque tous les armes à la main. On dit que ceux qui échappèrent furent massacrés par leurs compatriotes. Suivant les historiens suisses, leur perte s'éleva à douze

---

(1) « Si les François attaquerent vaillament, dit Matthieu de Coucy, « icelles communes (les Suisses) se defendirent aussi très asprement; « et me fut dit sur cette matiere, par aucuns nobles hommes qui avoient « été à cette journée et en plusieurs rencontres, tant contre les An- « glois comme autres, qu'en leurs temps ils n'avoient veu ny trouvé « gens de si grande défense, ny tant outrageux et téméraires pour « abandonner leurs vies. »

cents hommes, dont on conserve les noms dans les registres publics du pays. Le Roi et le Dauphin, dans leurs lettres aux princes de l'Empire, portèrent le nombre des morts à trois mille. Les vainqueurs perdirent beaucoup plus de monde; si on en croit les relations suisses, ils laissèrent huit mille hommes sur le champ de bataille (1).

L'acharnement avec lequel les soldats de la confédération s'étoient battus fit juger au Dauphin, qui pourtant ne s'étoit point trouvé à cette journée, qu'il valoit mieux avoir les Suisses pour amis que pour ennemis. Les confédérés n'avoient aucun intérêt à continuer la guerre. Comme on désiroit sincèrement la paix des deux côtés, les négociations ne traînèrent point en longueur (2). Il fut convenu que l'armée française prendroit ses quartiers d'hiver en Suisse, et que le Roi garderoit la neutralité entre l'Autriche et la confédération, qui, suivant Matthieu de Coucy, promit de fournir au Dauphin quatre mille hommes, qu'il seroit libre de conduire partout où bon lui sembleroit. Cette dernière disposition est révoquée en doute par plusieurs historiens; et en effet on ne voit pas qu'elle ait été exécutée. Elle n'a quelque importance que parce qu'elle annonçoit dès-lors le projet, réalisé plus tard par Louis XI, de prendre des Suisses à sa solde.

Après la signature du traité, le Dauphin cantonna ses troupes. Les capitaines prirent bientôt part aux querelles qui s'élevoient entre les seigneurs et les ha-

---

(1) Plusieurs historiens rapportent que le Dauphin, voulant dissimuler sa perte, fit enterrer ses morts en divers lieux.

(2) La bataille de Bottelen avoit été livrée le 26 août; la paix fut signée le 21 octobre.

bitans. Comme les intérêts des uns et des autres leur étoient indifférens, et qu'ils ne cherchoient que l'occasion de s'enrichir par des rapines, il leur arrivoit souvent de piller ceux mêmes qu'ils prétendoient secourir. Ils firent des courses en Alsace. Louis, qui avoit à se plaindre des Allemands, ne chercha point à réprimer ces brigandages. Les Allemands, fatigués de ces hôtes incommodes, se réunirent contre eux, attaquèrent leurs détachemens dans les défilés, et leur firent éprouver des pertes considérables. Depuis que la France avoit reconnu la confédération suisse, le duc d'Autriche ne pouvoit plus se méprendre sur le véritable but de l'expédition, et il ne négligeoit rien pour forcer le Roi à retirer ses troupes. On leur coupa les vivres, on enleva leurs convois; on employa tous les moyens de nuire à l'armée française, sans pourtant en venir à une rupture ouverte. Cette armée eut ordre de revenir (1); elle étoit déjà très-affoiblie : elle souffrit encore beaucoup sur la route. En traversant la Bourgogne, les capitaines voulurent venger leurs compatriotes, qui avoient été défaits et massacrés l'année précédente; ils commirent d'abord d'assez grands dégats: mais le maréchal de Bourgogne s'étant mis à la tête de la noblesse, marcha sur eux, les battit, et les chassa du duché (2).

(1) Il y avoit cinq mois qu'elle étoit partie de France.
(2) Le comte de Dammartin commandoit une partie de ces troupes, qui furent défaites par le maréchal de Bourgogne. Lorsqu'il fut de retour auprès du Dauphin, ce prince lui dit: « Comment, comte Dam-
« martin, le maréchal de Bourgogne vous a déferré! Par la foi de mon
« corps, il fait au rebours des autres maréchaux qui ferrent les che-
« vaux: il les déferre. — C'est vrai, repartit Dammartin; mais j'ai
« tiré des pays dix mille écus pour avoir des fers neufs à mes che-

Cependant le Roi avoit déjà, depuis quelque temps, rappelé le Dauphin, qui étoit allé le rejoindre à Nancy. Charles, pendant que son fils portoit la guerre en Suisse, avoit lui-même mis le siége devant la ville de Metz. Il prétendoit avoir pris les armes pour venger une injure faite au roi de Sicile par les habitans de cette ville, alors ville impériale; mais son expédition avoit le même but que celle du Dauphin : il vouloit occuper ses troupes hors du royaume; son intention étoit d'ailleurs de profiter de sa position pour faire valoir les anciens droits de la couronne sur la seigneurie de Metz. Les habitans se défendirent avec courage; le Roi, craignant qu'ils ne fussent secourus par les princes d'Allemagne, qui commençoient à prendre de l'ombrage, leur accorda la paix, après leur avoir fait payer les frais de la guerre.

Pendant le séjour que la cour fit à Nancy et à Châlons, on célébra par des fêtes brillantes le mariage de Marguerite d'Anjou avec le roi d'Angleterre, et la réconciliation de René, roi de Sicile [1], père de cette

---

« vaux... » On voit par cette réponse que les capitaines et les seigneurs ne se faisoient aucun scrupule de piller les terres du duc de Bourgogne, qui étoit allié de la France.

[1] René d'Anjou, second fils de Louis II, roi de Sicile, et d'Yolande d'Arragon, né à Angers en 1408, marié en 1420 à Isabelle, fille et héritière de Charles I, duc de Lorraine. En 1430, après la mort de son beau-père, lorsqu'il voulut prendre possession du duché, Antoine de Vaudemont, neveu de Charles I, réclama la Lorraine comme fief masculin. Le concile de Bâle et l'empereur Sigismond, choisis pour arbitres, prononcèrent en faveur de René. Antoine de Vaudemont, soutenu par le duc de Bourgogne, eut recours aux armes, battit son compétiteur, et le fit prisonnier. René étoit resté prisonnier à Dijon pendant près de cinq ans; le duc de Bourgogne ne lui avoit rendu la liberté qu'en exigeant la cession de plusieurs places, et une forte rançon.

princesse, avec Philippe-le-Bon. Les rapines exercées en Bourgogne par les troupes du Dauphin, et leur défaite par la noblesse du pays, avoient élevé quelques nuages entre Charles et Philippe. La duchesse de Bourgogne vint trouver le Roi; et malgré les efforts de Louis, qui désiroit la guerre, les anciennes alliances furent confirmées. A peu près à la même époque, on convint d'une prolongation de trève avec l'Angleterre. Le tumulte des fêtes et le soin des négociations n'empêchoient pas le Roi de s'occuper du soulagement des peuples. Ce fut à Châlons qu'il rendit l'ordonnance pour la réforme de la gendarmerie, réforme qu'il avoit déjà essayée en 1440, mais que les circonstances ne lui avoient pas permis de rendre aussi complète que le bien du royaume l'exigeoit. Le Dauphin étoit appelé à tous les conseils; aucune trace de mésintelligence ne se laissoit apercevoir entre son père et lui. Non-seulement il jouissoit d'une grande considération à la cour, mais sa réputation s'étendoit à l'étranger; et le pape Eugène IV, par une bulle du 26 mai 1445, l'avoit nommé gonfalonier de l'Eglise (1).

Les fêtes n'étoient point encore terminées, lorsqu'un événement funeste vint plonger la cour dans le deuil. La Dauphine, Marguerite d'Ecosse, mourut à l'âge de vingt-deux ans. Cette jeune princesse étoit belle, vertueuse, compatissante; elle réunissoit à toutes les qualités du cœur les agrémens d'un esprit délicat et cultivé; elle aimoit les lettres, les protégeoit, et composoit des vers agréables. Ce fut elle

---

(1) Le pape Eugène IV avoit vu avec plaisir l'expédition du Dauphin contre le pays de Bâle, où s'étoit réuni le concile qui avoit prononcé sa déchéance.

qui ayant trouvé Alain Chartier endormi, s'approcha de lui doucement, et le baisa sur la bouche ; et comme elle remarqua de l'étonnement parmi les gens de sa suite : « Ce n'est point la personne que j'ai baisée, « dit-elle, mais la bouche d'où sont sortis tant de « beaux discours. » Marguerite, épouse de l'héritier du trône de France, étoit chérie de tous ceux qu'elle admettoit dans son intimité : rien ne sembloit pouvoir troubler son bonheur; elle mourut de chagrin, et tellement fatiguée de l'injustice dont elle étoit victime, que ses dernières paroles furent : « Fi de la vie ! qu'on « ne m'en parle plus. » Les historiens ont examiné les causes de sa mort ; nous devons donner les principales circonstances que l'on trouve rapportées dans les enquêtes qui furent faites par ordre du Roi. La Dauphine avoit succombé à ses maux le 16 août 1445. Le 11 octobre suivant, le Roi chargea deux commissaires d'interroger les personnes attachées à la maison de la princesse, et cette première enquête prouve qu'elle étoit effectivement morte de chagrin. Mais soit que la Dauphine ne se fût pas expliquée ouvertement, soit que les personnes interrogées craignissent de s'exposer à des vengeances, on remarque beaucoup de réserve et d'ambiguïté dans leurs déclarations.

La dame de Saint-Michel déposa que la Dauphine depuis long-temps ne pouvoit plus supporter la vue de Jamet Du Tillay, *qui*, disoit-elle, *la mestoit hors de la grâce du Roi et du Dauphin*. Lorsqu'on vouloit la consoler, elle répondoit *qu'elle se devoit bien merincolier et donner mal, pour les paroles qu'on avoit dites d'elle*. Pendant les derniers jours de sa maladie, la princesse s'écrioit : « Ah ! Jamet, Jamet !

« vous êtes venu à votre intention; si je meurs, c'est
« pour vous, et vos bonnes paroles que vous avez dites
« de moi, sans cause et sans raison. » Puis elle ajoutoit
en se frappant la poitrine : « Je prends sur Dieu et sur
« mon ame, et sur le baptême que j'apportai des fonds
« où je puisse mourir, que je ne l'ai desservi onques,
« ne me tins tort à monseigneur; non pas seulement
« en ai eu la pensée. » Marguerite de Villequier déclara
que Jamet s'étoit adressé à elle pour obtenir la permission de se justifier, et que la Dauphine répondit *que
c'étoit l'homme du monde qu'elle devoit le plus haïr;
qu'elle n'avoit cure de ses excuses; qu'elle savoit bien
qu'il avoit dit ces paroles.* On lit, dans une autre déposition, que, peu d'heures avant la mort de Marguerite,
madame de Solignac dit tout haut qu'il falloit obtenir
de la princesse qu'elle pardonnât à Jamet, et que maître Robert Poitevin, son confesseur, répondit qu'elle
l'avoit déjà fait; que la Dauphine soutint que cela n'étoit pas; qu'elle le répéta plusieurs fois malgré les
exhortations du confesseur; et qu'enfin tous ceux qui
l'entouroient l'ayant pressée de nouveau, elle dit : « Je
« lui pardonne de bon cœur; » mais elle ne voulut pas
prononcer son nom.

Dans tous les interrogatoires, les témoins déclarent
ne pas savoir quelles sont les paroles dites par Jamet
Du Tillay, qui réduisoient la princesse au désespoir.
Cette première enquête n'ayant eu que des résultats
insignifians, le Roi en ordonna une seconde le 27 mai
1446. Jamet, interrogé le premier juin suivant, répond qu'à l'époque des fêtes de Noël 1444, il alla vers
neuf heures du soir chez la Dauphine, qui étoit sur
une couche avec plusieurs dames autour d'elle; que

Jean d'Estouteville et un autre seigneur étoient appuyés sur cette couche; qu'il fut étonné de ne pas trouver les torches allumées dans l'appartement; qu'il se borna à en faire l'observation au maître-d'hôtel, sans rien ajouter qui pût porter atteinte à l'honneur de la princesse; que le maître-d'hôtel répondit que le grand feu qui étoit à la cheminée éclairoit assez l'appartement; qu'il reconnoît n'avoir jamais rien su de la Dauphine qu'il ne voulût être en sa propre femme; et que si on l'en accuse, il offre de s'en défendre par corps devant le Roi. Il convient avoir dit à différentes personnes que les femmes de la princesse la faisoient veiller trop tard, et qu'elles avoient tort de lui laisser passer quelquefois la nuit à faire des ballades et des rondeaux; et avoir ajouté qu'elle se rendoit inhabile à avoir des enfans en mangeant des pommes aigres, en buvant du vinaigre, et en se serrant trop : mais il prétend qu'en cela il ne faisoit que répéter les discours des médecins. Il se défend d'avoir répandu le bruit que Tancarville aimât la Dauphine, que la princesse fût malade d'amour; et que ce seroit le profit du royaume si elle étoit morte. On voit par cet interrogatoire quels sont les discours indiscrets ou perfides que l'on attribuoit à Jamet Du Tillay, et l'on peut aisément découvrir la vérité au milieu de ses dénégations. Les chroniques du temps rapportent que, non content d'outrager ainsi par ses discours une princesse vertueuse, il suborna un nommé Jacques Du Parc, qui écrivit au Roi des lettres très-offensantes contre la Dauphine et contre les dames de sa cour.

Il paroît que Marguerite, accusée injustement, ne trouva point de consolation auprès du Dauphin, qui ne lui témoigna que de l'indifférence à son retour d'Allemagne (1). Ainsi abandonnée, elle eut recours à Dieu, et se décida à faire un pélerinage. Elle partit à pied du château de Sarry près Châlons, pour aller à Notre-Dame-de-l'Epine, chapelle célèbre dans la province. On étoit alors au milieu des plus fortes chaleurs de l'été; l'église étoit fraîche et humide : Marguerite fut attaquée d'une fluxion de poitrine, qui l'emporta en peu de jours. Les chroniques du temps ne disent pas que le Dauphin l'ait vue dans ses derniers momens : elles ne parlent point de sa douleur, elles laissent croire qu'il ne chercha ni alors, ni plus tard, à venger la mort et la mémoire de la princesse. On voit cependant, dans la déposition faite par la Reine le 20 juillet 1446, qu'elle fut ouïe, *à la requête du Dauphin*, et en vertu d'un ordre du Roi. Cette déposition, qui fut reçue par le chancelier de France et par Cousinot, conseiller et maître des requêtes de l'hôtel du Roi, n'établit aucun fait important, mais elle prouve que Jamet cherchoit à nuire à la Dauphine. Cette princesse fut enterrée dans la cathédrale de Châlons, quoiqu'elle eût formellement désigné, pour le lieu de sa sépulture, une chapelle qu'elle avoit fondée à Saint-Laon de Thouars. On trouva, dit une chronique, qu'il seroit trop embarrassant de la transporter si loin.

(1) On trouve dans les recueils de l'abbé Legrand le contrat de mariage de Jeanne, fille naturelle de Louis XI, avec le bâtard de Bourbon. Cet acte est du 7 novembre 1465. Les clauses que le Roi y stipule pour sa fille donnent lieu de croire qu'elle avoit alors dix-sept ou dix-huit ans. S'il en étoit ainsi, Jeanne seroit née peu de temps après la mort de la Dauphine.

Les dénégations de Jamet Du Tillay ne suffisoient pas pour le justifier. Nicolas Chambre, capitaine de la garde du Roi, et Renaut de Dresnay, confrontés avec lui, affirmoient qu'il avoit tenu les discours qui lui étoient imputés; plusieurs seigneurs acceptoient le défi qu'il avoit porté à ses accusateurs. Charles ne jugea pas à propos de permettre le combat; il exila même ceux qui prenoient avec trop de chaleur la défense de la princesse. Le père Griffet, dans ses Observations sur l'Histoire de France du père Daniel, dit que le Dauphin, mécontent au dernier point de la conduite de son père, forma, pour se venger, la conspiration dont nous aurons bientôt à parler. Non-seulement on ne trouve rien dans les anciennes chroniques qui puisse justifier cette opinion; mais lorsque Louis, retiré d'abord en Dauphiné, puis en Bourgogne, fit exposer à plusieurs reprises, au Roi, les sujets de plainte qu'il prétendoit avoir (1), il ne fut en aucune

---

(1) On nous a conservé le détail des négociations qui eurent lieu entre Charles VII et son fils pendant que celui-ci étoit en Dauphiné; toutes les plus petites circonstances y sont rapportées, et on y revient aussi souvent sur les griefs du Dauphin que sur ses prétentions.

D'autres négociations furent entamées lorsque Louis fut retiré en Bourgogne. Il chargea Jeoffredi, évêque d'Arras, de répondre aux ambassadeurs que son père lui avoit envoyés. Dans un très-long discours, le prélat parle de toutes les injustices et de toutes les injures que le Dauphin prétendoit avoir éprouvées à la cour du Roi; il remonte jusqu'à l'époque où le jeune prince eut le gouvernement des pays placés entre la Seine et la Saône [1443]; il se plaint amèrement de la manière dont a été traitée Charlotte de Savoie, seconde femme du Dauphin, mais il ne nomme pas même Marguerite d'Ecosse.

Enfin il est prouvé, par la déposition du comte de Dammartin, que Louis conspiroit dès le mois d'avril 1446; et la procédure contre Jamet Du Tillay ne fut abandonnée qu'au mois de septembre suivant.

manière question de la dauphine Marguerite. Villaret trouve que la conduite du Roi et celle de Louis sont également inexplicables; et en effet le défaut de documens authentiques permet à peine de former des conjectures.

Le Roi avoit quitté Châlons après la mort de la Dauphine; il séjourna quelque temps à Sens, et ce fut dans cette ville que Louis commença à avoir des démêlés sérieux avec son père. C'est peut-être ici le lieu de faire remarquer que Louis n'a jamais cherché à usurper l'autorité lorsqu'il a eu le commandement des armées royales, ni essayé d'étendre son pouvoir pendant les expéditions où il a combattu sous les yeux de Charles VII. Mais, tourmenté par le besoin d'agir, il ne pouvoit souffrir le repos; il étoit prêt à conspirer au moment où il étoit livré à lui-même, et à l'inquiétude naturelle de son esprit. On l'a déjà vu, dès l'âge de dix-sept ans, se révolter contre son père, qui l'avoit laissé pendant quelques mois au château de Loches; nous allons le voir ourdir de nouvelles trames presque aussitôt qu'il n'est plus occupé par le tumulte de la guerre. Pendant tout le cours de son règne on reconnoît cette même inquiétude qui lui fait tenter sans cesse de nouvelles entreprises, porter le trouble chez ses voisins, leur susciter des guerres injustes, et compromettre plus d'une fois la sûreté du royaume.

Louis avoit suivi son père en Touraine, et il préparoit avec quelques confidens les moyens de s'emparer du gouvernement. Les détails de ce complot nous sont connus par une déposition du comte de Dammartin, faite devant le chancelier de France le 27 septembre 1446. Vers les fêtes de Pâques (1), le Dauphin, étant au château de Chinon, lui montra des Ecossais de la garde du Roi, et lui dit : « Voyez « là ceux qui tiennent le royaume de France en su- « jétion ; à bien peu d'occasion on en viendroit à bout, « et bien aisé. » Le comte répondit que c'étoit belle chose que cette garde, et aussi une grande sûreté pour le corps du Roi ; et que sans elle, on eût entrepris beaucoup de choses qu'on n'a pas faites. Le Dauphin ne s'ouvrit pas davantage cette fois, et dit à Dammartin qu'il allât faire son voyage de Savoie, et qu'il revînt le plus tôt qu'il pourroit. Charles VII avoit eu quelques discussions avec le duc de Savoie sur la démarcation des frontières et sur l'hommage de quelques places. Le duc avoit offert de renoncer aux comtés de Valentinois et de Diois, et de payer quarante mille écus, si de son côté la couronne de France lui remettoit l'hommage de Faussigny, et d'autres places cédées ou échangées par les traités antérieurs. Dammartin étoit chargé d'aller prendre possession des deux comtés, et de toucher les quarante mille écus. A son retour, environ un mois après Pâques, il fut appelé par le Dauphin, qui s'expliqua plus clairement sur le projet qu'il avoit de se rendre maître de la personne du Roi, et sur les moyens d'exécuter ce complot. Charles étoit alors au château de Rasilly, où il étoit facile de le surprendre. Déjà Louis avoit séduit plusieurs Ecossais de la garde ; il réunissoit des hommes déterminés ; quelques seigneurs s'étoient engagés à le servir ; il leur promettoit de leur faire *des biens, tant et si largement qu'ils n'en avoient eu oncques.* Il vou-

(1) L'année commençoit alors à Pâques.

loit conduire lui-même l'entreprise. « J'y veux être en
« personne, disoit-il ; car chacun craint la personne
« du Roi quand on la voit. Si je n'y étois en personne,
« le cœur failliroit à mes gens; mais en ma présence
« chacun fera ce que je voudrai. » Sachant que Dammartin étoit fort attaché à l'un des ministres du Roi,
et craignant qu'il ne fût retenu par cette considération, il lui disoit : « Je sais que vous aimez bien le
« sénéchal, et je suis content qu'il gouverne comme il
« a accoutumé; mais ce sera sous moi. » Ces derniers
mots prouveroient qu'il ne vouloit pas, comme le prétendent quelques historiens, forcer seulement son père
à changer de ministres.

L'accusation étoit tellement grave (1), que le Roi
voulut interroger lui-même son fils et Dammartin (2).
Celui-ci répéta sa déclaration. « Sauf la révérence du
« Roi, monseigneur, répondit le Dauphin, vous en
« avez menti. — Monseigneur, repartit vivement le
« comte, sauf le respect du Roi, si vous n'étiez fils
« de roi, je répondrois de ma personne à la vôtre ;
« mais s'il y a gentilhomme en votre maison qui
« me veuille charger sur cette matiere, je lui ferai
« dire le contraire. » Quelques historiens rapportent
que Charles, convaincu du crime de son fils, l'exila
pour quatre mois en Dauphiné, et que le jeune prince
sortit furieux, en s'écriant : « Par cette tête, je me
« vengerai de ceux qui m'ont jeté hors de ma maison. »

(1) Il y eut encore d'autres dépositions que celle de Dammartin ;
mais elles ne nous ont pas été conservées.

(2) Son premier soin, en montant sur le trône, fut de poursuivre
Dammartin ; mais on verra qu'après l'avoir fait condamner par arrêt
du parlement, qui déclara la déposition du comte fausse et controu-
vée, il fit ensuite annuler cet arrêt.

Cependant il ne paroît pas que le Dauphin ait été exilé; car lorsque le Roi crut devoir remettre en sa main le Dauphiné en 1456, il déclara, dans un édit, que son fils avoit quitté volontairement la cour [1]. Les chroniques constatent d'ailleurs que Louis étoit encore auprès de son père lorsque la Reine accoucha de Charles, duc de Berri, second fils du Roi, le 28 décembre 1446; ainsi il ne partit pour le Dauphiné que plus de trois mois après la déposition de Dammartin [2]. Il ne peut y avoir de doute sur la conspiration dont nous venons de parler; plusieurs gardes écossais, convaincus d'y avoir pris part, furent condamnés à mort; et Conigham, leur commandant, auroit subi la même peine, si le roi d'Ecosse n'eût sollicité sa grâce. Mais des chroniques contemporaines ayant gardé le silence sur un fait aussi important [3], on a cherché d'autres causes à la retraite du Dauphin. Gaguin rapporte que le jeune prince, jaloux de l'empire que la belle Agnès Sorel exerçoit sur l'esprit du Roi, s'oublia jusqu'à lui donner un soufflet; on en a conclu que Charles, pour punir cet outrage, avoit exilé son fils. Cette supposition paroît peu fondée.

A peine arrivé en Dauphiné, Louis convoqua les Etats, et leur demanda quarante mille florins, qui lui

---

[1] Quand le Dauphin partit d'avec le Roi son père, il ne demanda congé et licence que pour quatre mois; et il demeura absent, à son grand déplaisir, bien près de dix ans. (Jean Chartier, *Histoire de Charles* VII.)

[2] On voit, par une déclaration du Roi sur l'affaire de Mariette, dont nous parlerons plus tard, que le Dauphin, avant de quitter la cour, avoit de nouveau prêté serment de fidélité.

[3] Il n'en est parlé ni dans la Chronique de Berry, ni dans Jean Chartier, ni dans l'histoire de Matthieu de Coucy.

furent accordés à titre de don gratuit, et pour cette fois seulement. Cette clause n'empêcha pas le prince de renouveler ses demandes les années suivantes (1). Les États n'osant le refuser, conservèrent au moins l'apparence des droits et des priviléges de la province, en réduisant les sommes, et en spécifiant que c'étoit par don volontaire et libéral. Outre les revenus du Dauphiné, Louis jouissoit de ceux de Château-Thierry, du comté de Comminges, et des châtellenies du Rouergue; mais ces revenus, quelque considérables qu'ils fussent, ne lui suffisoient pas. Ses partisans l'avoient suivi; il accueilloit tous les mécontens, vouloit faire rivaliser sa cour avec celle du Roi, et dépensoit des sommes considérables pour lier des intrigues avec les puissances voisines.

Les dispositions hostiles que montroit le Dauphin l'exposèrent aux délations. Guillaume Mariette, qui étoit, dit-on, secrétaire du Roi, espérant sans doute de grandes récompenses, dénonça d'abord à Pierre de Brezé, et ensuite au Roi, un prétendu complot du Dauphin, qui, assisté par le duc de Bourgogne, devoit revenir à la cour, et détrôner son père. Il paroîtroit même, d'après Matthieu de Coucy, que cet homme avoit contrefait les sceaux des princes. L'imposture fut découverte, et Mariette condamné à avoir la tête tranchée, par arrêt du parlement de Paris (2).

(1) Il obtint chaque année un don gratuit plus ou moins considérable. Le Dauphin faisoit des demandes énormes, que les États réduisoient. Cependant le don gratuit n'excédoit pas ordinairement trente ou trente-trois mille florins; en 1455, Louis trouva moyen de le faire porter à quarante-quatre mille cinq cent quarante-un.

(2) Pierre de Brezé, auquel Mariette avoit d'abord parlé du complot,

Cette affaire donna beaucoup d'inquiétude à Louis, qui, tant qu'elle ne fut pas terminée, craignit de lasser la patience de son père, auquel il donnoit d'ailleurs d'autres sujets de mécontentement par sa conduite. Charles, en lui cédant le Dauphiné, s'étoit réservé les sceaux de la province, et n'avoit point renoncé à ses droits de suzeraineté. Louis, non content d'usurper l'autorité souveraine dans toute son étendue, traitoit avec tous les princes voisins, et même avec les ennemis du Roi. Lorsque la guerre éclata de nouveau entre la France et l'Angleterre, au commencement de 1449, il n'offrit point de secours à son père. Pendant que Charles conquéroit la Normandie, il s'occupoit du soin d'agrandir son apanage; il achetoit de l'évêque d'Alby les comtés de Clermont, d'Auvergne et de Sancerre, moyennant une pension de six mille écus, et il abolissoit les droits dont l'église de Lyon et quelques évêques jouissoient depuis long-temps. Après la réduction de la Normandie, il demanda le gouvernement de cette province, prétendant que lui seul pouvoit la défendre contre les Anglais. Le Roi lui fit sentir combien ses prétentions étoient ridicules, et s'accordoient peu avec la conduite qu'il avoit tenue. Alors Louis proposa de conquérir la Guyenne, mais pour son propre compte. Le Roi, qui se disposoit à entrer dans cette province avec ses troupes victorieuses, rejeta également cette proposition.

Presque à la même époque, le Dauphin négocioit son mariage avec la princesse Charlotte, fille de Louis,

et qui ne l'avoit pas révélé au Roi, crut devoir prendre des lettres de rémission.

duc de Savoie. En arrivant en Dauphiné, il avoit signé avec ce prince une alliance offensive et défensive, qui avoit été bientôt rompue. On en étoit venu aux armes, puis on s'étoit rapproché, et Louis avoit demandé la fille du duc à l'insu du Roi. Aussitôt que Charles avoit eu connoissance de ces derniers projets, il avoit ordonné au Dauphin d'y renoncer, et lui avoit notifié son intention de lui faire épouser une princesse d'Angleterre, lorsque la paix seroit rétablie entre les deux couronnes. Le Dauphin insista, et fit voir les avantages qu'il trouvoit dans l'alliance du duc, qui lui offroit deux cent mille écus d'or, et des troupes pour conquérir le Milanais. Ce projet d'une expédition étrangère, quand les Anglais étoient encore maîtres de la Guyenne, ne pouvoit plaire au Roi; il persista dans son refus. Malgré les défenses expresses de son père, Louis n'en termina pas moins ses négociations avec le duc de Savoie; le contrat de mariage fut signé à Genève, par le bâtard d'Armagnac et par Antoine Colomier, le 14 février 1450, et ratifié le 23 du même mois. Le Dauphin se rendit à Chambéry, pour épouser la princesse Charlotte. Cependant le Roi, qui connoissoit le caractère de son fils, avoit fait partir le héraut Normandie pour mettre opposition au mariage. Normandie arriva à Chambéry le 8 mars. Louis trouva moyen de l'empêcher de remettre ses lettres au duc, qui lui-même ne désiroit pas de les voir avant que tout fût terminé; et le mariage fut célébré le lendemain [1]. Quelques jours après, le duc de Savoie écrivit à Charles pour s'excuser; il prétendit

---

[1] On trouvera la relation du voyage du héraut Normandie, faite par lui-même, parmi les Pièces justificatives.

que les lettres lui avoient été remises trop tard, et qu'il n'avoit conclu ce mariage que sur l'assurance qui lui avoit été donnée par le légat du Pape, en présence de son conseil, que le Roi y consentoit. Il faut remarquer que le légat dont on invoquoit le témoignage étoit mort.

Ce mariage étoit nul, d'abord parce que la princesse, âgée de moins de douze ans, n'avoit pas eu de dispense; et en second lieu, parce que, d'après les lois du royaume, le Dauphin ne pouvoit se marier sans le consentement exprès de son père. Charles, occupé alors à la conquête de la Guyenne, ne pouvoit abandonner cette entreprise pour venger l'injure qui lui étoit faite, et pour punir un fils rebelle; mais dès que la province fut réduite, il se dirigea sur Lyon, et menaça en même temps les Etats du Dauphin et ceux du duc de Savoie. Le duc, trop foible pour résister, eut recours aux négociations, et parvint, par l'entremise du cardinal d'Estouteville, à apaiser le Roi. On ignore quelles sont les réparations que Charles exigea; mais il paroît qu'il fut satisfait des soumissions qu'on lui fit, puisqu'il donna, en 1452, sa fille Yolande au fils du duc de Savoie. Le Dauphin restoit seul exposé à la colère de son père, dont il avoit déjà ressenti les effets. Ses pensions étoient supprimées; le Roi avoit rendu au comte d'Armagnac le comté de Comminges et les châtellenies du Rouergue, dont il avoit eu la confiscation; et Louis avoit irrité davantage son père en traitant de ces domaines avec le comte. Cependant lorsqu'il vit qu'on se disposoit sérieusement à entrer en Dauphiné, il envoya auprès du Roi Gabriel de Bernes, maître de son hôtel. Bernes trouva le Roi à

La Palice en Bourbonnais, lui exposa les vives alarmes de Louis sur les bruits qui se répandoient que le Roi venoit le chasser du Dauphiné, lui faire faire son procès, et le priver de ses droits à la couronne. Charles répondit que le Dauphin étoit mal informé; qu'ayant reçu beaucoup de plaintes sur son mauvais gouvernement, il ne pouvoit s'empêcher d'y pourvoir, et comme père et comme roi; et que si Louis ne changeoit pas de conduite, il seroit obligé d'assembler les princes du sang et les seigneurs, pour aviser à ce qu'il y auroit à faire[1]. Le Dauphin fit alors prier son père d'envoyer en Dauphiné un seigneur ou un prince du sang, pour s'assurer de l'état des choses. Le Roi persistant dans sa première réponse, de Bernes déclara que si le prince étoit poussé à bout, il quitteroit le royaume. Cette menace fit impression sur l'esprit du Roi, qui chargea Jean de Jambes, seigneur de Montsoreau, d'aller sonder les véritables intentions du Dauphin. Louis ne négligea rien pour mettre le seigneur dans ses intérêts; il parut décidé à se soumettre entièrement aux volontés de son père; il demanda seulement qu'on ne le forçât ni à renvoyer les officiers qui lui étoient dévoués, ni à aller à la cour, où ses ennemis dominoient, et où sa personne ne seroit pas en sûreté. Il ajouta que d'ailleurs il avoit fait un vœu qu'il devoit remplir avant tout.

Ces propositions furent examinées par le conseil du Roi; il fut arrêté que le seigneur de Montsoreau retourneroit auprès du Dauphin avec Jean d'Estouteville, seigneur de Torcy, et qu'ils ordonneroient à

[1] Comme il n'est pas question du mariage du Dauphin dans la réponse du Roi, on doit penser, avec plusieurs historiens, que cette affaire avoit été réglée lors du traité avec le duc de Savoie.

Louis, au nom du Roi, 1° de laisser jouir Jean Du Châtel de l'archevêché de Vienne, dont il avoit été pourvu par le Pape, et dont le Dauphin prétendoit disposer; 2° de rendre à l'église de Lyon les places qu'elle possédoit en Dauphiné, et qu'il avoit réunies à son domaine; 3° de renvoyer tous les mécontens qui quitteroient la France pour aller en Dauphiné, et de n'y recevoir ni les malfaiteurs, ni ceux qui auroient encouru la disgrâce du souverain. Les deux envoyés étoient en outre chargés de dire au Dauphin que son père n'exigeoit pas qu'il vînt à la cour, et que s'il se conduisoit avec sagesse, on oublieroit le passé.

Si Louis eût eu effectivement l'intention de se réconcilier avec son père, il auroit accepté ces conditions; mais il vouloit seulement tirer les négociations en longueur, espérant qu'il se présenteroit quelques chances favorables dont il pourroit profiter. Il éleva donc des difficultés sur tous les articles, proposa l'arbitrage du cardinal d'Estouteville pour ce qui concernoit les affaires de l'Eglise, s'étonna de ce qu'on lui faisoit un crime de recevoir et d'assister les anciens serviteurs du Roi; il persista dans son refus d'aller à la cour, et demanda néanmoins qu'on ne le jugeât pas sans l'entendre; il fit beaucoup de protestations de soumission, sans prendre aucun engagement formel. Le conseil du Roi se trouvoit fort embarrassé sur le parti qu'il y avoit à prendre. Le Dauphin, alarmé de ne pas recevoir de réponse, crut qu'il alloit être attaqué, et il se prépara à la guerre. Il fit acheter des armes, convoqua la noblesse du Dauphiné, et, pour être plus sûr de son dévouement, confirma tous ses anciens priviléges. Il promit à tous ceux qui se rendroient près de lui la remise des droits et des amendes auxquels ils auroient été condamnés, et un délai de trois ans pour racheter les biens qu'ils auroient vendus. La guerre civile étoit sur le point d'éclater de nouveau, lorsque Charles apprit que Talbot venoit de descendre en Guyenne, et qu'il y faisoit de rapides progrès. Peut-être le Dauphin, qui dès-lors entretenoit partout des émissaires, avoit-il eu connoissance de ce projet d'invasion; autrement on auroit peine à expliquer comment il se seroit exposé à une perte certaine, en essayant une lutte inégale contre toutes les forces de la France. Quoi qu'il en soit, Charles sacrifia ses ressentimens personnels au bien de l'Etat; il n'hésita point à aller combattre les Anglais. Le Dauphin offrit de se charger de cette expédition : il lui fut répondu que la Guyenne ayant été conquise sans lui, on n'avoit pas besoin de son secours pour la délivrer; que les troupes qu'il avoit levées n'étoient point destinées à la défense du royaume; et que puisqu'il avoit refusé de se soumettre, le Roi ne pouvoit accepter ses services. Louis croyant que Dunois avoit contribué à faire rejeter ses offres, confisqua la terre de Valbonnais, que le comte possédoit en Dauphiné, et dont il avoit lui-même augmenté la valeur en la dispensant de tout droit, après la délivrance de Dieppe.

Nous avons cru devoir nous étendre sur ces négociations, non qu'elles soient importantes en elles-mêmes, mais parce qu'elles nous ont paru propres à faire connoître le caractère de Louis xi.

Délivré de toute inquiétude après le départ du Roi, Louis porta toute son activité sur les détails de l'administration. Le Dauphiné, pendant les dix années qu'il y séjourna, lui dut plusieurs institutions utiles et de sages réglemens : il réforma les monnoies de la province, et, pour y rendre les espèces plus communes, décida que les monnoies étrangères y seroient admises. Il réduisit le nombre des bailliages et des sénéchaussées; il défendit aux seigneurs de se faire la guerre entre eux, et sut les forcer à respecter cette défense; il convertit le conseil delphinal en parlement; il fonda l'université de Valence, publia sur les donations un édit dont les dispositions principales sont encore en vigueur [1]. Mais dans les divers actes de son gouvernement il laissa dès-lors apercevoir cet esprit despotique, qu'il porta à l'excès lorsqu'il fut monté sur le trône. Comme il aimoit passionnément la chasse, il la prohiba par les ordonnances les plus sévères, et défendit de couper aucun bois dans les forêts delphinales. Il se montra par la suite si jaloux de ses droits à cet égard, qu'il y avoit, disoit-on, moins de danger à tuer un homme qu'un cerf.

L'année 1453 n'offre rien de remarquable dans la vie du Dauphin; en 1454, il fit la guerre au duc de Savoie : l'hommage du marquisat de Saluces, sur lequel le duc élevoit des prétentions, lui servit de prétexte pour prendre les armes; mais comme Louis avoit des troupes assez considérables, il espéroit reculer les frontières du Dauphiné. Déjà il s'étoit emparé de quelques places, lorsque le duc de Bourgogne et les Suisses du canton de Berne le forcèrent à accepter leur médiation; et l'hommage du marquisat de Saluces fut le seul fruit de

---

[1] L'édit sur les donations fut rendu le 31 juillet 1456, peu de jours avant la retraite du Dauphin en Bourgogne.

son entreprise. Cette guerre devint la source des disgrâces qu'il éprouva jusqu'à la mort de son père. Privé de ses pensions, ainsi que des domaines qu'il avoit possédés en France, et que le Roi ne lui avoit point rendus; réduit aux seuls revenus du Dauphiné, il n'avoit pu subvenir aux frais d'une campagne dispendieuse, sans porter le désordre dans ses finances (1). Le don gratuit des États ne suffisant point pour y remédier, il essaya d'établir en Dauphiné une taxe de deux livres par chaque feu, sans distinction de classe ni d'état. Les avocats furent les premiers à prétendre qu'ils étoient exempts de l'impôt par leur profession. Bientôt on réclama de toutes parts contre un acte qui violoit les priviléges de la province. Louis n'ayant pas eu égard aux remontrances qui lui furent faites par les trois ordres, les Dauphinois s'adressèrent au Roi comme à leur seigneur suzerain, garant des droits que Humbert, dernier dauphin du Viennois, leur avoit assurés par l'acte de cession. Cet appel irrita Louis, qui déjà s'étoit habitué à ne suivre d'autres lois que sa volonté, et qui, alors comme plus tard, étoit disposé à s'engager inconsidérément dans les entreprises les plus hasardeuses. Sans réfléchir aux suites de son imprudence, il persista dans sa résolution; de leur côté les Etats se mettoient en mesure pour défendre leurs priviléges, et toute la province alloit se soulever, si Charles n'interposoit promptement son autorité. Il fit en toute hâte partir des troupes, et se rendit lui-même en Auvergne.

Le Dauphin se voyant menacé, demanda en vain des

---

(1) Sa pénurie d'argent fut telle, que, suivant une ancienne chronique, *il emprunta cent écus à ceux de Romans.*

secours aux ducs de Bourgogne et de Savoie: le premier se borna à lui offrir sa médiation; le second avoit des sujets de plainte trop récents pour compromettre ses Etats en embrassant sa cause. L'Angleterre, déchirée par la guerre civile, ne pouvoit faire de diversion en sa faveur. Louis, livré à ses propres forces, essaya de conjurer l'orage par des négociations; il fit dire au Roi qu'il étoit prêt à se soumettre, et même à retourner à la cour, pourvu qu'on éloignât ses ennemis. Charles lui répondit qu'il étoit libre de venir ou de rester; mais que jamais il ne sacrifieroit à des craintes imaginaires ses plus fidèles serviteurs, qui l'avoient aidé à conquérir son royaume. Convaincu, par les premières propositions, du peu d'espoir qu'il y avoit d'amener son fils à une soumission volontaire, et ayant appris qu'il avoit quitté subitement le Dauphiné (1), *et délaissé le pays et ses serviteurs sans*

(1) Ce voyage du Dauphin, dont il n'est fait mention ni dans les chroniques, ni dans l'Histoire de P. Matthieu, ni dans celle de Duclos, ni dans le travail de Lenglet-Dufresnoy, ne peut être révoqué en doute d'après l'édit du 8 avril 1456. Il y est dit: « Sans notre congé « ni licence, et sans quelque chose nous en avoir fait savoir, aussi « sans le sçu de la plus part de ses serviteurs, ni de ceux dudit pays, « il (le Dauphin) s'en est soudainement parti et absenté, et a dé- « laissé le dit pays et sesdits serviteurs sans ordre ni conduite, etc. » Plus loin le Roi parle *de ceux qui conseillent si légèrement son fils, et lui ont fait abandonner ledit pays, et aventurer sa personne à périlleuses et dangereuses voyes*, etc.

Le père Griffet, dans ses Observations sur l'Histoire de France du père Daniel, suppose que Louis étoit allé à la cour de Savoie pour éviter la présence de son père, ou à la Sainte-Baume de Provence pour y faire un pélerinage. Que le Dauphin soit allé en Provence ou en Savoie, son voyage, dans la position critique où il se trouvoit, ne pouvoit avoir pour objet que de solliciter des secours contre son père. Il revint très-promptement en Dauphiné, et écrivit au Roi, de la ville de Romans, le 17 avril.

ordre ni conduite, il se décida à révoquer la cession, et nomma Louis de Laval gouverneur de la province (1). Les deux édits, datés de Saint-Priest dans le Forez, sont du 8 avril 1456 (2). Ce coup d'autorité intimida le Dauphin, qui écrivit, dès le 17 du même mois, une lettre très-soumise à son père. Guillaume Courcillon, son grand fauconnier, qui étoit chargé de la remettre, devoit supplier le Roi, *en l'honneur de Dieu et de Notre-Dame*, de pardonner à son fils, et faire les propositions suivantes :

Louis offroit de faire tels sermens de sûreté que Charles exigeroit; de s'engager à le servir envers et contre tous; de renoncer à toute alliance avec les ennemis du Roi, de n'en contracter aucune sans son autorisation; de ne point passer le Rhône, et de n'entrer dans le royaume que lorsque le Roi le lui permettroit. Mais il demandoit à être libre de demeurer en Dauphiné, attendu qu'il n'y avoit pas sûreté pour lui à la cour, où ses ennemis dominoient; et il vouloit des assurances positives à cet égard. Charles reçut la lettre de son fils, entendit ses propositions, et crut devoir consulter son conseil avant de donner aucune réponse. Ce qui s'étoit passé jusqu'alors lui inspiroit de justes défiances. Quatre jours après, Courcillon fut

---

(1) Louis de Laval étoit déjà gouverneur de la province au nom du Dauphin; on lui expédia des lettres de confirmation pour gouverner au nom du Roi.

(2) Le premier de ces édits nous apprend des détails qui ne se trouvent dans aucune chronique. On y voit que le Roi avoit essayé vainement, l'année précédente, de décider son fils à revenir à la cour; que Louis avoit voulu aliéner la plus grande partie des domaines de la province, et que le garde des sceaux avoit refusé de sceller les actes de vente.

appelé, et le chancelier lui dit, en présence du Roi :
« Messire Guillaume, le Roi a vu les lettres de mon-
« seigneur, et a ouï la créance que vous avez dite,
« de quoi il a été bien content; et y avoit en ladite
« créance de belles paroles qui lui ont bien plu. Au
« regard de certains articles que vous avez montrés à
« son conseil, le Roi n'y entend rien; et au surplus
« la chose a trop duré, et en veut le Roi voir la fin,
« et en effet est délibéré de n'en souffrir plus. » Et il
ajouta soudain : « Messire Guillaume, prenez congé
« du Roi; vous êtes expédié. » Courcillon demanda
que cette réponse lui fût remise par écrit; le chancelier lui dit que ce n'étoit pas la coutume.

Ce n'étoit pas sans fondement que Charles avoit
conçu des soupçons sur la sincérité de son fils. Pendant que Courcillon étoit chargé de présenter au Roi
les propositions du Dauphin, celui-ci envoyoit des
émissaires en France pour y répandre de fausses copies
de ces propositions, dans lesquelles il avoit eu parti-
culièrement soin de faire disparoître le dernier article. Aussitôt que Courcillon fut de retour, il écrivit
aux princes du sang et aux principaux seigneurs du
royaume, sous prétexte de réclamer leur intervention;
il se plaignit de l'inflexibilité et de la dureté de son
père, dont il dénatura la réponse; et, par une relation mensongère des faits, il espéra de les faire déclarer en sa faveur. Mais les victoires du Roi, la sage
fermeté de son gouvernement, le mauvais succès de la
Praguerie, et de la dernière ligue des princes, avoient
trop bien affermi son autorité pour qu'on osât former
aucune entreprise contre lui. Toutes les tentatives de
Louis furent donc inutiles.

Cependant le Dauphin, qui attendoit le résultat de ses intrigues en France, avoit envoyé de nouveaux députés au Roi; il les avoit chargés de le remercier de *sa bonne réponse;* mais leurs instructions ne tendoient qu'à reproduire ses premières propositions. Elles étoient présentées de manière à exiger des explications qui devoient lui faire gagner du temps; et c'étoit tout ce qu'il désiroit. Une troisième ambassade succéda à la seconde, sans que les instructions des députés fussent plus satisfaisantes. Le Roi avoit été informé des démarches de son fils auprès des grands, et des indignes artifices qu'il avoit mis en usage. Il fit rédiger dans son conseil la réponse qui devoit être faite; cette réponse fut lue le 8 juin à Courcillon et au prieur des Célestins d'Avignon, ambassadeurs de Louis. On y examine la conduite du Dauphin depuis l'ouverture des négociations; et après en avoir fait ressortir toute la perfidie, on ajoute : « Les-« quelles choses donnent bien grande présomption « et apparence que mondit seigneur n'a pas volonté « de soi mettre en son devoir, ainsi qu'il a fait dire; « et n'a pas le Roi, ne aussi n'ont ceux de son royaume, « cause de le croire, s'il ne le montre autrement par « effet. » Le Roi prit ensuite la parole, et, dans un discours plein de noblesse, ne dissimula pas sa juste indignation [1].

---

[1] Ce discours, qui est fort remarquable, se trouve dans les recueils de l'abbé Legrand; nous avons pensé qu'on ne le liroit pas sans intérêt.

« J'ai ouï ce qu'hier vous me dites de par mon fils le Dauphin, et
« aujourd'hui ai vû ce que m'avez baillé par écrit touchant ladite ma-
« tiére; laquelle chose j'ai fait lire en la présence de ceux de mon

Dans l'état où se trouvoient les choses, il sembloit que le Roi n'eût plus d'autre parti à prendre que de faire entrer ses troupes en Dauphiné. Il savoit que son fils se préparoit à la défense ; qu'il avoit donné ordre aux habitans des campagnes de se retirer avec leurs

« conseil qui sont ici, et ne puis trop m'émerveiller de ce que vous
« dites que mon fils a pris la réponse que je vous avois faite l'autre
« fois si étrangement, et qu'il en avoit été courroucé et déplaisant ;
« car il sembloit bien aux seigneurs du sang, et aux gens de mon con-
« seil, que la réponse étoit si douce, si gratieuse et si raisonnable,
« qu'il s'en devoit bien éjouir et contenter, et l'avoir pour agréable.

« Vous avez touché deux points és choses que vous m'avez dites, et me
« semble que c'est toujours le vieil train, et que mon fils veut que j'ap-
« prouve son absence, et les termes qu'il tient de ne vouloir venir devers
« moi, qui feroit nourrir l'erreur qui a été long-temps en ce royaume ;
« que l'on disoit que je ne voulois pas qu'il y vensist ; laquelle chose,
« comme chacun peut assez sçavoir, ne vint onc de moi ; et eusse été
« bien joyeux que despieça il y eût été pour s'être employé avec les
« autres au recouvrement de ce royaume, et à débouter les enne-
« mis d'icelui, et avoir sa part en l'honneur et és biens comme ils
« ont eu. J'ai desiré sa venue par devers moi, non pas tant pour moi
« comme pour lui ; car combien que ce me seroit bien grand'joye et
« plaisir qu'il y fût, et de le voir et parler à lui, toutefois principale-
« ment je l'ai desiré et desire pour le bien et honneur qui lui en peut
« advenir : et quand il y seroit et que j'aurois parlé à lui, et dit et dé-
« claré des choses que je ne lui écrirois ni manderois par autres, je
« crois qu'il en seroit bien joyeux et content, et n'auroit jà volonté
« de s'en retourner : et se ainsi étoit qu'il s'en voulsist retourner après
« que j'aurois parlé à lui, faire le pourroit sûrement, ainsi qu'autre-
« fois je vous ai dit. Et aussi se ainsi est qu'il n'y veuille venir, mais
« se absenter toujours de ma présence, ainsi que jusques ici il a fait,
« j'aime mieux qu'il le fasse de soi-même et par son vouloir, et l'avis
« de ceux qui le conseillent, qu'y bailler mon consentement : et m'é-
« bahis bien d'où lui viennent ces craintes dont vous avez parlé ; car
« il me semble qu'en si long-tems qu'il a été absent d'avec moi, il a eu
« assez espace pour se devoir assurer et aviser à son cas d'où peut ve-
« nir ceci. C'est une chose bien merveilleuse qu'il refuse à venir de-
« vers celui dont les biens et honneurs lui doivent venir ; et d'autre

effets dans les places fortes ; et qu'il avoit sommé tous ses sujets, nobles et roturiers, âgés de dix-huit ans et au-dessus, de prendre les armes. Néanmoins il voulut encore donner au Dauphin le temps de rentrer dans le devoir. Pendant cet intervalle, le Pape, le roi de Castille et le duc de Bourgogne essayèrent en vain de

« part il se deffuit, éloigne, et ne veut voir mes bons et loyaux sujets,
« qui se sont si honorablement et vaillamment employés és grandes
« affaires de ce royaume, et à résister aux entreprises des anciens en-
« nemis d'icelui, et des autres qui l'ont voulu gréver, et pour les
« grands services qu'ils ont faits sont de loyauté bien éprouvés ; des-
« quels, pour les termes qu'il leur tient et qu'il ne vient point devers
« moi, il ne peut avoir leur amour, ainsi qu'il auroit s'il étoit avec
« moi, et qu'il parlât et fréquentât avec eux comme il appartient, et
« dont je m'acquitte. Mes ennemis se fient bien en ma parole et en ma
« sûreté ; et quand je les ai eus en ma volonté, et que même ils étoient
« abandonnés de ceux de leur parti, si sçait chacun que je ne leur ai
« pas fait cruauté. Et maintenant mon fils ne se fie pas en ma sûreté
« pour venir par devers moi ; en quoi il me semble qu'il me fait petit
« honneur : car il n'y a si grand seigneur en Angleterre, combien
« qu'ils soient mes ennemis, qui ne s'y osât bien fier ; et serois bien
« déplaisant que sous ma sûreté il lui fût fait quelque chose qui lui
« fût préjudiciable ; et quand j'aurois ce vouloir, pensez-vous que je
« sois si impuissant et mon royaume si dépourvû que je ne l'eusse bien
« là où il est ? Pensez-vous que je prenne sûreté de mon fils telle que
« je voudrai sur les choses dont vous m'avez parlé ? Je n'en ai pas eu
« grand besoin jusques ici, et encore ne vois-je point qu'il soit né-
« cessité de le faire, Dieu merci. Et quant à la provision qu'avez re-
« quise pour lui, comme autrefois ai dit, quand il viendroit devers
« moi pour faire son devoir, voire moins que devoir, et soi employer
« au bien de la chose publique ainsi qu'il appartient, je ferois en-
« vers lui et lui donnerois telle et si bonne provision qu'il devroit être
« bien content ; et si je le faisois ainsi que le requerez, ce seroit nour-
« rir l'éloignement qu'il a eu si long-temps de moi. J'espère qu'ils ne
« me le conseilleroient pas ; et s'ils me le conseilloient onc, si aime-
« rois-je mieux qu'ils le fissent d'eux-mêmes que d'y donner mon con-
« sentement ; et est à faire, à ceux qui le conseillent et tiennent en ce
« train, de lui bailler ladite provision, et non pas à moi. »

ménager un accommodement. Charles exigeoit que son fils revînt à la cour, et qu'il éloignât les conseillers perfides qui l'avoient porté à la révolte. Louis s'obstinoit non-seulement à rester en Dauphiné, et à conserver tous ses officiers; mais il prétendoit forcer son père à renvoyer tous les ministres qui jouissoient de sa confiance. Enfin, le 20 août, les envoyés du Dauphin reçurent, en présence du légat du Pape, une dernière réponse, dans laquelle on leur déclare que le Roi, qui a déjà pardonné deux fois à son fils, est prêt à lui pardonner encore, et *à oublier toutes déplaisances du passé, pourvu qu'il vienne envers lui, ainsi que bon et obeissant fils doit faire envers un tel pere, sans réservation des conditions dessusdites, qui n'ont semblé et ne semblent être bonnes ne raisonnables* (1).

A la même époque, le comte de Dammartin, qui avoit le commandement des troupes, et qui étoit impatient de venger l'insulte que le Dauphin lui avoit faite en 1446, écrivit que le prince avoit déjà sept compagnies d'ordonnances, de cent lances chacune; que Lescun, bâtard d'Armagnac, devoit être mis à la tête des troupes; mais que la noblesse et le peuple, également mécontens de Louis, étoient prêts à se déclarer aussitôt que les troupes royales paroîtroient (2); qu'enfin il avoit la certitude que le duc de Savoie

(1) Les détails de ces négociations sont puisés dans les pièces recueillies par l'abbé Legrand.

(2) « Les nobles et tous ceux dudit pays de Dauphiné, dit Dammar-
« tin dans sa lettre, n'ont fiance qu'en vous, et disent qu'ils sont per-
« dus à ceste fois si vous n'y portez remede ; et dès qu'ils vous verront
« démarcher, ils parleront haut : et quand vous serez en lieu, ils ren-
« dront leurs devoirs envers vous. »

garderoit la neutralité. Tout retard pouvoit amener des changemens favorables au Dauphin, et rendre périlleuse et sanglante une expédition qui n'offroit encore aucune difficulté. Le comte de Dammartin eut ordre d'entrer en Dauphiné, et de se saisir même, s'il étoit possible, de la personne de Louis. Le comte ne perd pas un instant, et par une marche rapide croit surprendre le Dauphin : mais ce prince, averti par ses émissaires, feint une partie de chasse; au lieu d'aller au rendez-vous indiqué aux officiers de sa maison, il prend une autre route, part accompagné seulement de sept personnes, traverse le Bugey, le Val-Romey, pays dépendant de la Savoie; et, après un trajet de quarante lieues, il arrive à Saint-Claude, sur les terres du duc de Bourgogne. Dammartin envoie à sa poursuite jusqu'à la frontière, et ne peut l'atteindre.

Telle fut la honteuse issue d'une entreprise injuste et téméraire, soutenue avec obstination jusqu'à la dernière extrémité. Dans le cours des négociations, on voit se développer le génie de Louis XI, génie aussi fertile en expédiens que peu scrupuleux sur le choix des moyens, pour peu qu'ils offrent quelques chances favorables. On y reconnoît surtout ce trait caractéristique de sa vie entière, cette inconcevable facilité à se jeter volontairement lui-même dans les situations les plus critiques, et cette habileté à se créer des ressources inattendues, comme s'il eût eu besoin d'obstacles presque insurmontables pour donner de l'activité à son esprit. S'il succomba dans la lutte où il venoit de s'engager contre son père, il ne faut pas perdre de vue que, sans alliés, sans argent, sans armée, abandonné par les Dauphinois, il sut néanmoins arrêter, pendant près de quatre mois, le Roi sur les frontières de la province.

Quelques historiens ont accusé Charles d'avoir été impitoyable et même injuste avec son fils. Pour donner quelque apparence de fondement à cette opinion, ils n'ont pas toujours présenté les choses sous leur véritable point de vue. Notre travail n'ayant pour objet ni d'accuser le père ni de justifier le fils, mais de faire connoître la vérité, nous nous sommes attachés à rapporter les faits dans leur plus rigoureuse exactitude, et tels qu'ils sont établis par des pièces authentiques. On a prétendu aussi que le Roi devoit sacrifier ses ministres à son fils, et non pas son fils à ses ministres. Le Dauphin s'étant révolté contre son père, ayant conspiré contre lui pour s'emparer de l'autorité royale, Charles pouvoit-il éloigner ses plus anciens, ses plus fidèles serviteurs, et se livrer à la merci d'un fils dénaturé? Les ministres haïssoient et devoient haïr Louis, qui, lorsqu'il s'étoit ouvert à Dammartin sur ses projets en 1446, n'avoit pas dissimulé le traitement qu'il leur réservoit. Peut-être empêchèrent-ils le Roi de trop écouter sa bonté naturelle; mais s'il en fut ainsi, en agissant dans leur propre intérêt, ils agirent également dans celui de leur maître.

Nous avons indiqué plus haut les sages réglemens et les établissemens utiles que le Dauphiné dut à Louis pendant son gouvernement. Ce prince avoit effectivement un talent remarquable pour l'administration, et il le prouva lorsqu'il fut monté sur le trône. Il vouloit tout voir, tout connoître, tout diriger; mais toujours actif, toujours inquiet, il permettoit rarement que les autres jouissent de la tranquillité dont il ne pouvoit jouir lui-même. Avide d'argent, non pour donner du lustre à sa cour, mais pour fomenter des intrigues, avant d'en venir à cette taxe arbitraire qui faillit causer sa perte, il avoit déjà épuisé la province par les subsides considérables qu'il demandoit chaque année (1). Aussi, malgré le bien réel qu'il fit au Dauphiné, il n'étoit aimé ni du peuple ni des grands; et l'on vit peu d'habitans répondre à son appel, lorsqu'il essaya de résister à son père. En partant, il ne songea qu'à se mettre hors de danger, sans s'inquiéter du sort de ceux qui avoient embrassé sa cause.

Arrivé à Saint-Claude le 31 août [1456], il écrivit au Roi le jour même, et donna à son voyage le plus extraordinaire de tous les prétextes. Sa lettre est trop curieuse pour que nous ne la rapportions pas ici.

Lettre du Dauphin au Roi.

« Mon très-redouté seigneur, je me recommande
« à votre bonne grace tant et si très-humblement
« comme je puis : à vous plaise sçavoir, mon très-
« redouté seigneur, que pour ce que, comme vous
« sçavez, mon bel-oncle de Bourgogne a intention de
« brief aller sur le Turc, à la défense de la foi catho-

---

(1) Le pays du Dauphiné s'est ressenti long-temps des incommodités du séjour du Dauphin; car le Roi le tenoit à l'étroit, et se rendoit fort haut d'oreilles aux plaintes qu'il faisoit de ses nécessités : de manière que, pour s'entretenir, il tiroit des subsides bien rigoureux du Dauphiné. (P. Matthieu, *Hist. de Louis* XI.)

« lique, et que ma volonté seroit bien d'y aller,
« moyennant votre bon plaisir, attendu que notre
« saint pere le Pape m'en a requis, et que je suis gon-
« falonnier de l'Eglise, et en fis le serment par votre
« commandement, j'envois par devers mondit bel-
« oncle pour sçavoir son intention sur son allée, afin
« que je me puisse employer à la défense de la foi
« catholique, ce mestier fait; et aussi pour lui prier
« qu'il se veuille employer à trouver le moyen que je
« puisse demeurer en votre bonne grâce, qui est la
« chose que je desire le plus en ce monde. Mon très-
« redouté seigneur, je prie Dieu qu'il vous doint très-
« bonne vie et longue.

« Ecrit à Saint-Claude le dernier jour d'août 1456.
« Votre très-humble et très-obéissant fils, Louis. »

Il adressa à tous les évêques de France une lettre à peu près semblable, dans laquelle il se recommande à leurs prières, pour le succès de la guerre qu'il va entreprendre contre les ennemis de la foi. « Au regard de « notre fait (de ses démêlés avec le Roi), dit-il en termi- « nant, nous nous en sommes soumis et donné charge « ès seigneurs du sang. » Le Dauphin écrivoit en même temps au duc de Bourgogne *qu'il étoit venu en péle- rinage à Saint-Claude*. Ces différentes lettres nous semblent donner une très-juste idée de son caractère.

Ce prince n'avoit dû se décider qu'avec peine à aller demander un asyle au duc de Bourgogne, qui avoit eu souvent à se plaindre de lui; mais, comme l'observe le père Daniel, il ne prit ce parti que dans l'impossibilité d'en prendre un autre. D'ailleurs il savoit que la bonne intelligence qui régnoit entre Charles VII et Philippe-le-Bon n'étoit qu'apparente; que le Roi avoit récemment encore humilié le duc, en lui faisant sentir qu'il étoit vassal de la couronne de France (1), et que celui-ci saisiroit avec empressement l'occasion d'humilier à son tour le Roi.

En approchant de Saint-Claude, le Dauphin fut obligé de se remettre entre les mains du seigneur de Beaumont, maréchal de Bourgogne, qui deux fois avoit battu ses troupes, et dont il avoit essayé vainement de tirer vengeance. Le maréchal le conduisit à Bruxelles, où il attendit des nouvelles du duc, occupé alors en Hollande à faire reconnoître David, son fils naturel, évêque d'Utrecht.

Nous devons à Sainte-Palaye les détails de la réception qui fut faite au Dauphin, dans la ville de Bruxelles, par la duchesse de Bourgogne. La princesse, accompagnée de toutes ses dames et de tous les officiers de sa maison, descendit dans la cour du château, et attendit le Dauphin près des barrières. Aussitôt que Louis l'aperçut, il descendit de cheval, et *baisa* la duchesse, *qui s'étoit agenouillée toute à terre*. Il embrassa ensuite les autres dames. En allant au château, il voulut donner la droite à la duchesse, qui s'en défendit en disant : « Monsieur, il semble « que vous avez desir qu'on se moque de moi, car me « voulez faire ce qui ne m'appartient pas. — Non, ma- « dame, répondit le Dauphin; je dois bien vous faire « honneur, car je suis le plus pauvre du royaume de « France; je ne sais où quérir refuge, sinon devers « mon bel-oncle le duc Philippe et vous. » On remar-

(1) Philippe avoit voulu employer dans ses actes la formule : *Par la grâce de Dieu*, qui n'appartient qu'aux souverains indépendans; et Charles l'avoit forcé à renoncer à cette prétention.

que, dans le même écrit d'où ces particularités sont tirées, que lorsque la duchesse mangeoit avec le Dauphin, *on ne la servoit pas à couvert*; et que quand elle l'accompagnoit en public, elle portoit elle-même la queue de sa robe. Louis occupa les propres appartemens du duc.

Philippe ignoroit encore la fuite du Dauphin le 19 septembre (1). Ayant appris que le prince s'étoit retiré dans ses Etats, il écrivit au Roi pour lui demander ses ordres, et se rendit en toute diligence à Bruxelles. Louis alla au devant du duc, qui se mit à genoux dès qu'il l'aperçut. Il voulut en vain s'y opposer : la duchesse le retint, et Philippe fit trois génuflexions.

Dans le premier entretien que le Dauphin eut avec le duc de Bourgogne, il se plaignit amèrement de son père, demanda des secours d'hommes et d'argent pour lui faire la guerre, ou du moins pour le forcer à renvoyer ses ministres (2). Le duc lui répondit : « Mon« seigneur, vous soyez le très-bien venu en mes pays ; « de votre venue je suis fort joyeux. Mais entant qu'il « touche de vous faire gens et des finances, sachez de « certain que, contre tous les princes du monde, je « vous voudrois faire service de corps et de biens, sauf « contre monseigneur le Roi votre pere, contre lequel « pour rien je ne voudrois entreprendre aucune chose « qui fût à son déplaisir; et au regard de vous faire « aide pareillement pour mettre hors de son hôtel au« cuns de son conseil, pareillement je ne le ferai

---

(1) Une lettre que le duc écrivit au Roi le 19 septembre prouve qu'il n'avoit encore aucune connoissance de la fuite du Dauphin.

(2) Matthieu de Coucy, Histoire de Charles VII.

« pas; car je le tiens si puissant, si sage et si pru-
« dent, qu'il saura bien réformer ceux de sondit
« conseil, sans qu'il soit jà besoin qu'autrui s'en
« doive mêler; et de ce je m'attends bien à lui. » Par
cette réponse, le Dauphin reconnut qu'il ne pouvoit
compter sur les secours du duc de Bourgogne pour faire
la guerre à son père; mais il s'aperçut aisément que
Philippe désiroit d'embarrasser le Roi, et qu'il seroit
appuyé dans une partie de ses prétentions. Il régla sa
conduite en conséquence.

Il fut résolu qu'on enverroit à Charles VII des
ambassadeurs, auxquels Louis et le duc donneroient
chacun leurs instructions particulières. Celles de Philippe avoient principalement pour objet de justifier l'asyle qu'il donnoit au Dauphin, et dont le Roi avoit
pris ombrage; il ajoutoit que *Louis avoit en son cœur
une merveilleuse et amere déplaisance de se trouver
en la mal grâce de son pere*, qui étoit prié de lui
pardonner. Le Dauphin, après avoir dit qu'il n'a en
rien offensé le Roi, qu'on l'a offensé lui-même et dépouillé injustement du Dauphiné, offre cependant de
demander pardon, et de pardonner aux ministres qui
l'ont desservi; mais il exige qu'on lui rende le Dauphiné et ses pensions, et qu'on le laisse libre de vivre
où bon lui semblera. Le Roi, pour toute réponse, fit
dire au duc de Bourgogne qu'il y prît garde, *qu'il
nourrissoit un renard qui mangeroit ses poules*. L'événement a justifié cette prédiction.

Les mêmes ambassadeurs revinrent quelque temps
après. On avoit reconnu que leurs premières instructions avoient déplu au Roi; on leur en donna d'absolument semblables. Cette fois il leur fut répondu; en pré-

sence du conseil et de toute la cour, que le Roi étoit convaincu du désir qu'avoit le duc de Bourgogne de voir le Dauphin rentrer dans le devoir; que d'ailleurs on s'en tenoit à l'assurance qu'il avoit déjà donnée de ne pas prendre parti dans cette affaire; que le Roi souhaitoit que son fils prouvât par ses actions la sincérité de ses promesses, et qu'alors on le recevroit en grâce; que l'état de désordre dans lequel Louis avoit mis le Dauphiné exigeoit de prompts remèdes, et que le Roi seul pouvoit y pourvoir. Enfin on faisoit remarquer qu'au moment même où Louis disoit se soumettre à son père, il retenoit en prison un sujet du Roi dont le neveu avoit rendu une ville à l'armée royale, et qu'il avoit excité des révoltes en Dauphiné.

Le Dauphin n'en continua pas moins de renouveler les négociations, qui étoient toujours appuyées par le duc de Bourgogne; mais en même temps il bravoit ouvertement le Roi, en révoquant Louis de Laval, seigneur de Châtillon, que le Roi avoit fait gouverneur du Dauphiné, et en nommant à sa place le bâtard d'Armagnac [1]. Nous ne suivrons pas le cours de ces négociations, qui roulent toujours sur les mêmes objets sans amener aucun résultat, et qui se prolongèrent jusqu'à la mort du Roi [2]. La plus importante est celle qui eut lieu en 1459. Les ambassadeurs [3] que le Roi avoit envoyés au duc de

---

[1] Les lettres que Louis fit expédier au bâtard d'Armagnac, pour le gouvernement du Dauphiné, sont un manifeste contre le Roi.

[2] En général, aussitôt qu'une négociation étoit rompue, Louis en commençoit une autre; qu'il savoit en traver par des difficultés imprévues.

[3] Ces ambassadeurs étoient l'évêque de Coutances et le sieur d'Esernay, que Louis XI fit noyer en 1465, sous prétexte qu'il avoit embrassé la cause du duc de Berri.

Bourgogne étoient chargés de faire encore une tentative auprès du Dauphin, pour l'engager à revenir près de lui. Louis chargea Jeoffredi de leur répondre. Le prélat, dans un discours fort étendu, tout hérissé de citations latines, de passages des Ecritures, d'exemples tirés de l'histoire grecque ou romaine, suivant le goût du siècle, s'attacha autant à faire la satire du père que l'apologie du fils, parla avec emphase des services que le Dauphin avoit rendus à l'Etat, montra celui qu'il appeloit le sauveur, l'appui de la France, errant, persécuté, sans asyle, et tous ses amis victimes de la haine qu'on lui portoit; déclara qu'il y avoit à la cour danger réel pour la personne de Louis [1], et termina en priant le Roi de le laisser respirer en liberté.

Cependant le duc de Bourgogne avoit assuré au Dauphin une pension de trois mille florins, et lui avoit laissé le choix du lieu où il lui plairoit de s'établir. Louis fixa sa résidence à Genep ou Geneppe, petite ville du Brabant [2]. Son mariage n'étoit pas encore consommé avec Charlotte de Savoie, qu'il avoit épousée en 1450. La princesse, qui étoit restée à Grenoble [3], en partit, pour aller le rejoindre, au mois

---

[1] Le Dauphin avoit juré, dit P. Matthieu, de ne faire ce voyage que son père n'eût fait celui de l'autre monde.

[2] Olivier de La Marche donne, sur le séjour du Dauphin dans les Etats du duc de Bourgogne, beaucoup de détails que nous avons cru inutile de répéter ici.

[3] Le Roi écrivoit à Dammartin, le 2 novembre 1456 : « Nous avons « ordonné, pour pourvoir bien et honorablement à l'état et entrete- « nement de notre très-chere et très-amée fille la Dauphine, laquelle « toujours aurons en especiale recommandation, comme notre propre « fille. »

Dans la réponse faite, par ordre du Dauphin, aux députés du Roi

de juin 1457. Plusieurs historiens disent que ce fut le Dauphin qui désira cette réunion. On lit dans Olivier de La Marche qu'elle fut exigée par le duc de Bourgogne, lorsqu'il accorda à Louis une pension et la permission de séjourner dans ses Etats. Le témoignage d'Olivier de La Marche, qui étoit officier de la maison de Philippe, doit être d'un grand poids; et d'ailleurs la manière dont fut traitée pendant toute sa vie la malheureuse Charlotte, le peu d'égards que Louis XI eut pour elle, semblent confirmer son assertion. Quoi qu'il en soit, le Dauphin alla recevoir son épouse à Namur.

Dans le cours de cette même année, Isabelle de Bourbon, femme de Charles, comte de Charolois, fils unique du duc de Bourgogne, accoucha d'une fille. Louis fut choisi pour être son parrain. C'est cette princesse Marie qui devint duchesse de Bourgogne après la mort de son père, et que Louis XI dépouilla d'une partie de ses Etats. Depuis son arrivée en Bourgogne, il avoit formé avec le comte de Charolois des liaisons d'amitié qui devinrent telles, dit Mézeray, *qu'il pensa lui apprendre à se soulever contre son père.* Ce prince, âgé de vingt-quatre ans environ

---

en 1459, Jeoffredi prétend que la Dauphine *a été à si misérable disette, que quand elle partit pour la Bourgogne elle n'eût sçu trouver un écu, ne un seul denier vaillant du sien, mais une seule robe rompue.* Il est difficile de supposer que Charles VII, naturellement généreux, ait laissé la princesse dans un pareil état de dénuement; mais en même temps il est probable qu'il s'étoit mis en mesure pour l'empêcher d'aller rejoindre le Dauphin à son insu. Cependant elle parvint à tromper ceux qui étoient chargés de veiller sur sa conduite, et fut protégée pendant sa route par le prince d'Orange, qui avoit déjà favorisé la fuite du Dauphin.

lorsqu'il se lia avec le Dauphin, n'avoit encore jusque là donné aucun sujet de plaintes à Philippe-le-Bon. La discorde ne tarda pas à se mettre entre le père et le fils, qui, à l'exemple de Louis, exigeoit le renvoi des officiers dont il prétendoit avoir à se plaindre. D'après un ancien manuscrit rédigé par un témoin oculaire, il paroîtroit même que le comte de Charolois fit demander au Roi, par le comte de Saint-Pol, la permission de se retirer en France; que les négociations furent poussées assez loin, et que Charles VII les rompit, craignant que ce ne fût une ruse concertée par la cour de Bourgogne. On n'a, du reste, aucune preuve que le Dauphin ait pris part à ces intrigues; mais sa conduite et son caractère déjà connus autorisoient malheureusement tous les soupçons. Ce fut ainsi qu'il se trouva compromis dans le procès du duc d'Alençon, qui avoit formé le complot d'introduire les Anglais en France. Le duc, dans ses interrogatoires, parloit même d'émissaires qui étoient venus le trouver de la part de Louis. L'arrêt rendu, en présence de Charles VII, par le parlement, où siégeoient les pairs du royaume, déclara que le Dauphin *n'étoit aucunement chargé envers le Roi et la justice.* Mais l'héritier de la couronne avoit figuré dans un procès de haute trahison (1).

Si le Dauphin se montroit peu disposé à retourner à la cour de son père, le duc de Bourgogne, de son côté, avoit intérêt à le garder dans ses Etats, afin de

---

(1) Louis avoit profité de cette circonstance pour écrire à plusieurs seigneurs, et pour réclamer leur appui. Le Roi en fut instruit, et lui fit dire de s'adresser directement à lui, s'il avoit quelque chose à demander.

tenir le Roi dans des inquiétudes continuelles sur les projets d'un fils capable de tout entreprendre (1). Il y avoit donc moins de générosité réelle que de politique dans la conduite de Philippe-le-Bon. La pension de trois mille florins par mois qu'il avoit accordée à Louis, et qu'il avoit portée à quatre mille cinq cents depuis l'arrivée de la Dauphine, étoit loin de suffire aux dépenses du prince. On voit, par les comptes de sa maison, qu'il fut obligé d'engager pour huit cents écus une pièce de drap d'or. Il cherchoit de toutes parts à emprunter de l'argent, et s'exposoit à d'humilians refus. Il n'avoit pu obtenir de François II, duc de Bretagne, un prêt de quatre mille écus; et telle fut, dit-on, la cause première de la haine qu'il conserva toute sa vie contre lui.

Le 13 décembre 1458, il informa le Roi de la grossesse de la Dauphine, qui accoucha d'un fils le 27 juillet suivant : et le jour même il annonça cette heureuse nouvelle à son père, au duc de Berri son frère, au parlement, à la chambre des comptes, aux évêques de France, aux prevôt, échevins et bourgeois de Paris. Charles VII ne lui répondit que le 7 août. Par le retard et par le texte de sa lettre, on voit que cet événement ne lui causoit pas la satisfaction qu'il auroit éprouvée si son fils eût été près de lui. Il ordonna néanmoins des prières publiques; mais il paroît que les cours souveraines et les échevins, qui avoient demandé les ordres du Roi, n'eurent pas la permission

---

(1) La guerre fut plusieurs fois sur le point d'éclater entre Charles VII et Philippe, pendant le séjour de Louis dans les Etats du duc de Bourgogne. On trouvera ces détails dans les Mémoires d'Olivier de La Marche.

de répondre. La naissance d'un héritier du trône, qui excitoit toujours un si grand enthousiasme en France, ne produisit donc pas l'effet que Louis avoit espéré : la nouvelle en fut reçue avec une sorte d'indifférence. Il n'en étoit pas ainsi à la cour de Bourgogne : Philippe-le-Bon fit éclater la joie la plus vive ; il donna mille lions d'or à celui qui lui apporta la première nouvelle, ordonna des réjouissances publiques dans ses Etats (1), tint l'enfant sur les fonts de baptême (2), et fit des présens magnifiques à la Dauphine. Louis, voulant témoigner sa reconnoissance au duc, lui dit, tête nue : « Mon très chier oncle, je vous « remercie du bien et honneur que me faites ; je ne « le pourrai ni saurai desservir (mériter), car c'est « chose impossible ; sinon que pour tout guerdon « (présent) je vous doint mon corps, le corps de ma « femme et le corps de mon enfant. » Aussitôt que le Dauphin se fut découvert, le duc se mit à genoux, et refusa de se relever tant que le Dauphin eut la tête nue. Nous rapportons cette circonstance pour montrer la distance qui séparoit le vassal le plus puissant du fils de son souverain.

Le fils du Dauphin mourut le 29 novembre de la même année [1459]; et Louis en conçut un si vif chagrin, qu'il fit vœu de ne jamais voir d'autre femme que la sienne. Comines dit qu'il garda le serment ; tous les historiens ne partagent pas cette opinion (3).

(1) Les fêtes furent si brillantes, disent les chroniques du temps, qu'il étoit impossible de les décrire.

(2) Ce prince fut nommé Joachim, sur la demande de son père ; le baptême eut lieu dans l'église de Genep, le 5 août 1459.

(3) P. Matthieu, après avoir parlé du vœu dont il s'agit, ajoute : « Et « neanmoins on le voit, en plusieurs endroits de sa chronique, parmy

Les soupçons, bien ou mal fondés, qui s'étoient élevés contre lui lorsque le comte de Charolois avoit osé braver son père et montrer des dispositions factieuses, forçoient Louis à mettre la plus grande réserve dans sa conduite. Retiré à Genep, paroissant absolument étranger aux affaires, il se livroit avec ardeur à sa passion pour la chasse, et cherchoit ainsi à tromper le besoin d'agir qui le tourmentoit sans cesse : mais un simple exercice de corps ne pouvoit lui suffire; et, à défaut d'intrigue, il s'étoit créé d'autres occupations. Les études premières qu'il avoit faites dans sa jeunesse et reprises pendant ses loisirs en Dauphiné, son goût pour le travail, sa curiosité naturelle, sa promptitude à saisir les différens rapports des objets, le mettoient à même d'acquérir facilement de nouvelles connoissances. La longue paix dont la Flandre et la Bourgogne avoient joui sous le règne de Philippe-le-Bon, la générosité et la magnificence de ce prince, avoient poli le langage, et favorisé la culture des lettres et des sciences dans ses Etats [1]. Louis ne négligea rien pour attirer à sa cour de Genep les hommes renommés par leur esprit et par leur instruction; il recherchoit leur entretien [2], et contractoit avec eux l'habitude de rendre ses idées avec clarté

« des femmes; on en trouve de perdues, on en voit de mariées, et
« les maris de basse fortune elevés aux charges; et infinis autres traicts
« qui ne sont pas d'une continence égale à celle d'Alexandre. » On
connoît quatre filles naturelles de Louis XI.

[1] Les trois meilleurs historiens de ce temps, Philippe de Comines, Olivier de La Marche et Du Clercq, étoient Bourguignons. Leur style est supérieur à celui des autres historiens français.

[2] Ce fut à Genep que les Cent Nouvelles furent composées pour amuser les loisirs du Dauphin.

et précision, en donnant à ses discours la sorte d'élégance dont la langue du temps étoit susceptible (1). On remarque dans le cours de son règne qu'il dictoit lui-même toutes ses lettres les plus importantes, et qu'elles sont écrites avec une rare facilité (2); il avoit aussi le désir de s'instruire dans les sciences. Matthieu Colleman lui apprit à connoître ce que l'on appeloit alors le grand almanach : les astrologues étoient d'autant mieux accueillis à sa cour, que, dévoré de la soif de régner, il s'enqueroit souvent, dit Claude de Séyssel, de la mort du Roi, par astrologie ou par nécromancie.

Mais il ne s'occupoit des lettres et des sciences que pour échapper à l'ennui; la politique et les intrigues étoient son véritable élément, et il y revenoit aussitôt que les circonstances le lui permettoient. Le Roi approchoit de sa soixantième année, et sa santé s'affoiblissoit visiblement; plusieurs princes crurent alors devoir rechercher l'amitié de l'héritier de sa couronne. Le Dauphin reçut des ambassadeurs du roi de Navarre, des Catalans, et du duc de Milan François Sforce. Il conclut avec ce dernier un traité par lequel Sforce

---

(1) Il profita beaucoup dans la conversation des hommes doctes, ils lui servirent d'occasion et d'aiguillon pour augmenter le talent qu'il avoit déjà reçu de ses maîtres, et pour se routiner en la facilité de parler, et s'expliquer nettement et poliment sur tout ce qui dépendoit de sa cognoissance. (Gabriel Naudé, *Addition à l'histoire de Louis* XI.)

(2) Louis XI, dans ses voyages, n'emmenoit point de secrétaires avec lui. « Il se servoit, dit Brantôme, des premiers clercs qu'on nommoit « tels, ou se servoit des premiers notaires qu'il rencontroit aux lieux et « villages d'où il écrivoit; ou bien de quelques autres petits secrétaires « de princes et autres gentilshommes de sa cour, premiers rencontrés. »

promettoit d'assister de toute sa puissance le Dauphin, qui de son côté s'engageoit à lui envoyer quatre mille chevaux et deux mille archers, trois mois après en avoir été requis. Louis, lorsqu'il signa ce traité, n'avoit pas un seul soldat à sa disposition; le duc de Milan ne l'ignoroit pas, mais il savoit aussi que le prince se trouvoit hors d'état de se servir des secours qui lui étoient promis. Sforce espéroit se faire un appui pour l'avenir; et le Dauphin n'avoit d'autre objet que de braver son père en se liant avec le duc, qui protégeoit les Génois révoltés contre le Roi.

Cet infortuné monarque, sentant sa fin approcher, désiroit plus ardemment que jamais que son fils retournât près de lui; il avoit répondu de la manière la plus touchante à une lettre que Houarte, premier varlet du Dauphin, lui avoit apportée; il s'attendoit à le voir arriver bientôt. Houarte revint, étant chargé seulement de demander des femmes pour servir la Dauphine, qui étoit près d'accoucher. Charles, convaincu alors que son fils se refusoit à toute espèce de rapprochemens, ne vit plus en lui qu'un ennemi implacable; il se persuada facilement que le Dauphin conspiroit sa mort (1), et que les agens qu'il lui en-

---

(1) Non-seulement le Dauphin entretenoit toujours des intrigues à la cour de son père, mais il employoit mille artifices pour rendre suspecte au Roi la fidélité de ses serviteurs les plus dévoués. En voici un exemple : voulant exciter des méfiances contre Dammartin, il écrit à une dame que le Roi aimoit, charge de sa lettre un cordelier qui, paroissant le trahir, va la remettre au comte du Maine, ennemi de Dammartin et favori de Charles. « J'ai eu, mandoit-il à cette dame, « des lettres du comte de Dammartin, que je feins de haïr; je vous « prye, dites-lui qu'il me serve toujours bien, en la forme et manière « qu'il m'a toujours servi par cy-devant; je penseray aux matières de

voyoit de Bourgogne étoient chargés de préparer ou d'exécuter le complot. Il tomba malade : le chagrin affoiblit son esprit, la crainte du poison lui fit, dit-on, refuser toute espèce de nourriture pendant plusieurs jours ; et lorsqu'on l'eut enfin décidé à prendre quelque chose, les alimens ne purent passer dans les intestins, resserrés par une trop longue abstinence : il mourut à Meun-sur-Yèvre, le 22 juillet 1461. On est loin de penser que le Dauphin eût formé cet abominable complot; mais il est fâcheux de voir les soupçons s'élever sur lui toutes les fois qu'il est question d'un grand crime.

Louis devenoit enfin possesseur de la couronne qu'il convoitoit depuis vingt ans. Son père lui laissoit heureuse et tranquille cette France qu'il avoit trouvée envahie et dévastée de toutes parts. Quelques années de paix et une bonne administration avoient suffi pour cicatriser les plaies du royaume, et pour le rendre plus florissant que jamais. L'autorité royale étoit augmentée et affermie; les grands n'osoient plus ni cabaler contre leur souverain (1), ni fouler leurs vassaux; le commerce prospéroit, l'abondance régnoit dans les campagnes, qui, depuis la réforme

« quoy il m'a escrit, et bien tost il sçaura de mes nouvelles. » Le Roi, après avoir lu cette lettre, que le comte du Maine s'empressa de lui porter, crut d'abord en effet que Dammartin le trahissoit, et lui donna ordre de quitter la cour. Charles ne fut désabusé que peu de temps avant sa mort.

(1) Charles VII, en faisant faire le procès au duc d'Alençon et au comte d'Armagnac, et en exerçant quelques autres actes de justice, avoit intimidé les princes et les grands. Le duc d'Orléans étoit très-avancé en âge, et le duc de Bourbon étoit occupé de ses démêlés avec le duc de Savoie.

de la gendarmerie, n'étoient plus exposées aux rapines des gens de guerre. Le peuple payoit sans regret des impôts modérés, sachant qu'une sévère économie en dirigeoit utilement l'emploi; il n'y avoit nulle part aucun germe de troubles, et ceux qui auroient voulu en exciter n'auroient pas trouvé de partisans.

Les puissances voisines, dans leur position respective avec la France, pouvoient craindre ses entreprises, et non en former contre elle. Après de sanglans désordres, la maison d'Yorck l'emportoit en Angleterre sur celle de Lancastre. Edouard IV, plus hardi que son père, enlevoit la couronne au foible et malheureux Henri VI; mais, attaqué sans cesse par la reine Marguerite d'Anjou (1), femme du roi détrôné, qui s'étoit mise à la tête des mécontens; dominé d'ailleurs par son goût pour les plaisirs, il avoit intérêt à éviter une guerre étrangère, et ne pouvoit de long-temps causer d'ombrage au nouveau roi. L'Ecosse étoit toujours alliée de la France, et prête à agir contre l'Angleterre, son ennemie naturelle.

La maison d'Anjou avoit perdu le trône de Naples; le roi René (2), chassé de ce royaume par Alphonse d'Arragon, avoit cédé ses droits à Jean, duc de Calabre, son fils, qui luttoit en vain contre Ferdinand, fils naturel et successeur d'Alphonse. Après la mort de Philippe-Marie, dernier rejeton des Visconti, le

---

(1) Marguerite, fille de René d'Anjou, roi de Sicile, et d'Isabelle de Lorraine, avoit épousé Henri VI en 1445.

(2) Après la mort de Louis III, roi de Sicile, Jeanne II avoit choisi pour héritier René d'Anjou, qui s'étoit rendu, en 1434, dans le royaume de Naples, afin de faire valoir ses droits, et n'avoit pas été plus heureux dans cette entreprise que dans celle qu'il avoit déjà tentée sur la Lorraine. (*Voyez* la note p. 175.)

duché de Milan devoit revenir au duc d'Orléans, fils de Valentine, et par elle héritier de cette maison. Mais François Sforce s'étoit emparé du duché, et l'on a vu qu'il avoit déjà traité avec Louis XI. Le Pape, qui n'avoit point pardonné à la France la pragmatique-sanction, favorisoit les deux usurpateurs, sans oser toutefois se déclarer ouvertement (1).

La dot d'Yolande d'Arragon, mère de Marie d'Anjou, femme de Charles VII, n'étoit point encore acquittée (2). Après vingt ans d'inutiles négociations, le Roi avoit déclaré à don Juan, roi d'Arragon, que si dans un délai de neuf mois on ne lui faisoit justice, il se la feroit lui-même par voie de représailles. On avoit négocié de nouveau, et Charles étoit mort sans avoir terminé cette affaire. Ce même don Juan, pour s'emparer de la Navarre, avoit fait empoisonner son fils le prince de Viane, auquel ce royaume appartenoit comme héritier de la reine Blanche (3); mais le prince de Viane, avant de mourir, avoit institué sa sœur héritière de la Navarre. Les habitans de ce royaume, justement indignés du meurtre de leur roi, refusoient de se soumettre à son assassin. Trop foibles pour résister aux forces du roi d'Arragon, ils réclamoient les secours de Henri IV, roi de Castille, qui

---

(1) En donnant à Ferdinand l'investiture du royaume de Naples, il avoit mis cette clause: *Sauf le droit d'autrui*. Par cette réserve, il n'excluoit point la maison d'Anjou, qui étoit protégée par la France.

(2) Cette dot consistoit en soixante mille florins d'or, à soixante au marc; la princesse devoit avoir en outre des terres en Catalogne.

(3) Blanche, petite-fille de Charles-le-Mauvais, roi de Navarre, et héritière de ce royaume, avoit épousé don Juan, roi d'Arragon. Après la mort de Blanche, don Juan s'étoit remarié à Jeanne Henriquès, fille du connétable de Castille.

étoit d'autant plus disposé à les servir, que le prince de Viane avoit dû épouser sa sœur Isabelle. Les troubles de la Navarre, la division des rois de Castille et d'Arragon, ne pouvoient présenter que des chances favorables à la France; et déjà Henri IV avoit recherché son appui en proposant le mariage de sa sœur Isabelle avec le duc de Berri, deuxième fils de Charles VII.

L'expédition des Français en Allemagne, et les dégâts qu'ils y avoient commis, avoient donné des inquiétudes sur des entreprises ultérieures que les Allemands auroient eu intérêt à prévenir : mais le corps germanique ne pouvoit être mis en mouvement que par l'impulsion de son chef, et l'empereur Frédéric III n'avoit ni les talens ni le caractère nécessaires pour former et exécuter un pareil projet [1]. Il

---

[1] Jean de Chandenier, commandeur de Strasbourg, envoyé avec Fenestrange en ambassade auprès de Frédéric III, peint le caractère de cet empereur dans une lettre adressée au Dauphin le 8 juin 1458. « C'est, dit-il, un homme endormi, lâche, morne, pesant, pensif,
« mérincolieux, avaricieux, chiche, craintif, qui se laisse plumer la
« barbe à chacun sans revanger; variable, hypocrite, dissimulant, et à
« qui tout mauvais adjectif appartient, et vraiment indigne de l'hon-
« neur qu'il a. Et si Dieu par sa grace, poursuit Chandenier, don-
« noit que le Roi, vous et mondit seigneur de Bourgogne fussiez en
« bonne intelligence, je ne doute point que la très-chrétienne maison
« de France, en brief, eût en main l'Empire et les royaumes de Hon-
« grie et de Bohaigne (Bohême), et l'honneur de secourir la foi, la-
« quelle si par le Roi et vous n'est secourue, assez aura affaire; et
« sçai que plusieurs grands seigneurs, et presque tout le commun
« peuple d'Allemagne, s'attendent que ainsi advienne, et le desirent. »
Cette lettre prouve que Frédéric III étoit loin d'être redoutable. On y voit aussi que le Dauphin avoit des intelligences avec les ambassadeurs envoyés dans les cours étrangères, et que ceux-ci le tenoient au courant de toutes les négociations.

s'étoit même, en laissant insulter les ambassadeurs du duc de Bourgogne (1), attiré l'inimitié de ce prince, sans le concours duquel toute tentative étoit impossible.

Le duc de Bourgogne étoit le seul de tous les princes voisins qui pût être redoutable. Mais Philippe-le-Bon, déjà avancé en âge, souvent obligé de prendre les armes pour réprimer les révoltes des Flamands, songeoit plutôt à conserver ses vastes Etats qu'à les agrandir. En donnant asyle au Dauphin, il avoit voulu inquiéter Charles VII, et non profiter des dissentions élevées entre le père et le fils pour faire la guerre à la France. Il avoit toujours évité avec soin d'en venir à une rupture ouverte; sa conduite, au commencement du règne de Louis XI, est une nouvelle preuve de ses dispositions pacifiques; et s'il en eût été autrement, l'établissement d'une gendarmerie permanente et l'institution des francs-archers mettoient le royaume à l'abri de toute insulte. Les Etats voisins n'avoient pas le même avantage.

En montant sur le trône, Louis XI n'avoit donc qu'à recueillir le fruit des victoires et de la sage prévoyance de son père. Nous allons voir quelle fut sa conduite.

Il étoit à Genep lorsqu'il apprit la mort de Charles VII; déjà, quelques jours auparavant, les ministres avoient cru devoir l'informer de la maladie du Roi, qui laissoit peu d'espérance, et lui demander ses ordres (2). Depuis long-temps Louis craignoit que les ministres de son père ne tentassent de le dépouil-

(1) Lettre de Chandenier au Dauphin.
(2) Nous croyons devoir copier cette lettre, qui offre quelques dé-

ler de ses droits, et de faire appeler à la couronne Charles, duc de Berri, son frère. Quelques historiens prétendent qu'il en fut sérieusement question, et que déjà on appeloit Charles *le petit seigneur*. On ne trouve aucun document positif à l'appui de ce fait, qui au contraire est démenti par la lettre que Gaston, comte de Foix, écrivit au nouveau Roi le 7 août,

tails sur la maladie du Roi, et qui fait connoître le nom de ses ministres et des membres de son conseil.

« Notre très-redouté seigneur, nous nous recommandons à votre
« bonne grâce si très-humblement que plus pouvons. Plaise vous sça-
« voir, notre très-redouté seigneur, que certaine maladie est puis au-
« cun temps en ça survenue au Roi votre pere et notre souverain sei-
« gneur, laquelle premierement a commencé par la douleur d'une
« dent, dont à cette cause il a eu la joue et une partie du visage fort
« chargées, et a rendu grand quantité de matiere. A été ladite dent
« arrachée, et la plaie curée en maniere que, pour ce que aussi par le
« rapport que les médecins nous faisoient chaque jour, nous avions
« ferme espérance que brief il dût venir à guerison. Toutesfois, pour
« ce que la chose est de plus longue durée que ne pensions, et que
« comme il nous semble il s'affoiblit plus que il ne souloit, nous,
« comme ceux qui après lui vous desirons servir et obeir, avons déli-
« béré de vous écrire et faire sçavoir, pour vous en avertir comme rai-
« son est, afin que de par tout avoir tel avis que votre bon plaisir
« sera; et vous plaise, notre très-redouté seigneur, nous mander et
« commander vos bons plaisirs, pour y obéir de tous nos pouvoirs au
« plaisir de Notre Seigneur, qui pour sa sainte grâce vous doint très-
« bonne vie et longue. Ecrit à Mehun-sur-Yevre le dix-septieme jour
« de juillet. Ainsi signés vos très-humbles serviteurs,

« CHARLES D'ANJOU.
« GASTON DE FOIX.
« GUILL. JUVENEL, chancelier.
« JEAN.
« COUSTAUT.
« A. DE LAVAL.
« AMENYON D'ALBRET.
« A. DE CHABANNES.

« F. D'ESTOUTEVILLE.
« MACHELIN BRACHET.
« TANGUY DU CHATEL.
« JEAN BUREAU.
« GUILL. COUSINOT.
« P. DORIOLE.
« CHALIGANT. »

et dans laquelle il lui rend compte de tout ce qui s'est passé à la cour pendant les derniers instans de Charles VII. Un historien remarque avec raison que si quelques-uns des ministres eussent formé ce projet, Gaston les eût accusés, afin de se disculper lui-même. La lettre des ministres n'avoit pas calmé les inquiétudes de Louis, qui, presque à l'âge du duc de Berri, avoit tenté de détrôner son propre père. Dans son premier effroi, aussitôt qu'il eut appris la mort de Charles VII, il pria le duc de Bourgogne de convoquer toute sa noblesse à Avesnes, et de s'y rendre lui-même, afin d'assurer son entrée en France. Dès le 26 juillet il avoit quitté Genep; le 27, il écrivit de Maubeuge au maréchal de Xaintrailles, lui ordonna d'aller prendre possession de la Guyenne en son nom, et de faire prêter serment aux habitans (1); puis il se dirigea sur Avesnes.

Les précautions de Louis étoient inutiles : ni les grands ni le peuple ne pensoient à lui contester ses droits. Trois jours après la mort du Roi, le parlement de Paris avoit député trois présidens, un certain nombre de conseillers et le procureur général, pour aller prendre ses ordres. Jean Juvénal des Ursins, chancelier de France, partit aussi avec une députation de la ville de Reims, dont il étoit archevêque. Quand il demanda audience, le Roi lui fit recommander par l'archevêque de Bourges, et lui ordonna ensuite lui-même, d'être *brief* : ce qui n'empêcha pas

(1) Louis s'empressoit de se faire reconnoître en Guyenne, parce qu'il avoit été question de donner cette province au duc de Berri lors des négociations qui avoient eu lieu pour le mariage de ce prince avec Isabelle, sœur du roi de Castille.

des Ursins de paraphraser ce passage de l'Ecriture : *Hic est vir quem dixeram tibi, et ipse dominabitur populo meo.* A la fin de sa harangue, il prioit le Roi de venir promptement à Reims pour s'y faire sacrer (1).

Au moment où ces députations, et les nouvelles qu'on recevoit des différentes parties du royaume, calmoient les craintes de Louis, sa méfiance lui en inspira d'autres peut-être encore plus sérieuses. A sa prière, Philippe-le-Bon avoit convoqué toute la noblesse de ses Etats; les seigneurs arrivoient de toutes parts, suivis de leurs vassaux; et si l'on en croit les chroniques du temps, cent mille hommes étoient réunis sous les murs d'Avesnes. Louis frémit en voyant qu'il avoit mis son royaume à la merci du duc de Bourgogne; le même prince qui avoit protégé le Dauphin révolté contre son père pouvoit être tenté de dicter des lois au souverain dont il devenoit le vassal. Mais tant de perfidie n'entroit pas dans le caractère du duc; aussitôt que le Roi lui en eut témoigné le désir, il licencia ses troupes, et ne réserva que quatre mille hommes, l'élite de sa noblesse.

On célébra dans l'église d'Avesnes un service pour le repos de l'ame de Charles VII. Le duc de Bourgogne assista à cette cérémonie avec le comte de Charolois son fils, et un grand nombre de seigneurs français et bourguignons. « Le service « fait, dit Monstrelet, Louis se vêtit incontinent de

(1) Juvénal des Ursins a écrit lui-même le récit de cette ambassade, et on y trouve le discours qu'il adressa au Roi. Ce morceau fera partie des Pièces justificatives ; il donnera une idée de l'éloquence du temps.

« pourpre (1), qui est à la coutume de France, « parce que sitôt comme le Roi est mort, son fils « plus prochain se vest de pourpre et se nomme roi; « car le royaume n'est jamais sans roi. »

La cour se rendit ensuite à Reims; et, soit pour témoigner une reconnoissance éclatante au duc de Bourgogne, soit pour effacer l'impression que la méfiance trop peu dissimulée du Roi avoit pu laisser dans son esprit, des ordres furent donnés afin qu'on lui prodiguât les plus grands honneurs. Des députés de la ville allèrent au devant de Philippe jusqu'à l'abbaye de Saint-Thierry, et l'orateur le remercia au nom de la France, qui lui devoit la conservation de son souverain. Quand il entra à Reims, l'archevêque le reçut aux portes de la ville, dont les clefs lui furent présentées; et pendant tout son séjour on ne prenoit l'ordre que de lui (2). Les préparatifs du sacre étant terminés, le Roi fit son entrée le 14 août, et fut sacré le lendemain par l'archevêque. Avant de recevoir l'onction, Louis voulut être armé chevalier par le duc de Bourgogne : fantaisie qui surprit tous les assistans, parce que, suivant les chroniques con-

---

(1) Quelques historiens ont relevé cette circonstance, pour accuser Louis XI d'avoir fait éclater sa joie à la mort de son père. Le passage de Monstrelet prouve que Louis, en quittant le deuil immédiatement après le service funèbre, ne fit que se conformer aux usages de la monarchie. Après avoir rectifié le fait, nous ne devons pas en passer sous silence un autre qui est rapporté par Mézeray : c'est que Louis fit un riche présent à celui qui lui annonça le premier la nouvelle de la mort de son père.

(2) Lorsque les Bourguignons commettoient quelques désordres dans la ville, il étoit défendu de les punir; on devoit se borner à prendre leurs noms, et en rendre compte au Roi.

temporaines, *tous les fils des rois de France étoient armés chevaliers sur les fonts à leur baptesme* (1). Philippe fit d'abord quelques difficultés; puis donna l'accolade au Roi, au sire de Beaujeu, et à quelques autres seigneurs.

Lorsque la cérémonie du sacre fut terminée, on se rendit dans la salle où le festin royal étoit disposé, et les douze pairs (2) du royaume furent admis à la table du Roi. « Quant les tables furent « ostées, dit Monstrelet, le noble duc de Bourgogne; « usant de son accoutumée bénignité en noblesse « de courage, se mit à genoux devant le Roy, et luy « pria, en l'honneur de la passion, de la mort de « Nostre Seigneur, qu'il voulût pardonner son mal- « talent à tous ceux qu'il tenoit suspects d'avoir mis le « discord entre son feu pere et luy; laquelle requeste « luy accorda, reservez sept personnes. » Ainsi Louis n'ayant égard ni aux services que le duc de Bourgogne lui avoit rendus, ni aux prières d'un prince aussi respectable par son âge que par sa puissance et par ses hautes qualités, lui refusoit sa demande. *Car, comme dit Mézeray, il excepta sept personnes de l'amnistie; et sous prétexte de ce nombre, il ne pardonna à pas un.*

Philippe ne se montra pas cependant sensible à ce refus. Le traité d'Arras le dispensoit expressément, pendant sa vie, de tout hommage envers Charles VII

---

(1) Bossuet remarque, dans son Abrégé de l'Histoire de France, que Charles VII avoit été armé chevalier à son sacre par le duc d'Alençon.

(2) Des six anciens pairs laïques, il ne restoit que le duc de Bourgogne; les ducs de Guyenne et de Normandie, les comtes de Flandre, de Champagne et de Toulouse furent représentés par des princes et seigneurs.

et les rois de France, ses successeurs. Il pouvoit se prévaloir de ce droit reconnu, et refuser l'hommage à Louis XI, qui étoit hors d'état de l'y contraindre. Voulant prévenir tout sujet de mésintelligence, il prêta serment de fidélité au Roi, non-seulement pour ses domaines relevant de la couronne, mais pour toutes ses possessions (1).

La cour se remit en route, et s'arrêta à Saint-Denis pendant quelques jours. Louis y assista à un nouveau service qui fut célébré pour le feu Roi; il souffrit que le nonce du Pape levât l'excommunication que la cour de Rome prétendoit avoir été encourue par Charles VII, pour l'établissement de la pragmatique-sanction. On put juger dès-lors des égards qu'il auroit pour la mémoire de son père et pour les actes de son gouvernement.

Le Roi fit son entrée à Paris le 31 août, accompagné d'un brillant cortége, composé de seigneurs français et bourguignons. On trouvera dans les Mémoires de Jean de Troyes le détail des fêtes qui eurent lieu dans cette circonstance; mais aucune chronique ne parle de la joie ni de l'enthousiasme du peuple. Pendant le tumulte des fêtes, Louis mé-

---

(1) Voici le texte de cet hommage : « Mon très-redouté seigneur, je
« vous fais hommage présentement de la duché de Bourgogne, des
« comtés de Flandres et d'Artois, et de tous les pays que je tiens de
« la noble couronne de France; et vous tiens à seigneur, et vous en
« promets obéissance et service, et non pas seulement de celles que
« je tiens de vous, mais de tous mes autres pays que je ne tiens point
« de vous, et d'autant de seigneurs et de nobles hommes, de gens de
« guerre, et d'autres qui y sont que j'en pourrai traire (tirer). Je vous
« promets de faire service avec mon propre corps tant que je vivrai,
« et aussi quand que je pourrai finer (trouver) d'or et d'argent. »

ditoit ses vengeances, et préparoit la ruine de tous ceux qui avoient fidèlement servi son père. Les sceaux furent enlevés à Juvénal des Ursins, et donnés à Morvillers; Jean de Beuil, amiral, fut remplacé par Montauban; le maréchal de Loheac, par le bâtard d'Armagnac, qui eut en même temps le comté de Cominges; le comte Dammartin, grand-maître de l'hôtel, par le comte de Croy, favori du duc de Bourgogne, et ennemi du comte de Charolois; le premier président, le procureur général, grand nombre de membres du parlement de la chambre des comptes, le prevôt de Paris, presque tous les maîtres des requêtes, les généraux des finances et des monnoies perdirent leurs emplois; les mêmes bouleversemens eurent lieu dans les provinces, où l'on changea les baillis et les sénéchaux. Louis ne vouloit laisser en place aucun de ceux qui y avoient été sous le règne précédent; il en fit même arrêter plusieurs, et beaucoup d'autres furent obligés de prendre la fuite [1].

Sa haine poursuivoit partout, avec acharnement, Antoine de Chabannes, comte de Dammartin, qui avoit demandé en vain la permission de se justifier. Les prières les plus instantes du duc de Bourgogne avoient été inutiles; Louis étoit resté inexorable. Un des premiers actes de son autorité fut de confisquer, sans aucune forme juridique, tous les biens de Dam-

---

[1] Il fit mettre en jugement le procureur général, un président et un conseiller du parlement de Grenoble. Le principal chef d'accusation porté contre eux étoit *qu'ils avoient assisté et secondé le roi Charles* VII, *en l'occupation du Dauphiné, contre Louis, dauphin, vrai et unique seigneur de la province.* Ils furent déclarés coupables du crime de lèse-majesté, dépouillés de leurs charges et de leurs biens, et bannis à perpétuité.

martin, et de les distribuer à ses favoris (1). Les hommes nouveaux auxquels il donnoit les places les plus importantes du royaume étoient, en général, étrangers aux affaires, et augmentoient le nombre des mécontens, en poursuivant, à l'exemple de leur maître, tous ceux qui avoient montré du dévouement au feu Roi. Il suffisoit d'avoir servi Charles VII pour être exposé à tous les genres de vexations. Louis, afin de marquer encore mieux sa haine contre son père, affectoit de réhabiliter les grands criminels qui avoient été condamnés sous le règne précédent. Il donna des lettres d'abolition au duc d'Alençon et au comte d'Armagnac, tous deux convaincus par leurs propres aveux de trahison contre l'Etat ; le comte d'Armagnac étoit en outre coupable de meurtre, et d'inceste public avec sa propre sœur.

Le nouveau Roi prenoit en même temps d'autres mesures plus funestes. Son père s'étoit imposé la loi de ne lever des tailles que pour l'entretien de la

---

(1) On a vu plus haut les sujets d'inimitié personnelle que Louis XI avoit contre Dammartin. Le ministre de ses vengeances exécuta fidèlement ses ordres. Charles de Melun, chargé de mettre les biens du comte en la main du Roi, pilla l'argenterie et le mobilier. Il agit avec tant de rigueur, que la femme de Dammartin, dépouillée de tout, seroit morte de faim si elle n'eût trouvé asyle chez un de ses fermiers, qui la nourrit, elle et son fils, pendant la fuite de son mari. Les malheurs du comte, et ses efforts pour se justifier, sont rapportés avec détail dans une ancienne chronique ; mais ce récit n'offre pas assez d'intérêt pour que nous ayons cru devoir le conserver. On seroit plus disposé à plaindre Dammartin, s'il n'avoit pas été un des commissaires chargés de juger Jacques Cœur ; et si, après avoir concouru à sa condamnation, il ne s'étoit pas fait donner en partie la confiscation de ses biens.

Dammartin, rentré en grâce, se vengea de Charles de Melun, et fut le principal auteur de sa perte.

gendarmerie. Les revenus du domaine royal suffisoient pour couvrir les dépenses ordinaires de la couronne ; il avoit laissé plus de deux cent cinquante mille livres en réserve au trésor. Louis, en montant sur le trône, ne pouvoit donc pas être embarrassé pour pourvoir aux besoins de l'Etat. Pendant son séjour à Reims, il avoit formellement promis aux habitans de ne pas établir de nouveaux impôts : à peine étoit-il arrivé à Paris, qu'il expédia des commissions pour lever des taxes extraordinaires dans toutes les provinces. Les Rémois indignés se soulèvent, massacrent les percepteurs, pillent leurs bureaux, et brûlent leurs registres. Le Roi fait sur-le-champ partir le maréchal de Rouault (1), qui introduit secrètement dans la ville des soldats déguisés en marchands et en laboureurs ; on surprend les mutins, leur chef est écartelé, et quelques bourgeois pendus (2) ; d'autres révoltes éclatent à Angers, à Alençon, à Aurillac, et sont punies avec une égale sévérité.

Ainsi, pendant que les grands et les seigneurs, dépouillés de leurs charges, sont humiliés et exposés à toutes sortes de vexations, le peuple est foulé par des taxes arbitraires et illégales (3), et les nouveaux officiers cherchent à mériter de nouvelles grâces en renchérissant sur la cruauté de leur maître.

Tels étoient les auspices sous lesquels commençoit le règne de Louis XI. Aussi le duc de Bourgogne, qui,

(1) D'autres disent le seigneur de Mouhy.
(2) Plus de cent vingt autres eurent le poing coupé, furent fustigés, bannis de la ville, ou condamnés à de grosses amendes.
(3) Louis XI distribua plus de deux cent mille livres en gratifications pendant la première année de son règne ; les anciennes taxes ne pouvoient suffire pour de telles prodigalités.

dès les premiers jours de son arrivée à Paris, avoit prévu les suites nécessaires de la conduite du Roi, et qui lui avoit fait à ce sujet d'inutiles observations, disoit-il : « Cet homme ne régnera pas long-temps en paix sans « avoir merveilleusement grand trouble. »

Louis prodiguoit toujours à Philippe-le-Bon des témoignages publics de sa reconnoissance; il affectoit de relever devant toute la cour les obligations qu'il lui avoit, mais sa présence à Paris lui étoit à charge; il ne voyoit même pas sans ombrage l'affection que les Parisiens témoignoient à ce prince [1], dont le père avoit été leur idole. Le duc partit enfin. Le Roi alla visiter la Reine sa mère à Amboise [2], puis se rendit à Tours. Charles, comte de Charolois, alla bientôt l'y rejoindre; et non-seulement Louis le fit défrayer avec magnificence, mais il le combla de faveurs, et lui accorda des lettres de rémission pour tous les sujets du duc de Bourgogne qui avoient été condamnés par le parlement de Paris sous le règne précédent. Il rendit, à sa prière, la liberté au comte de Sommerset, que Charles VII avoit fait arrêter [3]; enfin, il lui donna le gouvernement de Normandie, avec une pension de trente-

---

[1] L'affluence fut telle, à une fête donnée par le fils du duc de Bourgogne, qu'il y eut beaucoup de personnes étouffées.

[2] Il assigna à la Reine cinquante mille livres par an pour son douaire, et donna le duché de Berri en apanage à son frère Charles, avec douze mille livres de pension.

[3] Après la seconde bataille de Saint-Albans, qui assura le triomphe de la maison d'Yorck, Sommerset, partisan des Lancastre, s'étoit réfugié en France; et Charles VII, qui s'étoit déclaré contre eux, l'avoit fait arrêter. Un historien remarque que le comte de Charolois ne s'intéressoit à Sommerset que parce que son père avoit, ainsi que le roi Charles, embrassé le parti de la maison d'Yorck.

six mille livres. En traitant ainsi le fils du duc de Bourgogne, et en paroissant mettre entre ses mains la plus importante province du royaume, Louis n'étoit emporté ni par la reconnoissance, ni par le zèle de l'amitié, car la haine avoit depuis long-temps fait place aux liaisons qu'il avoit d'abord formées avec le comte de Charolois (1); et cette haine étoit devenue implacable de la part de Charles, depuis que le Roi s'étoit déclaré ouvertement pour les seigneurs de Croy, ennemis du comte : mais Louis ne désespéroit pas de prendre quelque ascendant sur son esprit, et de l'entraîner à une révolte contre son père. Dès cette époque, le Roi, tout en paroissant entièrement dévoué à la maison de Bourgogne, traitoit en secret avec les Liégeois, et les encourageoit à renouveler leurs entreprises pour se soustraire à l'autorité de Philippe-le-Bon. Il est vrai qu'en même temps le comte de Charolois traitoit secrètement aussi avec les ambassadeurs que le duc de Bretagne avoit envoyés à la cour de France, et préparoit la ligue qui éclata quelques années plus tard. Le Roi, informé qu'il avoit des conférences avec eux, se hâta de le congédier; il alla prendre possession de son gouvernement et retourna en Bourgogne, où il essaya de lutter contre la faveur dont les Croy jouissoient auprès de son père. N'ayant pu y parvenir, il s'éloigna de la cour.

(1) « Cette trop libre fréquentation, dit Mézeray en parlant des premières liaisons du comte de Charolois et du Dauphin, fit naître le mépris dans l'esprit du comte, prince altier et arrogant, qui jugeant de l'intérieur du Dauphin par sa mauvaise mine et ses déportemens peu civils, qui ne répondoient pas à la grandeur de sa naissance, et de plus s'offensant de ce qu'il avoit fait une particulière amitié avec ceux de Croy, qui gouvernoient l'esprit de son père, et qu'il haïssoit, etc. »

Ce fut pendant le séjour du Roi à Tours que la pragmatique-sanction fut abolie. Les historiens ne s'accordent pas sur les motifs qui le déterminèrent à révoquer cet acte si important du règne de Charles VII. Les uns pensent qu'il suffisoit que la pragmatique eût été établie par son père pour qu'il la détruisît; d'autres, qu'il ne donnoit cette satisfaction au Pape qu'afin d'obtenir l'investiture du royaume de Naples pour la maison d'Anjou (1); d'autres enfin, qu'il vouloit abaisser les grands, dont la pragmatique augmentoit le pouvoir, par l'influence qu'elle leur laissoit exercer sur les élections. Il est possible que ces trois causes réunies aient contribué à sa détermination. Ce qui est certain, c'est que dans cette affaire il fut entièrement joué par le Pape.

Pie II, n'étant encore connu que sous le nom d'OEneas-Silvius, avoit été l'ame du concile de Bâle, où l'on avoit posé les principes qui sont consacrés dans la pragmatique-sanction : parvenu au trône pontifical en 1458, ses opinions changèrent avec ses intérêts. Jaloux de rétablir ce qu'il appeloit alors les droits du Saint-Siége, il mit tous ses soins à détruire son propre ouvrage. Pendant que Louis étoit encore en Bourgogne, Jean Jeoffredi, évêque d'Arras (2), avoit su s'emparer

---

(1) Il avoit alors le projet de marier sa fille Anne de France au duc de Calabre, fils du roi René d'Anjou. René avoit cédé au duc de Calabre tous ses droits au trône de Naples.

(2) Jeoffredi étoit né à Luxeuil, bourg de la Franche-Comté; sorti d'une famille pauvre et obscure, il fut reçu comme simple religieux dans l'abbaye de Luxeuil, et parvint par ses intrigues à s'élever aux dignités de son ordre. Ces premiers succès ne satisfirent point son ambition, il lui falloit un plus vaste théâtre; il s'attacha au duc de Bourgogne, se concilia sa faveur, obtint l'évêché d'Arras, et une

de sa confiance. Ce prélat sollicitoit le chapeau de cardinal, et étoit appuyé par le Dauphin. Le Pape lui fit répondre qu'il n'avoit d'autre moyen de réussir que d'obtenir de Louis la promesse de révoquer la pragmatique. Jeoffredi s'efforça de persuader le prince, déjà prévenu contre un acte du gouvernement de son père, et qui d'ailleurs ne songeoit qu'à étendre les limites de l'autorité royale. Mais Louis, sachant combien le Pape désiroit vivement l'abolition de la pragmatique, exigeoit pour la maison d'Anjou l'investiture du royaume de Naples, que Pie II n'avoit pas l'intention d'accorder. Cependant Charles VII étoit mort, le Pape pressoit l'évêque d'Arras de remplir ses promesses, et celui-ci n'étoit pas moins impatient de porter la pourpre romaine. Il parvint à tromper le Roi, en lui exposant qu'il n'étoit pas de la dignité du Saint-Siége de donner l'investiture du royaume de Naples au duc de Calabre, avant que la pragmatique fût abolie; que cette marque de la reconnoissance du Pape paroîtroit plus naturelle lorsque tout seroit terminé; et qu'il étoit assuré d'obtenir de la cour de Rome tout ce qu'il demanderoit.

Le soupçonneux Louis hésitoit encore : une lettre adroite et pleine de flatterie, que lui adressa Pie II (1),

---

place dans son conseil. Bientôt il prétendit au chapeau de cardinal, et le duc de Bourgogne en fit la demande au Pape. Jeoffredi n'ayant plus rien à espérer du duc, s'attacha au Dauphin, qui alloit devenir un roi puissant; il le décida à écrire en sa faveur à Pie II, qui lui promit le chapeau de cardinal s'il obtenoit la révocation de la pragmatique.

(1) Dans cette lettre, le Pape, craignant qu'il ne consultât le clergé de France et les grands du royaume, lui disoit : « Vous vous montrez « un grand roi qui ne se laisse point gouverner, mais qui gouverne par

le fit tomber dans le piége : il écrivit au Pape le 27 novembre 1461, lui annonça l'abolition de la pragmatique, promit de réprimer et de punir les opposans, et mit même, en propres termes, le royaume à la discrétion du Saint-Siége (1). Il fit porter cette lettre par une ambassade composée du seigneur de Chaumont, de Jeoffredi, des évêques de Coutances, d'Angers, de Saintes, et du bailli de Lyon, et qui étoit chargée de remettre à Pie II l'original de la pragmatique. Les ambassadeurs furent reçus à Rome avec une pompe extraordinaire; presque tous les cardinaux allèrent au devant d'eux. Le Pape, dans une audience solennelle, prodigua les plus grands éloges à la piété du Roi, et garda entièrement le silence sur l'investiture du royaume de Naples. Il donna le chapeau de cardinal à Jeoffredi, et envoya au Roi une épée bénite, sur laquelle il avoit fait graver quatre vers latins, qui étoient une invitation à faire la guerre aux ennemis de la foi (2). Ce fut là le seul fruit que Louis tira de l'abolition de la pragmatique. Reconnoissant trop tard qu'il avoit été joué, il fit partir pour Rome d'autres ambassadeurs, qui menacèrent le Pape de sa colère; mais cette seconde tentative ne

« lui-même; *vous ne voulez point mettre en délibération si l'on doit*
« *faire ce que vous savez devoir être fait : c'est là véritablement être roi,*
« *et bon roi.* »

(1) *Utere igitur deinceps in regno nostro potestate tuâ ut voles.* (Lettre du Roi au Pape.)

(2) Voici ces quatre vers :

Exerat in Turcas tua ime, Lodoïce, furentes
Dextera, Graiorum sanguinis ultor ero;
Corruet imperium Mahumetis, et inclyta rursùs
Gallorum virtus te petet astra duce.

servit qu'à le rendre ridicule aux yeux de l'Europe, en prouvant qu'il avoit été la dupe de ses propres artifices. Ce qui surprend, c'est que Louis ne soupçonna point la perfidie de Jeoffredi. A la vérité, cet insatiable prélat, n'ayant point obtenu du Pape plusieurs bénéfices qu'il croyoit lui être dus comme récompense de ses services, se plaignoit plus amèrement encore que Louis de la conduite de la cour de Rome.

Cependant le parlement, toujours prompt à défendre les libertés de la nation contre les entreprises du Saint-Siége, fit au Roi des remontrances si fortes, et tellement fondées en raison, qu'elles eurent l'assentiment du clergé de France et de tous les corps du royaume (1). Louis n'y eut d'abord aucun égard; mais lorsqu'il ne put plus douter des véritables intentions de Pie II, il encouragea lui-même les cours supérieures à agir comme si la pragmatique n'eût pas été supprimée. Toutes les réclamations du Pape et de ses successeurs furent inutiles; les choses restèrent en cet état jusqu'au concordat de François I.

Le but avoué des ambassadeurs du duc de Bretagne étoit de négocier sur les termes de l'hommage qui devoit être rendu; mais ils avoient pour instructions de pratiquer, s'il étoit possible, des intelligences à la cour, et d'y faire des partisans au duc. On a déjà vu que le comte de Charolois étoit allé au devant de leurs propositions. Le duc, empressé de confirmer une alliance si importante pour lui, s'étoit promptement

---

(1) Le Roi consentit, dit Bossuet dans son Abrégé de l'Histoire de France, à casser la pragmatique-sanction, que les gens de bien du royaume regardoient cependant comme le fondement de la discipline de l'Eglise gallicane.

mis en route, accompagné d'une brillante noblesse ; il amenoit avec lui, disent les chroniques du temps, *sa trésorerie et ses plus riches meubles*, dans l'espoir d'achever par de riches présens ce que ses ambassadeurs avoient commencé. Le Roi fut d'autant plus surpris à son approche, qu'il avoit mandé au duc que son intention étoit de passer lui-même en Bretagne. Le voyage des deux princes avoit d'ailleurs le même objet : ils cherchoient tous deux des traîtres dans la cour l'un de l'autre.

Le duc arriva à la cour, où il ne trouva plus le comte de Charolois : on discuta encore sur l'hommage ; et comme le Roi et lui ne vouloient que gagner du temps, on convint d'une formule vague qui laissoit indécise la question de savoir si l'hommage devoit ou non être hommage-lige.

Le duc de Bretagne dont il est ici question, et dont l'histoire se trouvera désormais liée avec celle de Louis XI, étoit François II, neveu et héritier du connétable de France Artur III, comte de Richemont, si fameux sous le règne de Charles VII. Avant que François parvînt au duché, on disoit de lui qu'il étoit *pauvre prince et disetteux ; du reste, beau, vertueux et de grande apparence*. Cette vertu et cette grande apparence s'évanouirent lorsqu'il fut devenu prince souverain : foible et sans caractère, il usa d'artifices, et ne fit que montrer combien sous ce rapport, comme sous tous les autres, il étoit inférieur à Louis XI. Il avoit résidé long-temps à la cour de Bourgogne, et y avoit vécu dans une grande intimité avec le Dauphin et avec le comte de Charolois. Comme il pouvoit avoir de grands intérêts à traiter plus tard avec ces deux princes (1), il avoit étudié à fond leur caractère, et n'ignoroit pas ce qu'il avoit à craindre ou à espérer de l'un et de l'autre. Sa position lui traçoit d'ailleurs la conduite qu'il avoit à tenir avec chacun d'eux; trop foible pour lutter seul contre Louis, il pouvoit arrêter ses entreprises, même lui être redoutable en agissant de concert avec un allié tel que le duc de Bourgogne; et il s'étoit mis en mesure à l'avance avec le comte de Charolois.

Louis haïssoit personnellement le duc de Bretagne, qui l'avoit humilié par un refus, lorsqu'il n'étoit encore que dauphin (2); et sa haine s'étoit augmentée depuis qu'il avoit vu François II rechercher l'amitié de l'héritier du duché de Bourgogne. Néanmoins il dissimuloit son ressentiment afin de mieux assurer sa vengeance, et ne s'attachoit pour le moment qu'à rompre la liaison des deux princes, soit en excitant leur méfiance, soit en élevant entre eux des sujets de discorde. Dans cette vue, il avoit fait au duc de Bretagne la réception la plus amicale; il lui prodiguoit les caresses et les fêtes, cherchoit à l'éblouir par les promesses les plus séduisantes; il le nomma même son lieutenant général dans le Maine, l'Anjou, la Touraine et la Normandie. On n'a point oublié

---

(1) François II avoit été dépouillé du comté d'Etampes par Philippe-le-Bon, qui s'étoit également emparé du duché de Luxembourg, dont François auroit dû hériter après la mort de sa mère. Les rois de France élevoient aussi des prétentions sur le comté d'Etampes et sur le duché de Luxembourg. La mésintelligence des cours de France et de Bourgogne pouvoit seule offrir au duc de Bretagne des chances favorables, soit pour faire valoir ses droits, soit pour obtenir des indemnités.

(2) *Voyez* page 213 de ce volume.

qu'il avoit déjà donné, quelques mois auparavant, le gouvernement de cette province au comte de Charolois. Son intention étoit de ne le laisser ni à l'un ni à l'autre; mais la rivalité pouvoit brouiller les deux princes.

Au milieu de ces intrigues, Marguerite, reine d'Angleterre, arriva en Touraine, et réclama les secours du Roi et du duc de Bretagne. Le duc, touché de ses malheurs, résolut de déclarer la guerre à Edouard. Louis ne négligea rien pour l'engager dans cette périlleuse entreprise; il parut prendre un vif intérêt à Marguerite, lui fit rendre les plus grands honneurs, voulut tenir avec elle sur les fonts de baptême le fils de la duchesse d'Orléans, qui fut depuis le roi Louis XII; mais toutes ces démonstrations se réduisirent à signer, le 28 juin 1462, un traité à peu près insignifiant (1), et à prêter vingt mille écus à la princesse. Encore Marguerite fut-elle obligée, dit-on, pour obtenir cette modique somme, de promettre à Louis la remise de Calais aussitôt que ses affaires seroient rétablies : promesse illusoire que la Reine n'auroit pu ni même probablement voulu remplir si elle étoit remontée sur le trône. Peu de temps après la signature de ce traité, Louis alla visiter les principales villes de Normandie; étant à Rouen, il donna, le 16 août, l'ordre de faciliter à la reine Marguerite les moyens de retourner en Angleterre (2).

---

(1) Ce traité fut signé à Amboise : on y stipule une trêve de cent ans entre la France et l'Angleterre ; le Roi ne s'engage à fournir aucun secours à Marguerite, mais il promet de ne pas soutenir Edouard, qui est appelé soi-disant roi.

(2) Dans cette lettre, qui est adressée au vicomte de Ponteaudemer et à Pierre de Salenove, le Roi dit : « D'après le traité, etc., nous nous

Lorsque le duc de Bourgogne étoit parti, le Roi lui avoit prodigué des marques d'amitié et de reconnoissance. A peine le duc étoit-il arrivé dans ses États, que Louis avoit oublié toutes ses protestations. Quelques difficultés ne tardèrent pas à s'élever sur l'exécution du traité d'Arras, et sur les titres du duché de Luxembourg. Non-seulement Louis ne cédoit sur aucun point, mais il prétendoit même établir la gabelle en Bourgogne. Philippe envoya Chimay près du Roi, qui refusa long-temps de lui accorder audience. Ce seigneur, sans se décourager, attendit Louis au sortir de sa chambre, et se plaignit vivement du peu d'égard que l'on avoit pour un prince aussi puissant que son maître. Louis, choqué de l'importunité et de la hardiesse de l'ambassadeur, lui demanda *si Philippe étoit d'un autre métal que les autres princes? — Il le faut bien*, repartit Chimay; *car il vous a gardé, porté et soutenu contre la volonté du roi Charles votre pere, que Dieu absolve, auquel il en déplaisoit : ce que*

« sommes déclarés de partie à favoriser la part de nosdits cousin et
« cousine (Henri VI et Marguerite), à l'encontre de Edouard de La
« Marche, subject rebelle et désobéissant envers nostredit cousin,
« soy efforçant de lui oster sa seigneurie, pour la recouvrance de la-
« quelle notredite cousine s'est disposée de retourner devers sondit
« espoux en grande diligence, pour le passage de laquelle et de la
« compagnie nous vous mandons que vous vous transportiez par tous
« les ports de mer de Normandie et de Picardie, et faites commande-
« ment à tous maistres de navire que ils vous baillent les navires que
« leur requérerez, et à tous matelots que ils viennent servir. » Ainsi le Roi ne fournissoit pas de troupes, mais seulement des moyens de transport. Il ne vouloit qu'intimider et embarrasser Edouard, avec lequel il traita le 24 mai 1464. Brezé, sénéchal de Normandie, soit par humeur chevaleresque, soit, comme on l'a prétendu, qu'il n'eût pas été insensible aux charmes de Marguerite, leva deux mille hommes à ses frais, et s'embarqua avec elle. Les vents contrarièrent l'expédition.

d'autres princes n'eussent voulu ni osé faire. Le Roi rentra dans sa chambre sans répondre, et refusa toutes les demandes du duc de Bourgogne. Philippe se plaignit de nouveau; on lui répliqua par d'autres plaintes. Les choses s'aigrissoient de plus en plus, quand Antoine de Croy, favori de Philippe, avertit le Roi, auquel il étoit vendu, que le duc, s'il étoit poussé à bout, traiteroit avec Edouard IV, qui lui faisoit faire des propositions avantageuses. Le Roi se décida alors à donner satisfaction au duc; il se désista de ses prétentions relativement à la gabelle, et céda tous ses droits au duché du Luxembourg (1). Il consentoit d'autant plus volontiers à cette cession, que François II élevoit aussi des prétentions sur le duché de Luxembourg, et qu'il rendoit les rapprochemens plus difficiles entre les ducs de Bourgogne et de Bretagne.

Louis n'avoit cependant point abandonné le projet d'aller en Bretagne; François II essayoit en vain de l'en détourner; le Roi prétextoit le vœu d'un pélerinage à Saint-Sauveur de Redon. Il falloit se résoudre à la guerre, ou céder ; le duc prit ce dernier parti, et ne perdit pas Louis de vue, afin de veiller sur toutes ses démarches.

En allant en Bretagne, le Roi vouloit non-seulement reconnoître par lui-même les véritables forces du duché, sonder la disposition des esprits, et se ménager des intelligences avec les mécontens ; sa présence étoit nécessaire pour assurer le succès d'une entreprise préparée de longue main. Il s'agissoit d'enlever Françoise d'Amboise, veuve de Pierre II, duc de Bretagne, prédécesseur d'Arthur III, et de la

---

(1) L'acte de cession fut signé à Amboise le 25 novembre 1462.

faire épouser à un favori du Roi [1], qui auroit par là recueilli la plus grande partie des riches héritages de la maison d'Amboise, où il n'existoit plus d'héritiers mâles [2]. Louis d'Amboise, père de la duchesse, dirigeoit le complot; mais elle refusa de s'y prêter. En vain le Roi la fit venir près de lui, sous prétexte de l'hommage qu'elle devoit rendre pour quelques-unes de ses terres : les prières et les menaces furent inutiles; on résolut alors d'employer la force, mais la vigilance du duc de Bretagne fit manquer l'entreprise. Le temps que Louis XI et François II passèrent ensemble redoubla ainsi leur haine.

Les affaires de l'Arragon, de la Castille et de la Navarre appeloient Louis du côté de Bayonne. Nous avons déjà dit que don Juan, roi d'Arragon, n'avoit pu se faire reconnoître en Navarre après la mort du prince de Viane son fils, qui avoit laissé, par testament, ce royaume à Blanche sa sœur, femme de

---

[1] Dans la Vie de Françoise d'Amboise, il est dit que Louis XI vouloit faire épouser cette princesse au duc de Savoie, son beau-père. Mais le duc qui régnoit alors en Savoie étoit le beau-frère et non le beau-père du Roi; d'ailleurs il étoit marié.

[2] La Trémouille, pendant sa faveur auprès de Charles VII, avoit voulu faire épouser Françoise d'Amboise à son fils; n'ayant pu y réussir, il s'étoit vengé du père, en le faisant condamner comme criminel de lèse-majesté. Louis d'Amboise fut retenu long-temps en prison. Avant qu'il fût délivré, le fils de La Trémouille avoit épousé son autre fille, et se trouvoit ainsi héritier de tous ses biens, puisque l'aînée n'avoit pas d'enfant. Louis d'Amboise désiroit que la veuve de Pierre II se remariât, afin de faire passer ses biens dans une autre famille; et Louis XI avoit approuvé ce projet. Amboise, furieux d'avoir échoué dans son entreprise, institua le Roi son héritier. Une partie de ses terres furent données à Philippe de Comines, lorsqu'il passa au service de France.

16.

Henri IV, roi de Castille. Cette princesse, répudiée par son mari, fut livrée par son propre père au comte de Foix, qui avoit épousé Léonore, sa sœur cadette (1). Il avoit été convenu, entre don Juan et le comte, que le premier conserveroit jusqu'à sa mort le titre de roi de Navarre, qui reviendroit ensuite au comte de Foix ou à ses héritiers ; mais les Navarrois refusoient de se soumettre à cet arrangement : les Catalans, les habitans du Roussillon, de la Cerdagne, et même une partie du royaume d'Arragon, s'étoient réunis à eux pour venger la mort du prince de Viane. Ils étoient soutenus par Henri IV, roi de Castille, qu'ils avoient proclamé leur souverain (2). Louis, dès son avénement au trône, avoit fomenté et entretenu les troubles, dont il espéroit profiter : déjà même il parloit de ses droits sur la couronne de Navarre, droits qui n'étoient nullement fondés, mais que l'intrigue et la force pouvoient faire prévaloir. Le comte de Foix rechercha l'appui de ce concurrent redoutable : il demanda et obtint en mariage, pour son fils le comte de Castelbon, Madeleine de France, sœur de Louis XI, avec une dot de cent mille écus d'or. Comme cette alliance auroit pu porter ombrage à don Juan, que le comte de Foix devoit ménager, il avoit amené les deux monarques à entrer en négociation. Les plénipotentiaires de Louis et du roi d'Arragon signèrent un premier traité le 3 mai 1462 ; par un autre traité signé le 21 du même mois, il fut convenu que la France fourniroit à don Juan sept cents

(1) Blanche mourut quelque temps après avoir été livrée au comte de Foix, qui fut accusé par la voix publique d'avoir abrégé ses jours.

(2) Blanche avoit institué Henri IV son héritier.

lances, avec un nombre d'archers proportionné, de l'artillerie et des munitions. Pour indemniser Louis de cet armement, le roi d'Arragon s'obligeoit à lui payer deux cent mille écus d'or, à soixante-quatre au marc : savoir, cent mille trois mois après la réduction de Barcelone, et cent mille au bout d'un an. Si, lorsque la ville de Barcelone seroit soumise, le Roi fournissoit quatre cents lances pour faire rentrer dans le devoir les autres provinces, don Juan devoit payer cent mille autres écus pour le deuxième armement. En garantie de ces différentes sommes, don Juan engageoit à Louis le Roussillon et la Cerdagne, dont il lui abandonnoit les revenus à titre d'indemnité, jusqu'au paiement complet des trois cent mille écus. Le 23 mai, le roi d'Arragon signa son obligation de remettre le Roussillon et la Cerdagne aussitôt que les troupes françaises seroient arrivées. Ce deuxième acte confirme toutes les dispositions du traité du 21. La seule différence qu'on y remarque, c'est que le terme du premier paiement est fixé à un an après la réduction de Barcelone, au lieu de trois mois [1]. Ainsi les comtés de Roussillon et de Cerdagne n'étoient point cédés, mais simplement engagés. A l'aide des troupes du

---

[1] Nous avons dû nous étendre sur les dispositions de ces deux actes, qui ont été présentées avec inexactitude par nos historiens. Presque tous s'accordent à dire que Louis XI prêta trois cent mille écus au roi d'Arragon, tandis qu'il ne lui fournit que des troupes, et que les trois cent mille écus pour lesquels don Juan engagea le Roussillon et la Cerdagne n'étoient qu'une indemnité stipulée pour les frais de l'armement. Les traités dont il s'agit ont été recueillis par l'abbé Legrand, et publiés par Lenglet-Dufresnoy dans son édition in-4° des Mémoires de Philippe de Comines. Lenglet-Dufresnoy, quoiqu'il ait publié ces pièces, n'en a pas moins suivi la version des autres historiens.

Roi, don Juan releva ses affaires; mais Henri IV, roi de Castille, étant venu au secours des Catalans, les Français refusèrent de combattre un ancien allié de la couronne.

Après quelques expéditions peu importantes, les rois de Castille et d'Arragon en vinrent à des propositions d'accommodement, et soumirent leurs démêlés à l'arbitrage de Louis XI. C'étoit ce que ce prince désiroit; mais sa politique fut encore en défaut, et il ne tira aucun avantage de sa position. La sentence qu'il prononça à Bayonne, le 23 avril 1463 [1], mécontenta également toutes les parties intéressées, sans le contenter lui-même. Les Catalans se plaignirent d'être abandonnés à la vengeance de leur souverain par ceux qui les avoient poussés à la révolte; les Navarrois protestèrent contre l'article qui démembroit leur royaume, en donnant le Mérindal d'Estelle au roi de Castille; Henri disoit qu'il étoit, quoique ancien allié de la France, sacrifié au roi d'Arragon, et qu'il ne recevoit que de foibles dédommagemens pour toutes les conquêtes qu'il restituoit. Don Juan, qui avoit espéré qu'on lui rendroit le Roussillon et la Cerdagne sans exiger le paiement des trois cent mille écus d'or qu'il devoit à Louis, ne tenoit aucun compte des autres provinces qu'il recouvroit. Les deux princes se voyoient avec peine obligés d'accorder amnistie à tous leurs sujets révoltés, et de restituer les terres qu'ils avoient confisquées. Enfin Louis n'avoit pu se faire remettre la Biscaye, qu'il réclamoit du chef de son aïeule.

Une entrevue avoit été depuis quelque temps ar-

[1] Pâques, premier jour de l'an 1463, se trouvoit être le 10 avril.

rêtée entre Louis XI et le roi de Castille : elle devoit avoir pour objet de dissiper les méfiances que les secours donnés au roi d'Arragon avoient fait naître dans l'esprit du Castillan; elle devenoit inutile, puisque tous les arrangemens étoient terminés par la sentence arbitrale. Henri y montroit même quelque répugnance; Louis avoit ses motifs pour insister : il se rendit sur les bords de la Bidassoa ; le roi de Castille passa la rivière qui forme la limite entre les deux royaumes. Louis XI, qui, suivant l'expression de Philippe de Comines, *se mettoit ordinairement si mal que pis ne pouvoit*, avoit affecté de s'habiller encore plus mal que de coutume. Il étoit vêtu de gros drap; il avoit sur la tête une espèce de chapeau ou de toque tout usée, avec une image en plomb de Notre-Dame pour tout ornement; il portoit l'habit court, qui, comme le remarquent les historiens, n'étoit pas alors en usage parmi les personnes élevées en dignité. Les seigneurs de sa suite avoient imité son exemple. Rien de plus brillant au contraire que le cortége de Henri : naturellement fastueux, il avoit déployé une extrême magnificence. Un seul trait suffira pour en donner une idée : le bateau du comte de Lodesme, son favori, avoit une voile de drap d'or. Ce contraste déplut également aux seigneurs des deux nations : les Français se moquèrent de la parure des Castillans, qui, de leur côté, se moquèrent de la *chicheté* des Français. La conférence fut courte et froide : Louis, qui estimoit peu le roi de Castille, le méprisa davantage après l'avoir vu; et Henri ne fut pas plus content du Roi [1]. Mais Louis XI, qui n'avoit voulu

[1] Louis XI, dit l'abbé Legrand dans son Histoire manuscrite, étoit

cette entrevue que pour se faire des créatures dans une cour étrangère, avoit répandu l'or à pleine main parmi les Castillans (1), et s'étoit ménagé des intelligences dans les conseils de Henri, qui vit bientôt éclater des conspirations dangereuses dans ses Etats.

A son retour, il eut à Ustaritz une entrevue avec la reine d'Arragon, combla de présens tous les seigneurs de sa suite, et s'assura par là de trouver des traîtres en Arragon comme en Castille.

Le 24 mai, il étoit à Auvret, dans le comté de Comminges. Il y signa une déclaration par laquelle il donnoit au comte et à la comtesse de Foix tout le *droit, nom, raison* et *action qu'il avoit et pouvoit avoir sur les comtés, terres et seigneuries de Roussillon et de Cerdagne* (2); et comme il n'étoit point encore en possession définitive de ces comtés, il céda provisoirement en échange, au comte de Foix, la ville et le territoire de Carcassonne. Mais bientôt il prétendit avoir conquis le Roussillon et la Cerdagne par la force de ses armes, et il s'en considéra comme souverain; nous en trouvons la preuve dans les lettres de rémission qu'il accorda aux habitans de Perpi-

---

un fin et habile négociant, qui, avec un gros habit de drap et sans parure, savoit fort bien faire ses marchés.

(1) On trouvera des détails sur cette entrevue dans les Mémoires de Philippe de Comines, liv. 2, chap. 8.

(2) « Lesquelles terres et seigneuries (porte la déclaration) nous
« avons naguerres acquis de notredit oncle et cousin d'Arragon pour
« trois cent mille vieils écus d'or, de soixante-quatre au marc ; et de-
« puis prêté à notredit oncle et cousin la somme de cinquante mille
« écus d'or..... Pour d'iceux comtés, etc., avoir, tenir, posséder, ex-
« ploiter et en jouir doresnavant nosdits cousin et cousine de Foix,
« leursdits hoirs, successeurs ou ayant cause, perpétuellement et à
« toujours, et en disposer comme leur héritage. »

gnan et de Collioure (1), qui avoient refusé de lui ouvrir leurs portes, malgré la cession formelle du roi d'Arragon. Pendant le voyage du Roi, le comte de Dammartin fit de nouveaux efforts pour rentrer en grâce. Ses amis (car il en avoit conservé dans le malheur) osèrent l'introduire auprès du Roi (2). « Que voulez-vous ? dit le prince étonné; justice ou miséricorde? — Justice! répondit Dammartin. — Eh bien! répliqua le Roi, je vous bannis pour toujours de mon royaume; » et il lui donna sur-le-champ des gens-d'armes pour le conduire jusqu'à la frontière. Dammartin ne pouvant se résoudre à vivre chez l'étranger, malgré les propositions séduisantes que lui faisoit le duc de Bourgogne (3), rentra en France, et se remit lui-même entre les mains du bailli de Mâcon. Il fut conduit à Paris, et enfermé dans la grosse tour du Louvre. Le parlement lui avoit déjà fait son procès par ordre du Roi; et il avoit été, pendant son

---

(1) Ces lettres sont du mois de juin 1463. Il parle comme souverain de ces deux provinces; il dit que, par la force de ses armes, il a, malgré la résistance que les habitans lui ont opposée, mis leurs personnes et leurs biens à sa volonté; que, touché de leurs prières et de leur repentir, et préférant miséricorde à justice, il pardonne leur rebellion, afin que dorénavant ils se conduisent envers lui comme ses bons et loyaux sujets doivent faire.

(2) Charles de Bort, qui avoit introduit Dammartin, fut condamné, par arrêt du parlement de Bordeaux, *à requerir mercy du Roi, à l'issue de la messe, à genoux, la tête découverte, et sans ceinture;* disant qu'il *a follement et indiscretement accompagné, conduit et mené Dammartin dans les hostels et chambre où estoit ledit sire, et jusques devant la personne d'iceluy;* et il étoit tenu de certifier qu'il avoit exécuté l'arrêt, sous peine de félonie envers le Roi.

(3) Le duc de Bourgogne avoit dit plusieurs fois que si Dammartin vouloit entrer à son service, il le combleroit de plus de biens que ne l'avoit fait Charles vii.

absence, déclaré coupable du crime de lèse-majesté. Le procès fut repris; Charles de Melun, qui étoit son ennemi personnel, et qui avoit déjà pillé une partie de ses biens, travailla avec ardeur à sa ruine (1); on dit même qu'il supprima des dépositions favorables à l'accusé. Le 20 août 1463, le parlement, après avoir pris les ordres du Roi, rendit un arrêt par lequel Dammartin fut déclaré de nouveau criminel de lèse-majesté, exilé dans l'île de Rhodes, et condamné à rester en prison jusqu'à ce qu'il eût fourni caution pour sûreté de sa résidence dans ladite île (2). Soit

(1) Les fils de Jacques Cœur, dont le comte de Dammartin s'étoit fait donner une partie de l'héritage après avoir été un des juges de leur père, s'étoient réunis à Charles de Melun pour consommer sa ruine.

(2) Voici le texte de l'arrêt : « Veu par la cour le procès fait contre
« Antoine de Chabannes, comte de Dammartin, prisonnier en l'hotel
« du Louvre; les conclusions prises par le procureur général du Roi
« à l'encontre dudit de Chabannes; et tout veu et considéré ce qui
« faisoit à voir et considérer en cette partie : la cour dit et déclare
« certain rapport fait par ledit de Chabannes au Roi, dernier tré-
« passé, que Dieu absolve, à la charge du Roy, lors dauphin, son fils,
« rédigé par écrit au lieu de Caude par maistre Adam Rollant, no-
« taire et secrétaire dudit seigneur, pardevant le sire Treynel, lors
« chancelier de France, le 27 septembre de l'an 1446, avoir esté faux,
« faulsement, calomnieusement et contre vérité faict et controuvé
« par ledit de Chabannes; et comme tel sera déchiré et lacéré pu-
« bliquement en plein parquet et auditoire de ladite cour; et outre,
« pour ledit cas, l'a déclaré estre crimineux du crime de lèse-majesté;
« et pour ce que cela regarde principalement la personne du Roy, et
« que ledit seigneur, sur ce adverty par ladite cour, voulant préférer
« miséricorde à rigueur de justice, a remis et remet audit de Cha-
« bannes la peine corporelle, la cour bannit à tousjours de ce royaume
« ledit de Chabannes, et déclare tous et chascun de ses biens, meu-
« bles et immeubles, acquis et confisqués au Roy; et pour certaines
« causes, à ce mouvant ladite cour, elle a assigné et assigne audit de
« Chabannes l'île et ville de Rhodes pour s'y tenir et faire sa de-
« mourance, sans en partir jusques au bon plaisir dudit seigneur; et

que Dammartin n'eût pas pu fournir la caution exigée, soit que le Roi crût dangereux de le laisser sortir de France après son jugement, le comte fut mis à la Bastille, d'où il parvint à s'échapper au commencement de la guerre du Bien public.

Les seigneurs de Croy jouissoient toujours de la confiance entière de Philippe-le-Bon, qu'ils trahis-

---

« pour ce faire baillera bonne et suffisante caution, et tiendra prison
« fermée là où il plaira au Roy, jusques à ce qu'il ait baillé ladite cau-
« tion. »

Aux crimes dont il est déclaré coupable dans cet arrêt, Dammartin ayant ajouté celui de prendre l'un des premiers les armes contre le Roi lors de la guerre du Bien public, tout rapprochement sembloit impossible; mais Louis XI savoit subordonner ses ressentimens à ses intérêts, et il ne tarda pas à reconnoître qu'il valoit mieux avoir un aussi habile capitaine pour ami que pour ennemi.

Par le traité de Conflans en 1465, Dammartin recouvra ses biens, nonobstant l'arrêt de 1463. En 1466, il rentra tout-à-fait en grâce, fut fait grand-maître de l'hôtel, et nommé lieutenant général du Roi en Champagne, avec neuf mille livres de pension. Les lettres patentes portent que c'est en récompense *des grands, bons et louables services qu'il a faits dès sa jeunesse, et pour les services qu'il a rendus à Charles* VII. Il exerça ces charges, quoique l'arrêt n'eût pas été rapporté. Enfin, en 1468, le parlement eut ordre de revoir son procès. On y découvrit quelques vices de forme; et le premier arrêt fut cassé le 13 août 1468, sans rien décider sur les dépositions faites autrefois par Dammartin contre Louis, qui ne parut plus y attacher aucune importance.

Dammartin servit Louis XI avec autant de fidélité et de dévouement qu'il avoit servi Charles VII. Il fut comblé de biens. On nous a conservé le détail des traitemens et pensions dont il jouissoit.

Grand-maître de l'hôtel du Roi. . .	10,000 liv.	
Ordre de chevalerie.	4,000	
Compagnie de cent lances.	1,200	37,200 liv.
Gouvernement de diverses places. .	2,000	
Pension sur le trésor.	12,000	
Id. sur le Briennois.	8,000	

soient.(¹). Non-seulement Louis étoit informé par eux de tout ce qui se passoit à la cour de Bourgogne, mais il entretenoit la mésintelligence entre le père et le fils, et exerçoit une grande influence sur les déterminations du duc.

Il désiroit ardemment de rentrer en possession des villes de la Somme, qui avoient été cédées à Philippe par le traité d'Arras. Le duc de Bourgogne les avoit dans le temps exigées, sous prétexte de s'indemniser des frais de la guerre qu'il devoit faire aux Anglais; et Charles VII s'étoit réservé le droit de les racheter, moyennant une somme de quatre cent mille écus d'or. A l'exception d'une tentative inutile contre Calais, Philippe n'avoit pris aucune part active à la guerre. En 1448, Charles VII avoit proposé le rachat; et le duc, sans s'y refuser positivement, avoit fait naître des difficultés qui avoient entraîné de longues négociations. Sur ces entrefaites, la trève ayant été rompue entre la France et l'Angleterre, le Roi s'étoit vu obligé de remettre ces discussions à un autre temps. Après avoir expulsé les Anglais du royaume, et avoir rétabli l'ordre dans ses Etats, il s'étoit occupé de nouveau sérieusement des moyens de terminer une affaire aussi importante pour la France. Ne voulant pas fouler le peuple par des impôts extraordinaires, il avoit résolu de prélever chaque année différentes sommes sur les recettes, en diminuant d'autant les dépenses; et à l'époque de sa mort, il avoit déjà amassé de cette manière deux cent cinquante mille livres. Le carac-

---

(¹) Ils entretenoient une correspondance active avec le Roi; plusieurs de leurs lettres ont été conservées.

tère impatient du nouveau Roi ne lui permettoit pas de suivre le plan de son père, qui auroit entraîné trop de longueurs. A peine étoit-il de retour à Paris, après son voyage sur les frontières d'Espagne, que Antoine Croy fit consentir le duc de Bourgogne au rachat des villes de la Somme; mais quoique Louis eût déjà augmenté les impôts, il étoit loin d'avoir les quatre cent mille écus d'or qu'il devoit livrer. Le 20 août 1463, il chargea le chancelier de se rendre au parlement, et de demander l'autorisation de disposer des consignations et des dépôts; il prit les fonds destinés au paiement des gens de guerre, emprunta de tous côtés, épuisa toutes les caisses; et, sans prévoir les suites de pareilles mesures, il ne songea qu'à exécuter promptement ses projets. Les quatre cent mille écus furent remis en deux paiemens au duc de Bourgogne, dans la ville de Hesdin, les 12 septembre et 8 octobre 1463. Les instructions données à Etienne Chevalier, qui fut chargé de faire le premier paiement, sont fort curieuses [1]. Le Roi y parle des entreprises de Charles, comte de Charolois, contre son père, fait offrir des secours au duc pour le soumettre, et lui propose une entrevue à Hesdin. Cette entrevue eut lieu; Philippe-le-Bon reçut le Roi avec cette magnificence qui distinguoit alors la cour de Bourgogne; et les deux princes ne se quittèrent qu'après s'être donné des preuves réciproques de bienveillance. Le duc désiroit sincèrement la paix; Louis en avoit besoin pour pouvoir s'occuper entièrement de ses projets contre le duc de Bretagne. En remettant les villes de la Somme, Philippe demanda que les gouverneurs

---

[1] Ces instructions se trouvent parmi les Pièces justificatives.

et autres officiers fussent maintenus dans leurs charges; et le Roi n'hésita pas à s'y engager de la manière la plus formelle. Pendant son séjour à Hesdin, il avoit été frappé de la position de cette place, qui, en mettant le comté de Ponthieu à l'abri de toute insulte, étoit en même temps la clef de l'Artois. Il proposa au duc de la lui céder, et offrit en échange la ville de Tournay; mais le crédit des seigneurs de Croy échoua dans cette circonstance, et Philippe refusa sans détour, à la première ouverture qui lui fut faite.

Quoique les négociations pour le rachat des villes de la Somme eussent été conduites avec beaucoup de mystère, il avoit été impossible d'en dérober entièrement la connoissance à Charles, comte de Charolois, qui étoit toujours mal avec son père, et qui vivoit retiré en Hollande. Il essaya vainement de s'y opposer; il fit prier instamment le Roi de suspendre la conclusion de cette affaire, pour certaines causes qu'il voudroit, dit-il, expliquer lui-même, s'il pouvoit se rendre sans danger à la cour de France. L'agent porteur de ses instructions [1] devoit en outre se plaindre de la protection que le Roi accordoit aux Croy, et de ce que ce monarque vouloit le livrer à son père. Il agissoit en même temps de tout son pouvoir auprès du duc de Bourgogne, et n'oublioit rien pour entraver les négociations. A son instigation, le pays d'Artois avoit protesté contre la remise des places; et cette protestation avoit été portée à Philippe par Imbercourt et Contay. On a dit que le Roi décida enfin le comte de Charolois à consentir au traité, en promettant qu'il lui feroit toucher les quatre cent mille

---

[1] Ces instructions ont été recueillies par l'abbé Legrand.

écus [1]. Il est peu probable que Charles ait été dupe d'un pareil artifice : ce qui est prouvé, c'est qu'il refusa d'assister à l'entrevue de Louis et de son père, quoiqu'on l'eût engagé à se rendre à Hesdin, et qu'il prétendît de nouveau qu'il n'y avoit pas de sûreté pour lui à la cour de Bourgogne, tant que les Croy y seroient. Depuis long-temps déjà le Roi ne gardoit plus de ménagement avec ce prince. Lorsque Louis étoit encore en Guyenne, Charles s'étoit plaint à lui de ce que Jean de Bourgogne, comte d'Etampes, avoit voulu *l'envouster* [2]; et le Roi n'en avoit pas moins reçu et favorisé Jean de Bourgogne. La commission qu'il avoit donnée à Charles pour le gouvernement de la Normandie étant expirée, il ne la renouvela point, et la pension de trente-six mille livres accordée au prince fut en même temps supprimée.

Plus le comte de Charolois manifestoit d'aversion contre les seigneurs de Croy, et plus le Roi affectoit de les combler de biens. Antoine de Croy, qui étoit grand-maître de son hôtel, obtint, après le rachat des villes de la Somme, le comté de Ponthieu, la baronnie d'Ardres, des terres considérables dans les environs de Saint-Omer; et le Roi déclara qu'il prenoit toute cette famille sous sa protection. Oubliant bientôt les

---

[1] « Si montoit ledict rachapt à quatre cent mille escus, et contendoit le Roy qu'iceux quatre cent mille escus viendroyent en la main du comte. Mais quand le roy de France veit son plus beau, il ne tint rien au comte de ce qu'il avoit dict, mais en fit son profit. » (Mém. d'Olivier de La Marche.)

[2] *L'envouster* : l'ensorceler. Suivant les préjugés du temps, on croyoit envouster son ennemi en faisant son image en cire, et en la perçant au cœur. Celui qui étoit ainsi envousté devoit tomber en langueur, et mourir. Ce préjugé a subsisté pendant plusieurs siècles.

promesses qu'il avoit faites au duc de Bourgogne, il changea tous les gouverneurs des places de la Somme. Launoy, neveu d'Antoine de Croy, eut le gouvernement d'Amiens, de Dourlens et de Mortagne, quoiqu'il commandât déjà pour le duc à Lille, à Douay et à Orchies. Tant de biens et d'honneurs prodigués à cette famille par le roi de France n'éveillèrent point les soupçons de Philippe (1). Antoine de Croy resta en faveur, malgré les plaintes et les menaces du comte de Charolois, qui l'accusoit d'avoir tenté de le faire empoisonner. Cette accusation retomboit indirectement sur le Roi (2), qui de son côté ne laissoit échapper aucune occasion d'humilier Charles. Ayant appris que le comte de Nevers avoit des négociations avec l'héritier de Bourgogne, il le fit sommer par l'évêque de Chartres de rompre sur-le-champ avec Charles, et de se rendre à la cour, s'il ne vouloit être exposé à toute la vengeance de Louis.

Cependant le Roi, en quittant Hesdin, avoit visité les villes de la Somme qui rentroient sous sa domination, et avoit pourvu à leur sûreté. Il étoit allé à Tournay, où il fut accueilli avec un enthousiasme remarquable. Trois mille bourgeois vinrent au devant

---

(1) Le Roi avoit fait publier à son de trompe, dans Paris, les lettres patentes par lesquelles il donnoit le comté de Ponthieu et d'autres terres au seigneur de Croy.

(2) Charles, dans son accusation contre Croy, disoit qu'il ne vouloit pas *désigner les plus dangereux ennemis qui poursuivoient sa mort, par l'horreur qu'on éprouveroit s'il les nommoit.* Il y avoit eu en effet une tentative d'empoisonnement contre le comte de Charolois; le coupable lui avoit parlé en secret avant d'être mis à mort; et quelles qu'eussent été ses révélations, le comte, qui les avoit reçues sans témoins, pouvoit s'en servir pour accuser le Roi.

de lui, ayant tous une fleur de lis brodée sur leur habit à l'endroit du cœur. Cette ville se glorifioit de n'avoir jamais eu d'autres souverains que les rois de France; elle offrit vingt mille écus à Louis pour le rachat des places de la Somme. De Tournay il se rendit à Lille, et eut une nouvelle entrevue avec le duc de Bourgogne; il vouloit s'assurer encore de ses dispositions, avant de rien entreprendre contre le duc de Bretagne.

Ayant des affaires importantes à diriger en même temps sur divers points, des intelligences à entretenir dans les cours étrangères, des ordres et des instructions à transmettre pour l'exécution de ses desseins; tourmenté aussi par son impatience naturelle, qui s'irritoit des moindres délais, Louis cherchoit depuis long-temps les moyens de s'assurer des communications promptes et faciles. Avant de quitter la Picardie, il résolut d'établir des relais sur les routes de France, comme il y en avoit eu autrefois dans l'Empire romain, et même chez les Perses [1]; mais les événemens qui survinrent, et qui se succédèrent avec rapidité, firent différer l'exécution de l'édit que Louis publia à ce sujet le 19 juin 1464.[2]

---

[1] Chez les Perses, la distance des relais étoit celle qu'un cheval pouvoit parcourir en un jour. Dans l'Empire romain il n'y avoit que des courriers, auxquels les villes et les particuliers étoient obligés de fournir des chevaux. L'établissement des postes en France, par Louis XI, est beaucoup mieux combiné. On trouvera l'édit du 19 juin 1464 parmi les Pièces justificatives, et il fournira une nouvelle preuve de la grande habileté de ce prince pour toutes les affaires d'administration.

[2] Suivant Duclos, les postes n'auroient été établies en France qu'en 1680. On voit, dans Philippe de Comines (liv. 5, chap. 10), qu'elles existoient déjà dès l'année 1476.

A son retour à Paris, le Roi trouva Louis, duc de Savoie, son beau-frère, qui venoit lui demander des secours contre Philippe de Bresse, le plus jeune de ses fils. Philippe avoit soulevé les peuples contre son père, et l'avoit forcé à chercher un asyle en France; il étoit soutenu par François Sforce, duc de Milan, et pouvoit devenir redoutable. Le Roi le priva de cet appui en cédant la ville de Savone et ses droits sur Gênes à Sforce, qui, profitant avec habileté des circonstances, obtint, moyennant deux cent mille écus d'or, la renonciation de la maison d'Orléans sur le Milanais. Le fils rebelle du duc de Savoie ayant perdu cet allié, ne pouvoit plus opposer de résistance; le Roi lui ordonna de venir le trouver, le fit arrêter, et son père rentra en possession de ses Etats.

La sentence arbitrale que Louis avoit prononcée à Bayonne avoit, ainsi qu'on l'a dit plus haut, également mécontenté le roi d'Arragon, celui de Castille, les Catalans et les Navarrois; et la guerre s'étoit bientôt rallumée avec plus de fureur. Les Catalans avoient choisi pour leur souverain don Pèdre, petit-fils de don Juan, roi de Portugal; et ce prince avoit recherché, sans pouvoir l'obtenir, l'alliance de Louis. En même temps le roi d'Arragon réclamoit, d'après les traités, les secours que le Roi devoit lui fournir pour soumettre la Catalogne. Louis ne voulant ni donner un prétexte à ce prince pour reprendre le Roussillon, ni le mettre en état d'y rentrer de vive force, lui envoya quelques troupes qui pouvoient l'aider à entretenir la guerre, et non la terminer.

N'étant plus distrait par d'autres soins, il porta

toute son attention sur les affaires de Bretagne. Déjà il avoit fait avancer par petits détachemens des troupes vers les frontières du duché; ses mesures avoient été si bien prises, que le duc étoit dans une sécurité entière, lorsque Pierre de Morvilliers, chancelier de France, arriva à sa cour, et lui signifia, au nom du Roi, défense de s'intituler duc *par la grâce de Dieu*, de faire frapper de la monnoie d'or, de faire aucune levée extraordinaire, d'exiger que ses vassaux, en lui rendant hommage, s'obligeassent à le servir envers et contre tous; de recevoir les sermens des prélats, attendu qu'ils relevoient *nuement* de la couronne de France. En cas de refus, Morvilliers avoit ordre de lui déclarer la guerre; et Louis s'étoit rendu à Tours, pour faire sur-le-champ commencer les hostilités. François II, qui voyoit le Roi occupé de ses négociations avec le duc de Bourgogne, et qui ne s'attendoit pas à être attaqué, n'avoit fait aucun préparatif de défense; ne croyant pas le danger prochain, il ne songeoit qu'à se ménager des appuis pour l'avenir. Il avoit resserré les liens qui l'unissoient déjà avec le comte de Charolois, et cherché à traiter avec le roi d'Angleterre. Menacé d'une invasion subite, il n'avoit aucun moyen d'arrêter la marche des troupes qui alloient envahir ses Etats; foible et indécis par caractère, il n'osoit prendre aucune résolution. Tanneguy Du Châtel (1) tira le duc de la position critique dans

---

(1) Neveu du fameux Tanneguy Du Châtel, qui s'étoit distingué par tant de preuves de dévouement sous le règne de Charles VII. Louis XI, en montant sur le trône, lui ayant donné de justes sujets de mécontentement, il avoit quitté le service du Roi pour celui du duc de Bretagne, dont il étoit né le sujet. Louis ayant connu à ses propres dé-

laquelle il se trouvoit. Convaincu que toute résistance étoit inutile, il conseilla au duc de tromper Louis par des apparences de soumission. François répondit au chancelier qu'il ne refusoit pas de souscrire aux demandes du Roi; mais que par leur nature elles exigeoient l'assentiment des Etats de Bretagne, et qu'on ne pouvoit refuser le temps nécessaire pour les consulter. Louis se laissa éblouir par ces fausses promesses : satisfait d'avoir fait fléchir le duc, il lui accorda trois mois de délai, licencia ses troupes, et partit pour la Picardie. Un historien remarque que si le duc de Bretagne avoit fait une faute majeure en se laissant surprendre sans défense, le Roi en fit une plus grande encore en ne profitant pas de ses avantages. En effet il perdit un temps précieux, que les conseillers de François II employèrent contre lui avec autant d'habileté que de succès.

En partant, le Roi laissa des commissaires présidés par le comte du Maine, pour prononcer en son nom un jugement définitif. Le duc, qui n'avoit plus une armée française sur ses frontières, refusa d'abord de reconnoître le tribunal; il déclara qu'il considéroit le comte du Maine comme arbitre médiateur, et non comme juge. Il différa d'envoyer des députés; et ceux qu'il fit partir, après bien des délais, avoient plutôt ordre de faire des protestations, que de présenter des moyens de défense. Il n'est pas inutile de rapporter ici les principaux griefs que le Roi prétendoit avoir contre le duc. Il se plaignoit de ce que François avoit refusé de

---

pens l'habileté de Du Châtel, aima mieux l'avoir pour ami que pour ennemi, l'attira plus tard à sa cour, et le combla de biens.

lui prêter quatre mille écus lorsqu'il n'étoit encore que Dauphin; de ce qu'il ne lui avoit fourni aucun secours pour la guerre de Catalogne; de ce qu'il avoit saisi le temporel de l'évêque de Nantes (1); de l'ordre qu'il avoit donné à ses vassaux de prendre les armes: il l'accusoit d'avoir écrit aux princes du sang que Louis avoit offert la Normandie et la Guyenne au roi d'Angleterre, s'il vouloit l'aider à détruire le duc de Bourgogne et les autres princes; d'avoir appelé le roi d'Angleterre son très-honoré seigneur, tandis qu'il nommoit seulement le Roi *le roi Louis;* d'avoir recherché l'alliance des Anglais, au préjudice de la France; d'avoir entretenu avec le comte de Charolois des intelligences contraires aux intérêts et à la tranquillité du royaume; enfin on ajoutoit que le procureur du duc avoit dit, étant à Rome, que son maître n'étoit point sujet du roi de France, et qu'il recevroit les Anglais dans ses Etats plutôt que d'y souffrir les Français. Malgré toutes les entraves que le duc essaya d'y apporter, les commissaires du Roi prononcèrent leur sentence, et François fit refuser l'entrée de Nantes à ceux qui étoient chargés de la lui notifier.

Pendant qu'on prononçoit le jugement, le duc de Bretagne, ou plutôt ses conseillers, mettoient tout en usage pour susciter des ennemis au Roi. Des émissaires, travestis en cordeliers, alloient porter aux princes et aux grands du royaume des lettres du duc de Bretagne, qui leur représentoit que leur perte étoit certaine, s'ils ne se réunissoient à lui; que le Roi

---

(1) « Attentat innoui dans toute la chrétienneté, disoit-on au nom « du Roi; les évêques allant devant les ducs, et ne pouvant être leurs « sujets. »

les détruiroit tous les uns après les autres, et qu'ils n'avoient d'autre moyen de salut que d'agir de concert pour résister à leur ennemi commun (1). Partout les émissaires furent accueillis, les grands remirent leurs scellés, et (chose étonnante dans un complot formé entre tant de personnes répandues sur toute la surface du royaume) il n'y eut ni traîtres ni indiscrets. On peut juger par là de la haine qui animoit les seigneurs contre le Roi. En même temps le duc de Bretagne négocioit avec le comte de Charolois, et lui faisoit connoître la ligue qui se préparoit en France. Le comte de Saint-Pol, qui avoit suivi l'héritier de Bourgogne dans sa retraite, et qui cherchoit à exciter des troubles dont il espéroit profiter ; Jacques de Luxembourg son frère, Tanneguy Du Châtel, Genlis et Romillé, vice-chancelier de Bretagne, conduisoient toutes ces intrigues. Louis s'apercevoit bien qu'il se formoit des trames contre lui, mais il ne pouvoit percer le mystère dont elles étoient enveloppées. Espérant tirer d'eux quelques lumières, il donna ordre au comte de Saint-Pol et à Genlis de venir lui rendre hommage pour celles de leurs terres qui relevoient de la couronne : Saint-Pol hésita quelque

---

(1) « Il reprochoit au Roi une bassesse de cœur qui lui faisoit haïr
« la noblesse pour se servir de je ne sais quelles gens, comme Fumée,
« médecin ; Pierre des Habiletez, marmiton de cuisine ; de Ballue,
« petit clerc autrefois ; tous gens de basse extraction, et propres à exé-
« cuter les ordres qu'il leur voudroit donner. Ces lettres portoient
« encore que Louis haïssoit mortellement tous les Français, d'autant
« que les traitant mal, il croyoit qu'ils étoient tous ses ennemis : de
« sorte qu'il s'allioit en Italie avec leurs adversaires, comme étoient
« Pie II et Sforce ; que même il avoit cédé à celui-cy le titre de la
« souveraineté de Gênes, et la possession de la ville de Savone, qui
« avoit tant coûté de sang aux Français. » (Mézeray.)

temps, et ne consentit à aller à la cour qu'après avoir obtenu un sauf-conduit. Le Roi employa inutilement avec lui tous les moyens de séduction pour le détacher des intérêts du comte de Charolois; il ne put rien obtenir (1).

Il avoit été informé par le roi d'Ecosse que le duc de Bretagne redoubloit d'efforts auprès du roi d'Angleterre pour obtenir des secours. Un papier saisi sur un émissaire du duc annonçoit le projet de rendre la Bretagne indépendante de la couronne de France. Le Roi savoit que Romillé alloit de Bretagne en Angleterre, et d'Angleterre en Hollande, auprès du comte de Charolois; et ces voyages lui causoient de sérieuses inquiétudes, quoiqu'il eût récemment conclu une trève avec Edouard IV, qui avoit affermi son usurpation (2). Au milieu des dangers dont le Roi se croyoit menacé, et dont il ne connoissoit pas toute l'étendue, ce qui l'occupoit le plus étoit d'entretenir la mésintelligence entre Philippe-le-Bon et son fils. Tant que leurs démêlés subsisteroient, on ne pouvoit rien entreprendre contre lui de ce côté; et il se sentoit assez

---

(1) Suivant d'autres chroniques, le comte de Saint-Pol fut ajourné au parlement, comme accusé d'avoir traité avec le comte de Charolois. Il laissa deux fois prendre défaut contre lui, et ne se décida à comparoître qu'après avoir fait sa paix avec le Roi, auquel il ne voulut cependant pas promettre d'abandonner les intérêts de l'héritier de Bourgogne.

(2) Cette trève, signée le 24 mai 1464, ne suspendoit les hostilités que jusqu'au mois d'octobre suivant. Louis, qui avoit déclaré Edouard usurpateur en 1462, le reconnoissoit roi légitime d'Angleterre. Henri VI n'étoit plus appelé que *soi-disant roi*. Louis s'engageoit à ne favoriser en aucune manière ni le prince détrôné, ni la reine Marguerite, ni leur fils. De son côté, Edouard promettoit de n'accorder aucun appui aux ennemis du Roi.

fort pour venir à bout de ses ennemis, s'ils n'étoient pas appuyés par le duc de Bourgogne. Il n'ignoroit pas qu'on cherchoit à amener une réconciliation qui étoit vivement désirée par Philippe. Déjà un rapprochement avoit eu lieu ; Charles étoit allé trouver son père, et peu s'en étoit fallu qu'il ne rentrât en grâce. De nouvelles tentatives pouvoient être faites avec plus de succès ; alors la perte des Croy étoit assurée, et le comte de Charolois, tout puissant à la cour de Bourgogne, maître de toutes les forces de son père, n'auroit plus rien eu qui l'empêchât de donner un libre cours à son ressentiment. Louis n'osoit donc qu'à peine s'éloigner des frontières de Bourgogne ; ses créatures l'instruisoient de tout ce qui se passoit à la cour du duc, et recevoient ses instructions. Ne voulant s'en rapporter qu'à lui-même pour connoître les véritables intentions de Philippe, il lui proposa une nouvelle entrevue à Hesdin. Le duc de Bourgogne y consentit, et se montra d'abord si favorablement disposé, que le Roi crut pouvoir obtenir la remise des villes de Doüay, de Lille et d'Orchies (1) aussi facilement qu'il avoit obtenu le rachat des villes de la Somme ; les deux cent mille écus que Louis offroit

---

(1) Ces trois places avoient été cédées à Philippe-le-Hardi, aïeul de Philippe-le-Bon, par le roi Charles v, avec clause de réversion à la couronne de France, si la branche masculine du duc de Bourgogne venoit à s'éteindre. Le Roi les réclamoit en vertu d'une convention secrète qu'il prétendoit avoir été signée à Peronne entre Charles v et Philippe-le-Hardi ; d'après cette convention, Philippe auroit dû remettre les trois villes aussitôt après la mort du comte de Flandre, son beau-père. Que cette convention secrète existât ou non, Louis ne croyoit pas ses droits bien fondés, puisqu'il offroit deux cent mille écus au duc de Bourgogne.

pour la cession de ces places ne séduisirent pas Philippe, qui rejeta cette demande et quelques autres que le Roi lui faisoit, en disant qu'*elles ne lui paroissoient pas raisonnables*. Il y eut dès-lors du refroidissement entre les deux princes, le duc ayant prié le Roi de rendre ses bonnes grâces au comte de Charolois, de ne plus exiger que les seigneurs flamands et bourguignons jurassent, en lui prêtant serment, de le servir *contre tous hommes qui peuvent vivre et mourir;* et ayant réclamé l'exécution de divers articles du traité d'Arras, le monarque partit sans lui donner aucune satisfaction (1).

Louis attendoit le résultat d'une entreprise hardie tentée par ses ordres, et dont le mauvais succès rompit toutes ses mesures. Le bâtard de Rubempré (2) s'étoit embarqué, avec une troupe déterminée, pour Gorcum, où résidoit le comte de Charolois, qui n'avoit qu'une cour peu nombreuse. L'arrivée d'hommes inconnus, leurs démarches mystérieuses, le soin avec lequel ils examinoient le château, éveillèrent les soupçons. Rubempré fut arrêté avec deux de ses gens, et ne répondit que d'une manière ambiguë lorsqu'on l'interrogea sur l'objet de son voyage. Il avoua seulement qu'il étoit envoyé par le Roi. Dès-lors le comte crut ou feignit de croire qu'on en vouloit à sa personne; il en fit répandre le bruit partout, et publia en même

---

(1) La Reine alla à Hesdin à peu près à cette époque. Si son voyage avoit, comme on peut le croire, un but politique, ce fut la seule fois que le Roi lui fit prendre part aux affaires.

(2) Fils naturel d'Antoine II, seigneur de Rubempré, en Picardie. C'étoit, suivant Monstrelet, *un mauvais garnement, et qui rien ne valoit, homicide, et mauvais garçon.*

temps que Louis ne se ménageoit des entrevues avec Philippe que pour s'emparer du père, aussitôt qu'il se seroit rendu maître du fils. Olivier de La Marche (¹) fut envoyé par Charles auprès du duc, à Hesdin, pour lui donner avis de ce complot vrai ou supposé, mais auquel une réunion de circonstances particulières, et le caractère trop connu de Louis, donnoient un certain degré de vraisemblance. Le Roi, quels que fussent ses projets, avoit fait avancer des gens de guerre sur les frontières de Picardie. Ces mouvemens de troupes en temps de paix disposèrent Philippe à ajouter plus facilement foi à ce que son fils lui mandoit de l'expédition de Rubempré; et les discours d'Olivier de La Marche firent une telle impression sur lui, qu'il craignit d'être surpris dans Hesdin (²). Il quitta subitement cette ville, le matin même du jour où le Roi lui avoit annoncé sa visite, et sans lui donner avis de ce départ précipité (³) [10 octobre 1464]. Un pareil éclat n'étoit pas propre à détruire les soupçons élevés contre lui; et le comte de Charolois mettoit tout en usage pour les confirmer.

(¹) Olivier de La Marche, auteur des Mémoires, qui font partie de cette série. (*Voy.* t. 9 et 10.)

(²) Olivier de La Marche prétendit, entre autres choses, que le Roi avoit appris par les astres que le duc devoit bientôt mourir à Hesdin; et qu'il s'étoit approché avec des troupes afin d'enlever la ville, et de s'emparer du trésor de Philippe. Ce trésor étoit de trois millions, si on en croit les chroniques.

(³) Ce fut Lannoy, neveu de Croy, qui donna au Roi le premier avis de l'arrestation de Rubempré, et de là prochaine arrivée du comte de Charolois à la cour de Bourgogne. « Je ne sçais ce qui en sera, dit-il dans une de ses lettres, mais Dieu sçait comme on parle chez lui (le comte de Charolois) de mon oncle et de moi; il faut avoir patience, ou tout gâter. »

Un prédicateur accusa publiquement en chaire, dans la ville de Bruges, le Roi d'avoir voulu enlever Philippe et son fils; des agens allèrent porter la nouvelle de cet attentat dans les cours étrangères; et Charles étoit venu se réunir à son père, comme s'ils eussent eu tous deux besoin de s'entr'aider pour éviter les embûches de leur ennemi.

Le Roi, prévoyant les suites fâcheuses de cette affaire, où toutes les apparences étoient contre lui, fit prier instamment Antoine de Croy de l'étouffer; il savoit d'ailleurs que le duc avoit engagé Charles à faire donner la question à Rubempré; et, innocent ou coupable, la violence des tourmens pouvoit arracher une accusation formelle contre lui. Mais les choses avoient changé de face à la cour de Bourgogne depuis l'arrivée du comte de Charolois, et Croy n'osoit plus embrasser ouvertement les intérêts du Roi. Ce seigneur refusa de recevoir les lettres que l'amiral de Montauban lui écrivit de la part de Louis, et il répondit à l'envoyé : « Mon ami, reporte tes lettres à « ton maistre, et lui dis que je ne m'en mesleray pas; « qui l'a brassé le boive : bien leur en convient. » Cette réponse permettroit de croire que le seigneur de Croy n'étoit pas éloigné de partager les soupçons de son maître.

Dans cette position délicate, le Roi pensa qu'une démarche éclatante imposeroit silence à ses accusateurs. Il envoya en ambassade à Lille, auprès du duc de Bourgogne, le comte d'Eu, prince du sang, l'archevêque de Narbonne, le seigneur de Rambouires, et Morvilliers, chancelier de France [1]. Ce dernier, chargé

---

[1] Quelques historiens disent que Louis, avant d'envoyer cette am-

de porter la parole, devoit essayer d'intimider le duc en lui parlant avec hauteur. Il dit que Rubempré étoit *légat* du Roi, qui lui avoit donné mission d'enlever *sur mer* Romillé à son retour d'Angleterre, où il étoit allé traiter, au nom du duc de Bretagne, avec Edouard, ennemi du royaume. Il se plaignit de l'affront que Philippe avoit fait à son maître en quittant Hesdin, et des soupçons injurieux répandus par ordre du comte de Charolois. Il requit le duc de mettre Rubempré en liberté, et de livrer au Roi, pour en faire justice, Olivier de La Marche, et le moine qui avoit prêché à Bruges. Mais le duc de Bourgogne étoit trop puissant pour se laisser intimider comme le duc de Bretagne : il rejeta l'une et l'autre demande, et affecta dans sa réponse autant de modération que Morvilliers avoit mis de hauteur dans son discours. Le comte de Charolois persista hautement dans son accusation; il fit observer que Rubempré avoit d'abord débarqué en Zélande, où il avoit laissé son bâtiment; qu'il s'étoit ensuite rendu à Gorcum : *ce qui n'étoit point le chemin pour prendre sur mer Romillé venant d'Angleterre,* ainsi que le prétendoit Louis; et que si Rubempré eût été effectivement *légat du Roi*, il se seroit, en arrivant, présenté devant lui. Les ambassadeurs partirent sans pouvoir obtenir de réponse

---

bassade, alla à Rouen, qu'il y réunit les députés des villes, et qu'il fit devant eux son apologie. Le Roi se trouvoit à Abbeville le 10 octobre, lorsque le duc de Bourgogne quitta Hesdin; il n'auroit pu songer à convoquer les députés des villes qu'après avoir essayé vainement d'assoupir l'affaire, en écrivant à Antoine de Croy; et l'ambassade dont il est ici question étoit arrivée à Lille dès le 5 novembre. Pendant ce court espace de temps, les villes n'auroient pu à peine recevoir l'ordre d'envoyer leurs députés. L'assemblée n'eut lieu qu'après l'ambassade.

plus satisfaisante; et, à la fin de leur dernière audience, le comte de Charolois dit à l'évêque de Narbonne : « Recommandez-moi très-humblement à la bonne « grâce du Roi, et lui dites qu'il m'a bien fait laver « la tête par son chancelier; mais qu'il s'en repentira « avant qu'il soit un an (1). » Les historiens ont formé beaucoup de conjectures, mais n'ont pu former que des conjectures, sur le véritable but de la mission de Rubempré. Ni lui ni ses compagnons ne firent aucun aveu; on ne leur donna point la question, ainsi que l'avoit d'abord voulu le duc de Bourgogne; ils ne furent pas jugés, et on les relâcha après les avoir retenus en prison pendant cinq ans (2).

Soit que les premiers soupçons du duc de Bourgogne fussent dissipés; soit qu'il craignît, à l'âge de plus de soixante-huit ans, de s'engager dans une guerre dont les chances étoient incertaines, cette affaire n'amena pas de rupture pour le moment. Il y eut même de nouvelles négociations entamées. Philippe proposoit de confirmer les anciennes alliances, pour sa vie et pour celle de son fils; le Roi ne vouloit s'engager que jusqu'à la mort de Philippe.

Les événemens qui venoient de se passer ne laissoient plus au Roi l'espoir de conserver son influence sur la cour de Bourgogne; mais il croyoit avoir la certitude que le duc ne se mettroit pas en état d'hos-

---

(1) Cette menace ne donna aucune inquiétude au Roi : « Il crut, dit « un historien, n'avoir rien à redouter d'un prince qui se laissoit emporter à de vaines bravades, et dont tout le ressentiment s'exhaleroit en paroles. » L'événement prouva qu'il connoissoit mal le caractère du comte de Charolois.

(2) *Voyez*, relativement à l'affaire de Rubempré, la Notice sur Olivier de La Marche, tome 9 de cette série.

tilité avec la France. Il reprit ses projets contre la Bretagne avec d'autant plus d'ardeur, qu'il ne pouvoit se dissimuler qu'il avoit été dupe des artifices de François II. Voulant donner l'apparence de la justice à sa vengeance, il convoqua les grands du royaume à Tours, afin de les consulter sur la conduite qu'il devoit tenir avec le duc. Dans cette assemblée, qui fut tenue au mois de décembre 1464, on remarquoit René, roi de Sicile; les ducs de Berri, d'Orléans, de Bourbon et de Nemours; les comtes d'Angoulême, d'Eu, du Maine, de Nevers, de Saint-Pol, de Penthièvre, et une foule de seigneurs. Le chancelier et le procureur général relevèrent tous les sujets de plainte que le duc avoit donnés au Roi, qui prit lui-même la parole. Il retraça les persécutions qu'il avoit éprouvées sous le règne de son père, prétendit avoir trouvé le royaume dans l'état le plus déplorable, et lui avoir rendu son ancien éclat; reconnut qu'il devoit de si heureux succès aux princes, à sa noblesse, et aux secours du peuple; puis s'étendit sur ses griefs contre le duc de Bretagne, et invita les seigneurs à lui dire librement leur avis. Le roi de Sicile, parlant le premier, remercia le Roi de ce qu'il avoit fait pour le bien de l'Etat, et déclara au nom de l'assemblée que tous les seigneurs offroient leurs biens et leur vie pour faire rentrer François II dans le devoir.

Trompé par le discours du Roi, le duc d'Orléans essaya de justifier le duc de Bretagne. Louis, qui vouloit des approbations et non des remontrances, accabla le prince des plus durs reproches, et l'accusa de prendre contre son souverain le parti d'un révolté. Le duc d'Orléans, trop affecté de cet outrage, qui n'étoit point mérité, tomba malade, et mourut le 4 janvier suivant (1). Pendant que Louis se laissoit abuser par de vaines protestations de dévouement, le duc de Bretagne signoit un traité avec le comte de Charolois et le duc de Calabre, qui lui garantissoient l'intégrité de ses Etats.

Parmi les princes et les seigneurs qui s'étoient rendus à Tours, il y en avoit plusieurs qui s'étoient déjà engagés dans la ligue contre le Roi. Louis, en les réunissant, leur avoit offert lui-même les moyens de concerter leurs mesures; et en outrageant le duc d'Orléans, prince aussi respectable par son âge que recommandable par ses services, il les avoit confirmés dans la résolution de tenter tout pour se soustraire à la tyrannie d'un monarque qui ne reconnoissoit d'autre règle que sa volonté.

Déjà le duc de Bourbon, neveu de Philippe (2), et qui avoit beaucoup d'ascendant sur son esprit, étoit allé à la cour de Bourgogne pour seconder les efforts du comte de Charolois. Il avoit dévoilé au duc la politique du Roi, lui avoit représenté que ce monarque injuste et ambitieux ne cherchoit qu'à diviser les princes, afin de les attaquer avec avantage les

---

(1) Le 19 mai 1464, le duc d'Orléans avoit signé l'accord du mariage de Louis son fils (depuis Louis XII), âgé de deux ans, avec Jeanne de France, que la Reine avoit mise au monde quelques mois auparavant.

(2) Jean, duc de Bourbon; il avoit épousé Jeanne de France, sœur du Roi. Il avoit espéré, à la faveur de ce mariage, obtenir la charge de connétable, qui étoit vacante depuis la mort du célèbre Artus de Bretagne, comte de Richemont. Le Roi la lui ayant refusée, il se jeta avec fureur dans la ligue des princes, et fut un des principaux instigateurs de la guerre du Bien public.

uns après les autres, et d'accroître sa puissance en les écrasant; il avoit montré Louis commençant l'exécution de ce vaste projet par une attaque contre le duc de Bretagne, qui ne lui avoit donné aucun sujet de plainte : enfin il avoit fait sentir au duc que le seul moyen de se soustraire au danger qui le menaçoit, lorsque les autres princes moins puissans seroient abaissés, étoit de se réunir à eux dès ce moment, pour arrêter les entreprises du Roi. Philippe hésitoit encore; il avoit résisté aux vives sollicitations de son fils, et ne pouvoit se résoudre à la guerre. Tout ce que l'on put obtenir de lui fut une permission de lever des troupes pour se mettre en état de défense. A peine cette permission fut-elle accordée, que le comte de Charolois fit convoquer tous les vassaux de son père; et comme il devoit commander l'armée, il se crut dès-lors assez fort pour chasser les seigneurs de Croy, qui auroient pu contrarier ses desseins. De sa propre autorité il les déclara ennemis de l'Etat, et leur ordonna, sous peine de mort, de quitter sur-le-champ la cour et le service de Bourgogne. La terreur que Charles inspiroit étoit déjà telle que les proscrits obéirent, sans même oser prendre congé de leur maître. Il seroit difficile de peindre la fureur du duc, lorsqu'il apprit cet acte de violence; mais enfin il se laissa fléchir, et Charles devint tout puissant à la cour de son père. Les Croy se retirèrent en France, où le Roi les combla de biens.

Louis n'avoit pas été plus heureux du côté de l'Angleterre : au moment où il croyoit resserrer son alliance avec Edouard, en lui faisant épouser sa belle-sœur Bonne de Savoie, et lorsque toutes les négociations étoient à peu près terminées à cet égard, le prince anglais étoit devenu amoureux d'Elisabeth, veuve de Jean Grey, tué en combattant pour la maison de Lancastre. N'ayant pu la séduire, il la fit monter avec lui sur le trône; elle étoit fille de Jacqueline de Luxembourg, et par conséquent parente du comte de Saint-Pol. Charles, autant pour plaire à Edouard que pour humilier le Roi, fit partir Jacques de Luxembourg avec trois cents gentilshommes, qui assistèrent aux cérémonies du mariage. Quelque sensible que Louis fût à cet affront, il n'en cherchoit pas moins à traiter d'une prolongation de trève avec Edouard. Ce fut à ce sujet que Pierre de Brezé (1) lui adressa ces paroles remarquables : « Sire, lui dit-il, voulez« vous estre bien aimé des François, vos sujets ou « vassaulx? ne querez nulle amitié aux Anglois, car « d'autant que vous y querez amour, vous serez hay « des François; faites-vous amy des princes de votre « royaume, vos parents et sujets, et tout le monde « ne vous pourra nuire, ne Anglois ne autres. Là « gist votre salut, et là gist l'amour et l'amitié que « vous devez querir. » Le Roi, qui étoit sourd à tous les conseils, ne chercha point à ramener les princes, continua les négociations, et la trève fut prolongée.

Les armemens qui se faisoient dans les Etats du duc de Bourgogne, et les dispositions inquiétantes de cette cour, où Louis n'avoit pu conserver que peu d'intelligences depuis la disgrâce des seigneurs de

(1) Brezé, qui avoit été dépouillé de sa charge de sénéchal de Normandie au commencement du règne de Louis XI, étoit rentré en faveur.

Croy, ne lui permettoient plus de s'engager inconsidérément dans une guerre sérieuse avec le duc de Bretagne; il consentit donc, après l'assemblée de Tours, à accorder un nouveau délai à François II, qui de son côté avoit encore besoin de quelques mois pour que la ligue fût en état d'agir.

C'est un spectacle curieux de voir un prince aussi habile, aussi pénétrant, aussi soupçonneux que Louis, trompé par tous ceux qu'il croit tromper lui-même; entouré de seigneurs qui pendant une année entière conspirent sous ses yeux, et forment des ligues presque sur tous les points du royaume, sans qu'il en découvre le plus léger indice. Il est vrai que le mécontentement étoit à son comble, et qu'une haine implacable avoit cimenté les liens qui unissoient les seigneurs dans leurs projets de vengeance. Le Roi, depuis son avénement au trône, n'avoit point encore montré ces talens supérieurs qu'il déploya plus tard; on n'avoit remarqué en lui qu'un esprit absolu, haineux, vindicatif et tracassier. N'ayant pas éprouvé, lors de son entrée en France après la mort de son père, les obstacles qu'il avoit d'abord redoutés; ayant vu fléchir devant lui les grands et le peuple, il avoit cru ne devoir plus trouver partout qu'une obéissance aveugle et passive, et il avoit gouverné au gré de ses passions et de ses caprices. Ses premiers actes avoient été dirigés contre l'administration de son père, et contre ceux qui y avoient pris part : comme il ignoroit la situation des affaires, et qu'il ne vouloit point de conseils, il étoit souvent obligé de revenir sur ce qu'il avoit fait. C'est ainsi qu'il supprima et rétablit bientôt après la cour des aides, dont il n'avoit pas d'abord connu l'utilité. Joué par le Pape et par Jeoffredi lors de l'abolition de la pragmatique, il ne tarda pas à s'apercevoir que la cour de Rome tiroit tout l'argent du royaume. Pour remédier au mal, il lui avoit fallu défendre ce qu'il avoit précédemment ordonné, et autoriser les cours souveraines à maintenir en vigueur des dispositions qu'il avoit lui-même abrogées. De pareilles vacillations décréditoient son gouvernement.

En changeant tous les officiers civils et militaires, il n'avoit eu égard ni aux services ni aux talens; Dunois lui-même avoit été éloigné. Son acharnement contre tous les hommes qui avoient contribué à la gloire du règne précédent avoit non-seulement privé l'autorité royale de ses plus fermes appuis, mais disposé à la révolte une foule de seigneurs qui lui auroient été aussi fidèles et aussi dévoués qu'à son père, s'il ne les eût exaspérés. Dès long-temps il avoit résolu, quand il seroit roi, d'abaisser les grands dont la puissance pouvoit balancer la sienne, et auxquels il ne pardonnoit pas d'ailleurs de s'être déclarés contre lui lors de ses démêlés avec Charles VII. Mais les ayant humiliés avant de les abattre, il les avoit avertis lui-même de la nécessité de se réunir pour défendre leurs droits.

Le Roi, qui grossissoit ainsi chaque jour le nombre de ses ennemis, n'avoit pas même eu l'art de s'attacher ceux des grands auxquels il accordoit des grâces ou des faveurs. Le duc de Calabre, pour lequel il avoit demandé à la cour de Rome l'investiture du royaume de Naples, comme prix de l'abolition de la pragmatique, s'étoit lié avec le duc de Bourgogne et le comte de Charolois, prétendant que Louis auroit dû lui fournir une armée. Le duc de Berri, peu satisfait de son apanage et de sa pension, n'étoit point sourd aux propositions des mécontens. Le duc d'Alençon et le comte Jean d'Armagnac, qui avoient obtenu des lettres de rémission et la restitution de leurs biens, étoient des premiers entrés dans la ligue; Jacques d'Armagnac, que le Roi avoit créé duc de Nemours, et élevé au rang de pair du royaume malgré les remontrances du parlement, avoit suivi leur exemple. Le duc de Bourbon, Dunois et plusieurs autres, qui avoient reçu des pensions et des gratifications considérables, n'en étoient pas moins ennemis du Roi. Le légat d'Avignon prenoit une part active à toutes les intrigues; et le Pape refusa son rappel, aux instances de Louis.

Le peuple n'étoit pas moins fatigué que les grands du despotisme de Louis; et, par ses murmures, il avoit forcé ce prince si absolu à renoncer à quelques-unes de ses tentatives. En 1464, le Roi avoit mandé à un marchand de Rouen de donner sa fille en mariage à un de ses varlets. Cet ordre fit grand bruit; les marchands de la ville s'assemblèrent, déclarèrent que *la Normandie étoit pays libre; que ce que le Roi vouloit étoit une servitude.* Il fut convenu que l'on répondroit au Roi que la jeune fille n'avoit pas *vouloir* de se marier. Louis n'osa pas insister, mais il n'en avoit pas moins indisposé les esprits. Les anciens impôts étoient d'ailleurs augmentés; des taxes extraordinaires avoient été établies pour le rachat des villes de la Somme; les Etats des provinces n'avoient point été consultés sur les subsides; on n'avoit point eu égard à leurs privilèges; des commissaires délégués par le Roi étoient chargés de faire lever les subsides dont lui seul avoit déterminé le montant. Le peuple, effrayé par les exécutions sanglantes qui avoient eu lieu à Reims et dans quelques autres villes, n'osoit faire éclater ses murmures; mais il étoit disposé à voir des libérateurs dans ceux qui se déclareroient contre le pouvoir absolu dont il étoit la victime [1].

On ne pouvoit cependant pas reprocher encore à Louis XI les actes de cruauté qui souillèrent son règne. Il s'étoit borné à exiler ou à faire arrêter ses ennemis; il n'avoit pas voulu que Dammartin même, celui de tous contre lequel son ressentiment étoit le plus vif, fût condamné à mort. Il avoit fait quelques réglemens utiles pour le commerce [2], et pour la discipline des gens de guerre. Il avoit cherché à se populariser, en admettant des seigneurs et même des bourgeois à sa table [3]; mais, malgré ses efforts, son caractère aliénoit les esprits. « Il n'aimoit personne, dit un historien, et « tout le monde le haïssoit. S'il parvenoit à se faire « redouter, ce n'étoit que pour éprouver à son tour

---

[1] On a remarqué que le peuple ne prit aucune part active à la guerre du bien public; mais les villes n'offrirent pas de secours au Roi, n'opposèrent point de résistance aux princes ligués. Paris même auroit ouvert ses portes, s'il n'eût été contenu par une forte garnison, et par la présence de Louis.

[2] Afin de favoriser le commerce, il avoit établi une quatrième foire à Lyon, et permis de sortir l'argent du royaume, *pourvu toutesfois que ledit argent ne fût point porté à Rome directement ni indirectement.*

[3] La dépense de sa table, qui, la première année de son règne, montoit seulement à douze mille livres, fut bientôt portée à vingt-six mille. « Le Roi ordonna, dit une ancienne chronique, que aucuns « souperoient avec lui, et non diné; après on y dina et soupa, et par « ce moyen monta la despense de beaucoup. »

« toute la crainte qu'il inspiroit aux autres. » De toutes parts l'orage se formoit contre lui : aux princes et aux grands qu'il avoit offensés et humiliés, se joignoient tous les officiers privés de leurs charges, et les esprits aventureux, toujours avides de troubles et de changemens. La conspiration faisoit des progrès rapides parmi les trois ordres, qui avoient tous également à se plaindre du Roi (1). Des assemblées nombreuses se tenoient presque publiquement, sans qu'il en fût informé (2). Une aiguillette de soie verte à la ceinture servoit de signe de ralliement. Tout étoit disposé; il ne manquoit plus qu'un chef à cette ligue formidable : on le trouva dans le duc de Berri, propre frère du Roi.

Le duc de Bretagne avoit laissé écouler les derniers délais que Louis lui avoit accordés, sans remplir aucun de ses engagemens; et le Roi, qui comptoit plus sur le succès des intrigues qu'il pratiquoit à la cour de ce prince que sur la force de ses armes, avoit consenti à recevoir de nouveaux députés dans la ville de Poitiers. Pendant qu'il croyoit les gagner par ses présens, et qu'il traitoit même avec eux d'une pension pour la maîtresse de François II, qui devoit l'ins-

---

(1) « Il vit, dit Mézeray, ses peuples et la noblesse mal intentionnés pour lui, et principalement le clergé, chacun de ces trois Etats ayant ses raisons particulières : le peuple, à cause des impôts dont il étoit accablé; la noblesse, à l'occasion du mépris qu'il en faisoit, et la liberté de la chasse qu'il lui vouloit ôter; et le clergé, à cause de l'abolition de la pragmatique. »

(2) Si l'on en croit les chroniques du temps, il y eut une assemblée de cinq cents personnes dans la cathédrale de Paris. Les mêmes chroniques rapportent que beaucoup de dames et de demoiselles étoient entrées dans le complot.

truire des déterminations les plus secrètes du duc, les ambassadeurs obtenoient du duc de Berri la promesse de se retirer en Bretagne, et de se mettre à la tête de la ligue (1).

Après les avoir congédiés, le Roi se mit en route pour les frontières de la Bretagne, sous prétexte de remplir un pélerinage; il vouloit être prêt à agir suivant les nouvelles qu'il recevroit. A peine est-il parti, que le duc de Berri, qui devoit le suivre, mais qui étoit resté à Poitiers en supposant une partie de chasse, prit la fuite, et alla rejoindre à quelques lieues de la ville les ambassadeurs de François. Sa fuite fut le signal d'un soulèvement général. Louis ouvrit enfin les yeux sur sa position; il voyoit ce qu'il avoit à craindre des ducs de Bourgogne et de Bretagne, et des plus puissans seigneurs du royaume, ayant à leur tête le premier prince du sang; héritier présomptif de la couronne (2). Chaque jour lui annonçoit de nouvelles défections parmi les princes et les grands, sur la fidélité desquels il croyoit devoir le plus compter. Il n'osoit se fier à personne, dans la crainte de trouver de nouveaux traîtres parmi ceux qui l'entouroient.

Il paroissoit difficile de croire qu'un prince qui s'étoit mis par sa faute dans une position aussi critique eût les talens nécessaires pour s'en tirer; mais c'étoit en de telles extrémités que Louis déployoit la

---

(1) On avoit séduit le duc de Berri en lui faisant espérer qu'il épouseroit la princesse Marie, fille unique du comte de Charolois, et héritière de tous les Etats du duc de Bourgogne.

(2) Le Roi n'ayant point alors d'enfant mâle, Charles, duc de Berri, son frère, étoit l'héritier de la couronne.

supériorité de son génie. Le danger, loin de l'abattre, l'élevoit en quelque sorte au-dessus de lui-même; et, après avoir jugé sévèrement sa conduite imprudente, il est impossible de ne pas reconnoître l'habileté avec laquelle il rétablissoit ses affaires lorsque tout sembloit désespéré.

Charles, duc de Berri, s'étoit d'abord retiré à Bourges, ville capitale de son apanage. Ce prince, âgé de dix-neuf ans, n'avoit aucune des qualités nécessaires pour être chef de parti. On avoit fait naître en lui des projets ambitieux, mais il manquoit de talent et de caractère pour les exécuter. Il avoit été séduit par des conseillers perfides, et peut-être entraîné par des exemples récents [1]; mais son rang donnoit un grand poids à la ligue, et servoit pour ainsi dire d'égide à ceux qui agissoient en son nom. A peine arrivé à Bourges, on lui fit écrire au duc de Bourgogne (le 16 mars 1464.) [2] que le mauvais gouvernement du Roi, soit à l'intérieur, soit avec les anciens alliés du royaume, l'avoit décidé à se réunir aux princes et aux grands pour réformer l'Etat. On réclamoit l'intervention de Philippe dans cette grande entreprise. Le lendemain, on publia un manifeste dans lequel le duc de Berri censuroit plus amèrement encore la conduite de son frère, et convoquoit le ban et l'arrière-ban dans son apanage.

Le Roi n'avoit pas attendu les démonstrations hostiles pour essayer de conjurer l'orage. Aussitôt qu'il

---

[1] Dans un espace de temps fort rapproché, plusieurs princes s'étoient révoltés contre leur père : Louis XI, contre Charles VII; le comte de Charolois, contre le duc de Bourgogne; et Philippe, contre le duc de Savoie.

[2] Pâques, premier jour de l'an 1465, étoit le 14 avril.

avoit été informé de la fuite du duc de Berri et de la révolte de quelques seigneurs, il avoit, de son côté, fait répandre une déclaration (1) rédigée avec beaucoup d'adresse. Il peignoit la tranquillité qui régnoit dans le royaume, *où marchandise couroit sûrement partout*, et montroit les désordres qu'alloient y causer les gens de guerre. Après avoir ainsi cherché à priver les nobles de l'appui du peuple, il les engageoit à rentrer dans le devoir, en promettant abolition entière à ceux qui se soumettroient. Pour ce qui concernoit le duc de Berri, il rappeloit l'apanage et la pension de douze mille livres qu'il lui avoit volontairement accordés, et se plaignoit de ce qu'on avoit abusé de la jeunesse et de l'inexpérience de ce prince, qui n'avoit aucun sujet de mécontentement pour se liguer avec les ennemis de l'Etat.

Cette déclaration ne produisit presque aucun effet; il y avoit trop d'exaspération dans les esprits. Louis, espérant gagner du temps par les négociations, et semer des germes de discorde parmi des princes qui avoient tous des intérêts différens, avoit envoyé René, roi de Sicile, auprès du duc de Berri (2). Ses ennemis attribuèrent cette démarche à la crainte, et se crurent assez forts pour lui dicter des lois. René revint avec des propositions qui ne tendoient à rien moins qu'à dépouiller le Roi de toute son autorité. On exigeoit

---

(1) Cette déclaration est du 16 mars.

(2) D'autres ambassadeurs étoient partis en même temps pour les cours d'Angleterre, de Rome, de Bourgogne, de Savoie, etc.; et le Roi leur avoit donné à tous des instructions conformes au caractère ou aux intérêts des princes auprès desquels il les envoyoit. Il avoit aussi des agens chez les Liégeois, afin de les exciter à la révolte.

qu'il convoquât les grands et les notables du royaume, pour régler la forme du gouvernement. Louis ayant répondu d'une manière évasive (1), le conseil du duc de Berri publia un nouveau manifeste, par lequel il déclara que les princes poursuivroient leur entreprise; et il invita les habitans d'Amiens à ouvrir leurs portes au comte de Charolois, qui étoit chargé d'abolir les tailles et autres impôts dans la province.

Pendant ces négociations, le Roi avoit ordonné au duc de Bourbon et au comte d'Armagnac de venir le joindre avec leurs troupes; son intention étoit d'entrer en Bretagne avec toutes ses forces, et de contraindre François II à abandonner la ligue avant que le comte de Charolois pût commencer les hostilités. Le duc de Bourbon, au lieu d'obéir, fit dire au Roi qu'il s'étoit réuni au prince; qu'il ne prenoit cependant les armes ni contre sa couronne ni contre sa personne, mais pour remettre les choses en bon ordre. On apprit bientôt qu'il avoit levé l'étendard de la révolte, et qu'il s'étoit emparé de toutes les finances du Bourbonnais. La réponse du comte d'Armagnac n'annonçoit pas des dispositions hostiles, mais elle prouvoit qu'on ne pouvoit compter sur lui, et qu'il n'attendoit que le moment favorable pour éclater.

Menacé ainsi de toutes parts, n'ayant plus l'espoir d'arrêter ses ennemis par des négociations, Louis prend la résolution hardie de les attaquer. Il charge

---

(1) Cette réponse fut rédigée dans le conseil du Roi : on y discute les griefs et les prétentions des princes. Comme elle jette beaucoup de lumière sur les prétextes dont on se servit pour allumer la guerre du bien public, nous la donnerons avec les Pièces justificatives.

les comtes d'Eu et de Nevers de veiller à la sûreté de la Picardie; il laisse le comte du Maine sur les frontières de la Bretagne, et se dirige avec quatorze mille hommes contre le duc de Bourbon. Ce prince étoit moins redoutable par ses forces que le duc de Bretagne et le comte de Charolois (1); mais il ralliait tous les mécontens du royaume. Dammartin, qui avoit trouvé moyen de se sauver de la Bastille, s'étoit réfugié près de lui. Son armée se grossissoit chaque jour, et commençoit à faire des progrès inquiétans. Le Roi surprend le duc par une marche savante et rapide, culbute ses troupes, enlève de vive force quelques-unes des places dont il s'étoit emparé, oblige les autres à capituler, et le réduit à implorer sa clémence. Pendant qu'on négocie, le comte d'Armagnac et le duc de Nemours amènent des renforts considérables au duc de Bourbon, qui se croit en état de recommencer la lutte. Louis, aussi actif qu'intrépide, vient leur présenter la bataille, qu'ils n'osent accepter; ils s'estiment heureux d'obtenir une trève par l'intermédiaire de Jeanne de France, épouse du duc de Bourbon (2), et s'engagent à ramener les rebelles, ou à se déclarer contre eux. Cette promesse ne fut point tenue; mais le Roi, dit Mézeray, tint bien la promesse qu'il se fit en lui-même de se venger en temps et lieu. Il ne s'étoit décidé à accorder la trève que parce qu'il avoit appris que le comte de Charolois et

---

(1) Il attaqua d'abord, dit Bossuet dans son Abrégé de l'Histoire de France, le duc de Bourbon, qui étoit tout ensemble le plus malicieux et le plus foible.

(2) Jeanne de France, sœur de Louis XI, avoit épousé le duc de Bourbon.

le duc de Bretagne, qui s'étoient donné rendez-vous sous les murs de Paris au commencement de juillet, pénétroient en même temps en France avec de puissantes armées, dont les comtes d'Eu et de Nevers pouvoient à peine ralentir la marche.

Le duc de Bourgogne, en ordonnant des levées de gens de guerre, avoit voulu mettre ses Etats à l'abri des entreprises de Louis, et non commencer les hostilités contre le royaume. Quand l'armée fut réunie, et quand le duc de Berri eut quitté la cour, le comte de Charolois découvrit enfin à son père le secret de la ligue des princes et des grands, leurs projets et leurs immenses ressources. Il lui représenta que toutes les mesures étoient concertées, le succès assuré, et que jamais les ducs de Bourgogne ne retrouveroient une occasion aussi favorable pour s'élever aux dépens de la France. Les lettres et les manifestes du duc de Berri, les nouveaux traités signés entre le duc de Bretagne et le comte de Charolois, les déclarations des princes et des seigneurs français, achevèrent de déterminer Philippe-le-Bon. Il chargea son fils de commander ses armées. Charles avoit choisi pour devise : *Je l'ay entrepris* (1); et lorsqu'il alla prendre congé de son père, Philippe lui dit : « Allez, mon fils, à la bonne
« heure, puisque vous l'avez entrepris : poussez tou-
« jours, et ne regardez jamais derrière ; n'appréhendez
« pas le danger. Quand il ne tiendra qu'à cent mille
« hommes pour vous délivrer, vous n'y demeurerez
« pas. » Le comte de Charolois étoit entré en Picardie avec quatorze cents hommes d'armes, et dix mille

---

(1) *Je l'ay entrepris*: Peut-être étoit-ce de se faire roi de France, dit Mézeray.

archers; une foule de mécontens alloient se ranger sous ses drapeaux. Il promettoit, au nom du duc de Berri, l'abolition des tailles et la réforme de tous les désordres de l'Etat. Le peuple, espérant un soulagement à ses maux, crut aisément que la guerre n'étoit entreprise que pour le bien public, et il étoit plus disposé à considérer les princes comme des libérateurs que comme des ennemis. Rien n'arrêtoit donc les progrès du comte de Charolois; et les troupes royales, trop foibles pour le combattre, étoient réduites à le harceler.

On n'avoit laissé le duc de Berri à Bourges que pendant peu de jours; presque aussitôt après lui avoir fait signer les manifestes et les lettres au duc de Bourgogne, on l'avoit conduit à la cour de Bretagne, où l'on étoit plus sûr de lui. Ce prince, étonné lui-même de la démarche hardie qu'il venoit de faire, et qu'il ne se sentoit pas en état de soutenir, avoit montré de l'hésitation dès les premiers instans. Il n'avoit pas été insensible aux remontrances modérées et aux promesses séduisantes que René de Sicile lui avoit faites de la part du Roi. Quelques chroniques disent même que *s'il n'eust esté bien veillé et gardé, il estoit pour quicter ses amis aussi promptement qu'il s'estoit séparé de son frere.* Par suite de cette même foiblesse de caractère, aussitôt qu'il fut arrivé en Bretagne, on lui fit signer une sommation à tous les Français de prendre les armes contre Louis; et il suivit le duc lorsque les troupes bretonnes se mirent en mouvement pour aller rejoindre devant Paris celles du comte de Charolois. Mais on rencontra un obstacle auquel on ne s'étoit pas attendu. Jean de Bourbon, comte de

Vendôme, refusa le passage sur les terres de son obéissance. Toutes les sollicitations furent inutiles; on lui représenta en vain les torts du Roi à son égard : ce prince généreux répondit qu'il aimoit mieux oublier les mauvais traitemens qu'il avoit essuyés, que de les mériter. Sa résistance ne pouvoit arrêter long-temps la marche des Bretons; mais elle dérangea tout le plan des confédérés, et fit naître entre eux des méfiances dont le Roi sut bientôt tirer parti.

Par ce court exposé, on voit combien il avoit été important pour Louis d'empêcher momentanément le duc de Bourbon et les autres princes de prendre part à la guerre. Il gagnoit le temps nécessaire pour s'opposer à la jonction des troupes du comte de Charolois et du duc de Bretagne. D'ailleurs ce premier succès maintint dans le devoir un grand nombre de seigneurs qui attendoient les événemens.

Mais Paris étoit le principal objet des inquiétudes de Louis; il regretta surtout d'avoir été obligé de s'en éloigner, lorsqu'il apprit que le comte de Charolois s'y portoit à marches forcées. L'année précédente, il avoit refusé de rendre aux Parisiens divers priviléges dont ils avoient été dépouillés, et il redoutoit les suites de ce refus. Il se souvenoit de l'enthousiasme que les habitans avoient fait éclater à l'arrivée de Philippe-le-Bon. « Il savoit, dit P. Matthieu, que son
« frere y avoit des amis, les Bourguignons des pen-
« sionnaires, les Bretons des intelligences; que c'estoit
« un corps si rempli de mauvaises humeurs, que peu
« de chose le pouvoit altérer. » Ses terreurs étoient d'autant plus grandes, qu'il ne se dissimuloit pas que les affaires étoient perdues sans ressource s'il ne con-

servoit la capitale. *S'il plaît à Dieu que j'y puisse entrer le premier devant mes ennemis*, disoit-il, *je me sauverai, et avec ma couronne sur ma tête; mais si mes ennemis y entrent les premiers, je suis en danger.* Il n'avoit donc rien négligé pour gagner et pour contenir les Parisiens. Par ses ordres, la ville fut pourvue abondamment de vivres; le maréchal de Gamaches y entra avec un corps de troupes considérable; toutes les portes furent soigneusement murées, à l'exception de deux; les fortifications réparées, et les chaînes disposées dans les rues pour être tendues au premier signal. En même temps Charles de Melun, gouverneur, sembloit ne s'en rapporter qu'au zèle des bourgeois pour la défense de la ville; il leur avoit fait distribuer des armes, et les avoit chargés de la garde des postes les plus importans. Jean de Ballue, évêque d'Evreux, secondoit les efforts de Charles de Melun; il passoit la revue des milices bourgeoises en rochet et en camail, montoit la garde, et marchoit à la tête des compagnies d'hommes d'armes du maréchal de Gamaches (1). Le Roi, satisfait de la conduite des Parisiens, chargea quatre de ses officiers d'aller les remercier de leur dévouement. Il leur fit annoncer la soumission du duc de Bourbon et des autres seigneurs, leur promit que la Reine, qu'il disoit être enceinte, iroit accoucher à Paris, la ville du monde qu'il aimoit le mieux; et il s'engagea à aller lui-même avant quinze jours dans la capitale. Louis, croyant

---

(1) Quelques années après, Dammartin voyant La Ballue en rochet et en camail passer une revue de troupes, dit au Roi : « Sire, je vous « prie de m'envoyer à Evreux ordonner des prêtres, puisque l'évêque « vient ici faire des revues. »

avoir ainsi pourvu à la sûreté de Paris [1], ne songea plus qu'à empêcher la jonction des troupes bourguignones avec celles du duc de Bretagne. Il quitta le Bourbonnais avec son armée, et trouva auprès de Montlhéry le comte de Charolois, qui, après avoir inutilement attendu François II sous les murs de Paris, alloit à sa rencontre.

Nous avons continué cette Introduction jusqu'au mois de juillet 1465, quoique Philippe de Comines, dans les premiers chapitres de ses Mémoires, rapporte quelques faits relatifs à l'année 1464; mais comme on n'y trouve pas l'ensemble des événemens, il nous a paru utile de faire connoître les causes, l'origine et les premières opérations de la guerre du bien public. Nous avons seulement évité de répéter les détails racontés par Comines.

[1] Malgré ces précautions, les Parisiens entrèrent en négociation avec les princes après la bataille de Montlhéry; et peut-être auroient-ils traité, sans l'arrivée du Roi.

PIÈCES JUSTIFICATIVES

DE L'INTRODUCTION.

Entrée de Marguerite d'Ecosse à Tours; son mariage avec le Dauphin.

En la mesme année 1436, le dimanche vingt-quatriesme jour de juin, jour et feste de sainct Jean-Baptiste, madame Marguerite, fille de Jacques, roy d'Escosse, entra en belle et noble compagnée dedans la ville de Tours, comme Dauphine, et fut receue fort honorablement de ceux de la ville. Elle estoit montée sur une hacquenée fort richement couverte : aprés et derriere elle estoit madame de La Roche l'aisnée, sur une autre hacquenée, et pareillement plusieurs autres dames et damoiselles d'Escosse; puis suivoient deux chariots pleins d'autres dames et damoiselles. Quand ladite Dauphine fut à l'entrée de la ville, les sires de Maillé et de Gamaches, qui estoient venus au devant d'elle à pied, prirent la hacquenée de ladite dame par le frein, l'un d'un costé et l'autre de l'autre, et en cet esquipage alla jusques au chasteau, où elle descendit à pied. Alors monseigneur de Vendosme la prit d'un costé, et un comte d'Escosse de l'autre; lesquels la menerent au chasteau en la salle où estoit la reyne de France, la reyne de Sicile, madame Radegonde, fille du Roy, madame de

Vendosme, avec plusieurs autres seigneurs, dames et damoiselles. La reyne de Sicile et madame Radegonde vinrent au devant d'elle jusques au bout de la salle, et la prirent l'une d'un costé et l'autre de l'autre; puis la menerent ainsi devers la Reyne, laquelle tenoit sa seance au devant d'un grand banc paré, qui la voyant venir se leva, et s'avança environ quatre ou cinq pas pour aller au devant d'elle, puis la prit et la baisa. Incontinent monseigneur le Dauphin, qui estoit en sa chambre en bas, vint en cette salle, bien accompagné de chevaliers et escuyers. Aussi-tost que ladite dame qui estoit venuë pour estre sa femme et espouse oüyt dire qu'il venoit en la salle, elle alla au devant luy, là où ils s'entre-baiserent, accolerent, puis s'en retournerent devers la Reyne; aprés ils s'en allerent tous ensemble en la chambre de la Reyne, qui estoit grandement parée et ordonnée; et là se divertirent jusques au souper. La grande sale estoit toute tenduë de tapisserie haut et bas fort richement, outre quatre chambres pareillement tenduës de draps d'or et tapisseries de haute lice. Le lendemain de ladite feste Sainct Jean-Baptiste, le Roy arriva à Tours, et assista personnellement à la bénédiction de monseigneur le Dauphin et de ladite dame Marguerite d'Escosse. Le Roy n'estoit ce jour en autre habit que celuy auquel il chevauchoit; mais monseigneur le Dauphin fut vestu d'un habit royal, et ladite dame son espouse aussi; et la reyne de France fut le matin vestuë d'une robe de velours pers toute couverte d'orfevrerie à grands feuillages, qui estoient fort beaux et riches. Il y avoit grande quantité d'instrumens d'harmonie. Renaud de Chartres, archevesque de Rheims, chancelier de France, espousa lesdits seigneur et dame; desquelles espousailles fut faite grande solemnité et feste en icelle ville de Tours. Tost aprés la messe celebrée par cet archevesque, le Roy alla, ayant en sa compagnée la Reyne, lesdits mariez, et plusieurs seigneurs, escuyers, dames et damoiselles, où le disner se devoit faire; et fut l'assiette du disner en la maniere qui s'ensuit. Premiérement fut assis ledit archevesque qui avoit celebré la messe; le second fut le Roy, puis madame la Dauphine; ensuite la reyne de Sicile, la reyne de France la cinquiesme, et madame de Vendosme la sixiesme; et ainsi fut l'assiette de cette table parfaite. Du service ne doit-on faire question; car de toutes les viandes possibles à trouver y avoit largement, avec des entremets; des trompettes, clairons, menestrels, luts et psalterions y avoit assez. Heraults et poursuivans y avoit aussi en grand nombre; et, à dire vray, là fut faite grande et bonne chere.

(J. Chartier, *Hist. de Charles* VII, p. 91.)

Relation faite par le herault Normandie de son voyage à la cour de Savoie, lors du second mariage du Dauphin.

Le vingtiéme jour de mars l'an 1450, Normandie, roi d'armes, arriva par devers le Roi notre sire étant aux Montils-les-Tours, et lui présenta une lettre close en papier, que le duc de Savoye lui écrivoit, et une autre des gens de son conseil; et aprés que le Roi les

eut luës en la présence des gens de son conseil, auquel étoient monseigneur le comte d'Eu, monseigneur le chancélier, monsieur de Dunois, l'évêque d'Agde, et monseigneur l'amiral, les sires de La Varenne, de Montsoreau et d'Esternay, messire Theaulde de Valpergue, messire Guillaume Cousinotpoton, maître Louis de Harcourt, maître Etienne Chevalier et autres, il demanda audit Normandie qu'il lui fît rapport de sa charge, et s'il avoit baillé les lettres qu'il avoit écrites à mondit seigneur de Savoye et ausdits gens de son conseil; lequel répondit que le dimanche, dernier jour de février passé, mondit seigneur de Dunois l'envoya querir en son logis en la ville de Tours, et lui demanda s'il pouvoit aller devers le duc de Savoye, et que le Roi y vouloit envoyer; et ledit Normandie répondit qu'il feroit volontiers ce qu'il plairoit au Roi, et à l'heure lui bailla deux pairs de lettres adressant à mondit seigneur de Savoye, et les autres aux gens de son conseil, le contenu desquelles il ne sçait; mais mondit seigneur de Dunois lui dit ces paroles ou semblables en substance : « Vous vous en irez devers
« monseigneur de Savoye, et lui presenterez ces let-
« tres, et les autres à ceux de son conseil ; et au cas que
« le mariage de monseigneur le Dauphin et de la fille
« de monseigneur de Savoye ne seroit parfait, vous
« direz à mondit seigneur de Savoye comme le Roi
« se donne grand merveille de ce que mondit seigneur
« de Savoye traite et fait traiter le mariage de mondit
« seigneur le Dauphin et de sa fille, sans en avertir
« ou faire savoir au Roi, et qu'il sembloit au Roi
« que c'étoit peu priser sa personne. » Toutefois ce que le Roi en écrivoit n'étoit point pour dépriser la

maison de Savoye. Et outre plus lui chargea de dire au conseil de mondit seigneur de Savoye comment le Roi étoit très-mal content de ceux qui menoient cette matiére, et que c'étoit au grand déplaisir du Roi, attendu que la fille n'étoit pas en âge d'avoir lignée (ce que desiroit fort le Roi, ceux de son sang et les Etats de son royaume); et lui ordonna qu'il ne se chargeât point de réponse de bouche, mais qu'il l'aportât par écrit. Et lors il se partit de Tours, et fut, le lundi huitiéme jour de ce mois de mars, à Chamberry en Savoye, à dix heures au matin, auquel lieu étoient mondit seigneur le Dauphin, monseigneur de Savoye, madame de Savoye et plusieurs autres; et incontinent envoya loger ses chevaux, et s'en entra dans une église, jusqu'à ce qu'il eût fait signifier sa venuë audit monseigneur de Savoye; et en s'en venant, plusieurs personnes, tant des gens de mondit seigneur le Dauphin que de monseigneur de Savoye, le connurent, et parlérent à lui; et croit qu'ils notifiérent sa venuë à monseigneur le Dauphin, parce qu'un peu aprés qu'il fut en ladite église, Geraumont, maître d'hôtel de mondit seigneur, et Jean Raymond, vinrent par devers lui, et lui demandérent qui le menoit; et il répondit qu'il venoit de par le Roi devers monseigneur de Savoye, et lui apportoit lettres; et lors ils se départirent, et retournérent devers mondit seigneur le Dauphin, et tantôt après retournérent devers lui, en lui disant que monseigneur lui mandoit qu'il lui envoyât les lettres qu'il apportoit à monseigneur de Savoye, et qu'il les lui feroit bailler sans qu'il en eût blâme. A quoi ledit Normandie répondit qu'il n'avoit point cette charge, et que pour rien du monde il ne les bailleroit, sinon là où il lui étoit enchargé de par le Roi; et cesdits S'en retournérent de rechef, et lui dirent de par mondit seigneur, puisqu'il ne lui vouloit envoyer lesdites lettres, qu'il fût content de soi aller ébatre quatre ou cinq jours à Grenoble, et qu'on le défrairoit bien; ausquels il répondit qu'il ne le feroit pour rien; et lors s'en retournérent de rechef lesdits Geraumont et Raymond devers mondit seigneur, et tantôt après retournérent arriére devers ledit Normandie, et lui dirent que puisqu'il ne vouloit envoyer ses lettres, ne s'en aller ébatre, que mondit seigneur lui demandoit qu'il lui envoyât la créance qu'il avoit charge de dire à mondit seigneur de Savoye; lequel Normandie voyant que le lendemain la solemnité des nôces se devoit faire, espérant la retarder par le moyen de ladite créance, la dit audit Geraumont pour la raporter à mondit seigneur; et peu de temps après, Colomier, accompagné de cinq ou six autres, vint devers ledit Normandie, et lui dit que monseigneur de Savoye l'envoyoit devers lui pour avoir les lettres que ledit Normandie lui apportoit, et les lui porter, et lui requit qu'il les lui baillât. Auquel ledit Normandie répondit qu'il ne les lui bailleroit point, et qu'il avoit charge de les bailler à mondit seigneur de Savoye; et lors ledit Colomier lui répondit qu'il ne les lui pouvoit bailler, et qu'il avisât autre à qui il les voudroit bailler; et ledit Normandie lui répondit que se ainsi étoit, qu'il ne les pût bailler à mondit seigneur de Savoye, ne parler à lui, qu'il étoit content de les bailler à son chancelier et aux gens de son conseil, et qu'aussi avoit-il autres lettres adressans à eux; et lors ledit Colomier le mena au châtel de Chamberry; et lui étant en la cour, le chancélier, et autres dudit conseil de mondit seigneur de Savoye, vinrent en ladite cour sous un apenti, auquel il présenta lesdites lettres du Roi adressées à mondit seigneur de Savoye, et les autres adressans à eux, et leur réquit qu'ils voulissent faire diligence de présentement bailler à mondit seigneur de Savoye les lettres qui s'adressoient à lui, et ils lui dirent que si feroient ils; et lors ils se départirent de lui, et se retrahirent, et aprés retournérent ledit chancelier et autres susdits, et lui demandérent s'il vouloit rien dire; et il dit que non, et que les lettres portoient la substance de la créance; et outre leur dit que le Roi se donnoit grand merveille comment mondit seigneur de Savoye traitoit et faisoit traiter le mariage de mondit seigneur le Dauphin et de sa fille, sans ce lui faire à sçavoir. A quoi les dessusdits ne lui répondirent rien, et se départirent de lui, et le firent souper en salle avec les maitres d'hôtel de mondit seigneur de Savoye; et après souper ledit Jean Raymond l'enmena coucher en son logis, et le lendemain au matin ledit Normandie alla à l'église qui étoit devant son logis, à la messe; et illec vint à lui ledit Jean Raymond, et lui dit, de par mondit seigneur le Dauphin, qu'il fît bonne chére, et qu'on le tiendroit bien aise, et que brief seroit dépéché; et après avec un de sa connoissance s'en alla au châtel, et vit entrer l'épousée en la chapelle du châtel, en mantel de velours cramoisi, et cotte juste, comme il pouvoit apercevoir de loin; mais qui la menoit, il ne sçait, et par avant étoit entré en ladite chapelle mondit seigneur le Dauphin, vêtu d'une robe longue de velours cramoisi fourrée d'ermines; et après ce s'en retourna ledit Normandie en sondit logis, et là attendit jusqu'au vendredi en suivant, qu'il fût dépêché; auquel jour un hérault de mondit seigneur le Dauphin, nommé Dauphin, lui apporta deux pairs de lettres adressans au Roi, les unes de mondit seigneur de Savoye, et les autres desdits gens de son conseil; et lui dit qu'il s'en pouvoit bien aller, et que c'étoit sa réponse : et pendant ledit temps il ne vit mondit seigneur de Savoye, madame de Savoye, ne aussi monseigneur le Dauphin, ne n'a point parlé à eux; et ses lettres reçuës, s'en est venu vers le Roi. Dit aussi qu'il étoit tout commun audit lieu de Chamberry que l'on devoit envoyer ambassade à Milan, pour traiter le mariage d'entre la petite-fille de Savoye et le fils du comte Francisque.

Ainsi signé DE LA LOERE.

(Recueils de l'abbé Legrand.)

Lettre du duc de Savoye au Roi.

MON très-redouté seigneur, je me recommande à votre bonne grace, tant et si très-humblement comme je puis : plus, mon très-redouté seigneur, plaise vous sçavoir que le dixieme jour de ce mois de mars j'ai reçu vos gracieuses lettres écrites le dernier jour de février passé, esquelles se fait mention touchant le mariage de monseigneur le Dauphin à ma belle-fille Charlotte de Savoye, que ja long-temps s'est pourparlé, ne y veuille procéder plus avant à votre déplaisance : sur quoi, très-excellent prince, vous plaise sçavoir que par un jour avant la réception de vosdites lettres, par la volonté de Dieu tout puissant, la solemnisation des épousailles et nôces étoit accomplie, à grand solemnité et honneurs des seigneurs. En outre, très-redouté seigneur, pour mieux certifier votre très-haute majesté de la vérité, il est vrai qu'avant la mort de feu bonne mémoire monsieur le légat que Dieu absoilve, qui vous avoit paravant écrit et signifié cette matiere, et sus icelle, comme le me dit en la présence de mon conseil, lui en aviez donné consentement, la chose fut passée et concluë avec les ambassadeurs de mondit seigneur le Dauphin; et depuis, par la volonté de Dieu et loyal consentement des parties, la chose a été honorablement accomplie, dont tout bien, accroissement d'amour et joye parfaite s'en pourra ensuir. Si vous suplie, très-redouté seigneur, qu'après avoir bien considéré toutes ces choses, vous plaise non l'avoir à déplaisance, ains en loüer Dieu tout puissant qui a dirigé et mis cette matiére à perfection, et vous en réjouïr pour le très-grand bien qui certainement s'en pourra ensuir, prêt toujours d'obéir à vos commandemens et plaisirs de tout mon loyal pouvoir, comme sçait le benoist fils de Dieu, mon très-redouté seigneur, qui vous ait en sa sainte garde, et vous doint très-bonne vie et longue. Ecrit à Chamberry le douxieme jour de mars 1450.

Le tout, votre très-humble

Loys, duc de Savoye, etc.

(Recueils de l'abbé Legrand.)

Discours adressé par Juvénal des Ursins au roi Louis XI, *avant son sacre.*

Or est vrai qu'après que les habitans de la bonne cité de Reims sçurent que feu le vaillant roi Charles VII, dont Dieu ait l'âme, fût allé de vie à trépassement, dont eux et moi fûmes moult déplaisans, et non sans cause, délibérâmes d'envoyer devers son fils Louis à Avennes, et y allai; et par eux avec moi furent envoyés des plus notables de l'Eglise et bourgeois de cette cité; et quand fûmes arrivés, allâmes à l'hôtel où étoit logié le roi Louis, notre souverain seigneur, et entrâmes en la salle emprès la chambre; et envoya devers nous l'archevêque de Bourges avec autres, nous dire que fussions bien briefs; et entrâmes où il étoit, accompagné de messieurs les chancéliers de Bourgogne et de Savoye, de messeigneurs de Crouy et de Montauban, et plusieurs tant gens d'Eglise qu'autres, et nous mîmes tous à genoux, et nous fit lever, et dit lui-même que nous disions ce que nous voudrions, et que fussions briefs; et me requirent ceux étant en ma compagnie que voulsisse parler : et combien qu'en moi n'y eût science, prudence, ne éloquence, confiant de la grace de Dieu, je parlai en la maniére qui s'ensuit :

« Notre souverain seigneur, les gens d'Eglise, no-
« bles, bourgeois, habitans de votre bonne cité de
« Reims, envoyent devers vous, leur souverain sei-
« gneur, ceux qui sont ci-présens et moi en leur com-
« pagnie, vous voir et faire honneur, revérence et
« obéissance, joyeux de vous trouver en bonne santé

« et prospérité, prêts de vous servir et obéir de cœur,
« de corps et de biens jusqu'à la mort : et sembleroit
« que ce me seroit un deshonneur et reproche si je ne
« disois autre chose, vû que j'ai été serviteur et offi-
« cier de vos ayeul et pere, dont Dieu ait les ames,
« et de vous, et qu'en votre jeune âge de moi aviez
« connoissance. Vous exposerai et dirai une chose qui
« m'est survenue à deux lieues d'ici en venant vers
« vous, d'une maniere de vent ou de voix qui me
« frappa aux oreilles, en disant : *Hic est vir quem*
« *dixeram tibi*, qui sont les paroles que Dieu dit à
« Samuel pour sacrer et oindre Saül, roi des enfans
« d'Israël (I. Reg. c. 9) : *Ecce vir quem dixeram tibi,*
« *et ipse dominabitur populo meo* ; et me sembloit
« qu'on me disoit : Va hardiment à Louis, fils du roi
« de France, qui est à Avesnes ; car j'ai ordonné que
« c'est lui qui est vrai roi de France, et qui doit do-
« miner à mon peuple de France, et que tu dois sa-
« crer et oindre du saint crême étant à la sainte am-
« pole que j'ai envoyé à Remi, archevêque de Reims,
« pour consacrer le roi Clovis : lui dis qu'il aille à
« Reims prendre de toi le noble sacre qu'il doit rece-
« voir. Nous avons, en une histoire que j'ai autrefois
« écrite, qu'en ce royaume y eut anciennement et
« autrefois de grandes guerres, et merveilleuses ; et y
« avoit quatre dames, et chacune dame avoit un fils.
« La premiere avoit nom Sapience, qui avoit un fils
« nommé *Dico* ; la seconde avoit nom Prudence, qui
« avoit un fils nommé *Duco* ; la tierce avoit nom Puis-
« sance, qui avoit un fils nommé *Facio* ; la quatrieme
« avoit nom Patience, qui avoit un fils nommé *Fero* ;
« et fut avisé par tous les trois Etats de ce royaume

« que tout seroit perdu, se on ne trouvoit moyen qu'il
« y en eût un seul qui seroit maître de tous, et auquel
« on obéiroit. Et fut ainsi conclu qu'il se feroit ; et
« n'y eut celle desdites dames qui ne voulsist soutenir
« que son fils ce devoit être, alléguant de grandes
« raisons qui seroient trop longues à réciter ; et sur
« cette matiere, qui étoit grande et haute, y eut
« grandes délibérations par les notables gens de tout
« ce royaume ; et fut conclu que nul des enfans des
« quatre dames n'étoit digne d'être roi, et qu'il en
« falloit un qui eût toutes lesdites quatre dames et
« les quatre enfans avec lui ; et afin que nul desdits
« enfans ne s'avanturât seul à être roi, et qu'il en fût
« mémoire perpétuelle, on leur ôta de l'impératif à
« chacun la queue, c'est à sçavoir à *Dico*, où en
« l'impératif dût avoir *dice*, il n'y avoit que *dic* ; à
« *Duco* pour *duce*, *duc* ; à *Facio*, où il dût avoir
« *face*, *fac* ; à *Fero*, où il dût avoir *fere*, il n'y a
« que *fer*. Et lors répondirent ceux qui étoient pour
« lesdites quatre dames, où trouver celui qui aura ces
« quatre dames et leurs enfans, et en lieux experts,
« que c'étoit Pharamond, prince qui étoit vaillant,
« sage, prudent et patient, dont ils furent tous con-
« tens ; et lesquelles quatre dames sont en vous, notre
« souverain seigneur. Quelle prudence, sapience, pa-
« tience avez-vous euës cependant que vous avez été
« hors de la compagnie de votre pere, dont Dieu ait
« l'ame ? Il ne les faut jà déclarer : quelles puissance
« et vaillance avez-vous euës en la prinse de la bastille
« de Dieppe, à Pontoise, en Allemagne et en autres
« lieux ? Et dès lors que fûtes reçu benignement et
« doucement de notre très-redouté seigneur monsieur

« de Bourgogne, en très-grande puissance; et pour ce
« je puis bien dire ce que la voix me dit : *Hic est*
« *vir quem dixeram tibi; ipse dominabitur populo*
« *meo*. C'est celui que tu dois sacrer et enoindre, et
« est vrai roi, et doit dominer à mon peuple de France;
« mais il y a une chose que je suis requis de vous
« exposer et déclarer, c'est à sçavoir la pauvreté de
« votre peuple chargé de tailles, aydes, et plusieurs
« autres subsides; et à proprement parler, pilleries et
« robberies, lesquelles, s'il vous plaît, à votre nouvelle
« venue faire cesser. *Adhæsid in terra noster venter;*
« *facti sumus oves occisionis; exurge, Domine, ad-*
« *juva nos!* Eveillez-vous, sire, et nous aidez, car
« mestier en avons. Et pour finale conclusion : *Veni,*
« *Domine, et noli tardare, et dele facinora nostra.*
« Venez-vous en, notre souverain seigneur, en votre
« cité de Reims, recevoir votre digne sacre, et je
« m'en irai devant, et vos bonnes gens et serviteurs
« qui sommes ici, faire les préparations nécessaires à
« vous recevoir; et ne tardez point, et vous plaise
« relâcher les tribulations où nous sommes, et j'ai es-
« pérance que votre venue profitera à votre royaume
« et au pauvre peuple, et que des biens aurez-vous
« en ce monde, et à la fin la joye et le paradis. *Quod*
« *vobis concedat ille qui sine fine vivit et regnat in*
« *sæcula sæculorum. Amen.* »

(Recueils de l'abbé Legrand.)

SUR LE RACHAPT DES VILLES DE LA RIVIERE DE SOMME.

Instruction à maistre Estienne Chevalier, des choses qu'il a à faire au voyage où il va présentement par le commandement et ordonnance du Roy.

PREMIEREMENT, partira de la ville de Paris le mercredy vingt-quatrieme jour de ce present mois d'aoust, accompagné de cinquante lances et cent archers de la compagnie du bailly d'Evreux, et menera les deux cens mille escus neufs qu'il a en sa garde en la ville de Beauvais.

Item. Et lui arrivé audit lieu de Beauvais, il trouvera autres cinquante lances et cent archers de la compagnie de monseigneur le mareschal de Gamache; et d'illec tirera avec lesdites cent lances et deux cens archers à tout ledit argent en la ville d'Eu, et illec presentera à monseigneur d'Eu les lettres que le Roy luy escript, portant créance sur ledit maistre Estienne Chevalier, en laquelle créance luy dira que le Roy, pour la grande et bonne confiance qu'il a en luy, a ordonné que ladite somme de deux cens mille escus soit portée audit lieu d'Eu, et illec mise et laissée en garde jusqu'à ce que ledit maistre Estienne Chevalier soit retourné de devers monseigneur de Bourgogne, où le Roy l'a chargé d'aller, tant pour sçavoir à quel gens il luy plaira que ledit argent soit baillé, comme pour recouvrer la quittance dudit argent, et aussi seureté de monseigneur de Bourgogne de recouvrer les villes, places et seigneuries engagées, en luy faisant le payement de quatre cens mille escus qui pour ce luy sont deubs.

Item. Et ce fait, ledit Estienne Chevalier s'en ira devers monseigneur de Bourgogne, et luy presentera les lettres que le Roy luy escrit, et pareillement à monseigneur de Croy, et leur dira comment le Roy est très-joyeux et content de ce que monseigneur de Bourgogne, à la priere et requeste du Roy, a esté content de prendre de luy, pour partie des quatre cens mille escus, deux cens mille escus neufs pour deux cens mille escus vieux, et l'en mercie bien acertes.

Item. Sçaura à mondit sieur de Bourgogne à qui il luy plaira que ledit argent soit baillé; et en le baillant recouvrera la quittance de mondit sieur de Bourgogne; et semblablement recouvrera la seureté dont dessus est faite mention, et le apportera par devers le Roy.

Item. Sçaura aussi de mondit sieur de Bourgogne se son plaisir sera de bailler sous sa main la charge et gouvernement desdites terres et seigneuries ainsi engagées à monseigneur le comte d'Estampes; auquel cas le Roy en sera content, moyennant que mondit sieur d'Estampes jure et promette au Roy et luy en baille son scellé, du commandement et ordonnance de mondit sieur de Bourgogne, de lui rendre et delivrer toutes lesdites places, lettres et seigneuries ainsi engagées, incontinent qu'il luy apperra que le

Roy aura fait payement à mondit sieur de Bourgogne des derniers deux cens mille escus, posé ores que Dieu eust fait son commandement de mondit sieur de Bourgogne, que Dieu ne veuille, et que monseigneur de Charolois son fils fust venu à la seigneurie; et on se gouvernera par l'advis et conseil de monseigneur de Croy.

Item. Dira à mondit sieur de Bourgogne que le Roy a sceu les entreprises que monseigneur de Charolois son fils fait à l'encontre de luy, dont il a esté et est fort desplaisant, et qu'il est conclud et deliberé de ayder, secourir et favoriser mondit sieur de Bourgogne à l'encontre de monseigneur de Charolois de tout son pouvoir, sans espargner corps ne biens; et qu'il lui semble qu'en bien peu de temps la chose sera mise à fin et conclusion, en maniere que ce sera à l'honneur et bon plaisir de mondit sieur de Bourgogne, si en luy ne tient; et que pour ce faire et pour veoir mondit sieur de Bourgogne est content d'aller jusqu'à Hesdin, si mondit sieur de Bourgogne y veut venir, et qu'il voye que faire se doive.

(Recueils de l'abbé Legrand.)

Edit pour l'établissement des postes.

INSTITUTION et établissement que le Roi notre sire veut et ordonne être fait de certains coureurs et porteurs de ses dépêches, en tous les lieux de son royaume, pays et terres de son obéissance, pour la commodité de ses affaires, et diligence de son service et de sesdites affaires.

1º Ledit seigneur et roi ayant mis en délibération, avec les seigneurs de son conseil, qu'il est moult nécessaire et important à ses affaires et à son Etat de sçavoir diligemment nouvelles de tous côtés, et y faire, quand bon lui semblera, sçavoir des siennes; d'instituer et d'établir en toutes les villes, bourgs et bourgades, et lieux que besoin sera jugé plus commodes, un nombre de chevaux courant de traite en traite, par le moyen desquels ses commandemens puissent être promptement exécutés, et qu'il puisse avoir nouvelles de ses voisins quand il voudra, veut et ordonne ce qui suit:

2º Que sa volonté et plaisir est que, dès à présent et dorénavant, il soit mis et établi spécialement sur les grands chemins de sondit royaume, de quatre en quatre lieues, personnes féables, et qui feront serment de bien et loyaument servir le Roi, pour tenir et entretenir quatre ou cinq chevaux de légere taille, bien enharnachés, et propres à courir le galop durant le chemin de leur traite; lequel nombre se pourra augmenter s'il est besoin.

3º Pour le bien et surentretennement de la présente institution et établissement, et générale observation de tout ce qui en dépendra,

4º Le Roi notredit seigneur veut et ordonne qu'il y ait en ladite institution et établissement, et générale observation, et pour en faire l'établissement, un office intitulé conseiller, grand maître des coureurs de France, qui se tiendra près de sa personne, après qu'il aura été faire ledit établissement ; pour ce faire, lui sera baillé bonne commission.

5° Et les autres personnes qui seront ainsi par lui établies de traite en traite, seront appelées maîtres tenant les chevaux courans pour le service du Roi.

6° Lesdits maîtres seront tenus, et leur est enjoint, de monter sans aucun délai ni retardement, et conduire en personne, s'il leur est commandé, tous et chacuns les courriers et personnes envoyées de la part dudit seigneur, ayant son passeport et attache du grand maître des coureurs de France, en payant le prix raisonnable qui sera dit ci-après.

7° Porteront aussi lesdits maîtres coureurs toutes dépêches et lettres de Sa Majesté qui leur seront envoyées de sa part, et des gouverneurs et lieutenans de ses provinces et autres officiers, pourvû qu'il y ait certificat ou passeport dudit grand maître des coureurs de France pour les choses qui partiront de la cour ; et hors d'icelle, desdits gouverneurs, lieutenans et officiers, que c'est pour le service du Roi : lequel certificat sera attaché audit paquet, et envoyé avec un mandement du commis dudit grand maître des coureurs de France, qui sera par lui établi en chacune ville frontiére de ce royaume, et autres bonnes villes de passage que besoin sera ; ledit mandement adressant ausdits maîtres coureurs pour porter sans retardement lesdits paquets, ou monter ceux qui seront envoyés pour les affaires du Roi.

8° Et afin que l'on puisse sçavoir s'il y aura eû

retardement, et d'où il sera procédé, ledit seigneur veut et ordonne que ledit grand maître des coureurs, et sesdits commis, cottent le jour et l'heure qu'ils auront délivré les paquets au premier maître coureur, et le premier au second, et aussi semblablement par tous les autres maîtres coureurs, à peine d'être privés de leurs charges, et des gages et priviléges et exemptions qui leur sont donnés par la présente institution.

9° Ausquels maîtres coureurs est prohibé et défendu de bailler aucuns chevaux à qui que ce soit, et de quelque qualité qu'il puisse être, sans le mandement du Roi et dudit grand maître des coureurs de France, à peine de la vie; d'autant que ledit seigneur ne veut et n'entend que la commodité dudit établissement soit pour autre que pour son service, considéré les inconvéniens qui peuvent survenir à ses affaires si lesdits chevaux servent à toute personne indifféremment, sans son sçu, ou dudit grand maître des coureurs de France.

10° Et afin que notre très-saint père le Pape et princes étrangers avec lesquels Sa Majesté a amitié et alliance, par le moyen desquels le passage de France est libre à leurs courriers et messagers, n'ayent sujet de se plaindre du présent réglement, Sa Majesté entend leur conserver la liberté du passage, suivant et ainsi qu'il est porté par ses ordonnances; leur permettant, si bon leur semble, d'user de la commodité dudit établissement, en payant raisonnablement, et obéissant aux ordonnances y contenues.

11° Mais pour éviter les fraudes que pourroient commettre lesdits courriers et messagers, allant et venant en ce royaume, lesquels, pour ne se vouloir manifester au bureau dudit grand maître des coureurs de France, et à ses commis qui y résideront en chacune ville frontiere et autres de ce royaume, passeroient par chemins obliques et détournés, pour ôter la connoissance de leur voyage et entrée en cedit royaume, prenant pour ce faire autres chemins et guides,

12° Sa Majesté veut et leur enjoint de passer par les grands chemins et villes frontiéres, pour se manifester aux bureaux dudit grand maître des coureurs, et prendre passeport et mandement tel que sera dit, à peine de confiscation de corps et de biens.

13° Seront lesdits courriers et messagers visités par lesdits commis dudit grand maître, ausquels ils seront tenus d'exhiber leurs lettres et argent, pour connoître s'il n'y a rien qui porte préjudice au service du Roi, et qui contrevienne à ses édits et ordonnances, dont ledit commis sera bien instruit pour y rendre son devoir; et pour ce lui sera donné par ledit grand maître des coureurs de France plein et entier pouvoir de ce faire, en vertu de celui qui lui sera attribué par la présente institution, et par lettres de commission qui lui en seront expédiées.

14° Après avoir vu et visité par lesdits commis les paquets desdits courriers, et connu qu'il n'y a rien contraire au service du Roi, les cachetera d'un cachet qu'il aura des armes dudit grand maître des coureurs, et puis les rendra audit courrier, avec passeport, que Sa Majesté veut être en la forme qui en-suit :

15º « Maîtres tenant les chevaux courans du Roi
« depuis tel lieu jusques en tel lieu, montez et laissez
« passer ce présent courrier nommé tel, qui s'en va
« en tel lieu avec sa guide et malle, en laquelle sont
« le nombre de tant de pacquets de lettres cachetées
« du cachet de notre grand maître des coureurs de
« France; lesquelles lettres ont été par moi vuës,
« et n'y ai rien trouvé qui préjudicie au Roi notre
« sire; au moyen de quoi ne lui donnez aucun em-
« pêchement, ne portant autres choses prohibées et
« défenduës que telle somme pour faire son voyage. »
Et sera signé dudit commis, et non d'autres per-sonnes.

16º Lequel passeport demeurera ez mains du dernier maître coureur où ledit courrier se sera arrêté, pour icelui être rapporté au bureau général dudit grand maître des coureurs de France; et des passeports sera fait régistre, qui sera apellé le régistre des passeports.

17º Lesdits commis seront tenus, et leur est enjoint, aussitôt que lesdits coureurs étrangers seront arrivés et qu'il aura sçû leurs noms, le sujet de leur voyage, et la part où ils vont, de faire courir un billet pour en donner avis à leur grand maître des coureurs, qui en avertira Sa Majesté, si ledit coureur n'alloit en cour, et prît un autre chemin que celui où seroit ledit seigneur, pour se manifester audit grand maître des coureurs, pour le conduire au Roi, soit qu'il fût envoyé vers lui ou non.

Et s'il se trouve aucuns desdits courriers étrangers et autres entrant dans ce royaume, et sortant d'icelui par chemins obliques et faux passages détournés, ou chargés de lettres ou autres choses préjudiciables au Roi notre seigneur, lesdits commis les mettront ez mains des gouverneurs, ou leurs lieutenans en leur absence; et les lettres ou pacquets dont ils auront été trouvés saisis seront envoyés par ledit commis à leur grand maître des coureurs, qui les portera au Roi, pour sçavoir sur ce sa volonté et plaisir.

18° Et d'autant que la charge dudit conseiller grand maître des coureurs de France est moult d'importance, et requiert avoir fidélité, soigneuse discrétion et sçavoir; et qu'au moyen dudit office et de sadite charge les articles de l'institution et établissement dessusdits doivent être bien observés, gardés et entretenus, et étant icelui établissement moult utile au service et à l'intention du Roi, il y requiert y avoir bien notables personnes pour le tenir.

19° Ledit seigneur veut et ordonne que nul ne puisse être pourvû dudit office, s'il n'est reconnu fidéle, secret, diligent, et moult adonné à recueillir de toutes contrées, régions, terres et seigneuries, les choses qui lui pourroient contribuer, et pour lui aporter les nouvelles et pacquets qui lui adviennent par ambassades, lettres et autrement, qui touchent en particulier et général l'état des affaires du Roi et du royaume, et faire de toutes choses requises et nécessaires, vrais mémoires et écritures, pour le tout, par lui et non autres, être rapporté à Sa Majesté.

20° Veut et ordonne que celui qui sera pourvu de ladite charge soit compris de ses conseillers et autres officiers ordinaires, compté et enrôlé en l'état de son hôtel, tout ainsi que l'un de ses conseillers et maîtres d'hôtel ordinaires, à se trouver partout où le Roi sera, sçavoir et entendre au vrai ce qui pourra toucher les affaires dudit seigneur, et l'en avertir et servir de ce qui sera nécessaire, et touchera ledit état.

21° Veut et ordonne que ledit grand maître des coureurs de France ait l'entiere disposition de mettre et établir partout où besoin sera lesdits maîtres coureurs, les déposséder si leur devoir ne font, et pourvoir en leurs places tel que bon lui semblera, même avenant vacation par mort, résignation ou autrement de leurs charges; lui a donné pouvoir d'y pourvoir et instituer d'autres en leurs places, et en délivrer lettres, les faisant faire serment de fidélité, et leur en donner acte sur lesdites lettres.

22° Veut et ordonne que ledit conseiller grand maître des coureurs de France, pour l'entretennement de son état, après avoir fait serment au Roi ez mains de son chancelier de bien et loyaument servir, ait pour gages ordinaires la somme de huit cens livres parisis, lesquels seront pris sur les plus clairs deniers et revenus dudit seigneur, outre et pardessus les droits et émolumens ordinaires qu'il prendra comme officier domestique ordinaire de l'hôtel et maison dudit seigneur, qui par autres ses lettres lui seront ordonnés et payés.

23° Et oûtre il aura pension de mille livres, par

autres lettres dudit seigneur pour sondit office, qui lui sera assignée et ordonnée chacune année.

24° Veut et ordonne que tous maîtres coureurs qui seront par ledit grand maître établis, ayent aussi pour leur entretennement en leurs états, pour gages ordinaires, chacun cinquante livres tournois ; et chacun des commis qu'il aura près de sa personne et autres lieux que besoin sera, chacun cent livres pour leur entretennement ; et veut que les uns et les autres, pendant qu'ils serviront, jouissent des mêmes exemptions et priviléges que les officiers domestiques, et commençaux de sa maison.

25° Et à ce que lesdits maîtres coureurs ayent moyen d'entretenir et nourrir leurs personnes et leurs chevaux, et qu'ils puissent commodément servir le Roi,

26° Il veut et ordonne que tous ceux qui seront envoyez de sa part ou autrement, avec son passeport et attache du grand maître des coureurs de France ou de ses commis, payent pour chacun cheval qu'ils auront besoin de mener, y compris celui de la guide qui les conduira, la somme de dix sols pour chacune course de cheval durant quatre lieuës, fors et excepté ledit grand maître des coureurs, qu'ils seront tenus de monter sans rien prendre de lui ni de ses gens, qu'il menera pour son service, allant faire ses chevauchées et son établissement, et pour les affaires de Sa Majesté ; ensemble ne prendront rien de ses commis qui voudront courir pour les affaires pressées du Roi, au moins trois ou quatre fois l'an.

27° Et quant aux pacquets envoyés par ledit seigneur, ou qui lui seront adressés, lesdits maîtres coureurs seront tenus de les porter en personne sans aucun délai de l'un à l'autre, avec la cotte ci-mentionnée, sans en prendre aucun payement; ains se contenteront des droits et gages qui leur sont attribués.

28° Veut et ordonne les susdits articles et institution dudit office de conseiller grand maître des coureurs de France, et autres choses dessusdites, soient à toujours observés et gardés sans enfraindre.

Fait et donné à Luxies, prés Doulens, le dix-neuviéme jour de juin l'an de salut 1464.

Sic signatum, LOUIS.

Par le Roi en son conseil, DE LA LOERE.

Collatione facta cum originali, signé CHEVETEAU.

Réponse de Louis XI aux propositions faites par le duc de Berry et par les autres princes ligués pour la guerre du bien public.

Aux articles envoyez par le roy de Sicile, apportez par monsieur le comte de Vaudemont, le seigneur de Clermont et le juge d'Anjou, et presentez au Roy nostredit seigneur par les dessusdits, et l'evesque de Verdun avec eux, de par ledit sieur roy de Sicile, touchant ce qui avoit esté dit et pourparlé à La Roche-au-Duc sur Loire, entre ledit sieur roy de Sicile, d'une part, et monsieur de Berry, accompagné du duc de Bretagne, du comte de Dunois et autres, d'autre part; le Roy, nostredit seigneur, a fait dire et remonstrer ausdits gens dudit sieur roy de Sicile ce qui s'ensuit.

I. Et premiérement, en tant que touche la remonstrance que ledit sieur roy de Sicile a faite à mondit sieur de Berry du trouble qu'il voyoit et connoissoit estre au royaume, dont s'en pouvoit ensuir la destruction d'iceluy, si aucun bon appointement ne s'y trouvoit, auquel volontiers s'employeroit, comme celuy à qui Dieu avoit donné cet honneur et grace d'estre oncle du Roy et de mondit sieur de Berry, requerrant et priant ledit monsieur de Berry que à ce se voulsist incliner;

Le Roy remercie ledit sieur roy de Sicile, son oncle, du bon vouloir qu'il a à luy et au bien du royaume. Et quant à la remonstrance qu'il a faite audit monsieur de Berry, du mal et inconvénient qui peut ensuire à tout le royaume, à cause du trouble nouvellement mis sus, sous couleur et ombre de mondit sieur de Berry, par ceux qui l'ont induit et séduit à soy separer d'avec le Roy et de sa compagnie, et tenir les termes qu'il tient, le Roy est bien content de ladite remonstrance, laquelle chacun peut connoistre estre veritable et raisonnable.

II. Et au regard de ce que ledit roy de Sicile pria et requist mondit sieur de Berry de dire et declarer les causes qui l'ont meu de soy partir si soudainement d'avec le Roy, à quoy mondit sieur de Berry a respondu que il a esté meu de ce faire pour deux causes : l'une pour la sûreté de sa personne, disant ladite amour et affection qu'il avoit avec luy comme son frere, comme pource qu'il sembloit au Roy que la sûreté de la personne de mondit sieur de Berry estoit la propre sûreté de luy-même. A esté bien mal fait à ceux qui ont donné à entendre le contraire à mondit sieur de Berry, et à luy d'y adjouster foy; et quand le Roy eust esté adverty et informé, ou seroit, que aucun subjet ou serviteur eust machiné de conspirer aucune chose contre la personne de mondit sieur de Berry, il en eust fait faire et feroit si grande et si grieve punition, que ce eust esté exemple à tous autres.

Et à ce que mondit sieur de Berry dit que le Roy, depuis le trespas du Roy son pere, ne l'a point eu agréable ne en amour, mais en soubçon et deffiance, il semble bien au Roy que chacun peut clairement connoistre, par les termes qu'il a tenus à mondit sieur de Berry, que les choses sont autrement; car jaçoit ce que mondit sieur de Berry soit encore en jeune âge, et n'eust que quatorze ans au temps du trespas du Roy (que Dieu pardonne), néanmoins deslors il luy donna et bailla le duché de Berry en tous droits de seigneurie pour partie de son appanage, comme avoit feu monsieur de Berry, le duc Jean; et au demeurant luy bailla pension pour entretenir son estat en attendant de luy faire mieux, et l'a tenu continuellement en sa compagnie comme son bon frere.

Et en luy monstrant tout signe d'amour et de fiance, pource que plusieurs rapports luy avoient esté faits qu'il ne se gouvernoit pas envers luy, et autrement, ainsi qu'il devoit et qu'il appartient à fils et frere de

que depuis le trespas du Roy (que Dieu pardonn[e]
a tousjours sceu et congneu que le Roy ne l'avoit p[as]
en amour ne bien agreable, mais en tout soupço[n]
deffiance, et souventes fois le demonstroit par ses
roles; et que ces choses procedoient, comme il
soit, au moyen d'aucuns de ses serviteurs desqu[els]
a grandcause de soy douter pour plusieurs rais[ons]
dont pour le present il se taist.

L'autre cause de sondit partement a esté p[our]
qu'il voyoit et congnoissoit, ainsi qu'il dit, le des[ordre]
qui a esté et est en tous cas au royaume, do[nt]
seigneurs du sang, l'Eglise, la noblesse et le p[auvre]
peuple, aussi la justice, se deulent; et s'en p[ourroit]
ensuir la destruction du royaume, se remede [n'y]
toit mis.

Le Roy s'esmerveille fort de ceux qui ont d[û]
entendre à mondit sieur de Berry qu'il se de[ust]
rien douter du Roy touchant la sûreté de sa per[sonne]
ny qu'il y deust aucunement y adjouster fo[y]
oncques le Roy n'eust vouloir et ne pensa ch[ose qui]
fust au préjudice de la personne de mondit si[eur de]
Berry; et aussi luy actient-il de si près en proc[he]
de sang, qu'il n'est pas vray-semblable qu'i[l eust]
avoir cette voulenté. Et comme chacun pe[ut co]
noistre et a veu par experience, le Roy depuis [son a]
venement à la couronne n'a monstré aucune [rigueur]
à personne, quelque faute ou offense qu'on e[ust faite]
envers luy : parquoy seroit bien estrange
qu'il eust voulu ne penser mal ou cruauté [à son]
pere et seul frere germain, duquel il desiroit [le bien]
de sa personne comme la sienne propre, t[ant]

roy faire envers son chef et souverain seigneur, le Roy feablement et gracieusement les luy remonstra luy-mesme à Razille, quand dernierement il y estoit, en l'enhortant à tout bien faire, et luy declarant le bien et le mal qui s'en pouvoit ensuir; lesquelles choses sembla que ledit monsieur de Berry eut bien agreables, et dist qu'il pleust au Roy luy bailler tel train qu'il voudroit qu'il tinst, et qu'il le feroit, et s'il faisoit autrement qu'il le punist bien; que ne sont pas choses de demonstrance, que le Roy ne l'eust bien agreable, et en bonne et parfaite amour.

III. Et outre plus, pource que mondit sieur de Berry supplia au Roy que son plaisir fust de luy croistre sa pension, et le Roy le luy octroya, et le fit volontiers, et luy dit et fit dire que si-tost que le fait de Bretagne auroit pris fin, il luy bailleroit son appanage entier, en tel et aussi grand et plus que feu monsieur d'Orleans, le duc Loys, qui estoit seul frere du roi Charles VI, si avoit eu.

Et avec ce luy dist, fit dire, qu'il desiroit son bien et son avancement, et que trois choses principalement luy tenoient au cœur, esquelles il desiroit pourveoir en son vivant : l'une pour le salut de son ame, l'autre pour assigner douaire convenable à la Royne sa compagne, ainsi qu'avoient accoustumé d'avoir les autres roynes de France au temps precedent; et le tiers, qu'il pust honnorablement pourveoir monsieur de Berry son frere, auquel il avoit intention, à l'ayde de Dieu, de faire avoir si grande et si bonne provision à son honneur et profit, et d'y exploiter tout son pouvoir et sa puissance, qu'il en devroit bien estre content; et avec ce luy dist le Roy et fist dire que, veu qu'il venoit en âge, il vouloit que toutes ses grandes affaires luy fussent communiquées, pour ayder à les conduire et conseiller, comme raison estoit, et qu'il en avoit en luy sa confiance.

Lesquelles choses demonstrent assez bien clairement que le Roy avoit mondit sieur de Berry en amour et bien agreable, et qu'il n'avoit cause de penser le contraire.

IV. Et en tant que touche les serviteurs du Roy, dont mondit sieur de Berry se deult, et dit qu'il a grand cause de se doubter d'eux pour plusieurs raisons, dont pour ce point il se taist:

Pource que l'article parle en termes generaux, il est fort difficile à y respondre; mais le Roy ne croit pas avoir serviteurs qui voulsissent avoir fait ne procurer chose qui fust préjudiciable à la personne de mondit sieur de Berry, ne par eux, ne luy a esté fait rapport ou préjudice de mondit sieur de Berry dont il ait cause raisonnable de se devoir douter d'eux; et quand mondit sieur de Berry eut informé le Roy que veritablement il eust été ainsi, le Roy y eust donné la provision telle et si bonne que le cas l'eust requis.

V. Et quant à la seconde cause pour laquelle mondit sieur de Berry dit qu'il s'est party de la compagnie du Roy, c'est-à-sçavoir pource qu'il voyoit et connoissoit, ainsi qu'il dit, le desordre qui a esté et est en tous cas ou royaume, dont tous les seigneurs du sang, l'Eglise, la noblesse et le pauvre peuple, et aussi la justice, se deulent; et s'en pouvoit ensuir la destruction du royaume, ce remede n'y estant mis :

Le Roy, depuis qu'il est venu à la couronne, a mis toute la peine qui luy a esté possible de mettre, garder et entretenir son royaume en paix, repos, tranquillité et bonne justice, et à iceluy augmenter et accroistre; et y a, grace à Notre Seigneur, pené et travaillé, en visitant les parties de son royaume plus que ne fist oncques mais roy de France, en si peu de temps depuis Charlemaigne jusques à present; et estoient les choses si bien disposées avant ce trouble, que chacun vivoit en paix en son hostel, feussent seigneurs, gens d'Eglise, nobles, bourgeois, marchands, laboureurs ou autres, de quelque estat que ce fust. Dieu estoit honnorablement servi en l'Eglise, et le divin service bien fait et contenu; marchandise couroit partout seurement, et pouvoit chacun aller de jour et de nuit l'or au poing, sans destourbier ou empeschement aucun; que ce n'est pas demontrance que ou royaume au si grand désordre, comme il a pleu à mondit sieur de Berry dire, ne pour ce moyen ne fut point venu la destruction du royaume, mais au moyen de ladite allée de mondit seigneur de Berry, et de l'entreprise et conspiration de ceux qui l'ont induit et seduit à soy séparer du Roy, et tenir les termes qu'il tient; est bien à douter que grands inconveniens en viennent, car dejà monsieur de Bourbon et aucuns autres adherans de ladite entreprise et conspiration se sont mis sus en armes, ont fait monstres, et dit et semé plusieurs paroles, écrits criés aux bonnes villes et aux prélats, seigneurs et autres, alencontre du Roy,

en le chargeant tres-fort de son honneur, parlant es-
trangement contre son autorité et majesté royale,
prenant ses serviteurs et conseillers principaux,
comme monsieur de Traynel, qui longtemps a été
chancelier de France, et le seneschal de Poitou, conseiller et chambellan du Roy, et grand pannetier de
France; maistre Pierre Doriole, qui longtemps avoit
servi en grand et si honnorable estat le Roy (que
Dieu pardoint), et faisoit semblablement le Roy nostre
souverain seigneur qui est à present, et lesquels estoient allés devers ledit monsieur de Bourbon, pour
matieres qui le touchoient pour l'appaisement des
questions et differences qui estoient entre monsieur
de Savoye et luy : et non contens encore de ce, Loys
du Breüil, Jean du Mars et autres en leur compagnie
sont venus, en forme d'hostilité et en armes, courir
jusques à la riviere de Loire; et en près la ville de
Blois prindrent jeudy dernier, qui fut vingt-septiéme
jour de mars, le seneschal de Beaucaire, qui venoit devers monseigneur de Bourgogne, où le Roy l'avoit envoyé en ambassade, et pareillement autres serviteurs
et subjets du Roy, marchands et autres, tant du pays
de Picardie, de la comté de Blois que d'ailleurs; les
ont blessez et mutillez, ostez ce qu'ils avoient et em-
menez prisonniers, et baillé ledit duc de Bourbon
seureté et sans conduite comme ennemi, qui n'est
pas grand commencement de mettre bon ordre et
provision au fait de ce royaume, ainsi que monsieur
le duc de Berry et ses adherans disent qu'ils veulent
faire; mais, ainsi que chacun peut cognoistre, et oster
le bon ordre que paravant y estoit, et mettre et sus-

citer la guerre, la pillerie et le desordre partout (ce qui pis est); donner matiere et occasion aux anciens ennemis et adversaires les Anglois, d'entrer en ce royaume ; dont dommages et maux infinis se pourroient ensuire, ainsi que les cas sont autres fois advenus, comme il est tout notoire.

VI. Et au regard de ce que mondit sieur de Berry dit que tous les seigneurs du sang, l'Eglise, la noblesse, le peuple et aussi la justice se deulent de l'estat et desordre qui est au royaume ; il peut estre que aucuns seigneurs malcontens ou autres en peuvent avoir dit les paroles entr'eux au desçu du Roy. Mais pour dire tous les seigneurs du sang, l'Eglise, la noblesse, et autres indifferemment, s'en soient tus, cecy tourneroit à la charge de plusieurs qui n'en peuvent mais, et y en a beaucoup qui tesmoigneroient du contraire, et quoiqu'ils en ayent dit, jamais n'en fut parlé, ne aucune chose remontrée au Roy ; et si monsieur de Berry ou autres l'eussent fait, le Roy eust volontiers donné provision, s'il y eust cause et matiere de ce faire ; et n'y devoit-on pas proceder par telles ligues, conspirations et assemblées de gens en armes, ne user de telle voye de fait et d'hostilité allencontre de la personne du Roy, ne faire si grands troubles, tumultes, dommages et inconveniens au royaume, comme ils ont fait, qui sont si grandes offenses et si hauts crimes comme chacun sçait, et dont tant d'inconvéniens peuvent ensuire : et pour ce semble que de cet article on se fust bien peu déporter sans donner sur-ce si grand charge au Roy, ne à ceux qui n'y pensérent oncques.

VII. Mondit sieur de Berry dit qu'il est seul frere du Roy, et à present son heritier presomptif, à qui le mal du Roy et du royaume doit desplaire plus que à nul autre; et pour ces causes, voyans et cognoissans les choses dessusdites, lesquelles se pourroient plus porter et soutenir selon droit et raison, a esté meu et conseillé de la pluspart des seigneurs du sang et autres notables hommes de ce royaume, et aussi pour la seureté de sa personne, et à soy departir de la compagnie du Roy, et se joindre et assembler avec ledit sieur roy de Sicile et lesdits seigneurs du sang, afin que par leurs conseils, et de ceux des Estats du royaume, soit faite remontrance au Roy des choses dont a cause de soy douloir, pour y estre mis la provision telle qu'elle est nécessaire pour le bien de luy, de sa couronne, et de la chose publique du royaume, en quoy il dit qu'il se veut employer par le bon advis et conseil des dessusdits, requerant ledit sieur roy de Sicile que son plaisir fust soy adjoindre et assister avec luy et les seigneurs du sang et Estats du royaume, ainsi que par raison faire il doit.

Le Roy sçait bien que mondit sieur de Berry est son seul frere, et l'a toujours aimé comme son frere : et au regard d'estre heritier presomptif du Roy, le Roy ne dit oncques ne fit chose dont il eut cause de soy douloir pour empêcher, s'aucune chose lui doit avenir en ce cas qu'il ne l'ait. Mais, la mercy Dieu, le Roy est encore jeune et vertueux, et la Reine est en estat de disposition de porter des enfans, et est à present enseincte d'enfant; et de ce qui surviendra en ce cas, le Roy le remet en la disposition de notredit seigneur, et aprés à Notre-Dame et saint François, lesquels il a esperance estre en ce cas ses moyenneurs envers luy.

VIII. Et à ce que mondit sieur de Berry dit que le mal du Roy et du royaume luy doit plus deplaire que à nul, et voyant et connoissant les choses dont il a parlé, lesquelles ne se pourroient plus porter ne soutenir selon Dieu et raison, a esté meu et conseillé de la pluspart des seigneurs du sang et autres notables, et aussi pour la seureté de sa personne, se joindre et assembler avec ledit sieur roy de Sicile et lesdits seigneurs, afin de faire remonstrance au Roy par leur conseil, et de ceux des Estats du royaume, desdites choses dont a cause de se douloir, pour y estre mis en la provision, telle qu'elle y est necessaire pour le bien de luy et de la couronne, et de la chose publique.

Il semble au Roi que mondit sieur de Berry doit estre plus enclin aprés luy au bien du Roy et du royaume que nul autre : et quant à ce qu'il dit que les choses dont il parle ne se peuvent plus porter ne soutenir selon Dieu et raison, chacun peut connoistre l'âge de mondit sieur de Berry tant où il est de present, comme de celuy où il estoit au temps du trépas du Roy (que Dieu pardoint); et aussi chacun peut congnoistre l'âge, la vertu et l'entendement que Dieu a donné au Roy. Et à prendre les choses en la maniére que mondit sieur de Berry fait pour en faire la remonstrance au Roy, il semble que c'est une étrange maniere de faire; car il est tout notoire que le Roy est son chef, son roy et seigneur souverain, et luy doit mondit sieur de Berry honneur, obeïssance, fidelité et service; et n'est pas à luy de entreprendre connoissance de reformer le Roy ne l'estat du royaume, et la forme et maniere qu'il le prent; ne par ce que dit est dessus, quelque conseil qu'il ait eu, il n'avoit pas eu cause suffisante pour soy partir à l'occasion dessusdite de la compagnie du Roy; et se luy, le duc de Bourbon et autres seigneurs avoient aucune chose à remonstrer touchant ces matieres, ils le deussent avoir fait à l'assemblée dernierement à Tours, où le Roi parla à eux tous si doucement et si benignement comme chacun sçait, en leur disant et remonstrant que s'il y avoit aucune chose dont ils le voulsissent advertir pour le bien du royaume, il y pourvoyeroit volontiers par leur bon advis et conseil. A quoy, par l'advis et deliberation de eux tous, fut respondu au Roy, par la bouche dudit sieur roy de Sicile, qu'ils étoient ses loyaux subjets et serviteurs, et que le Roy estoit leur souverain seigneur, et vouloient et estoient deliberés de le servir envers et contre tous, et de vivre et mourir avec luy. Et d'autre chose ne luy parlerent.

IX. Et quant à ce que ledit monsieur de Berry requiert l'adjonction dudit sieur roy de Sicile en ces matieres, afin que par son advis et conseil et des autres seigneurs du sang, aussi des gens des Estats de ce royaume, soit pourvû aux fautes dont il a parlé, ainsi qu'il est necessaire pour le bien du Roy et de la couronne, et de la chose publique du royaume;

Le Roy a bien confiance au roy de Sicile qu'il ne se joindra avec mondit sieur de Berry ne autre, au préjudice du Roy; mais luy semble que cette adjonction dudit sieur roy de Sicile, que ledit monsieur de Berry requiert, est bien contraire aux lettres escriptes et semonces que ledit monsieur de Berry et ses adherans ont fait publier par ce royaume, que tous les seigneurs estoient tous d'une commune voix et opinion en ces matieres, et nommement ledit roy de Sicile; et qu'ils avoient tous sur cè baillé leurs scellez et promesses; et se ainsi eust esté qu'il fut vray, ils n'eussent pas de present requis avoir l'adjonction dudit sieur roy de Sicile, et si il y a plusieurs autres seigneurs de ce royaume qui ne sont pas de cette suitte, mais sont deliberez de servir le Roy envers et contre tous, comme tenus y sont, ainsi qu'il est assez notoire : parquoy ne sont à croire toutes les choses qu'ils disent en cette partie.

X. Et au regard des Estats du royaume, il est bien certain que à cause des nouvelletés survenues et des maux jà encommencez, ainsi que dessus est declaré, dont la consequence est à doubter de venir beaucoup pire s'il n'y est pourveu, les gens desdits Estats ont trop plus grand cause d'eux douloir et plaindre, que de chose qui ait esté faite au precedent.

XI. Mondit seigneur de Berry dit au surplus que son intention est toute tendante à bonne fin; et luy semble qu'il seroit bien requis pour le bien du Roy, du royaume, de la chose publique, que les seigneurs du sang, et trois Estats du royaume duement convoquez, fussent assemblez en lieu seur et convenable pour faire remonstrance au Roy de leurs doleances, pour estre par luy et leur conseil donné si bon ordre et provision pour le tems advenir, que ce soit au bien et à l'exaltation de luy, du royaume et de la chose publique.

Le Roy a toujours desiré et desire le bien de son royaume et de ses subjets, et y a pené et travaillé au mieux qu'il a pû, et est disposé de faire mieux que jamais; et quand les seigneurs de son sang ou autres viendront par devers luy, ainsi et en l'estat qu'ils doivent, pour l'advertir et lui faire remonstrance d'aucune chose au bien du royaume, il les recueillera et ouïra benignement, et leur donnera les provisions convenables par bon conseil et advis, et tellement que chacun aura cause d'en estre content. Et quant est d'assembler les Estats, veu les voyes de fait et exploits dont ils ont usez et usent chacun, pour veoir et congnoistre comme ils ont mal pris le chemin pour faire l'assemblée desdits Estats, et ne desire point le Roy le mal dommage ne destruction d'aucuns de ses subjets, mais est courroussé et deplaisant quand il voit et congnoist qu'ils font chose allencontre de luy, ou aucunement qui ne soit bonne et raisonnable, et aimeroit beaucoup mieux que autrement fust; et combien, veu la faute et offense que plusieurs ont commise allencontre de luy, et ait bien cause de proceder contre eux, ainsi que raison et justice le veut, et qu'il est accoustumé faire en tel cas : neanmoins quand il verra et congnoistra qu'on se voudra radresser envers luy, et le connoistre et obeïr comme l'on doit son souverain seigneur, et de laisser ces mauvaises et détestables voyes qu'on a commencées, dont tant de maux et inconveniens peuvent advenir à tout le royaume, ainsi que dessus a esté touché, il a toujours esté et est enclin, comme prince de misericorde, à pardonner à ceux qui ont fait lesdites fautes et offenses, et mettre en oubly toutes les choses passées ; et les reprendre et tenir en sa bonne grâce. Aussi quand ils voudront persister en leur mauvais vouloir et entreprise allencontre de luy, et dont, se la chose estoit soufferte, il ensuiveroit maux innumerables, le Roy est disposé de y donner la provision, ainsi que à un roy et prince souverain appartient de faire selon raison, quand tel cas advient.

XII. Et quant à ce que mondit sieur de Berry dit que nonobstant toutes les choses faites et passées, en quoy aucuns des serviteurs du Roy ont grandement mespris envers luy, il est content pour l'honneur du Roy de mettre tout en oubly, et qu'il ne leur sera touché à son pourchas, ne à sa requeste, à personne ne en biens;

Le Roy a accoustumé, et si ont tous les autres vertueux rois de France, de garder et entretenir leurs serviteurs en liberté et seureté, sans qu'il soit loisible à autre que à luy d'entreprendre sur eux aucune correction, et qui conspire allencontre d'eux. Chacun sçait le grand crime que c'est ; et si autrement se faisoit, jamais roy ne seroit bien ne loyaument servi; et aussi quand ils ont failli en aucune chose, c'est au Roy à les punir ou pardonner, selon son bon plaisir ; et pour ce semble au Roy qu'on se pourroit bien deporter du contenu en cet article.

Par le Roy en son conseil, auquel messieurs les comtes du Maine et d'Angoulesme, l'evesque de Poitiers, les comtes de Tancarville, de Lavaut, Captau de Buch, le sire de Grave, les comtes de Cominges et sieur de Boismenard, mareschaux de France; les sires de Bueil, comte de Sancerre, de La Tremoille, de Chastillon, de Torcy, de La Borde, Du Lau, de Bayne, de Basoges, de Montferrand, de Montreul, de La Rozie, maistre Jean Dauvet, premier president; messire Geoffroy de Saint-Belin, Chevalier, maistre Estienne Chevalier, et autres. Estant à Saumur le premier jour d'avril l'an 1464, avant Pasques.

(Recueils de l'abbé Legrand.)

MEMOIRES

DE

PHILIPPE DE COMINES.

PROLOGUE,

A M. L'ARCHEVESQUE DE VIENNE (1).

MONSEIGNEUR l'archevesque de Vienne, pour satisfaire à la requeste qu'il vous a pleu me faire de vous escrire et mettre par memoire ce que j'ay sceu et connu des faits du feu roi Louis onziesme, à qui Dieu

---

(1) Cet archevêque de Vienne étoit Angelo Catto. Né à Tarente, dans le royaume de Naples, il avoit embrassé le parti de la maison d'Anjou, et avoit été obligé de s'expatrier avec elle. Lorsque le duc de Calabre eut l'espoir d'épouser Marie, fille de Charles-le-Téméraire, il fut chargé de suivre les négociations à la cour de Bourgogne. Après la mort du duc de Calabre, Charles, qui avoit été frappé du mérite d'Angelo Catto, le retint à son service, et lui fit une pension. Ce fut alors qu'il se lia d'amitié avec Philippe de Comines.

Les anciennes chroniques parlent de lui comme d'un très-savant astrologue, et rapportent plusieurs de ses prédictions. On prétend qu'il annonça à Charles *ses bonnes et mauvaises fortunes*. Philippe de Comines dit (liv. 5, chap. 3) que Catto écrivit en Italie le résultat des batailles de Granson et de Morat, plusieurs jours avant que ces batailles fussent livrées. Suivant le même auteur (liv. 5, chap. 5), ce

face pardon, nostre maistre et bienfaicteur, et prince digne de tres-excellente memoire, je l'ay fait le plus prés de la vérité que j'ay pu et sceu avoir la souvenance.

fut Angelo Catto qui consola Charles, et lui donna des soins pendant la maladie qu'il éprouva à la suite de ces deux défaites.

On ignore l'époque à laquelle Angelo Catto quitta le service de Bourgogne pour entrer à celui de France. D'après une ancienne chronique, il paroîtroit que ce fut avant la mort de Charles, et que Louis XI le nomma aussitôt à l'archevêché de Vienne. Voici ce qu'on lit dans cette chronique : « La vigile des Roys l'an 1476, et à l'heure que se
« donnoit ladite bataille (de Nancy), ledit roy Louys oyoit la messe
« en l'église monseigneur Saint Martin à Tours, distant dudit lieu de
« Nancy de dix grandes journées pour le moins; et à ladite messe
« servoit d'ausmonier ledit archevesque de Vienne, lequel, en baillant
« la paix audit seigneur, lui dit ces paroles : *Sire, Dieu vous donne*
« *la paix et le repos! Vous les avez si vous voulez,* quia consumma-
« tum est. *Votre ennemy le duc de Bourgogne est mort, et vient*
« *d'estre tué, et son armée desconfite.* Laquelle heure cottée fut trou-
« vée estre celle en laquelle veritablement avoit esté tué ledit duc. Et
« oyant ledit seigneur lesdites paroles, s'esbahyt grandement, et de-
« manda audit archevesque s'il estoit vray ce qu'il disoit, et comme
« il le sçavoit. A quoi ledit archevesque respondit qu'il le sçavoit
« comme les autres choses que Nostre Seigneur avoit permis qu'il pré-
« dist à luy et au feu duc de Bourgogne. Et sans plus de paroles, ledit
« seigneur fit vœu à Dieu et à monseigneur saint Martin que si les
« nouvelles qu'il disoit estoient vrayes (comme de faict elles se trou-
« verent bien-tost apres), qu'il feroit faire le treillis de la chasse de
« monseigneur saint Martin (qui estoit de fer) tout d'argent. Lequel
« vœu ledit seigneur accomplit depuis, et fit faire ledit treillis, valant
« cent mille livres ou à peu pres. » Ce récit ne s'accorde pas avec celui de Philippe de Cominés (liv. 5, chap. 10), qui rapporte que *le*
Roy fut tant surpris de la joie qu'il eut de cette nouvelle, qu'à grande
peine sceut-il quelle contenance tenir, et qui ne fait aucune mention de la prédiction de l'archevêque de Vienne.

Les chroniques citent plusieurs autres prédictions d'Angelo Catto; nous croyons inutile de les répéter. On a peu de détails sur la vie de ce prélat. Suivant P. Matthieu, dans son Histoire de Louis XI, Catto ne put résider à Vienne, *pour les grandes traverses qu'il eust de ceux du Dauphiné, et fut contraint de se retirer à Rome.*

PROLOGUE.

Du temps de sa jeunesse ne sçauroye parler, sinon pour ce que je luy en aye ouy parler et dire : mais depuis le temps que je vins en son service [1], jusques à l'heure de son trespas, où j'estoye present, ay fait plus continuelle residence avec luy que nul autre de l'Estat à quoy je le servoye, qui pour le moins ay tousjours esté des chambellans, ou occupé en ses grandes affaires. En luy et en tous autres princes que j'ay connu ou servy, ay connu du bien et du mal ; car ils sont hommes comme nous. A Dieu seul appartient la perfection ; mais quand en un prince la vertu et bonnes conditions precedent [2] les vices, il est digne de grand'memoire et loüange : veu que tels personnages sont plus enclins en choses volontaires qu'autres hommes, tant pour la nourriture et petit chastoy [3] qu'ils ont eu en leur jeunesse, que pour ce que, venans en l'aage d'homme, la pluspart des gens taschent à leur complaire, et à leurs complexions et conditions.

Et pour ce que je ne voudroye point mentir, se pourroit faire qu'en quelque endroit de cet escrit se pourroit trouver quelque chose qui du tout ne seroit à sa louange ; mais j'ay espérance que ceux qui liront considereront les raisons dessusdites. Et tant osay-je bien dire de luy, à son loz [4], qu'il ne me semble pas

---

[1] Philippe de Comines quitta le duc de Bourgogne, pour s'attacher au roi Louis XI, au mois de septembre 1472, comme on l'a vu dans la Notice.

[2] *Precedent* : l'emportent sur.

[3] Il y avoit *chastiment* dans quelques éditions ; mais nous avons suivi les manuscrits. *Chastoy* est un vieux mot qui signifie correction, sévérité dans l'éducation.

[4] *A son loz* : ou à sa recommandation et louange, ainsi que portent

que jamais j'aye connu nul prince où il y eust moins qu'en luy à regarder le tout. Si ay-je eu autant de connoissance des grands princes, et autant de communication avec eux, que nul homme qui ait esté en France de mon temps, tant de ceux qui ont regné (1) en ce royaume que en Bretagne, et en ces parties de Flandres, Allemagne, Angleterre, Espagne, Portugal et Italie, tant seigneurs spirituels que temporels, que de plusieurs autres dont je n'aye eu la vuë, mais connoissance par communication de leurs ambassades, par lettres, et par leurs instructions. Parquoy on peut assez avoir d'information de leurs natures et conditions. Toutesfois je ne pretends en rien, en le louant en cet endroit, diminuer l'honneur et bonne renommée des autres : mais vous envoye ce dont promptement m'est souvenu, esperant que vous le demandez pour le mettre en quelque œuvre, que vous avez intention de faire en langue latine, dont vous estes bien usité ; par laquelle œuvre se pourra connoistre la grandeur du prince dont vous parleray, et aussi de vostre entendement. Et là où je faudroye, vous trouverez monseigneur Du Bouchage (2) et autres, qui mieux vous en sçauroient parler que moy, et le coucher en meilleur langage. Mais

---

les imprimés ordinaires ; mais nous avons suivi les manuscrits. *Loz* vient du latin *laus*, louange.

(1) *Regné* : ou vescu, selon quelques manuscrits.

(2) *Du Bouchage* : C'étoit Imbert de Batarnay, baron du Bouchage et d'Anton, sieur de Montrésor, conseiller et chambellan du Roi. Il en est souvent parlé dans les Mémoires de Comines. Du Bouchage fut un des favoris de Louis XI. On trouve dans les manuscrits de la bibliothèque du Roi un grand nombre de lettres et d'instructions secrètes que ce roi lui adressa.

pour obligation d'honneur, et grandes privautez et bienfaits, sans jamais enterrompre jusques à la mort, que l'un ou l'autre n'y fust, nul n'en devroit avoir meilleure souvenance que moy; et aussi pour les pertes et douleurs que j'ay receuës depuis son trespas. Qui est bien pour faire reduire à ma memoire les graces que j'ay receuës de luy, combien que c'est chose assez acoustumée qu'après le decés de si grands et puissans princes, les mutations sont grandes, et y ont les uns pertes, et les autres gain. Car les biens et les honneurs ne se departent point à l'appetit de ceux qui les demandent.

Et pour vous informer du temps dont ay eu connoissance dudit seigneur, dont faites demande, m'est force de commencer avant le temps que je vins à son service : et puis par ordre je continueray mon propos jusques à l'heure que je devins son serviteur, et continueray jusques à son trespas.

MEMOIRES

DE

PHILIPPE DE COMINES.

LIVRE PREMIER.

CHAPITRE PREMIER.

De l'occasion des guerres qui furent entre Louis onziesme et le comte de Charolois, depuis duc de Bourgogne.

Au saillir de mon enfance, et en l'aage (1) de pouvoir monter à cheval, je fus amené à L'Isle devers le duc Charles de Bourgogne, lors appellé comte de Charolois, lequel me prit en son service : et fut l'an 1464. Quelques trois jours aprés arriverent audit lieu de L'Isle les ambassadeurs du Roy (2), où estoit le comte

---

(1) *L'aage :* Philippe de Comines pouvoit alors avoir dix-neuf ans, puisqu'il est mort en 1509, dans sa soixante-quatrième année. *Voyez* la Notice.

(2) *Du Roy :* Les ambassadeurs de Louis XI arrivèrent à Lille le 5 novembre 1464. Tout ce qui concerne cette ambassade est rapporté avec beaucoup de détail dans Monstrelet.

d'Eu (1), le chancelier de France, appellé Morvillier (2), et l'archevesque de Narbonne (3) : et en la presence du duc Philippe de Bourgogne et dudit comte de Charolois, et de tout leur conseil, à huis ouvers, furent ouïs lesdits ambassadeurs; et parla ledit Morvillier fort arrogamment, disant que ledit comte de Charolois avoit fait prendre, luy estant en Holande, un petit navire de guerre party de Dieppe, auquel estoit un bastard de Rubempré (4), et l'avoit fait emprisonner, luy donnant charge qu'il estoit là venu pour le prendre, et qu'ainsi l'avoit fait publier par tout, et par especial à Bruges, où hantent toutes nations de gens estranges, par un chevalier de Bourgogne, appellé messire Olivier de La Marche.

Pour lesquelles causes le Roy, soy trouvant chargé de ces cas, contre vérité, comme il disoit, requeroit

---

(1) *Le comte d'Eu* : Charles d'Artois, prince du sang de France. Après avoir demeuré vingt-trois ans prisonnier en Angleterre, il revint en France en 1438. Il fut fort aimé de Louis XI, parce qu'il n'avoit pas l'humeur arrogante de ses aïeux. Il demeura fidèle au Roi, lorsque les principaux seigneurs quittèrent Louis XI pour suivre l'armée des princes en 1465. Conjointement avec Dunois, il ménagea entre le Roi et le duc de Bretagne un traité qui fut signé à Saumur en 1469. Il mourut sans enfans le 25 juillet de l'an 1472, âgé de près de quatre-vingts ans. Jean de Bourgogne, comte de Nevers, son neveu, fut son héritier.

(2) Pierre, seigneur de Morvilliers, de Clary et de Charenton, fils de Philippe de Morvilliers, premier président de la cour de parlement de Paris, auparavant président des parlemens du duc de Bourgogne. Il avoit reçu les sceaux le 3 septembre 1461; il les remit, en 1465, à Guillaume Juvénal des Ursins, baron de Treinel, qui avoit été son prédécesseur.

(3) *L'archevesque de Narbonne* : Antoine Du Bec-Crespin, auparavant évêque et duc de Laon.

(4) Sur Rubempré, voyez l'Introduction.

audit duc Philippe que ce messire Olivier de La Marche (1) luy fust envoyé prisonnier à Paris, pour en faire la punition telle que le cas le requeroit. A ce point luy respondit ledit duc Philippe que messire Olivier de La Marche estoit né de la comté de Bourgogne, et son maistre-d'hostel, et n'estoit en rien subject à la couronne : toutes-fois que s'il avoit fait et dit chose qui fust contre l'honneur du Roy, et qu'ainsi le trouvast par information, qu'il en feroit la punition telle qu'au cas appartiendroit : et qu'au regard du bastard de Rubempré, il est vray qu'il estoit pris pour les signes et contenances qu'avoit ledit bastard et ses gens à l'environ de La Haye en Holande, où pour lors estoit son fils comte de Charolois, et que si ledit comte estoit soupçonneux, il ne le tenoit point de luy (car il ne le fut oncques), mais le tenoit de sa mere, qui avoit esté la plus soupçonneuse dame qu'il eust jamais cogneüe (2) : mais, nonobstant que luy, comme dit est, n'eust jamais esté soupçonneux, s'il se fust trouvé au lieu de son fils à l'heure que ce bastard de Rubempré hantoit és environs, qu'il l'eust fait prendre comme il avoit esté ; et que si ledit bastard ne se trouvoit chargé d'avoir voulu prendre son fils (comme l'on disoit), qu'incontinent le feroit delivrer, et le renvoyeroit au Roy, comme ses ambassadeurs le requeroyent.

Aprés recommença ledit Morvillier, en donnant grandes et deshonnestes charges au duc de Bretagne,

---

(1) *Olivier de La Marche :* l'auteur des Mémoires qui font partie de cette série (tomes 9 et 10.).

(2) *Qu'il eust jamais cogneüe :* c'étoit Isabelle de Portugal. Le duc de Bourgogne ajouta, selon Monstrelet : *Qui soupçonnoit maintefois que je n'allasse à autre femme qu'à elle.*

appellé François: disant que ledit duc, et le comte de Charolois là présent, estant ledit comte à Tours devers le Roy (1) là où il l'estoit allé voir, s'estoient baillez seellez l'un à l'autre (2), et faits freres d'armes; et s'estoient baillez lesdits seellez par la main de messire Tanneguy Du Chastel (3), qui depuis a esté gouverneur du Roussillon, et a eu auctorité en ce roiaume: faisant ledit Morvillier ce cas si énorme et si crimineux, que nulle chose qui se peust dire à ce propos, pour faire honte et vitupere à un prince, ne fust qu'il ne dist. A quoy ledit comte de Charolois par plusieurs fois voulut respondre, comme fort passionné de cette injure, quy se disoit de son amy et allié; mais ledit Morvillier luy rompoit tousjours la parole, disant ces mots: *Monseigneur de Charolois, je ne suis pas venu pour parler à vous, mais à monseigneur vostre pere.* Ledit comte supplia par plusieurs fois à son pere qu'il peust respondre; lequel luy dit: *J'ay respondu pour toy comme il me semble que pere doit respondre pour fils: toutesfois, si tu en as si grande envie, penses y aujourd'huy; et demain dy ce que tu voudras.* Encores disoit ledit Morvillier qu'il ne pouvoit penser qui pouroit avoir meu ledit comte de prendre cette alliance avec ledit duc de Bretagne; qu'il n'avoit rien, sinon une pension que le Roy luy avoit donnée avec le gouvernement de Normandie, que le Roy luy avoit osté.

(1) Le comté de Charolois étoit allé voir le Roi à Tours en novembre 1461, et y étoit resté jusques au 11 décembre suivant.

(2) Ces princes avoient fait ensemble une alliance défensive et offensive. Voyez l'Introduction.

(3) Sur Tanneguy Du Châtel, voyez l'Introduction.

Le lendemain en l'assemblée, et en la compagnie des dessusdits, le comte de Charolois, le genoüil en terre sus un carreau de veloux, parla à son pere premier, et commença de ce bastard de Rubempré, disant les causes estre justes et raisonnables de sa prinse, et que ce se mettroit par procès. Toutesfois je croy qu'il ne s'en trouva jamais rien : mais estoient les suspections grandes, et le vy delivrer d'une prison où il avoit esté cinq ans. Après ce propos commença à descharger le duc de Bretagne, et luy aussi : disant qu'il estoit vray que ledit duc de Bretagne et luy avoient prins alliance et amitié ensemble, et qu'ils s'estoient faicts freres d'armes : mais en rien n'entendoient cette alliance au prejudice du Roy ne de son royaume, mais pour le servir et soustenir, si besoin en estoit : et que touchant la pension qui luy avoit esté ostée, que jamais n'en avoit eu qu'un quart montant neuf mille francs, et que jamais n'avoit requis ladite pension, ne le gouvernement de Normandie; et que moyennant qu'il eust la grace de son pere, il se pourroit bien passer de tous autres bienfaicts. Et croy bien, si n'eust esté la crainte de son dit pere qui là estoit present, et auquel il adressoit sa parolle, qu'il eust beaucoup plus asprement parlé. La conclusion dudit duc Philippe fut fort humble et sage (1), suppliant au Roy ne vouloir legerement croire contre luy ne son fils, et l'avoir tousjours en sa bonne grace. Après fut apporté le vin et les espices, et prirent les ambassadeurs congé du pere et du fils. Et quand ce vint que le comte d'Eu et le chancelier eurent pris

---

(1) Monstrelet dit que le duc écrivit au Roi, et que Louis XI lui fit sur-le-champ une réponse convenable.

congé dudit comte de Charolois, qui estoit assez loin de son pere, il dit à l'archevesque de Narbonne, qu'il vit le dernier : *Recommandez-moy tres humblement à la bonne grace du Roy, et luy dites qu'il m'a bien fait laver icy par le chancelier; mais avant qu'il soit un an il s'en repentira.* Ledit archevesque de Narbonne fit ce message au Roy quand il fut de retour, comme vous entendrez cy-aprés. Ces parolles engendrerent grande hayne dudit comte de Charolois au Roy, avec ce qu'il n'y avoit gueres que le Roy avoit racheté les villes de dessus la riviere de Somme, comme Amiens, Abeville, Sainct-Quentin, et autres, baillées par le roy Charles septiesme audit duc Philippe de Bourgogne, par le traicté qui fut faict à Arras (1), pour en joüir par luy et ses hoirs masles, au rachapt de quatre cens mille escus. Je ne sçay bonnement comment cela se mena : toutesfois ledit duc se trouvant en sa vieillesse, furent tellement conduits tous ses affaires par messeigneurs de Croy et de Chimay freres(2), et autres de leur maison, qu'il reprit son argent

---

(1) *A Arras :* Ce traité est de 1435; nous en avons un journal assez curieux, fait par Antoine de Le Taverne, publié par Jean Collart, et imprimé à Paris, *in-12*, en 1651.

(2) *Messeigneurs de Croy et de Chimay freres :* L'aîné s'appeloit Antoine de Croy, comte de Porcean, de Guines, et de Beaumont en Hainaut, chevalier de la Toison d'Or, et favori de Philippe-le-Bon, duc de Bourgogne; il fut grand-maître de France en 1461, et mourut en 1475. Le puiné se nommoit Jean de Croy, qui fut chevalier de la Toison d'Or, grand baillif et capitaine général du pays de Hainaut pour le duc de Bourgogne; tous deux étoient fils de Jean de Croy, seigneur de Renty, Seninghem et d'Araines, chambellan de Philippe-le-Hardi et Jean, ducs de Bourgogne.

Monstrelet donne une lettre fort étendue du comte de Charolois contre les seigneurs de la maison de Croy.

du Roy, et restitua lesdites terres : dont ledit comte son fils fut fort troublé, car c'estoient les frontieres et limites de leurs seigneuries, et y perdoient beaucoup de subjects, et bonnes gens pour la guerre. Il donna charge de ceste matiere à la maison de Croy : et venant son pere à l'extreme vieillesse, dont ja estoit près, il chassa hors du pays de son pere tous lesdits seigneurs de Croy, et leur osta toutes les places et choses qu'ils tenoient entre leurs mains.

CHAPITRE II.

Comment le comte de Charolois, avec plusieurs gros seigneurs de France, dressa une armée contre le roy Louys onziesme, soubs couleur du bien public.

BIEN peu de temps après le partement des ambassadeurs dessusdits, vint à L'Isle le duc de Bourbon Jehan (1), dernier mort, feignant venir voir son oncle le duc Philippe de Bourgogne, lequel, entre toutes les maisons du monde, aimoit ceste maison de Bourbon. Cedit duc de Bourbon estoit fils de la sœur (2)

---

(1) *Jehan* : c'étoit Jean, deuxième du nom, duc de Bourbon et d'Auvergne, né en 1426, et mort en 1487. C'est à lui que François Villon adresse une ballade assez remarquable pour le temps, et qui fait voir la libéralité de ce prince.

(2) *De la sœur* : Agnès de Bourgogne, mariée à Charles, duc de Bourbon, qui fut père de Jean, et qui mourut en 1456. Cette princesse lui survécut vingt ans.

dudit duc Philippe, laquelle estoit veufve, long-
temps avoit ; et estoit là avec ledit duc son frere, et
plusieurs de ses enfans, comme trois filles et un fils.
Toutesfois l'occasion de la venue dudit duc de Bourbon estoit pour gaigner et conduire ledit duc de
Bourgogne de consentir mettre sus une armée en
son païs : ce que semblablement feroient tous les
princes de France, pour remonstrer au Roy le mauvais ordre et injustice qu'il faisoit en son royaume : et
vouloient estre forts pour le contraindre, s'il ne se
vouloit ranger. Et fut cette guerre depuis appellée
le *bien public*, pource qu'elle s'entreprenoit soubs
couleur de dire que c'estoit pour le bien public du
royaume. Ledit duc Philippe, qui depuis sa mort a
esté appellé le bon duc Philippe, consentit qu'on mit
sus des gens : mais le nœu de ceste matiere ne luy fut
jamais descouvert, ny ne s'attendoit point que les
choses vinssent jusques à la voye de faict. Incontinent se mirent à mettre sus ses gens, et vint le comte
de Sainct-Paul, depuis connestable de France, devers
ledit comte de Charolois à Cambray, où pour lors
estoit ledit duc Philippe : et luy venu audit lieu avec
le mareschal de Bourgogne (1), qui estoit de la maison de Neufchastel, ledit comte de Charolois fit une
grande assemblée de gens de conseil, et autres des
gens de son pere en l'hostel de l'evesque de Cambray (2) ; et là declara tous ceux de la maison de

(1) *Le mareschal de Bourgogne* : Thibaut, seigneur de Neufchâtel,
d'Epinal, Châtel-sur-Moselle et de Blamont, chevalier de la Toison
d'Or ; il en est fait souvent mention dans l'Histoire de Louis xi.

(2) *L'évesque de Cambray* : Jean, évêque de Cambray, fils naturel
de Jean, duc de Bourgogne, mort en 1479.

Croy (1) ennemis mortels de son pere et de luy, nonobstant que le comte de Sainct-Paul eust baillé sa fille (2) en mariage au fils du seigneur de Croy long-temps avoit, et disoit y avoir dommage. En somme, il fallut que tous s'enfuissent des seigneuries du duc de Bourgogne, et perdirent beaucoup de meubles. De tout cecy despleut bien au duc Philippe, lequel avoit pour premier chambellan un qui depuis fut appellé monseigneur de Chimay (3), homme jeune, et tres-bien conditionné, neveu du seigneur de Croy, lequel s'en alla sans dire adieu à son maistre, pour la crainte de sa personne : autrement il eust esté tué ou pris, car ainsi luy avoit esté déclaré. L'ancien aage du duc Philippe luy fit ce endurer patiemment : et toute cette declaration, qui se fit contre ses gens, fut à cause de la restitution de ces seigneuries situées sur la riviere de Somme, que ledit duc Philippe avoit rendu audit roy Louis pour la somme de quatre cens mille escus, et chargeoit le comte de Charolois ces gens de cette maison de Croy d'avoir fait consentir audit duc Philippe cette restitution.

Ledit comte de Charolois se radouba et rapaisa

---

(1) *Ceux de la maison de Croy :* Les seigneurs de la maison de Croy, disgraciés par Charles, comte de Charolois, se retirèrent en France, où Louis XI leur fit beaucoup de bien : quelques branches même y sont restées, et d'autres sont retournées ensuite dans les Pays-Bas. *Voyez* la note ci-dessus, p. 340.

(2) *Sa fille :* Jacqueline de Luxembourg, fille de Louis, comte de Saint-Pol, depuis connétable de France, mariée à Philippe de Croy, fils d'Antoine de Croy et de Marguerite de Lorraine, sa seconde femme.

(3) *De Chimay :* Philippe de Croy, seigneur de Kievraing, fils aîné de Jean de Croy, créé comte de Chimay en 1473.

avec son pere le mieux qu'il put, et incontinent mit ses gens-d'armés aux champs : et en sa compagnie ledit comte de Sainct-Paul [1] estoit principal conducteur de ses affaires, et le plus grand chef de son armée, et pouvoit bien avoir trois cens hommes-d'armes et quatre mille archiers soubs sa charge ; et avoit beaucoup de bons chevaliers et escuyers des païs d'Artois, de Henault, et de Flandres, soubs ledit comte, par le commandement dudit comte de Charolois. Semblables bandes et aussi grosses armées avoient monseigneur de Ravastein [2], frere du duc de Cleves, et messire Antoine [3], bastard de Bourgogne; lesquels avoient esté ordonnez pour les conduire. D'autres chefs y avoit-il, que je ne nommeray pas pour ceste heure, pour briefveté : et entre les autres y avoit deux chevaliers qui avoient grand credit avec ledit comte de Charolois : l'un estoit le seigneur de Haultbourdin [4], ancien chevalier, frere bastard dudit comte de Sainct-Paul, nourry és anciennes guerres de France et d'Angleterre, au temps que le roy Henry, cinquiesme roy d'Angleterre de ce nom, regnoit en France, et que le duc Philippe estoit joinct avec luy, et son allié.

---

[1] *Sainct-Paul :* On verra dans la suite la triste destinée du comte de Saint-Pol, qui, après avoir successivement trompé Louis XI et le comte de Charolois, fut sacrifié à la vengeance de ces deux princes.

[2] *De Ravastein :* Adolphe de Clèves, seigneur de Ravestin, fils puîné d'Adolphe de La Marck, premier duc de Clèves, et de Marie, fille de Jean, duc de Bourgogne.

[3] *Antoine :* Fils naturel de Philippe-le-Bon, duc de Bourgogne, et de Jeanne de Presle.

[4] *De Haultbourdin :* Jean de Luxembourg, fils naturel de Walerand de Luxembourg, comte de Saint-Pol, et d'Agnès Dubus ; légitimé par Philippe, duc de Bourgogne, le 12 juin 1433.

L'autre avoit nom le seigneur de Contay [1], qui semblablement estoit du temps de l'autre. Ces deux estoient tres-vaillans et sages chevaliers, et avoient la principale charge de l'armée. Des jeunes il y en avoit assez; et entre les autres un fort bien renommé, appellé messire Philippe de Lalain [2], qui estoit d'une race dont peu s'en est trouvé qui n'ayent esté vaillans et courageux, et presque tous morts en servant leurs seigneurs en la guerre. L'armée pouvoit estre de quatorze cens hommes-d'armes, mal armez et maladroits, car long-temps avoient esté ces seigneurs en paix, et depuis le traicté d'Arras avoient peu veu de guerre qui eust duré : et à mon advis qu'ils avoient esté en repos plus de trente ans, sauf quelques petites guerres contre ceux de Gand, qui n'avoient gueres duré. Les hommes-d'armes estoient tres-forts, bien montez, et bien accompagnez; car peu en eussiez vous veu qui n'eussent cinq ou six grands chevaux. D'archiers y pouvoit bien avoir huict ou neuf mille : et quand la monstre [3] fut faite, y eut plus à faire à les renvoyer qu'à les appeler : et furent choisis tous les meilleurs.

Pour lors avoient les subjects de cette maison de Bourgogne grandes richesses, à cause de la longue paix qu'ils avoient euë, pour la bonté du prince soubs qui ils vivoient, lequel peu tailloit ses subjets : et me semble que pour lors ses terres se pouvoient

---

[1] *De Contay* : Guillaume-le-Jeune, seigneur de Contay, fils aîné de Robert-le-Jeune, seigneur de La Forêt et de Contay en Artois.

[2] *Philippe de Lalain* : Fils de Guillaume, seigneur de Lallain, et de Jeanne de Créquy, tué à la bataille de Montlhéry. Il étoit frère de ce fameux Jacques de Lallain, surnommé le chevalier sans reproche.

[3] *Monstre* : revue.

mieux dire terres de promission que nulles autres seigneuries qui fussent sur la terre. Ils estoient comblez de richesses, et en grand repos, ce qu'ils ne furent oncques puis : et y peut bien avoir vingt et trois ans (1) que cecy commença. Les despenses et habillemens d'hommes et de femmes, grands et superflus; les convis et banquets, plus grands et plus prodigues qu'en nul autre lieu dont j'aye eu connoissance; les baignoiries et autres festoyemens avec femmes, grands et desordonnez, et à peu de honte : je parle des femmes de basse condition. En somme, ne sembloit pour lors aux subjets de ceste maison que nul prince fut suffisant pour eux, au moins qu'il les sceust confondre : et en ce monde n'en connoy aujourd'huy une si desolée, et doute que les pechez du temps de la prosperité leur fassent porter ceste adversité, et principalement qu'ils ne connoissent pas bien que toutes ces graces leur procedoient de Dieu, qui les depart là où il luy plaît.

Estant ceste armée ainsi preste, qui fut tout à un instant, de toutes choses dont j'ay icy devant parlé, se mit le comte de Charolois en chemin avec toute cette armée, qui estoient tous à cheval, sauf ceux qui conduisoient son artillerie, qui estoit bonne et belle, selon le temps de lors, avec fort grand nombre de charroy, et tant qu'ils cloyoient (2) la pluspart de son ost, seulement ce qui estoit sien. Pour le commencement tira son chemin devers Noyon, et assiegea un petit chastel où il y avoit des gens de guerre,

(1) *Vingt et trois ans :* Ceci fait juger que Comines a commencé ses Mémoires en 1487.

(2) *Cloyoient :* enfermoient, comme le portent quelques manuscrits.

appellé Nesle, lequel en peu de jours il print. Le mareschal Joachim (1), mareschal de France, estoit tousjours environ de luy, qui estoit party de Peronne : mais il ne luy faisoit point de dommage, parce qu'il avoit peu de gens, et se mit dedans Paris quand ledit comte en approcha. Tout au long du chemin ne faisoit ledit comte nulle guerre, ny ne prenoient rien ses gens sans payer. Aussi les villes de la riviere de Somme et toutes autres laissoient entrer ses gens en petit nombre, et leur bailloient ce qu'ils vouloient pour leur argent, et sembloit bien qu'ils escoutassent qui seroit le plus fort ou le Roy ou les seigneurs : et chemina tant ledit comte, qu'il vint à Sainct Denis prés Paris, où se devoient trouver tous les seigneurs du royaume, comme ils avoient promis; mais ils ne s'y trouverent pas. Pour le duc de Bretagne, y avoit avec ledit comte, pour ambassadeur, le vicechancelier de Bretagne (2), qui avoit des *blancs signez* de

---

(1) *Le mareschal Joachim* : Joachim Rouault, seigneur de Châtillon, de Boismenard en Poitou, et sire de Gamaches en Picardie, épousa Françoise de Ruffek de Wolvire; il étoit fils de Jean Rouault et de Jeanne Du Bellay. Joachim Rouault avoit rendu de grands services à Charles VII; il s'étoit trouvé à la bataille de Formigny en Normandie, gagnée sur les Anglais en 1450; il avoit aidé le Roi à conquérir la Guyenne en 1453. Monstrelet dit que Charles VII le fit connétable de Bordeaux, et qu'il préta serment, en cette qualité, entre les mains du chancelier de France. En 1465, il défendit Paris assiégé par le comte de Charolois et par les autres princes ligués contre Louis XI, qui le récompensa en lui donnant le gouvernement de cette ville avec deux cents maîtres, et en le faisant maréchal de France; il fut pourtant disgracié dans sa vieillesse.

(2) *Le vice-chancelier de Bretagne* : Il s'appeloit Jean de Romillé, seigneur de La Chesnelaye, fils de Jean de Romillé ou Romilly, seigneur de La Chesnelaye, et de Marguerite de Bardoul. Il mourut l'an 1480. On remarque parmi ses descendans Jean-Baptiste Budes, comte de

son maistre; et s'en aidoit à *faire nouvelles* et escrits, comme le cas le requeroit. Il estoit Normand, et tres-habile homme : et besoin luy en fut, pour le murmure des gens qui sourdit contre luy. Ledit comte s'alla monstrer devant Paris, et y eut tres-grande escarmouche, et jusques aux portes, au desavantage de ceux de dedans. De gens d'armes il n'y avoit que ledit Joachim et sa compagnie, et monseigneur de Nantouillet (1), depuis grand-maistre, qui aussi bien servit le Roy en cette armée que jamais subjet servit roy de France en son besoin : et à la fin en fut mal recompensé, par la poursuite de ses ennemis (2), plus

---

Guébriant, créé maréchal de France en 1642, après la victoire qu'il remporta à Kempen, près Cologne, sur le général Lamboy.

(1) *Monseigneur de Nantouillet :* Charles de Melun, baron des Landes, de Normanville et de Nantouillet, chambellan de Louis XI et son favori, gouverneur de Paris et de l'Ile de France, lieutenant général par tout le royaume. Il eut pendant quelque temps l'autorité sur toutes les armées de France, et il ne lui manquoit que le nom de connétable, car il en faisoit les fonctions. Le Roi le soupçonna d'avoir eu des intelligences avec les princes pendant le siège de Paris, et lui fit faire son procès par des commissaires. La violence des tourmens lui arracha des aveux d'après lesquels il fut condamné. Il eut la tête tranchée au marché d'Andelys, le 22 août 1468. On lit dans une ancienne chronique « que du premier coup que le bourreau donna à Charles « de Melun, il ne luy coupa la teste qu'à moitié, et que le chevalier « se releva, et qu'il dit tout haut qu'il n'avoit cause ne coulpe en ce « que le Roy le mettoit, et qu'il n'avoit mort deservie; mais puisque « c'estoit le plaisir du Roy, il prenoit la mort en gré. Et quand il eut « ce dit, il fut par après décapité. » A peu près dans le même temps, un autre Charles de Melun, homme-d'armes de la compagnie de l'amiral, et capitaine du château d'Usson en Auvergne, fut décapité au château de Loches, pour avoir laissé échapper le seigneur Du Lau du château d'Usson, où il avoit été constitué prisonnier par ordre du Roi.

(2) *Ses ennemis :* Le plus grand ennemi de Charles de Melun fut Antoine de Chabannes, comte de Dammartin. Charles de Melun l'avoit

que par le deffaut du Roy : mais les uns, ne les autres, ne s'en sçauroient de touts points excuser. Il y eut du menu peuple, comme j'ay depuis sceu, fort espouvanté ce jour, jusques à crier : « Ils sont dedans! » Ainsi le m'ont conté plusieurs depuis ; mais c'estoit sans propos (1). Toutes-fois monseigneur de Haultbourdin (dont j'ay parlé cy-devant, et lequel y avoit esté nourry, lors qu'elle n'estoit point si forte qu'elle est à present) eust esté assez d'opinion qu'on l'eust assaillie. Les gens-d'armes l'eussent bien voulu, tous mesprisans le peuple : car jusques à la porte estoient les escarmouches. Toutes-fois il est vraysemblable qu'elle n'estoit point prenable. Ledit comte s'en retourna à Sainct Denis.

Le lendemain au matin se tint conseil, sçavoir si on iroit au devant du duc de Berry et du duc de Bretagne, qui estoient prés, comme disoit le vice-chancelier de Bretagne, qui monstroit lettres d'eux : mais il les avoit faites sur des blancs, et autre chose n'en sçavoit. La conclusion fut que l'on passeroit la riviere de Seine, combien que plusieurs opinerent de retourner, puisque les autres avoient failly à leur jour, et qu'avoir passé la riviere de la Somme et de Marne (2) c'estoit assez, et suffisoit bien, sans passer celle de Seine : et y mettoient grandes doutes aucuns, veu qu'à leur dos n'avoient nulles places pour eux retirer, si besoin en avoient. Fort murmurerent

---

fait condamner au bannissement, en supprimant quelques pièces du procès, et avoit obtenu la confiscation de ses biens. Après la guerre du bien public, Dammartin rentra en faveur, et contribua puissamment à la perte de Charles de Melun.

(1) *Sans propos*: sans raison. — (2) *Marne*: ce doit être la rivière d'Oise.

tous ceux de l'ost sur le comte de Sainct-Paul, et sur ce vicechancelier : toutesfois ledit comte de Charolois alla passer la riviere, et loger au pont Sainct Clou. Le lendemain, dés ce qu'il fut arrivé, luy vindrent nouvelles d'une dame (1) du royaume, qui luy escrivoit de sa main comme le Roy partoit de Bourbonnois, et à grandes journées alloit pour le trouver (2).

Or faut un peu parler comme le Roy estoit allé en Bourbonnois. Connoissant que tous les seigneurs du royaume se declaroient contre luy, au moins contre son gouvernement, se delibera d'aller premier au duc de Bourbon (3), qui luy sembloit s'estre plus declaré que les autres princes : et pource que son païs estoit foible, tantost l'auroit affollé. Il luy print plusieurs places, et eut achevé le demeurant, si n'eust esté le secours qui vint de Bourgogne, que menoit le seigneur de Coulches (4), le marquis de Rottelin (5),

(1) *D'une dame* : L'abbé Legrand croit que cette dame étoit la duchesse d'Orléans.

(2) Le 6 juillet, dix jours avant la bataille de Montlhéry, Louis XI étoit encore à Montluçon en Bourbonnois, à soixante lieues de Montlhéry.

(3) Il en est parlé ci-devant au commencement du chapitre second.

(4) *Le seigneur de Coulches* : Claude de Montagu, seigneur de Couches, etc., chevalier de l'ordre de la Toison d'Or, et chambellan du duc de Bourgogne, mort en 1470. Avec lui s'éteignit la postérité masculine de la première maison des ducs de Bourgogne, sortis du duc Robert, deuxième fils du roi Robert. *Voyez* Chifflet et Sainte-Marthe.

(5) *De Rottelin* : Rodolphe de Hochberg, marquis de Hochberg et de Rotelin, comte souverain de Neufchâtel en Suisse, depuis gouverneur de Luxembourg, mort en 1487. Son fils Philippe laissa une fille unique nommée Jeanne, qui, par son mariage avec Louis d'Orléans, premier du nom, duc de Longueville, fit passer le comté de Neufchâtel dans la maison de Longueville. *Voyez* Sainte-Marthe.

le seigneur de Montagu (1), et autres : et y estoit, portant le harnois, le chancelier de France (qui est aujourd'huy homme bien estimé), appellé messire Guillaume de Rochefort. Cette assemblée avoient faite en Bourgogne le comte de Beaujeu (2) et le cardinal de Bourbon (3), frere du duc Jehan de Bourbon ; et mirent les Bourguignons dedans Molins. D'autre part vindrent en l'ayde dudit duc le duc de Nemours (4), le comte d'Armagnac (5) et le seigneur d'Albret (6), avec grand nombre de gens, où il y avoit aucuns bien bons hommes d'armes de leurs païs, qui avoient laissé les ordonnances, et s'estoient retirez à eux. Ce grand nombre estoit assez mal empoinct ; car ils n'avoient point de payement, et faloit qu'ils vescussent sur le peuple. Nonobstant tout ce nombre, le Roy leur donnoit beaucoup d'affaires, et traitterent aucune forme de paix : et par especial le duc de Nemours fit serment au Roy, luy promet-

(1) *Le seigneur de Montagu* : Jean de Neufchâtel, chevalier de la Toison d'Or, et chambellan de Philippe-le-Bon, duc de Bourgogne.

(2) *Le comte de Beaujeu* : Pierre II de Bourbon, depuis duc de Bourbon après Jean son frère, et père de Suzanne.

(3) *Le cardinal de Bourbon* : Charles de Bourbon, cardinal, archevêque de Lyon, fils de Charles I, duc de Bourbon, et d'Agnès de Bourgogne.

(4) *Le duc de Nemours* : Jacques d'Armagnac, créé duc de Nemours et pair de France par Louis XI. Il eut la tête tranchée à Paris en 1477.

(5) *Le comte d'Armagnac* : Jean d'Armagnac. Le Roi lui avoit donné des lettres d'abolition pour le jugement qui avoit été rendu contre lui sous le règne de Charles VII. Il fut tué en 1472, dans la ville de Lectoure, où il étoit assiégé par les troupes de Louis XI.

(6) *Le seigneur d'Albret* : Alain, sire d'Albret, comte de Gavre, de Penthièvre et de Périgord, vicomte de Limoges et de Tartas, bisaïeul de Jeanne d'Albret, reine de Navarre, mère de Henri IV.

tant tenir son party : toutes-fois depuis fit le contraire, dont le Roy conceut ceste longue haine qu'il avoit contre luy, comme plusieurs fois il m'a dit. Or voyant le Roy que là ne pouvoit si tost avoir fait, et que le comte de Charolois s'approchoit de Paris, doutant que les Parisiens ne fissent ouverture à luy et à son frere (1), et au duc de Bretagne, qui venoient du costé de Bretagne, à cause que tous se coulouroient sur le bien public du royaume, et que ce qu'eust fait la ville de Paris doutoit que toutes les autres villes ne fissent le semblable, se delibera à grandes journées de se venir mettre dedans Paris, et de garder que ces deux grosses armées ne s'assemblassent : et ne venoit point en intention de combatre, comme par plusieurs fois il m'a conté en parlant de ces matieres.

CHAPITRE III.

Comment le comte de Charolois vint planter son camp prés de Mont-l'hery ; et de la bataille qui fut faite audit lieu, entre le roy de France et luy.

COMME j'ay dit cy-dessus, quand le comte de Charolois sceut le departement du Roy, qui s'estoit parti du païs de Bourbonnois, et qu'il venoit droict à luy (au moins il le cuidoit), se delibera aussi de marcher

---

(1) *Son frere* : Charles de France, duc de Berri, frère unique du roi Louis XI, étoit le chef de cette guerre du *bien public*.

au devant de luy, et dist alors le contenu de ses lettres, sans nommer le personnage (1) qui les escrivit; et qu'un chacun se deliberast de bien faire, car il deliberoit de tenter la fortune : et s'en alla loger à un village prés Paris, appellé Longjumeau; et le comte de Sainct-Paul, à tout son avant-garde, à Mont-l'hery, qui est deux lieuës outre : et envoyerent espies et chevaucheurs aux champs pour sçavoir la venuë du Roy, et son chemin. En la presence du comte de Sainct-Paul fut choisi lieu et place pour combatre audit Longjumeau : et fut arresté entr'eux que ledit comte de Sainct-Paul se retireroit à Longjumeau, au cas que le Roy vint; et y estoient les seigneurs de Haultbourdin et le seigneur de Contay presens.

Or faut-il entendre que monseigneur du Maine (2) estoit avec sept ou huict cens hommes-d'armes au devant des ducs de Berry et de Bretagne, qui avoient en leur compagnie de sages et notables chevaliers, que le roy Louis avoit tous desapointez à l'heure qu'il vint à la couronne, nonobstant qu'ils eussent bien servi son pere au recouvrement et pacification du royaume; et maintes fois aprés s'est assez repenti (3) de les avoir ainsi traittez, en reconnoissant son erreur. Entre les autres y estoit le comte de Du-

---

(1) *Le personnage :* Voyez la note de la page 350.

(2) *Du Maine :* Charles d'Anjou, comte du Maine, troisième fils de Louis II, roi de Sicile et duc d'Anjou, frère de Louis III et de René, rois de Sicile et ducs d'Anjou.

(3) *S'est assez repenti :* Non-seulement Louis XI se repentit d'avoir repoussé et poursuivi les anciens serviteurs de son père, mais il en reprit plusieurs.

nois (1), fort estimé en toutes choses, le mareschal de Loheac (2), le comte de Dammartin (3), le seigneur de Bueil (4), et maints autres : et estoient partis des ordonnances du Roy bien cinq cens hommes-d'armes, qui tous s'estoient retirez vers le duc de Bretagne, dont tous estoient subjets et nez de son païs, qui estoient de ceste armée là. Le comte du Maine, qui alloit au devant, comme j'ay dit, ne se sentant assez fort pour les combattre, deslogeoit tousjours devant eux, en s'approchant du Roy : et cherchoient les ducs de Berry et Bretagne se joindre aux Bourguignons. Aucuns ont voulu dire que ledit

---

(1) *Le comte de Dunois :* Jean, bâtard d'Orléans, comte de Dunois et de Longueville, lieutenant général en Guyenne, fils naturel de Louis, duc d'Orléans; ce dernier étoit frère puiné du roi Charles VI. Le comte de Dunois fut grand chambellan en 1450, et mourut en 1468. De lui descendoit le duc de Longueville dernier, mort en 1672, sans avoir été marié.

(2) *De Loheac :* André de Laval, seigneur de Loheac, nommé maréchal de France en 1439; cassé par Louis XI l'an 1461, rétabli l'an 1465, avec la charge d'amiral de France, jusqu'en l'an 1472. Ce fut à sa considération que le Roi donna à son frère Louis de Laval, sieur de Châtillon en Bretagne, gouverneur de Dauphiné, Champagne, Brie, Paris et Gênes, la charge de grand maître des eaux et forêts en 1466. Il est mort sans enfans en 1486. (Duchesne, *Histoire de Montmorency.*)

(3) *Le comte de Dammartin :* Antoine de Chabannes, grand-maître de France l'an 1467, après Antoine, seigneur de Croy; mort le jour de Noël 1488, âgé de quatre-vingt-dix-sept ans. Il avoit épousé Marguerite de Nantueil, comtesse de Dammartin; il étoit aussi baron de Toucy et du Tour, et grand panetier dès l'an 1450. (Voyez l'Introduction.)

(4) *Le seigneur de Bueil :* Antoine de Bueil, comte de Sancerre, fils aîné de Jean de Bueil, comte de Sancerre, nommé amiral de France en l'an 1450, et de Jeanne de Montejan sa première femme. Il épousa Jeanne, fille naturelle de Louis XI.

comte du Maine avoit intelligence avec eux; mais je ne le sceu oncques, et ne le croy pas.

Ledit comte de Charolois estant logé à Longjumeau, comme j'ay dit, et son avant-garde à Montl'hery, fut adverty, par un prisonnier qu'on luy amena, que le comte du Maine s'estoit joint avec le Roy; et y estoient toutes les ordonnances du royaume, qui pouvoient bien estre environ deux mille deux cens hommes-d'armes, et l'arriereban du Dauphiné, à tout (1) quarante ou cinquante gentils-hommes de Savoye, gens de bien.

Cependant le Roy eut conseil avec ledit comte du Maine et le grand seneschal de Normandie (2), qui s'appelloit de Brezey, l'admiral de France (3), qui estoit de la maison de Montauban, et autres : et en conclusion, quelque chose qui luy fust dite et opinée, il delibera de ne combattre point, mais seulement se mettre dedans Paris, sans soy approcher de là où les Bourguignons estoient logez. Et à mon avis que son

---

(1) *A tout :* avec.

(2) *Le grand seneschal de Normandie :* Pierre de Brezé, seigneur de La Varenne, d'Annet, Breval, Nogent et Montchauvet, fils de Pierre de Brezé, seigneur de La Varenne, sénéchal d'Anjou, et de Clémence Carbonnel. Sa femme, dont il est parlé dans cette histoire, étoit Jeanne Crespin, dame du Bec-Crespin, de Mauny et de Maulevrier, maréchale héréditaire de Normandie. Brezé, qui avoit été dépouillé de sa charge de sénéchal de Normandie au commencement du règne de Louis XI, étoit rentré en grâce.

(3) *L'admiral de France :* Jean, sire de Montauban, seigneur de Landal, issu de la maison de Rohan, maréchal de Bretagne, puis amiral de France en 1461, grand-maître des eaux et forêts, et fort affectionné du roi Louis XI, qu'il avoit suivi en Bourgogne. (*Voyez* chap. 13 du liv. 6 de ces Mémoires); mort en mai 1466, il fut fort regretté du Roi, mais peu du peuple.

opinion estoit bonne. Il se soupçonnoit de ce grand seneschal de Normandie, et luy demanda et pria qu'il luy dist s'il avoit baillé son sellé aux princes qui estoient contre luy, ou non. A quoy ledit grand seneschal respondit que ouy, mais qu'il leur demeureroit, et que le corps seroit sien : et le dit en gaudissant, car ainsi estoit-il accoustumé de parler. Le Roy s'en contenta, et luy bailla charge de conduire son avant-garde, et aussi les guides, pour ce qu'il vouloit éviter cette bataille, comme dit est. Ledit grand seneschal, usant de volonté, dit lors à quelqu'un de ses privez : « Je les mettray aujourd'huy si « prés l'un de l'autre, qu'il sera bien habile qui les « pourra desmesler. » Et ainsi le fit-il; et le premier homme qui y mourut, ce fust luy et ses gens : et ces paroles m'a contées le Roy, car pour lors j'estoye avec le comte de Charolois.

En effet, au vingt-septiesme jour de juillet l'an 1465, cette avant-garde se vint trouver auprés de Montl'hery, où le comte de Sainct-Paul estoit logé. Ledit comte de Sainct-Paul, à toute diligence, signifia cette venuë au comte de Charolois (qui estoit à deux lieuës prés, et au lieu qui avoit esté ordonné pour la bataille), luy requerant qu'il le vint secourir à toute diligence. Car ja s'estoient mis à pied hommes-d'armes et archiers, et clos de son charroy : et que de se retirer à luy (comme il luy avoit esté ordonné) ne luy estoit possible; car s'il se mettoit en chemin, ce sembleroit estre fuite, qui seroit grand danger pour toute la compagnie. Ledit comte de Charolois envoya joindre avec luy le bastard de Bourgogne, qui se nommoit Antoine, avec grand nombre de gens qu'il avoit sous sa charge, et à grande diligence, et se debatoit à soy-mesme s'il iroit ou non; mais à la fin marcha après les autres, et y arriva environ sept heures de matin, et desja y avoit cinq ou six enseignes du Roy qui estoient arrivées au long d'un grand fossé qui estoit entre les deux bendes.

Encores estoit en l'ost du comte de Charolois le vice-chancelier de Bretagne, appellé Rouville [1], et un vieil homme-d'armes appellé Maderey, qui avoit baillé le pont Saincte-Maxence : lesquels eurent peur, pour le murmure qui estoit entr'eux, voyans qu'on estoit à la bataille, et que les gens de quoy ils s'estoient fait fort n'y estoient point joints. Si se mirent les dessusdits à la fuite avant qu'on combatist, par le chemin où ils pensoient trouver les Bretons. Ledit comte de Charolois trouva le comte de Sainct-Paul à pied, et tous les autres se mettoient à la file comme ils venoient; et trouvasmes tous les archiers deshousez, chacun un pal [2] planté devant eux, et y avoit plusieurs pipes de vin deffonsées pour les faire boire : et de ce petit que j'ay veu ne vey jamais gens qui eussent meilleur vouloir de combattre, qui me sembloit un bien bon signe et grand reconfort. De prime-face fut advisé que tout se mettroit à pied, sans nul excepter; et depuis muerent propos [3], car presque tous les hommes-d'armes monterent à cheval. Plusieurs bons chevaliers et escuyers furent ordonnez à de-

---

[1] *Rouville* : Jean de Romillé, et non de Rouville. *Voyez* la note ci-dessus, p. 347.

[2] *Pal* : espèce de pieu que portoient alors les archers, et dont ils formoient des palissades pour arrêter la cavalerie.

[3] *Muerent propos* : changèrent d'avis.

meurer à pied, dont monseigneur des Cordes et son frere (1) estoient du nombre. Messire Philippe de Lallain s'estoit mis à pied (car entre les Bourguignons lors estoient les plus honorez ceux qui descendoient avec les archiers); et tousjours s'y en mettoit grande quantité de gens de bien, afin que le peuple en fust plus asseuré, et combatist mieux; et tenoient cela des Anglois (2), avec lesquels le duc Philippe avoit fait la guerre en France durant sa jeunesse, qui avoit duré trente-deux ans sans treves : mais pour ce tems là le principal faix portoient les Anglois, qui estoient riches et puissans. Ils avoient aussi pour lors sage roy le roy Henry, bel et trés-vaillant, qui avoit sages hommes et vaillans, et de très-grands capitaines, comme le comte de Salesbury, Talbot, et autres dont je me tay; car ce n'est point de

---

(1) *Des Cordes et son frere :* Des Cordes, autrement Desquerdes, étoit Philippe de Crèvecœur, fils puîné de messire Jacques de Crèvecœur, chevalier de la Toison d'Or, et de Bonne de La Viéville ; il fut gouverneur de Picardie et d'Artois, pourvu de l'office de maréchal de France l'an 1483, et lieutenant général des armées du roi Charles VIII en Picardie. Après la mort de Charles-le-Téméraire, il passa au service de Louis XI. Comme il avoit reçu des sommes considérables pour différentes entreprises, le Roi voulut lui en faire rendre compte. Crèvecœur, ennuyé des difficultés que Louis XI élevoit sur les articles de dépense, lui dit : « Sire, j'ai acquis pour cet argent les « villes d'Aire, Arras, Saint-Omer, Bethunes, Bergues, Dunkerque, « Gravelines, Bourgbourg; s'il plaist à Vostre Majesté de me les rendre, « je lui rendrai tout ce que j'ai reçu. — Par la Pasques Dieu, maréchal, « répondit le Roi sans s'offenser de la hardiesse de Crèvecœur, il vaut « mieux laisser le moustier où il est. » Philippe de Crèvecœur mourut près de la ville de Lyon l'an 1494, sans laisser d'enfans. Son frère aîné étoit Antoine de Crèvecœur.

(2) Dans les batailles, les Anglais mettoient leurs meilleurs hommes d'armes avec les gens de pied.

mon tems, combien que j'en aye veu des reliques : car quand Dieu fut las de leur bien faire, ce sage roy mourut au bois de Vincennes (1), et son fils insensé fut couronné roy de France et d'Angleterre à Paris : et ainsi muerent les autres degrez d'Angleterre, et division se mit entre eux, qui a duré jusques aujourd'hui, ou peu s'en faut. Alors usurperent ceux de la maison d'Yorch ce royaume : s'ils l'eurent à bon tiltre, je ne sçai lequel, car de telles choses le partage s'en fait au ciel.

En retournant à ma matiere, de ce que les Bourguignons s'estoient mis à pied et puis remontez à cheval, leur porta grand'perte de temps, et dommage : et y mourut ce jeune et vaillant chevalier messire Philippe de Lallain, pour être mal armé. Les gens du Roy venoient à la file, de la forest de Torfou (2), et n'estoient point quatre cens hommes-d'armes quand nous les veismes : et qui eust marché incontinent, semble à beaucoup qu'il ne se fust point trouvé de resistance, car ceux de derriere n'y pouvoient venir qu'à la file, comme j'ay dit : toutesfois toujours croissoit leur nombre. Voyant cecy, vint ce sage chevalier monseigneur de Contay dire à son maistre monseigneur de Charolois que s'il vouloit gagner cette bataille, il estoit temps qu'il marchast : disant les raisons pourquoy, et si plustost l'eust fait, desja ses ennemis fussent desconfits; car il les avoit trouvez en

---

(1) Ce fut en 1422, le 31 août, que mourut Henri v, roi d'Angleterre, près de deux mois avant le roi de France Charles vi, qui décéda le 21 octobre suivant.

(2) *Torfou* : village entre Etampes et Chartres, sur la route d'Orléans.

petit nombre, lequel croissoit à veuë d'œil : et la verité estoit telle. Et lors se changea tout l'ordre et tout le conseil, car chacun se mettoit à en dire son advis. Et ja estoit commencée une grosse et forte escarmouche au bout du village de Mont-l'hery (1), toute d'archiers d'un costé et d'autre.

Ceux de la part du Roy les conduisoit Poncet de Riviere : et estoient tous archiers d'ordonnance, or-faverisez, et bien en point. Ceux du costé des Bourguignons estoient sans ordre et sans commandement, comme volontaires. Si commencerent les escarmouches, et estoit à pied avec eux monseigneur Philippe de Lallain, et Jacques Du Maes, homme bien renommé, depuis grand escuyer du duc Charles de Bourgogne. Le nombre des Bourguignons estoit le plus grand, et gaignerent une maison, et prindrent deux ou trois huys, et s'en servirent de pavois. Si commencerent à entrer en la ruë, et mirent le feu en une maison. Le vent leur servoit, qui poussoit le feu contre ceux du Roy, lesquels commencerent à desamparer, et à monter à cheval et à fuir : et sur ce bruit et cry commença à marcher et à fuir le comte de Charolois, laissant, comme j'ay dit, tout ordre paravant devisé.

Il avoit esté dit que l'on marcheroit à trois fois, pour ce que la distance des deux batailles estoit longue. Ceux du Roy estoient devers le chasteau de Mont-l'hery, et avoient une grande haye et un fossé

---

(1) La bataille de Montlhéry fut livrée le 16 juillet 1465. On trouvera parmi les Pièces justificatives la relation qui fut faite au duc de Bourgogne. On peut consulter aussi la chronique de Jean de Troyes, vulgairement appelée la Chronique scandaleuse, et les Mémoires d'Olivier de La Marche, qui font partie de cette série.

au devant d'eux. Outre estoient les champs pleins de bleds et de féves, et d'autres grains trés-forts, car le territoire y estoit bon. Tous les archiers dudit comte marchoient à pied devant luy, et en mauvais ordre, combien que mon advis est que la souveraine chose du monde pour les batailles sont les archiers : mais qu'ils soient à milliers (car en petit nombre ne valent rien), et que ce soient gens mal montez, à ce qu'ils n'aient point de regret à perdre leurs chevaux, ou du tout n'en ayent point; et valent mieux pour un jour, en cet office, ceux qui jamais ne veirent rien, que les bien exercitez. Et aussi telle opinion tiennent les Anglois, qui sont la fleur des archiers du monde. Il avoit esté dit que l'on se reposeroit deux fois en chemin pour donner halaine aux gens-de-pied, pour ce que le chemin estoit long, et les fruits de la terre longs et forts, qui les empeschoient d'aller : toutesfois tout le contraire se fist, comme si on eust voulu perdre à son escient. Et en cela monstra Dieu que les batailles sont en sa main, et dispose de la victoire à son plaisir. Et ne m'est pas advis que le sens d'un homme sceust porter et donner ordre à un si grand nombre de gens, ne que les choses tinssent aux champs comme elles sont ordonnées en chambre, et que celuy qui s'estimeroit jusques là mesprendroit envers Dieu, s'il estoit homme qui eust raison naturelle, combien qu'un chacun y doit faire ce qu'il peut et ce qu'il doit, et reconnoistre que c'est un des accomplissemens des œuvres que Dieu a commencéés aucunes fois par petites mouvetez (1) et occasions, et en donnant la victoire

---

(1) *Mouvetez :* Suivant quelques manuscrits, monettes ou monitions. — *Mouvetez*, suivant les remarques de Duchat, signifie *motifs*.

aucunes fois à l'un, et aucunes fois à l'autre : et est cecy mystere si grand, que les royaumes et grandes seigneuries en prennent aucunes fois fins et desolations, et les autres accroissement, et commencement de regner.

Pour revenir à la declaration de cet article, ledit comte marcha tout d'une boutée, sans donner halaine à ses archiers et gens-de-pied. Ceux du Roy passerent par cette haye par deux bouts, tous hommes-d'armes : et comme ils furent si prés que de jeter les lances en arrest, les hommes-d'armes bourguignons rompirent leurs propres archiers, et passerent par dessus, sans leur donner loisir de tirer un coup de flesche, qui estoit la fleur et esperance de leur armée; car je ne croy pas que de douze cens hommes-d'armes ou environ qui y estoient, y en eust cinquante qui eussent sceu coucher une lance en arrest. Il n'y en avoit pas quatre cens armez de cuiraces; et si n'avoient pas un seul serviteur armé. Et tout cecy à cause de la longue paix, et qu'en cette maison de Bourgogne ne tenoient nulles gens de solde, pour soulager le peuple des tailles : et oncques puis ce jour là ce quartier de Bourgogne n'eut repos jusques à cette heure, qui est pis que jamais. Ainsi rompirent eux-mesmes la fleur de leur armée et esperances. Toutes fois Dieu, qui ordonne de tel mystere, voulut que le costé où se trouva ledit comte (qui estoit à main dextre derriere le château) vainquist, sans trouver nulle defense : et me trouvay ce jour pour toujours avec luy, ayant moins de crainte que je n'eus jamais en lieu où je me trouvasse depuis, pour la jeunesse en quoy j'estoye, et que je n'avoye nulle connoissance de peril; mais estoye esbahy commé nul s'osoit defendre contre tel prince à qui j'estoye, estimant que ce fust le plus grand de tous les autres. Ainsi font gens qui n'ont point d'experience; dont vient qu'ils soustiennent assez d'argus (1) mal fondez et à peu de raison. Par quoy fait bon user de l'opinion de celuy qui dit que l'on ne se repent jamais pour parler peu; mais bien souvent de trop parler.

A la main senestre estoit le seigneur de Ravastein et messire Jacques de Sainct-Paul, et plusieurs autres à qui il sembloit qu'ils n'avoient pas assez d'hommes-d'armes pour soustenir ce qu'ils avoient devant eux, mais dés lors estoient si approchez, et qu'il ne falloit plus parler d'ordre nouvelle. En effect ceux-là furent rompus à plate cousture, et chassez jusques au charroy; et la pluspart fuit jusques en la forest, qui estoit prés de demi lieuë. Au charroy se rallierent quelques gens-de-pied bourguignons. Les principaux de cette chasse estoient les nobles du Dauphiné et Savoisiens, et beaucoup de gens-d'armes aussi, et s'attendoient d'avoir gaigné la bataille; et de ce costé y eut une grande fuite des Bourguignons et de grands personnages, et fuyoient la pluspart pour gaigner le pont Saincte-Maxence, cuidans qu'il tint encore pour eux. En la forest y en demeura beaucoup; et entre autres le comte de Sainct-Paul, qui estoit assez bien accompagné, s'y estoit retiré. Car le charroy estoit assez prés de ladite forest; et montra bien depuis qu'il ne tenoit pas encore la chose pour perduë.

(1) *Argus*: argumens ou opinions.

CHAPITRE IV.

Du danger auquel fut le comte de Charolois; et comment il fut secouru.

Le comte de Charolois chassa de son costé demie lieuë outre le Mont-l'hery, et à bien peu de compagnie : toutes fois nul ne se defendoit, et trouvoit gens à grande quantité, et ja cuidoit avoir la victoire. Un vieil gentil-homme de Luxembourg, appellé Antoine Le Breton, le vint querir, et luy dit que les François s'estoient ralliez sur le champ, et que s'il chassoit plus gueres il se perdroit. Il ne s'arresta point pour luy, non obstant qu'il luy dist par deux ou trois fois. Incontinent arriva monseigneur de Contay (dont cy-dessus est parlé), qui lui dit semblables paroles, comme avoit fait le viel gentil-homme de Luxembourg, et si audacieusement qu'il estima sa parole et son sens, et retourna tout court : et croy, s'il fut passé outre deux traicts d'arcs, qu'il eust esté pris, comme aucuns autres qui chassoient devant luy : et en passant par le village, trouva une flotte de gens à pied qui fuyoient; il les chassa, et si n'avoit pas cent chevaux en tout. Il ne se retourna qu'un homme à pied, qui luy donna d'un vouge (1) parmi l'estomach : et au soir s'en veit l'enseigne. La pluspart des autres se sauverent par les jardins; mais celuy là fut tué. Comme il passoit

(1) *Vouge* : espèce de lance.

rasibus du chastel, veismes les archiers de la garde du Roy devant la porte, qui ne bougerent. Il en fut fort esbahy; car il ne cuidoit point qu'il y eust plus amé de defense. Si tourna à costé pour gagner le champ, où lui vindrent courre sus quinze ou seize hommes-d'armes ou environ (une partie des siens s'estoient jà separez de luy), et d'entree tuerent son escuyer trenchant, qui s'appelloit Philippe d'Oignies(1), et portoit un guidon de ses armes : et là ledit comte fut en trés-grand danger, et eut plusieurs coups, et entre les autres un en la gorge d'une espée, dont l'enseigne lui est demeurée toute sa vie, par defaut de sa baviere (2) qui luy estoit cheute, et avoit esté mal attachée dés le matin; et luy avoye veu choir; et luy furent mises les mains dessus, en disant : « Monseigneur, « rendez-vous. Je vous connoy bien, ne vous faites « pas tuer. » Tousjours se défendoit; et sur ce debat le fils d'un medecin de Paris, nommé maistre Jean Cadet (3) (qui estoit à luy), gros et lourd et fort, monté sur un gros cheval de cette propre taille, donna au travers, et les departit. Tous ceux du Roy se retirerent sur les bords d'un fossé où ils avoient esté le matin, car ils avoient crainte d'aucuns qu'ils voyoient marcher, qui s'approchoient : et luy, fort

---

(1) *Philippe d'Oignies* : Quelques-uns le nomment Gilles; il étoit seigneur de Brouay et de Chaunes, fils d'Antoine, et de Jeanne de Brimeu.

(2) *Baviere* : c'étoit la partie inférieure du casque, qui se baissoi comme la visière se montoit en haut.

(3) Olivier de La Marche, qui rapporte le même fait, le nomme Robert Cottereau. L'ancien éditeur d'Olivier de La Marche assure que sa postérité a joui des priviléges de noblesse, et qu'elle se soutenoit encore avec honneur à Terremonde en 1560.

sanglant, se retira à eux comme au milieu du champ, et estoit l'enseigne du bastard de Bourgogne toute despecée; tellement qu'elle n'avoit pas un pied de longueur: et à l'enseigne des archiers du comte il n'y avoit pas quarante hommes en tout, et nous y joignismes (qui n'estions pas trente), en trés-grande doute. Il changea incontinent de cheval, et le luy bailla un qui estoit lors son page, nommé Simon de Quingey (¹), qui depuis a esté bien connu. Ledit comte se mit par le champ pour rallier ses gens; mais je vey telle demie heure que nous, qui estions demeurez là, n'avions l'œil qu'à fuir, s'il fust marché cent hommes. Il venoit seulement à nostre secours des troupes de dix ou vingt hommes des nostres, tant de pied que de cheval : les gens-de-pied blessez et lassez, tant de l'outrage que leur avions fait le matin, qu'aussi des ennemis (²); et vey l'heure qu'il n'y avoit pas cent hommes, mais peu à peu en venoit. Les bleds estoient grands, et la poudre la plus terrible du monde, tout le champ semé de morts et de chevaux; et ne se connoissoit nul homme mort, pour la poudre.

Incontinent veismes saillir du bois le comte de Sainct-Paul, qui avoit bien quarante hommes-d'armes avec luy, et son enseigne, et marchoit droit à nous, et croissoit de gens; mais ils nous sembloient bien loin. On luy envoya trois ou quatre fois prier qu'il se hastat; mais il ne se mua point, et ne ve-

---

(¹) Voir ci-après le livre 3 vers la fin du chap. 9, où il est parlé de lui.

(²) Un vieux manuscrit, mettant un point après *ennemis*, dit ainsi : « Luy revint incontinent, qui n'emmena pas cent hommes; mais peu à peu en venoit. Nostre champ estoit ras; et demie heure devant, le bled y estoit si grand, et à l'heure la poudre, etc. »

noit que le pas, et feit prendre à ses gens des lances qui estoient à terre: et venoit en ordre (qui donna grand reconfort à nos gens), et se joignirent ensemble avec grand nombre, et vindrent là où nous estions, et nous trouvasmes bien huict cens hommes-d'armes. De gens-de-pied peu ou nuls: ce qui garda bien le comte qu'il n'eust la victoire entiere; car il y avoit un fossé et une grande haye entre les deux batailles dessusdites.

De la part du Roy s'enfuit le comte du Maine (1) et plusieurs autres, et bien huict cens hommes-d'armes. Aucuns ont voulu dire que ledit comte du Maine avoit intelligence avec les Bourguignons: mais, à la vérité dire, je croy qu'il n'en fust oncques rien. Jamais plus grande fuite ne fust des deux costez; mais par especial demeurerent les deux princes aux champs. Du costé du Roy fust un homme d'Estat qui s'enfuit jusques à Luzignan sans repaistre: et du costé du comte, un autre homme de bien jusques au Quesnoy-le-comte. Ces deux n'avoient garde de se mordre l'un l'autre. Estans ainsi ces deux batailles rangées l'une devant l'autre, se tirerent plusieurs coups de canons, qui tuerent des gens d'un costé et d'autre. Nul ne desiroit plus de combattre, et estoit notre bende plus grosse que celle du Roy: toutes-fois sa presence estoit grande chose, et la bonne parole qu'il tenoit aux gens-d'armes: et

---

(1) La chronique de Jean de Troyes dit que le comte du Maine se retira, parce qu'il crut que le Roi étoit mort. Une partie de l'armée ignora en effet pendant quelque temps ce que Louis XI étoit devenu. On l'avoit fait entrer dans le château de Montlhéry pour prendre quelque rafraichissement; mais il n'y resta que quelques heures.

croy veritablement, à ce que j'en ay sceu, que si
n'eust esté lui seul, tout s'en fust fuy. Aucuns de
nostre costé désiroient qu'on recommençast, et par
especial monseigneur de Haultbourdin, qui disoit
qu'il voyoit une file ou flotte de gens qui s'enfuyoient :
et qui eust pû trouver archiers en nombre de cent,
pour tirer au travers de cette haye, tout fust marché
de nostre costé.

Estant sur ce propos et sur ces pensées, et sans
nulle escarmouche, survint l'entrée de la nuict; et
se retira le Roy à Corbeil (1), et nous cuidions qu'il
se logeast, et passast la nuict au champ. D'avanture
se mit le feu en une caque de poudre, là où le Roy
avoit esté, et se print à aucunes charettes, et tout du
long de la grande haye : et cuidions que ce fussent
leurs feux. Le comte de Sainct-Paul, qui bien
sembloit chef de guerre, et monseigneur de Haultbourdin encores plus, commanderent qu'on ame-
nast le charroy au propre lieu là où nous estions,
et qu'on nous cloïst : et ainsi fust faict. Comme nous
estions là en bataille, et ralliez, revindrent beaucoup des gens du Roy, qui avoient chassé, cuidans
que tout fust gagné pour eux : et furent contraints
de passer parmi nous. Aucuns en eschaperent, et
les plus se perdirent. Des gens de nom de ceux du
Roy, moururent messire Geofroy de Sainct-Belin (2),

---

(1) *Le Roy à Corbeil :* Il y arriva à dix heures du soir, et y resta deux
jours, selon Monstrelet.

(2) *Geofroy de Sainct-Belin :* Il étoit seigneur de Saxe-Fontaine, bailli
de Chaumont en Bassigny, et mari de Marguerite, sœur du maréchal
de Baudricourt.

le grand-senechal de Normandie, et Floquet (1), capitaine. Du party des Bourguignons moururent Philippe de Lallain, et des gens-à-pied et menus gens plus que de ceux du Roy; mais de gens-de-cheval, en mourut plus du party du Roy. De prisonniers bons, les gens du Roy en eurent des meilleurs de ceux qui fuyoient. Des deux parties il mourut deux mille hommes (2) du moins : et fust la chose bien combatuë, et se trouva des deux costez de gens de bien et de bien lasches. Mais ce fust grand'chose, à mon advis, de se rallier sur le champ, et estre trois ou quatre heures en cet estat l'un devant l'autre : et devoient bien estimer les deux princes ceux qui leur tenoient compagnie si bonne à ce besoin ; mais ils en firent comme hommes, et non point comme anges. Tel perdit ses offices et estats pour s'en estre fuy, et furent donnez à d'autres qui avoient fuy dix lieuës plus loin. Un de nostre costé perdit authorité, et fust privé de la presence de son maistre ; mais un mois après eust plus d'authorité que devant.

Quand nous fusmes clos de ce charroy, chacun se logea le mieux qu'il put. Nous avions grand nombre de blessez, et la pluspart fort descouragez et espouventez, craignans que ceux de Paris, avec deux cens hommes-d'armes qu'il y avoit avec eux, et le mareschal Joachim (3), lieutenant du Roy en ladite cité, sortissent, et que l'on eust affaire des deux costez.

(1) *Floquet* : Jacques de Floques, dit Floquet, capitaine et bailli d'Evreux.

(2) *Deux mille hommes* : La chronique de Jean de Troyes fait monter le nombre des morts jusqu'à trois mille six cents hommes.

(3) *Joachim* : Joachim Rouhaut ou de Gamaches, dont il a été parlé plus haut.

Comme la nuict fust toute close, on ordonna cinquante lances, pour voir où le Roy estoit logé. Il y en alla par adventure vingt. Il y pouvoit avoir trois jects d'arc, de nostre camp jusques où nous cuidions le Roy. Cependant monseigneur de Charolois beut et mangea un peu, et chacun en son endroit, et luy fust adoubée sa playe qu'il avoit au col. Au lieu où il mangea, il falut oster quatre ou cinq hommes morts pour luy faire place, et y mit l'on deux boteaux de paille, où il s'assit; et remuant illec, un de ces pauvres gens nuds commença à demander à boire. On luy jetta en la bouche un peu de tisane de quoy ledit seigneur avoit beu, dont le cœur luy revint, et fust connu : et estoit un archier du corps dudit seigneur, fort renommé, appellé Savarot, qui fust pensé et guery.

On eust conseil qu'il estoit de faire. Le premier qui opina fust le comte de Sainct-Paul, disant que l'on estoit en peril, et conseilloit tirer à l'aube du jour le chemin de Bourgogne, et qu'on bruslast une partie du charroy, et qu'on sauvast seulement l'artillerie, et que nul ne menast charroy, s'il n'avoit plus de dix lances; et que de demeurer là sans vivres entre Paris et le Roy n'estoit possible. Aprés opina monseigneur de Haultbourdin assez en cette substance, sans sçavoir avant que rapporteroient ceux qui estoient dehors. Trois ou quatre autres semblablement opinerent de mesme. Le dernier qui opina fut monseigneur de Contay, qui dit que si tost que ce bruit seroit en l'ost, tout se mettroit en fuite, et qu'ils seroient prins devant qu'ils eussent fait vingt lieuës; et dit plusieurs raisons bonnes, et que son advis estoit que chacun s'aisast au mieux qu'il pourroit cette nuict, et que le matin à l'aube du jour on assaillist le Roy, et qu'il falloit là vivre ou mourir: et trouvoit ce chemin plus seur que de prendre la fuite. A l'opinion dudit de Contay conclud monseigneur de Charolois, et dist que chacun s'en allast reposer deux heures, et que l'on fust prest quand sa trompette sonneroit; et parla à plusieurs particuliers pour envoyer reconforter ses gens.

Environ minuit revindrent ceux qui avoient esté dehors (et pouvez penser qu'ils n'estoient point allez loin), et rapporterent que le Roy estoit logé à ces feux qu'ils avoient veus (1). Incontinent on y envoya d'autres, et une heure aprés se remettoit chacun en estat de combattre; mais la pluspart avoit mieux envie de fuir. Comme vint le jour, ceux qu'on avoit mis hors du camp rencontrerent un chartier qui estoit à nous, et avoit esté prins le matin, qui apportoit une cruche de vin du village, et leur dit que tout s'en estoit allé. Ils envoyerent dire ces nouvelles en l'ost, et allerent jusques là. Ils trouverent ce qu'il disoit, et le revindrent dire, dont la compagnie eut grand'joye: et y avoit assez de gens qui disoient lors qu'il falloit aller aprés, lesquels faisoient bien maigre chere une heure devant. J'avoye un cheval extremement las et viel, il beut un seau plein de vin: par aucun cas d'adventure il y mit le museau; je le laissay achever: jamais ne l'avoye trouvé si bon ne si frais.

Quand il fut grand jour, tout monta à cheval, et les batailles, qui estoient bien eclaircies: toutes fois

---

(1) D'autres manuscrits mettent: *et l'avoient veus.*

il revenoit beaucoup de gens qui avoient esté cachez és bois. Ledit seigneur de Charolois fist venir un cordelier, ordonné de par luy à dire qu'il venoit de l'ost des Bretons, et que ce jour ils devoient estre là : ce qui reconforta assez ceux de l'ost. Chacun ne le creut pas; mais, tantost aprés environ dix heures du matin, arriva le vice-chancelier de Bretagne, appellé Rouville (1), et Madre avec luy, dont ay parlé cy-dessus : et amenerent deux archiers de la garde du duc de Bretagne, portans ses hocquetons (ce qui reconforta trés-fort la compagnie); et fut enquis et loüé de sa fuite (considérant le murmure qui estoit contre luy), et plus encore de son retour : et leur fist chacun bonne chere.

Tout ce jour demeura encore monseigneur de Charolois sur le champ, fort joyeux, estimant la gloire estre sienne. Ce qui depuis luy a cousté bien cher, car oncques puis il n'usa de conseil d'homme, mais du sien propre : et au lieu qu'il estoit trés-inutile pour la guerre paravant ce jour, et n'aimoit nulle chose qui y appartînt; mais depuis furent muées et changées ses pensées, car il y a continué jusques à sa mort, et par là fut finie sa vie, et sa maison destruite; et si elle ne l'est du tout, si est-elle bien desolée. Trois grands et sages princes, ses predecesseurs, l'avoient eslevée bien haut, et y a bien peu de roys (sauf celuy de France) plus puissans que luy : et pour belles et grosses villes, nul ne l'en passoit. L'on ne doit trop estimer de soy, par especial un grand prince; mais doit connoistre que les graces et bonnes fortunes viennent de Dieu. Deux

(1) *Rouville* : Ou plutôt Romillé, comme il a été dit ci-dessus.

choses plus je dirai de luy : l'une est que je croy que jamais nul homme peust porter plus de travail que luy en tous endroits où il faut exerciter la personne : l'autre, qu'à mon advis je ne connu oncques homme plus hardy. Je ne luy ouy oncques dire qu'il fust las, ny ne luy vey jamais faire semblant d'avoir peur, et si ay esté sept années de rang en la guerre avec luy, l'esté pour le moins, et en aucunes l'hyver et l'esté. Ses pensées et conclusions estoient grandes; mais nul homme ne les sçavoit mettre à fin, si Dieu n'y eust adjouté de sa puissance.

CHAPITRE V.

Comment le duc de Berry, frere du Roy, et le duc de Bretagne se vindrent joindre avec le comte de Charolois contre iceluy Roy.

LE lendemain, qui estoit le tiers jour de la bataille, allasmes coucher au village de Mont-l'hery, dont le peuple en partie s'en estoit fui au clocher de l'eglise, et partie au chasteau. Il les fit revenir, et ne perdirent pas un denier vaillant; mais payoit chacun son escot, comme s'il eust esté en Flandres. Le chasteau tint, et ne fut point assailli. Le tiers jour passé, partit ledit seigneur, par le conseil du seigneur de Contay, pour aller gagner Estampes (qui est bon et grand logis, et en bon pays et fertile), afin d'y estre plus tost que les Bretons, qui prenoient ce chemin; afin aussi de mettre les gens las et blessez à couvert, et les autres aux champs : et fut cause ce bon logis, et le sejour que l'on y fist, de sauver la vie à beaucoup de ses gens. Là arriverent messire Charles de France, lors duc de Berry, seul frere du Roy; le duc de Bretagne, monseigneur de Dunois, monseigneur de Loheac, monseigneur de Bueil, monseigneur de Chaumont (1), et messire Charles d'Amboise son fils (qui depuis a esté grand homme (2) en ce royaume); tous lesquels dessus nommez le Roy avoit desapointez et deffaits de leurs estats quand il vint à la couronne, nonobstant qu'ils eussent bien servi le Roy son pere et le royaume és conquestes de Normandie, et en plusieurs autres guerres. Monseigneur de Charolois, et tous les plus grands de sa compagnie, les recueillirent et leur allerent au devant, et amenerent leurs personnes loger en la ville d'Estampes (3), où leur logis estoit fait; et les gens-d'armes demeurerent aux champs. En leur compagnie avoit huict cens hommes-d'armes de trés-bonne estoffe, dont il y en avoit trés-largement de Bretons, qui nouvellement avoient laissé les ordonnances (comme icy et ailleurs j'ay dit), qui amendoient bien leur compagnie. D'archiers, et d'autres hommes de guerre, armez de bonnes brigandines (4), avoit en trés-grand nombre,

(1) *De Chaumont* : Pierre d'Amboise, seigneur de Chaumont-sur-Loire. Sa maison fut rasée par ordre de Louis XI en 1465, parce qu'il avoit embrassé le parti du duc de Berri lors de la guerre du bien public.

(2) Il fut grand-maître, maréchal et amiral de France.

(3) Les princes ligués se réunirent à Étampes; le duc de Bretagne et le comte de Charolois y renouvelèrent la ligue qu'ils avoient formée contre le Roi, et signèrent leur traité le 24 juillet 1465.

(4) *Brigandines* : armures faites de lames de fer posées les unes sur

et pouvoient bien être six mille hommes à cheval, trés-bien en poinct. Et sembloit bien, à voir la compagnie, que le duc de Bretagne fust un trés-grand seigneur, car toute cette compagnie vivoit sur ses coffres.

Le Roy, qui s'estoit retiré à Corbeil comme j'ay devant dit, ne mettoit point en oubly ce qu'il avoit à faire. Il tira en Normandie pour assembler ses gens, et de peur qu'il n'y eust quelque mutation au pays; et il mit partie de ses gens-d'armes és environs de Paris, là où il voyoit qu'il estoit necessaire.

Le premier soir que furent arrivez tous ces seigneurs dessusdits à Estampes, se conterent des nouvelles l'un à l'autre. Les Bretons avoient pris aucuns prisonniers de ceux qui fuyoient du parti du Roy; et quand ils eussent esté un peu plus avant, ils eussent pris ou desconfit le tiers de l'armée. Ils avoient bien tenu conseil pour envoyer gens dehors, jugeans que les osts estoient prés : toutes-fois aucuns les destournerent. Mais, nonobstant, messire Charles d'Amboise et quelques autres se mirent plus avant que leur armée, pour voir s'ils rencontreroient rien, et prirent plusieurs prisonniers (comme j'ay dit) et de l'artillerie, lesquels prisonniers leur dirent que pour certain le Roy estoit mort; car ainsi le cuidoient-ils, parce qu'ils s'en estoient fuis dés le commencement de la bataille. Les dessusdits rapporterent les nouvelles à l'ost des Bretons, qui en eurent trés-grand'joye, cuidans qu'ainsi fust, et esperans les biens qui leur fussent advenus si ledit monseigneur Charles eust esté

les autres, et qui recevoient divers noms, suivant les endroits où elles étoient appliquées.

roy; et tinrent conseil (comme il m'a esté dit depuis par un homme de bien qui estoit present.) à sçavoir comme ils pourroient chasser ces Bourguignons, et eux en depescher : et estoient quasi tous d'opinion qu'on les destroussast qui pourroit. Cette joye ne leur dura gueres; mais par cela vous pouvez voir et connoistre quels sont les brouillis en ce royaume à toutes mutations.

Pour revenir à mon propos de cette armée d'Estampes, comme tous eussent souppé, et qu'il y avoit largement gens qui se pourmenoient par les ruës, monseigneur Charles de France et monseigneur de Charolois estoient à une fenestre, et parloient eux deux de trés-grande affection. En la compagnie des Bretons y avoit un pauvre homme qui prenoit plaisir à jetter en l'air des fusées qui courent parmi les gens quand elles sont tombées, et rendent un peu de flambe : et s'appelloit maistre Jean Boutefeu ou maistre Jean des Serpens, je ne sçay lequel. Ce follastre estant caché en quelque maison afin que les gens ne l'apperceussent, en jetta deux ou trois en l'air, d'un lieu haut où il estoit; tellement qu'une vint donner contre la croisée de la fenestre où ces deux princes dessusdits avoient les testes, et si prés l'un de l'autre qu'il n'y avoit pas un pied entre deux. Tous deux se dresserent et furent esbahis, et se regardoient chacun l'un l'autre. Si eurent suspicion que cela n'eust esté fait expressement pour leur mal faire. Le seigneur de Contay vint parler à monseigneur de Charolois son maistre : et dés qu'il luy eust dit un mot en l'oreille, il descendit en bas, et alla faire armer tous les gens-d'armes de sa maison, et les archers de son corps, et autres. Incontinent ledit seigneur de Charolois dit au duc de Berry que semblablement il fist armer les archers de son corps, et y eut incontinent deux ou trois cens hommes-d'armes armez devant la porte, à pied, et grand nombre d'archers : et cherchoit l'on partout dont pouvoit venir ce feu. Ce pauvre homme qui l'avoit fait se vint jetter à genoux devant eux, et leur dit que ç'avoit esté luy, et en jetta trois ou quatre autres : et en ce faisant, il osta beaucoup de gens hors de suspicion que l'on avoit les uns sur les autres : et s'en prit l'on à rire, et s'en alla chacun desarmer, et coucher.

Le lendemain au matin fut tenu un trés-grant et beau conseil, où se trouverent tous les seigneurs et leurs principaux serviteurs, et fut mis en deliberation ce qui estoit de faire : et comme ils estoient de plusieurs pieces, et non pas obeïssans à un seul seigneur (comme il est bien requis en telles assemblées), aussi eurent-ils divers propos; et entre les autres paroles qui furent bien recueillies et notées, ce furent celles de monseigneur de Berry, qui estoit fort jeune, et n'avoit jamais veu tels exploicts. Car il sembla par ses paroles que ja en fust ennuyé, et allegua la grande quantité de gens blessez qu'il avoit veus de ceux de monseigneur de Charolois; en monstrant par ces paroles en avoir pitié; usoit de ces mots : Qu'il eust mieux aimé que les choses n'eussent jamais esté encommencées, que de voir desja tant de maux venus par luy et pour sa cause. Ces propos despleurent à monseigneur de Charolois et à ses gens, comme je diray cy-aprés. Toutes-fois à ce conseil fut conclud qu'on tireroit devant Paris, pour essayer si on pourroit reduire la ville à vouloir entendre au bien public du royaume, pour lequel disoient estre tous assemblez; et leur sembloit bien, si ceux-là leur prestoient l'oreille, que tout le reste des villes de ce royaume feroient le semblable. Comme j'ay dit, les paroles dites par monseigneur Charles, duc de Berry, en ce conseil, mirent en telle doute monseigneur de Charolois et ses gens, qu'ils vinrent à dire : « Avez-vous ouy parler « cet homme? Il se trouve esbahy pour sept ou huict « cens hommes qu'il voit blessez allans par la ville, « qui ne luy sont rien, ne qu'il ne connoist : il s'es- « bahiroit bientost si le cas luy touchoit de quelque « chose, et seroit homme pour appointer bien legere- « ment, et nous laisser en la fange : et pour les an- « ciennes guerres qui ont esté le temps passé entre le « roy Charles son pere et le duc de Bourgogne mon « pere, aisément toutes ces deux parties se converti- « roient contre nous; pourquoy est necessaire de se « pourveoir d'amys. » Et sur cette seule imagination, fust envoyé messire Guillaume de Clugny (1), protonotaire (qui est mort depuis evesque de Poictiers), devers le roy Edouard d'Angleterre, qui pour lors regnoit, auquel monseigneur de Charolois avoit tousjours eu inimitié, et portoit la maison de Lanclastre contre luy, dont il estoit issu de par sa mere. Et par l'instruction dudit de Clugny luy estoit ordonné d'entrer en

---

(1) *Guillaume de Clugny* : originaire de Bourgogne. Il a été trésorier de l'ordre de la Toison d'Or, évêque suffragant de Térouane, évêque d'Evreux, puis de Poitiers; il étoit frère de Ferry de Cluny, évêque de Tournay, fait chef du conseil du duc de Bourgogne, puis cardinal. C'est sans fondement que l'on a dit que ce Guillaume de Cluny a été chancelier de France.

pratique de mariage (1) à la sœur du roy d'Angleterre, appellée Marguerite; mais non pas d'estraindre le marché, mais seulement de l'entretenir (2). Car connoissant que le roy d'Angleterre l'avoit fort desiré, lui sembloit bien que pour le moins il ne feroit rien contre luy; et que s'il en avoit affaire, qu'il le gagneroit des siens. Et combien qu'il n'eust un seul vouloir de conclure ce marché, et que la chose du monde que plus il haïssoit en son cœur estoit la maison d'Yorch, si fust toutes-fois tant demenée cette matiere, que plusieurs années apres elle fust concluë, et prit davantage l'ordre de la Jartiere, et la porta toute sa vie.

Or mainte telle œuvre se fait en ce monde par imagination, comme celle que j'ay cy-dessus declarée, et par especial entre les grands princes, qui sont beaucoup plus suspicionneux qu'autres gens, pour les doutes et advertissemens qu'on leur fait, et trés-souvent par flateries, sans nul besoin qu'il en soit.

(1) Isabelle de Bourbon, femme du comte de Charolois, vivoit encore; elle ne mourut que le 26 septembre, plus de deux mois après la bataille de Montlhéry. Ainsi il ne pouvoit pas encore être question du mariage du comte de Charolois avec la princesse d'Angleterre. Cette erreur de Comines a été relevée par l'abbé Legrand et par Duclos.

(2) Le traité relatif à ce mariage est du 16 février 1467; il se trouve imprimé dans le dernier recueil des traités de paix.

CHAPITRE VI.

Comment le comte de Charolois et ses alliez, avec leur armée, passerent la riviere de Seine sur un pont portatif; et comment le duc Jean de Calabre se joignit avec eux; puis se logerent tout à l'entour de Paris.

Ainsi comme il avoit esté conclu, tous ces seigneurs se partirent d'Estampes aprés y avoir séjourné quelques peu de jours, et tirerent à Sainct-Mathurin de Larchant, et à Moret en Gastinois. Monseigneur Charles et les Bretons demeurerent en ces deux petites villes, et le comte de Charolois s'en alla loger en une grande prairie sur le bord de la riviere de Seine; et avoit fait crier que chacun portast crochets pour attacher ses chevaux. Il faisoit mener sept ou huict petits basteaux sur charrois, et plusieurs pipes par pieces, en intention de faire un pont sur la riviere de Seine, pour ce que ces seigneurs n'y avoient point de passage. Monseigneur de Dunois l'accompagna, luy estant en une litiere (car, pour la goutte qu'il avoit, il ne pouvoit monter à cheval), et portoit l'on son enseigne aprés luy. Dés ce qu'ils vinrent à la riviere, ils y firent mettre de ces batteaux qu'ils avoient apportez, et gaignerent une petite isle qui estoit comme au milieu, et descendirent des archers, qui escarmoucherent avec quelques gens-de-cheval qui deffendoient le passage de l'autre part : et y estoient le mareschal Joachim et

Sallezard (¹). Le lieu estoit trés-desavantageux pour eux, parce qu'il estoit fort haut, et en pays de vignoble : et du costé des Bourguignons y avoit largement artillerie, conduite par un canonnier fort renommé, qui avoit nom maistre Gerauld, lequel avoit esté pris en cette bataille de Mont-l'hery, estant lors du parti du Roy. Fin de compte, il falut que les dessusdits abandonnassent le passage, et se retirerent à Paris. Ce soir, fust fait un pont (²) jusques en cette isle; et incontinent fist le comte de Charolois tendre un pavillon, et coucha la nuict dedans, et cinquante hommes-d'armes de sa maison. A l'aube du jour, furent mis grand nombre de tonneliers en besongne, à faire pipes de mesrain, qui avoit esté apporté : et avant qu'il fust midy, le pont fust dressé jusques à l'autre part de la riviere, et incontinent passa ledit seigneur de Charolois de l'autre costé, et y fist tendre ses pavillons, dont il y avoit grand nombre : et fist passer tout son ost et toute son artillerie par dessus ledit pont, et se logea en un costeau pendant devers ladite riviere; et y faisoit trés-beau voir son ost, pour ceux qui estoient encores derriere.

Tout ce jour ne purent passer que ces gens. Le len-

(1) *Sallezard :* Jean de Sallezard ou de Sallazart, gentilhomme espagnol du pays de Biscaye, qui s'étoit attaché au roi Charles vii, auquel il rendit de grands services contre les Anglais. Il épousa Marguerite de La Trémouille, fille et sœur bâtarde de Georges et Louis, seigneurs de La Trémouille, et de Georges de La Trémouille, seigneur de Craon. Un de ses fils, évêque de Meaux en 1474, devint archevêque de Sens en 1475, et fut employé à la négociation du premier traité que fit Louis xi avec les Suisses : ce prélat suivit Charles viii en Italie, et se distingua par plusieurs faits d'armes. Il mourut le 11 février, 1518.

(2) *Fust fait un pont :* Selon Monstrelet et la chronique de Jean de Troyes, ce pont se fit auprès de Moret en Gâtinais.

demain à l'aube du jour passerent les ducs de Berry et de Bretagne, et tout leur ost, qui trouverent ce pont trés-beau, et fait en grande diligence. Si passerent un peu outre, et se logerent sur le haut pareillement. Incontinent que la nuict fust venuë, nous commençasmes à appercevoir grand nombre de feux bien loin de nous, autant que la veuë pouvoit porter. Aucuns cuidoient que ce fust le Roy : toutesfois, avant qu'il fust minuit, on fut adverty que c'estoit le duc Jean de Calabre, seul fils du roy René de Sicile; et avec luy bien neuf cens hommes-d'armes de la duché et comté de Bourgogne. Bien fust accompagné de gens-de-cheval; mais de gens-de-pied peu. Pour ce petit de gens qu'avoit ledit duc, je ne vis jamais si belle compagnie, ny qui semblassent mieux hommes exercitez au fait de la guerre. Il pouvoit bien avoir quelques six-vingts hommes-d'armes bardez, tous Italiens ou autres, nourris en ces guerres d'Italie, entre lesquels estoient Jacques Galiot (1), le comte de Campobache (2), le seigneur de Baudricourt, pour le present gouverneur de Bourgogne, et autres : et estoient ces hommes-d'armes fort adroicts, et, pour dire verité, presque la fleur de nostre ost, au moins tant pour tant. Il avoit quatre cens cranequiniers (3) que luy

---

(1) *Jacques Galiot :* ou Gal de Genouillac, seigneur d'Acier; il a été grand écuyer, grand-maître de l'artillerie de France, et sénéchal d'Armagnac. Il mourut des blessures reçues à la bataille de Saint-Aubin du Cormier, donnée, l'an 1488, contre les Bretons.

(2) *Campobache :* Nicolas, de Montfort-l'Amaury en France, comte de Campobasse.

(3) *Cranequiniers :* cranequin est un pied-de biche qui sert à bander une arbalète; on appeloit cranequiniers ceux qui se servoient de ces sortes d'arbalètes; c'étoient les arbalétriers à cheval.

avoit presté le comte palatin, gens fort bien montez, et qui sembloient bien gens-de-guerre : et avoit cinq cens Suisses à pied, qui furent les premiers qu'on vit en ce royaume, et ont esté ceux qui ont donné le bruit à ceux qui sont venus depuis; car ils se gouvernerent trés-vaillamment en tous les lieux où ils se trouverent. Cette compagnie que vous dis s'approcha le matin, et passa ce jour par dessus nostre pont. Et ainsi se peut dire que toute la puissance du royaume de France s'estoit veuë passer par dessus ce pont, sauf ceux qui estoient avec le Roy, et vous asseure que c'estoit une grande et belle compagnie, et grand nombre de gens de bien, et bien en poinct; et devroit-on vouloir que les amis et bien-veillans du royaume l'eussent veuë, et qu'ils en eussent eu l'estimation telle qu'il appartient, et semblablement les ennemis; car jamais il n'eust esté heure qu'ils n'en eussent plus craint le Roy et ledit royaume. Le chef des Bourguignons estoit monseigneur de Neufchastel [1], mareschal de Bourgogne, joinct avecques luy son frere seigneur de Montagu, le marquis de Rotelin, et grand nombre de chevaliers et escuyers, dont aucuns avoient esté en Bourbonnois [2], comme j'ay dit au commencement de ce propos. Le tout ensemble s'estoit joinct pour venir plus asseurement avec mondit seigneur de Calabre, comme j'ay dit : lequel sembloit aussi bien prince et grand chef de guerre comme nul autre que visse en la compagnie, et s'engendra grande amitié entre luy et le comte de Charolois.

Quand toute cette compagnie fust passée, que l'on

---

[1] Thibault de Neuf-Châtel, fait maréchal de Bourgogne en 1439.
[2] *Bourbonnois* : Bourgogne, selon un autre manuscrit.

estimoit cent mille chevaux (1), tant bons que mauvais (ce que je croy), se delibererent lesdits seigneurs de partir pour tirer devant Paris, et mirent toutes leurs avant-gardes ensemble. Pour les Bourguignons, les conduisoit le comte de Sainct-Paul; pour les ducs de Berry et de Bretagne, Oudet de Rye (2), depuis comte de Comminges, et le mareschal de Loheac, comme il me semble : et ainsi s'acheminerent. Tous les princes demeurerent en la bataille. Ledit comte de Charolois et le duc de Calabre prenoient grande peine de commander et de faire tenir ordre à leurs batailles, et chevaucherent bien armez, et sembloit bien qu'ils eussent bon vouloir de faire leurs offices. Les ducs de Berry et de Bretagne chevauchoient sur petites hacquenées à leur aise, armez de petites brigandines fort legeres. Pour le plus encore, disoient aucuns qu'il n'y avoit que petits clous dorez par dessus le satin, afin de moins leur peser : toutes-fois je ne le sçay pas de vray. Ainsi chevaucherent toutes ces compagnies jusques au pont de Charenton prés Paris, à deux petites lieues; lequel pont tost fust gaigné sur

---

(1) *Cent mille chevaux :* Suivant une chronique du temps, le comte de Charolois avoit. . . . . 25,000 hommes.
Les ducs de Bretagne et de Berri. 12,000
Le comte d'Armagnac. 6,000
Le duc de Calabre. 5,000
Le duc de Bourbon et les autres princes. . . 3,000

Total. . . . . 51,000 hommes.

(2) *Oudet de Rye :* c'est Odet d'Aydie, originaire de Béarn, seigneur de Lescut ou de Lescun, et de Fronssac; il fut fait amiral de Guyenne et comte de Comminges en 1472, par donation du roi Louis XI, à qui cette terre étoit retournée après la mort de Jean, bâtard d'Armagnac, maréchal et amiral de France.

quelque peu de francs-archers qu'il y avoit dedans : et passa toute l'armée par dessus ce pont de Charenton, et s'alla loger le comte de Charolois depuis ce pont de Charenton jusques en sa maison de Conflans, prés de là, au long de la riviere; et ferma ledit comte un grand pays de son charroy et de son artillerie, et mist tout son ost dedans, et avec luy se logea le duc de Calabre; et à Sainct-Maur des Fossez se logerent les ducs de Berry et de Bretagne, avec un nombre de leurs gens, et tout le demeurant envoyerent loger à Sainct-Denys, aussi à deux lieuës de Paris : et là fust toute cette compagnie onze semaines, et avinrent les choses que je diray cy-aprés.

Le lendemain commencerent les escarmouches jusques aux portes de Paris, où estoient dedans monseigneur de Nantouillet, grand-maistre de France (qui bien y servit, comme j'ay dit ailleurs), et le mareschal Joachim. Le peuple se vit espouvanté, et aucuns d'autres estats eussent voulu les Bourguignons et les autres seigneurs estre dedans Paris, jugeans, à leur advis, cette entreprise bonne et profitable pour le royaume. Autres y en avoit adherens ausdits Bourguignons, et se meslans de leurs affaires, esperans que par leurs moyens ils pourroient parvenir à quelques offices ou estats, qui sont plus desirez en cette cité-là qu'en nul autre du monde; car ceux qui les ont les font valoir ce qu'ils peuvent, et non pas ce qu'ils doivent : et y a offices sans gages qui se vendent bien huict cens escus, et d'autres où il y a gages bien petits, qui se vendent plus que leurs gages ne sçauroient valoir en quinze ans. Peu souvent advient que nul ne se desapointe, et soustient la cour de parlement cet article, et est raison; mais aussi il touche presque à tous. Entre les conseillers se trouvent tousjours largement de bons et notables personnages, et aussi quelques uns bien mal conditionnez. Ainsi est-il en tous estats.

CHAPITRE VII.

Digression sur les estats, offices et ambitions, par l'exemple des Anglois.

Je parle de ces offices et auctoritez, par ce qu'ils font desirer mutations, et aussi sont cause d'icelles : ce que l'on a veu, non pas seulement de nostre temps, mais encore quand les guerres commencerent dés le temps du roy Charles sixiesme, qui continuerent jusques à la paix d'Arras (1). Car cependant les Anglois se meslerent parmy ce royaume si avant, qu'en traittant ladite paix d'Arras, où estoient de la part du Roy quatre ou cinq ducs ou comtes, cinq ou six prelats, et dix ou douze conseillers de parlement; de la part du duc Philippe, grands personnages à l'advenant, et en beaucoup plus grand nombre; pour le Pape, deux cardinaux pour médiateurs; et de grands personnages pour les Anglois. Ce traité dura par l'espace de deux mois, et desiroit fort le duc de Bourgogne s'acquitter envers les Anglois avant que de se separer d'avec eux, pour les alliances et promesses qu'ils avoient faites ensemble : et pour ces raisons fust

(1) En septembre 1435.

offert au roy d'Angleterre, pour luy et les seigneurs siens, les duchez de Normandie et de Guyenne, pourveu qu'il en fist hommage au Roy comme avoient fait ses predecesseurs, et qu'il rendist ce qu'il tenoit au royaume, hors lesdites duchez. Ce qu'ils refuserent, pour ce qu'ils ne voulurent faire ledit hommage; et mal leur en prit aprés, car abandonnez furent de cette maison de Bourgogne; et ayans perdu leur temps et les intelligences du royaume, se prirent à perdre et à diminuer. Pour lors estoit regent en France pour les Anglois le duc de Bethfort, frere du roy Henry cinquiesme, marié avec la sœur du duc Philippe de Bourgogne; et se tenoit icelui regent à Paris, ayant vingt mille escus par mois, pour le moindre estat qu'il eust jamais en cet office. Ils perdirent Paris, et puis petit à petit le demeurant du royaume. Aprés qu'ils furent retournez en Angleterre, nul ne vouloit diminuer son estat; mais les biens n'estoient audit royaume pour satisfaire à tous. Ainsi guerre s'esmeut entre eux pour leurs authoritez, qui a duré par longues années, et fust mis le roy Henry sixiesme (qui avoit esté couronné roy de France et d'Angleterre à Paris) en prison au chasteau de Londres, et declaré traistre et crimineux de leze majesté; et là dedans a usé la pluspart de sa vie, et à la fin a esté tué. Le duc d'Yorch, pere du roy Edoüard dernier mort, s'intitula roy. En peu de jours aprés fust desconfist en bataille, et mort; et tous morts eurent les testes tranchées, luy et le comte de Warvic dernier mort, qui tant a eu de credit en Angleterre. Cestuy-là emmena le comte de La Marche (depuis appellé le roy Edoüard) par la mer à Calais, avec quelque peu de gens fuyans de la bataille (1). Ledit comte de Warvic soustenoit la maison d'Yorch, et le duc de Sommerset la maison de Lancastre. Tant ont duré ces guerres, que tous ceux de la maison de Warvic et de Sommerset y ont eu les testes tranchées, ou y sont morts en bataille.

Le roy Edoüard fist mourir son frere le duc de Clarence en une pipe de Malvoysie, pour ce qu'il se vouloit faire roy comme l'on disoit. Aprés que Edoüard fust mort, son frere second, duc de Clocestre (2), fist mourir les deux fils dudit Edoüard, et declara ses filles bastardes, et se fist couronner roy.

Incontinent aprés passa en Angleterre le comte de Richemont (3), de present roy (qui par longues années avoit esté prisonnier en Bretagne), qui desconfist et tua en bataille ce cruel roy Richard, qui peu avant avoit fait mourir ses neveux. Et ainsi de ma souvenance sont morts en ces divisions d'Angleterre bien quatre-vingts hommes de la lignée royale d'Angleterre, dont une partie j'ay connu : des autres m'a esté conté par les Anglois demeurans avec le duc de Bourgogne, tandis que j'y estoys. Ainsi ce n'est pas à Paris ny en France seulement qu'on s'entrebat pour les biens et honneurs de ce monde; et doivent bien craindre les princes, ou ceux qui regnent aux grandes seigneuries, de laisser engendrer une partialité en leur maison, car de là ce feu court par la province : mais mon advis est que cela ne se fait que par

---

(1) *Voyez* liv. 3, chap. 4.

(2) *Clocestre :* Les anciens exemplaires imprimés portent Lanclastre et Lancastre; mais on trouve Clocestre dans un manuscrit authentique. — (3) *De Richemont :* le roi Henri VII.

disposition divine; car quand les princes ou royaumes ont esté en grande prosperité ou richesses, et ils ont mesconnoissance dont procede telle grace, Dieu leur dresse un ennemi ou ennemie, dont nul ne se douteroit, comme vous pouvez voir par les rois nommez en la Bible, et par ce que puis peu d'années en avez veu en cette Angleterre, et en cette maison de Bourgogne et autres lieux que avez veu et voyez tous les jours.

CHAPITRE VIII.

Comment le roy Louys entra dedans Paris, pendant que les seigneurs de France y dressoient leurs pratiques.

J'AY esté long en ce propos, et est temps que je retourne au mien. Dés que ces seigneurs furent arrivez devant Paris, ils commencerent tous à pratiquer leans, et promettre offices et biens, et ce qui pouvoit servir à leur matiere. Au bout de trois jours furent grande assemblée en l'hostel de la ville de Paris, et aprés grandes et longues paroles, et ouyes les requestes et sommations que les seigneurs leur faisoient en public; et pour le grand bien du royaume (comme ils disoient) fust conclu d'envoyer devers eux, et entendre à pacification. Ils vindrent en grand nombre de gens-de-bien vers les princes dessusdits, au lieu de Sainct-Mor, et porta la parole maistre Guillaume

Chartier (1), lors evesque de Paris, renommé trés-grand homme : et de la part des seigneurs parloit le comte de Dunois. Le duc de Berry, frere du Roy, presidoit, assis en chaire, et tous les autres seigneurs debout. De l'un des costez estoient les ducs de Bretagne et de Calabre, et de l'autre le comte de Charolois, qui estoit armé de toutes pieces, sauf la teste et les gardes-bras, et une manteline fort riche sur sa cuirace; car il venoit de Conflans, et le bois-de-Vincennes tenoit pour le Roy, et y avoit beaucoup de gens; par quoy luy estoit besoin d'estre venu bien accompagné. Les requestes et fins des seigneurs estoient d'entrer dedans Paris, pour avoir conversation et amitié avec eux sur le faict de la reformation du royaume, lequel ils disoient estre mal conduict, en donnant plusieurs grandes charges au Roy. Les responses estoient fort douces toutes-fois, prenans quelque delay avant que de respondre; et neantmoins le Roy ne fust depuis content dudit evesque, ny de ceux qui estoient avec luy. Ainsi s'en retournerent, demeurans en grand pratique; car chacun parla à eux en particulier, et croy bien qu'en secret fust accordé par aucuns que les seigneurs en leur sim-

---

(1) *Guillaume Chartier :* né à Bayeux en Normandie; il étoit proche parent et même, suivant quelques-uns, frère d'Alain Chartier, secrétaire des rois Charles VI et VII, qui a écrit l'histoire de son temps, et fait quelques poésies; et de Jean Chartier, auteur des grandes chroniques de Saint-Denis. Il est parlé de cet évêque dans la chronique de Jean de Troyes (année 1472). On y voit la haute estime où ce prélat étoit parmi le peuple. Louis XI ne l'aimoit pas, et le regardoit même comme son ennemi, parce que souvent il faisoit des remontrances qui ne s'accordoient point avec les idées de ce roi sur le gouvernement.

ple estat y entreroient, et leurs gens pourroient passer outre (si bon leur sembloit) en petit nombre à la fois. Cette conversation n'eust point esté seulement ville gaignée, mais toute l'entreprise ; car aisement tout le peuple se fust tourné de leur part (pour plusieurs raisons), et par consequent toutes celles du royaume (1), à l'exemple de celle-là. Dieu donna sage conseil au Roy, et il l'executa bien, estant ja adverti de toutes ces choses.

Avant que ceux qui estoient venus vers ces seigneurs eussent fait leur rapport, le Roy arriva en la ville de Paris en l'estat qu'on doit venir pour reconforter un peuple (2); car il y vint en trés-grande compagnie, et mit bien deux mille hommes-d'armes en la ville, tous les nobles de Normandie, grande force de francs-archers, les gens de sa maison, pensionnaires, et autres gens de bien qui se trouvent avec tel roy en semblables affaires. Et ainsi fust cette pratique rompue, et tout ce peuple bien mué des siens; ny ne se fust trouvé homme de ceux qui paravant avoient esté devers nous, qui plus eust osé parler de la marchandise : et à aucuns en prit mal. Toutes-fois le Roy n'usa de nulle cruauté en cette matiere (3), mais aucuns perdirent leurs offices, les autres envoya demeurer ailleurs : ce que je luy repute à loüange,

---

(1) La même chose est dite ci-dessus, chap. 2. On voit, par ce passage et par plusieurs autres, que Comines se répète quelquefois.

(2) *Reconforter un peuple :* « Etant arrivé à Paris, dit Du Haillant, « il alloit de rue en rue, de maison en maison, disner et souper chez « l'un et chez l'autre, parlant privement à chacun pour se rendre « agréable au peuple, et l'irriter contre ses ennemis. »

(3) Il y eut cependant quelques exécutions. (*Voyez* les Mém. de Jean de Troyes.)

de n'avoir usé d'autre vengeance ; car si cela, qui avoit esté commencé, fust venu à effet, le meilleur qui luy pouvoit venir, c'estoit fuir hors du royaume. Aussi plusieurs fois m'a-t'il dit que s'il n'eust pû entrer dedans Paris, et qu'il eust trouvé la ville muée, qu'il fut fuy devers les Suisses, ou devers le duc de Milan Francisque, qu'il reputoit son grand amy : et bien luy monstra ledit Francisque par le secours qu'il lui envoya, qui estoit de cinq cens hommes-d'armes et trois mille hommes-de-pied, sous la conduite de son fils aîné appellé Galéas, depuis duc (1), et vinrent jusques en Forest, et firent guerre à monseigneur de Bourbon. Mais, à cause de la mort dudit duc Francisque, ils s'en retournerent, et aussi par le conseil qu'il luy donna, en traittant la paix appellée le traicté de Conflans, où il luy manda qu'il ne refusast nulle chose qu'on luy demandast pour separer ceste compagnie ; mais que seulement ses gens luy demeurassent (2).

A mon advis, nous n'avions point esté plus de trois jours devant Paris, quand le Roy y entra. Tantost nous commença la guerre trés-forte, et par especial sur nos fourrageurs ; car l'on estoit contrainct d'aller loin en fourrage, et falloit beaucoup

(1) *Depuis duc* : François Sforce étoit fils naturel de Sforce, comte de Cottignola; il épousa Blanche-Marie, fille naturelle de Philippe-Marie Visconti, duc de Milan. François parvint à se faire reconnoître duc de Milan au commencement de février 1450; il mourut en 1466, âgé de soixante-six ans.

(2) Galéas-Marie succéda à François son père au duché de Milan ; mais ses débauches et sa tyrannie occasionèrent des soulèvemens : on conspira contre lui; il fut assassiné le lendemain de la fête de Noël de l'an 1476.

de gens à les garder. Et faut bien dire qu'en cette Isle-de-France est bien assise cette ville de Paris, de pouvoir fournir de si puissans ostes; car jamais nous n'eusmes faute de vivre, et dedans Paris à grande peine s'appercevoient-ils qu'il y eust homme : rien n'encherit que le pain, seulement d'un denier sur pain; car nous n'occupions point les rivieres d'audessus, qui sont trois, c'est-à-sçavoir Marne, Yonne et Seine, et plusieurs petites rivieres qui entrent en celles-là. A tout prendre, cette cité de Paris est la cité que jamais je visse environnée de meilleur pays et plus plantureux; et est chose presque incroyable des biens qui y arrivent. J'y ay esté depuis ce temps avec le roy Louys demy an sans en bouger, logé és Tournelles, mangeant et couchant avec luy ordinairement : et depuis son trespas, vingt mois, maugré moy, tenu prisonnier (1) en son palais, où je voyois de mes fenestres arriver ce qui montoit contremont la riviere de Seine du costé de Normandie. Du dessus en vient aussi sans comparaison plus que n'eusse jamais cru ce que j'en ay veu.

Ainsi donc tous les jours sailloit de Paris force gens, et y estoient les escarmouches grosses. Nostre guet estoit de cinquante lances, qui se tenoient vers la Grange-aux-Merciers (2); et avoient des chevaucheurs le plus prés de Paris qu'ils pouvoient, qui trés-souvent estoient ramenez jusques à eux, et bien sou-

(1) *Tenu prisonnier* : Philippe de Comines fut détenu pendant trois ans, partie à Loches et partie à Paris. L'arrêt qui fut rendu contre lui est du 24 mars 1488, style ancien.

(2) *Grange-aux-Merciers* : La Grange-aux-Merciers étoit au-dessus de Paris, sur la rivière, au-dessous de Conflans, comme le dit Olivier de La Marche, livre I, chap. 35. C'est aujourd'hui le village de Bercy.

vent falloit qu'ils revinssent sur queuë jusques à notre charroy, en se retirant le pas, et aucunes fois le trot; et puis on leur renvoyoit des gens, qui trés-souvent aussi renvoyoient les autres jusques bien prés les portes de Paris. Et ceci estoit à toutes heures, car en la ville il y avoit plus de deux mille cinq cens hommes-d'armes, de bonne estoffe, et bien logez; grande force de nobles de Normandie, et de francs-archers : et puis voyoient les dames tous les jours, qui leur donnoient envie de se monstrer. De nostre costé il y avoit un trés-grand nombre de gens, mais non point tant de gens de cheval; car il n'y avoit que les Bourguignons (qui estoient environ quelques deux mille lances, que bons, que mauvais), qui n'estoient point si bien accoustrez que ceux de dedans Paris, par la longue paix qu'ils avoient euë, comme j'ay dit autrefois (1). Encore de ce nombre en y avoit à Lagny deux cens hommes-d'armes, et y estoit le duc de Calabre. De gens-à-pied nous avions grand nombre, et de bons. L'armée des Bretons estoit à Sainct-Denis, qui faisoient la guerre là où ils pouvoient; et les autres seigneurs espars pour les vivres. Sur la fin y vinrent le duc de Nemours, le comte d'Armignac et le seigneur d'Albret. Leurs gens demeurerent loin, pour ce qu'ils n'avoient point de payement, et qu'ils eussent affamé nostre ost s'ils eussent pris sans payer: et sçay bien que le comte de Charolois leur donna de l'argent jusques à cinq ou six mille francs, et fust advisé que leurs gens ne viendroient point plus avant.

Ils estoient bien six mille hommes de cheval, qui faisoient merveilleusement de maux.

(1) *Voyez* ci-devant, chap. 3, sur la fin.

CHAPITRE IX.

Comment l'artillerie du comte de Charolois et celle du Roy tirerent l'une contre l'autre prés Charenton ; et comment le comte de Charolois fit faire derechef un pont sur batteaux en la riviere de Seine.

En retournant au fait de Paris, il ne faut douter que nul jour ne se passoit sans perte ou gain, tant d'un costé que d'autre : mais de grosses choses n'y avint rien, car le Roy ne vouloit point souffrir que ses gens saillissent en grosses bandes, ny ne vouloit rien mettre en hazard de la bataille, et desiroit paix, et sagement departir cette assemblée. Toutesfois un jour bien matin vinrent loger droit vis-à-vis l'hostel de Conflans, au long de la riviere, et sur le fin bord, quatre mille francs-archers. Les nobles de Normandie, et quelque peu de gens-d'armes d'ordonnance, demeurerent à un quart de lieuë de là, en un village ; et depuis leurs gens-de-pied jusques-là n'y avoit qu'une belle plaine. La riviere de Seine estoit entre nous et eux : et commencerent ceux du Roy une tranchée à l'endroit de Charenton, où ils firent un boulevart de bois et de terre, jusques au bout de nostre ost ; et passoit ledit fossé par devant Conflans, la riviere entre deux, comme dit est ; et là assortirent grand nombre d'artillerie, qui d'entrée chassa tous les gens du duc de Calabre hors du village de Charenton ; et fallut qu'à grande haste ils vinssent loger avec nous, et y eut des gens et des chevaux de tuez ; et logea le duc Jean en un petit corps d'hostel tout droit au devant de celuy de monseigneur de Charolois, à l'opposite de la riviere.

Cette artillerie commença premierement à tirer par nostre ost, et espouvanta fort la compagnie ; car elle tua des gens d'entrée, et tira deux coups par la chambre où le seigneur de Charolois estoit logé, comme il disnoit, et tua un trompette en apportant un plat de viande sur le degré.

Aprés le disner ledit comte de Charolois descendit en l'estage bas, et delibera n'en bouger, et la feist tendre au mieux qu'il peut. Le matin, vinrent les seigneurs tenir conseil, et ne se tenoit point le conseil ailleurs que chez le comte de Charolois ; et tousjours aprés le conseil disnoient tous ensemble, et se mettoient les ducs de Berry et de Bretagne au banc, le comte de Charolois et le duc de Calabre au-devant ; et portoit ledit comte honneur à tous, les conviant à l'assiette (1). Aussi le devoit bien faire à d'aucuns et à tous, puisque c'estoit chez luy. Il fut advisé que toute l'artillerie de l'ost seroit assortie encontre celle du Roy. Ledit seigneur de Charolois en avoit tréslargement, le duc de Calabre en avoit de belle, et aussi le duc de Bretagne. L'on fit de grands trous aux murailles qui sont au long de la riviere derriere ledit hostel de Conflans, et y assortit-on toutes les meilleurs pieces, excepté les bombardes et autres grosses pieces, qui ne tirerent point, et le demeurant où elles pouvoient servir. Ainsi en y eust du costé des seigneurs beaucoup plus que de celuy du Roy.

(1) *Les conviant à l'assiette* : les invitoient à se mettre à table.

La tranchée que les gens du Roy avoient faite estoit fort longue, tirant vers Paris, et tousjours la tiroient avant, et jettoient la terre de nostre costé, pour soy taudir (1) de l'artillerie; car tous estoient cachez dedans le fossé, ny nul n'eust osé monstrer la teste. Ils estoient en lieu plain comme la main, et en belle prairie.

Je n'ay jamais tant veu tirer pour si peu de jours; car de nostre costé on s'attendoit de les chasser de là à force d'artillerie. Aux autres en venoit de Paris tous les jours, qui faisoient bonne diligence de leur costé, et n'espargnoient point la poudre. Grande quantité de ceux de nostre ost firent des fossez en terre à l'endroit de leurs logis. Encores davantage y en avoit beaucoup, pour ce que c'est lieu où l'on a tiré de la pierre. Ainsi se taudissoit chacun, et se passa trois ou quatre jours. La crainte fut plus grande que la perte des deux costez, car il ne se perdit nul homme de nom.

Quand ces seigneurs virent que ceux du Roy ne s'esmouvoient point, il leur sembla honte et peril, et que ce seroit donner cœur à ceux de Paris; car, par quelque jours de tréves, il y vint tant de peuple, qu'il sembloit que rien ne fust demeuré en la ville. Il fut conclu en un conseil que l'on feroit un fort grand pont sur grands bateaux, et coupperoit-on l'estroit du bateau : et ne s'asserroit le bois que sur le large, et au dernier couplet y auroit de grandes ancres pour jetter en terre. Avec cela furent amenez plusieurs grands batteaux de Seine, qui eussent pû

---

(1) *Taudir* : se mettre à couvert dans des tranchées, ou derrière des fortifications.

aider à passer la riviere, et assaillir les gens du Roy. A maistre Girauld, canonnier, fut donnée la charge de cet ouvrage, auquel il sembloit que pour les Bourguignons estoit grand avantage de ce que les autres avoient jetté les terres de nostre costé, pour ce que quand ils seroient outre la riviere, ceux du Roy trouveroient leur tranchée beaucoup au-dessous des assaillans, et qu'ils n'oseroient saillir dudit fossé, pour crainte de l'artillerie.

Ces raisons donnerent grand cœur aux nostres de passer; et fut le pont achevé, amené et dressé, sauf le dernier couplet, qui tournoit de costé, prest à dresser, et tous les bateaux amenez. Dés qu'il fust dressé, vint un officier d'armes du Roy dire que c'estoit contre la tréve, pour ce que ce jour et le jour precedent y avoit eu tréve, et venoit pour voir que c'estoit. A l'aventure il trouva monsieur de Bueil (1) et plusieurs autres sur ledit pont, à qui il parla. Ce soir passoit la tréve. Il y pouvoit bien passer trois hommes-d'armes, la lance sur la cuisse, de front; et y pouvoit bien avoir six grands bateaux, que chascun eut bien passé mille hommes à la fois, et plusieurs petits : et fust accoustrée l'artillerie pour les services à ce passage. Si furent faites les bendes et les rooles de ceux qui devoient passer, et en estoient chefs le comte de Sainct-Paul et le seigneur de Haultbourdin.

Dés que minuit fut passé, commencerent à s'armer ceux qui en estoient, et avant jour furent armez; et oyoient les aucuns messe en attendant le jour,

(1) *De Bueil :* Il y a Bouillet dans plusieurs manuscrits, et dans l'ancien exemplaire imprimé; mais on croit qu'il faut lire *de Bueil.*

et faisoient ce que bons chrestiens font en tel cas. Cette nuit, je me trouvay en une grand'tente qui estoit au milieu de l'ost, où l'on faisoit le guet: et estoys du guet cette nuit là (car nul n'en estoit excusé), et estoit chef de ce guet monseigneur de Chastel-Guyon [1], qui mourut depuis à Granson, et s'attendoit l'heure de voir cet esbat. Soudainement nous ouysmes ceux qui estoient en ces tranchées, qui commencerent à crier à haute voix: « Adieu, voisins, «'adieu! » et incontinent mirent le feu en leurs logis, et retirerent leur artillerie. Le jour commença à venir. Les ordonnez à cette entreprise estoient ja sur la riviere, au moins partie, et virent les autres ja bien loin, qui se retiroient à Paris. Ainsi donc chacun s'alla désarmer, trés-joyeux de ce departement. Et à la vérité ce que le Roy avoit mis de gens, ce n'estoit que pour battre nostre ost d'artillerie, et non pas en intention de combattre; car il ne vouloit rien mettre en hazard, comme j'ai dit ailleurs, nonobstant que sa puissance fut trés-grande pour tous tant qu'il y avoit de princes ensemble. Mais son intention (comme bien le monstra) estoit de traiter paix et departir la compagnie, sans mettre son Estat (qui est si grand et si bon que d'estre roy de ce grand et obeissant royaume de France) en peril de chose si incertaine qu'une bataille.

Chascun jour se menoit de petits marchez pour

---

[1] *Chastel-Guyon:* ou Château-Guyon. Louis de Châlon, fils puîné de Louis de Châlon, prince d'Orange, et d'Eléonore d'Armagnac sa seconde femme, chevalier de la Toison d'Or. Cette bataille de Granson dont il est ici parlé, et que perdit le duc de Bourgogne, fut livrée en février 1476, peu de temps avant la défaite du même duc à Morat. Au lieu de Granson, le manuscrit de Saint-Germain-des-Prés met *Morat.*

fortraire gens l'un à l'autre, et eut plusieurs jours de tréves et assemblées d'une part et d'autre pour traitter paix, et se faisoit ladite assemblée en la Grange-aux-Merciers, assez prés de nostre ost. De la part du Roy y venoit le comte du Maine et plusieurs autres. De la part des seigneurs, le comte de Sainct-Paul et plusieurs autres; aussi de tous les seigneurs. Assez de fois furent assemblez sans rien faire : et cependant duroit la tréve, et s'entrevoyoient beaucoup de gens des deux armées, un grand fossé entre deux, qui est comme mi-chemin, les uns d'un costé, les autres de l'autre; car par la tréve nul ne pouvoit passer. Il n'estoit jour qu'à cause de ces veuës ne se vint rendre dix ou douze hommes du costé des seigneurs, et aucunes fois plus : un autre jour s'en alloient autant des nostres. Et pour cette cause s'appella le lieu depuis *le Marché*, pour ce que telles marchandises s'y faisoient. Et pour dire la verité, telles assemblées et communications sont bien dangereuses en telles façons, et par especial pour celuy qui est en plus grande apparence de decheoir. Naturellement la pluspart des gens ont l'œil ou à s'accroistre ou à se sauver : ce qui aisément les fait tirer aux plus forts. Autres y en a si bons et si fermes, qu'ils n'ont nuls de ces regards; mais peu s'en trouve de tels. Et par especial est ce danger quand ils ont prince qui cherche à gagner gens, qui est une très-grand'grace que Dieu fait au prince qui le sçait faire, et est signe qu'il n'est point entaché de ce fort vice et peché d'orgueil, qui procure haines envers toutes personnes. Pour quoy, comme j'ay dit, quand on vient à tels marchés que de traitter paix, il se doit faire par les plus feables serviteurs que les princes ont, et gens d'aage moyen, afin que leur foiblesse ne les conduise à faire quelque marché deshonneste, ne à espouventer leur maistre à leur retour plus que de besoin, et plustost empescher ceux qui ont receu quelque grace ou bienfait de luy, que nuls autres : mais sur tout sages gens, car d'un fol ne fit jamais homme son profit; et se doivent plustost conduire ces traitez loin que prés. Et quand lesdits ambassadeurs retournent, les faut ouyr seuls, ou à peu de compagnie, afin que si leurs paroles sont pour espouventer les gens, qu'ils leur disent les langages dont ils doivent user à ceux qui les enquerront; car chacun desire de sçavoir nouvelles d'eux, quand ils viennent de tels traitez; et plusieurs disent : « Tel ne « me celera rien. » Si feront s'ils sont tels comme je dis, et qu'ils connoissent qu'ils ayent maistres sages.

CHAPITRE X.

Digression sur quelques vices et vertus du roy Louis onziesme.

JE me suis mis en ce propos par ce que j'ay veu beaucoup de tromperies en ce monde, et de beaucoup de serviteurs envers leurs maistres, et plus souvent tromper les princes et seigneurs orgueilleux, qui peu veulent ouyr parler les gens, que les humbles qui volontiers les escoutent. Et entre tous ceux que j'ay jamais connu, le plus sage pour soy tirer d'un mauvais pas, en temps d'adversité, c'estoit le roy Louis XI nostre maistre, le plus humble en paroles et en habits (1), et qui plus travailloit à gagner un homme qui le pouvoit servir, ou qui luy pouvoit nuire. Et ne s'ennuyoit point d'estre refusé une fois d'un homme qu'il pretendoit gagner; mais y continuoit, en luy promettant largement, et donnant par effet argent et estats qu'il connoissoit qui luy plaisoient. Et ceux qu'il avoit chassez et deboutez en temps de paix et de prosperité, il les rachetoit bien cher quand il en avoit besoin, et s'en servoit, et ne les avoit en nulle haine pour les choses passées. Il estoit naturellement ami des gens de moyen estat, et ennemy de tous grands qui se pouvoient passer de luy (2). Nul homme ne presta jamais tant l'oreille aux gens, ny ne s'enquist de tant de choses, comme il faisoit, ne qui

(1) Aux détails que nous avons déjà donnés sur la mesquinerie des vêtemens de Louis xi, nous ajouterons que non-seulement ses habits étoient de l'étoffe la plus grossière, mais qu'il ne les renouveloit que le moins souvent possible. Les registres de la chambre des comptes font mention d'une dépense de vingt sols pour des manches neuves mises à un vieux pourpoint. Il n'étoit pas plus recherché dans ses ameublemens. Vers la fin du règne de Henri iv, on conservoit encore son lit dans la maison d'un conseiller d'Etat. P. Matthieu, qui l'a vu, rapporte qu'il étoit de damas jaune et incarnat, sans clinquant ni passement, les franges sans façon. Il s'en falloit de beaucoup que ce lit fût aussi somptueux que celui dont Christine de Pisan donne la description dans son livre des Trois Vertus, et qui appartenoit à une simple marchande.

(2) Bodin rapporte qu'après avoir successivement éloigné de lui presque tous les gentilshommes, *il se servoit de son tailleur pour héraut d'armes, de son barbier pour ambassadeur, et de son médecin pour chancelier.* Il employoit de préférence, dit Claude de Seyssel, les petits personnages, gens audacieux, et prêts à faire ses volontés.

Il admettoit les bourgeois et les marchands dans son intimité, et sembloit préférer leur société à celle des nobles; mais il n'aimoit pas à voir en eux le désir de sortir de leur classe, et savoit les punir même

voulust jamais connoistre tant de gens; car aussi veritablement il connoissoit toutes gens d'authorité et de valeur qui estoient en Angleterre, en Espagne, en Portugal, en Italie, et és seigneuries du duc de Bourgogne, et en Bretagne, comme il faisoit ses sujets (1). Et ces termes et façons qu'il tenoit, dont j'ay parlé cy-dessus, luy ont sauvé la couronne, veu les ennemis qu'il s'estoit luy-mesme acquis à son advenement au royaume. Mais sur tout luy a servi sa grande largesse (2); car, ainsi comme sagement il conduisoit l'adversité, à l'opposite dés ce qu'il cuidoit estre as-

en leur accordant ce qu'ils demandoient. Le trait suivant mérite d'être conservé.

« Le Roy, dit P. Matthieu, se familiarisoit fort avec les marchands, « les faisoit manger à sa table, pour causer plus librement avec eux. « Les caresses du prince, ajoutées au lieu et à la bonne chere, donnent « la question aux plus retenus. Un marchand se voyant souvent en « cet honneur, desdaigna de se voir appeler sire Jean, et supplia le « Roy de le faire escuyer. Le Roy luy donne des lettres d'annoblis-« sement, après lesquelles le marchand se charge d'une espée, et d'un « habit à l'advenant. Il se présente au Roy, croyant que par ce nou-« vel honneur il estoit eslevé sur l'épicycle de Mars, et qu'il iroit de « pair avec les principaux seigneurs de la cour. L'asne est reçu à « coups de baston, et le barbet est caressé à table. Mais il ne daigne « pas seulement le regarder, et le laisse toujours debout. Ce marchand « eust volontiers quitté ses lettres pour revenir à son premier train; « et ne pouvant supporter ce changement, s'en plaignit au Roy, qui « luy dit: *Quand je vous faisois asseoir à ma table, je vous tenois* « *comme le premier de vostre condition, et ne faisois tort aux gentils-* « *hommes de vous honorer pour tel; maintenant que vous avez voulu* « *estre gentilhomme, et qu'en cette qualité vous estes précédé de tous* « *ceux qui l'ont acquis par les espées de leurs devanciers et leurs pro-* « *pres mérites, je leur ferois tort de vous faire la même faveur. Allez,* « *monsieur le gentilhomme.* »

(1) Il se faisoit envoyer des listes avec des notes détaillées sur tous les hommes qui avoient quelque importance dans les provinces.

(2) Le continuateur de Monstrelet prétend que Louis XI donnoit

26.

seur, ou seulement en une tréve, se mettoit à mescontenter les gens, par petits moyens, qui peu luy servoient, et à grand'peine pouvoit endurer paix. Il estoit leger à parler des gens, et aussi tost en leur presence qu'en leur absence; sauf de ceux qu'il craignoit, qui estoit beaucoup; car il estoit assez craintif de sa propre nature (1). Et quand pour parler il avoit receu quelque dommage, ou en avoit suspicion, et le

---

largement à ceux qui servoient ses plaisirs, et peu ou rien aux autres. Cet auteur est le seul qui ait accusé Louis d'avoir fait de grandes dépenses pour ses plaisirs; tous les autres historiens attestent le contraire, et lui reprochent beaucoup de mesquinerie dans tout ce qui ne se rattachoit pas aux grandes intrigues, dont il a fait l'occupation de sa vie entière. Ce fut pour ses affaires et non pour ses plaisirs qu'il tripla les impôts, aliéna la plus grande partie du domaine, multiplia le nombre des offices, et accorda plus de neuf cents pensions sur les revenus de l'Etat. Rien ne lui coûtoit quand il s'agissoit de séduire les hommes dont il croyoit avoir besoin. Ses maîtresses furent en général des femmes obscures et *de basse fortune*, comme dit P. Matthieu; et on ne voit pas qu'il ait fait pour aucune d'elles ce que Charles VII avoit fait pour Agnès Sorel. On lit à la vérité, dans les registres de la chambre des comptes, qu'il emprunta d'un de ses serviteurs, à Arras, trois cent vingt livres seize sous huit deniers pour ses plaisirs et voluptés; mais cet article isolé de dépense détruiroit plutôt qu'il ne favoriseroit l'assertion du continuateur de Monstrelet.

Louis XI, prodigue avec ses agens, négligeoit de payer ses serviteurs. On a remarqué que les gens attachés au service de sa maison ne touchèrent que deux ans et demi de leurs gages depuis l'année 1471 jusqu'à sa mort, et ces gages étoient fort modiques.

(1) Il étoit, dit Du Tillet, plus célèbre d'entendement que de hardiesse. Saint-Gelais, dans son Histoire de Louis XII, ne partage pas entièrement cette opinion. « Louis XI, dit-il, fut saige, subtil et di-
« ligent en ses affaires, *hardy* et liberal; mais il estoit soupçonneux,
« et ne vouloit guere advancer ses parents, et si feit faire beaucoup
« de justices soubdaines : au moyen de quoy il fut merveilleusement
« craint, voire d'une crainte servile et doubteuse qui n'est pas
« bonne. »

vouloit reparer, il usoit de cette parole au personnage propre (1) : « Je sçay bien que ma langue m'a « porté grand dommage, aussi m'a-elle fait quelque-« fois du plaisir beaucoup : toutes-fois c'est raison « que je repare l'amende. » Et n'usoit point de ces privées paroles, qu'il ne fist quelque bien au personnage à qui il parloit, et n'en faisoit nuls petits.

Encore fait Dieu grand'grace à un prince quand il sçait le bien et le mal, et par especial quand le bien precede (2), comme au Roy nostre maistre dessusdit. Mais, à mon advis, que le travail qu'il eut en sa jeunesse, quand il fut fugitif de son pere, et fuit sous le duc Philippe de Bourgogne, où il fut six ans, luy valut beaucoup; car il fut contraint de complaire à ceux dont il avoit besoin : et ce bien, qui n'est pas petit, luy apprit adversité. Comme il se trouva grand, et roi couronné, d'entrée ne pensa qu'aux vengeances; mais tost luy en vint le dommage, et quand et quand la repentance. Et repara cette folie et cette erreur en regagnant ceux ausquels il faisoit tort, comme vous entendrez cy-aprés. Et s'il n'eust eu la nourriture autre que les seigneurs que j'ay veu nourrir en ce royaume, je ne croy pas que jamais se fust ressours; car ils ne les nourrissent seulement qu'à faire les fols en habillemens et en paroles. De nulles lettres ils n'ont connoissance. Un seul sage homme on ne leur met à l'entour : ils ont des gouverneurs à qui on parle de leurs affaires, à eux rien, et ceux-là disposent de leurs affaires; et tels seigneurs y à qui n'ont que treize livres de rente en argent,

---

(1) On en trouvera un exemple plus loin, chap. 12, livre 3.
(2) *Precede* : surpasse.

qui se glorifient de dire : « Parlez à mes gens; » cuidans par cette parole contrefaire les trés-grands-seigneurs. Aussi ai-je bien veu souvent leurs serviteurs faire leur profit d'eux, et leur donner à connoistre qu'ils estoient bestes. Et si d'aventure quelqu'un s'en revient, et veut connoistre ce qui luy appartient, c'est si tard qu'il ne luy sert plus de gueres; car il faut noter que tous les hommes, qui jamais ont esté grands et fait grandes choses, ont commencé fort jeunes. Et cela gist à la nourriture, ou vient de la grace de Dieu.

CHAPITRE XI.

Comment les Bourguignons estans prés de Paris, attendans la bataille, cuiderent des chardons qu'ils virent que ce fussent lances debout.

Or ay-je long-temps connu ce propos, mais il est tel que n'en sors pas bien quand je veux : et pour revenir à la guerre, vous avez ouy comme ceux que le Roy avoit logez en cette tranchée, au long de cette riviere de Seine, se deslogerent à l'heure que l'on les devoit assaillir. La tréve ne duroit jamais gueres qu'un jour ou deux. Aux autres jours se faisoit la guerre tant aspre qu'il estoit possible, et continuoient les escarmouches depuis le matin jusques au soir. Grosses bandes ne sailloient point de Paris : toutesfois souvent nous remettoient nostre guet, et puis on le renforçoit. Je ne vis jamais une seule journée qu'il n'y eust escarmouche, quelque petite que ce fust; et croy bien que si le Roy eust voulu, qu'elles y eussent esté bien plus grosses: mais il estoit en grand soubçon, et de beaucoup, qui estoit sans cause. Il m'a autrefois dit qu'il trouva une nuict la bastille Sainct-Antoine ouverte, par la porte des champs, de nuit. Ce qui lui donna grand'suspicion de messire Charles de Meleun, pour ce que son pere tenoit la place. Je ne dis autre chose dudit messire Charles que ce que j'en ay dit; mais meilleur serviteur n'eut point le Roy pour cette année-là.

Un jour fut entrepris à Paris de nous venir combattre (et croy que le Roy n'en delibera rien, mais les capitaines), et de nous assaillir de trois costez: les uns devers Paris, qui devoit estre la grand'compagnie; une autre bande devers le Pont-de-Charenton, et ceux-là n'eussent gueres sceu nuire; et deux cens hommes-d'armes, qui devoient venir par devers le Bois-de-Vincennes. De cette conclusion fut adverty l'ost environ la minuit, par un page qui vint crier, de l'autre part de la riviere, que aucuns bons amis des seigneurs les advertissoient de l'entreprise qu'avez ouy; et en nomma aucuns, et incontinent s'en alla.

Sur la fine pointe du jour vint messire Poncet de Riviere devant ledit Pont-de-Charenton, et monseigneur Du Lau [1] d'autre part devers le Bois-de-Vincennes, jusques à nostre artillerie, et tuerent un canonnier. L'alarme fut fort grande, cuidant que ce fust ce dont le page avoit adverty la nuit. Tost fut armé monseigneur de Charolois, mais encore plustost Jean,

[1] Antoine de Châteauneuf, grand bouteiller de France, sénéchal de Guyenne, grand chambellan du roi Louis xi, et son favori.

duc de Calabre; car à tous alarmes c'estoit le premier homme armé, et de toutes pieces, et son cheval tousjours bardé. Il portoit un habillement que ces conducteurs portent en Italie, et sembloit bien prince et chef de guerre, et tiroit tousjours droit aux barrieres de nostre ost, pour garder les gens de saillir; et y avoit d'obeïssance autant que monseigneur de Charolois; et luy obeïssoit tout l'ost de meilleur cœur, car à la verité il estoit digne d'estre honoré.

En un moment tout l'ost fut en armes, et à pied, au long des chariots par le dedans, sauf quelques deux cens chevaux qui estoient dehors au guet : et excepté ce jour, je ne connus jamais que l'on eust esperance de combattre; mais cette fois chacun s'y attendoit. Et sur ce bruit arriverent les ducs de Berry et de Bretagne, que jamais je ne vis armés que ce jour. Le duc de Berry estoit armé de toutes pieces. Ils avoient peu de gens : ainsi ils passerent par le camp, et se mirent un peu au dehors pour trouver messeigneurs de Charolois et de Calabre, et là parloient ensemble. Les chevaucheurs, qui estoient renforcez, allerent plus prés de Paris, et veirent plusieurs chevaucheurs qui venoient pour sçavoir ce bruit en l'ost. Nostre artillerie avoit fort tiré, quand ceux de monseigneur Du Lau s'en estoient approchez si prés. Le Roy avoit bonne artillerie sur la muraille de Paris, qui tira plusieurs coups jusques à nostre ost, qui est grand'chose (car il y a deux lieuës); mais je croy bien que l'on avoit levé le nez bien haut aux bastons (1). Ce bruit d'artillerie faisoit croire de tous les deux

---

(1) *Bastons* : c'est ainsi que l'on appeloit quelquefois les canons et

costez quelque grande entreprise. Le temps estoit fort obscur et trouble; et nos chevaucheurs, qui s'estoient approchez de Paris, voyoient plusieurs chevaucheurs, et bien loin outre devant eux voyoient grande quantité de lances debout, ce leur sembloit; et jugeoient que c'estoient toutes les batailles du Roy qui estoient aux champs, et tout le peuple de Paris; et cette imagination leur donnoit l'obscurité du temps.

Ils se reculerent droit derriere ces seigneurs, qui estoient hors de nostre camp, et leur signifierent ces nouvelles, et les asseurerent de la bataille. Les chevaucheurs saillis de Paris s'approchoient tousjours, pour ce qu'ils voyoient reculer les nostres, qui encores les faisoit mieux croire. Lors vint le duc de Calabre là où estoit l'estendart du comte de Charolois, et la pluspart des gens de bien de sa maison, pour l'accompagner, et sa banniere preste à desployer, et le guidon de ses armes, qui estoit l'usance de cette maison; et là nous dit à tous ledit duc Jean : « Or ça, « nous sommes à ce que nous avons tous desiré : voilà « le Roy et tout ce peuple sailly de la ville, et mar« chent, comme disent nos chevaucheurs; et pour « ce, que chacun ait bon vouloir et cœur. Tout ainsi « qu'ils saillent de Paris, nous les aunerons à l'aune « de la ville, qui est la grande aulne (1). » Ainsi alla reconfortant la compagnie. Nos chevaucheurs avoient un petit repris de cœur : voyans que les autres chevaucheurs estoient foibles, se raprocherent de la ville,

coulevrines, et même les mousquets; mais le plus souvent on les appeloit *bastons à feu*.

(1) *La grande aulne* : l'aune de Paris étoit moitié plus grande que celle de Flandre, de Hollande, d'Angleterre, et des autres pays.

et trouverent encore ces batailles au lieu où ils les avoient laissées, qui leur donna nouveau pensement. Ils s'en approcherent le plus qu'ils peurent : mais estant le jour un peu haussé et esclaircy, ils trouverent que c'estoient grands chardons. Ils furent jusques au prés des portes, et ne trouverent rien dehors. Incontinent le manderent à ces seigneurs, qui s'en allerent ouyr messe et disner; et en furent honteux ceux qui avoient dit ces nouvelles : mais le temps les excusa, avec ce que le page avoit dit la nuit de devant.

CHAPITRE XII.

Comment le Roy et le comte de Charolois parlerent ensemble, pour cuider moyenner la paix.

La pratique de paix continuoit toujours, plus estroit entre le Roy et le comte de Charolois qu'ailleurs, pour ce que la force gisoit en eux. Les demandes des seigneurs estoient grandes, par especial pour ce que le duc de Berry vouloit Normandie pour son partage : ce que le Roy ne vouloit accorder. Le comte de Charolois vouloit avoir les villes assises sur la riviere de Somme, comme Amiens, Abbeville, Sainct-Quentin, Peronne et autres, que le Roy avoit rachetées du duc Philippe il n'y avoit pas trois mois [1];

---

[1] *Trois mois :* Au chapitre 14, au lieu de trois mois il en met neuf; mais Comines se trompe également dans ces deux endroits : ce fut aux mois de septembre et d'octobre 1463 que Louis XI fit payer, au duc de Bourgogne Philippe-le-Bon, les quatre cent mille écus d'or, et retira les villes de la rivière de Somme. Ainsi il y avoit deux ans, puisque la paix de Conflans se fit le 5 octobre 1465.

lesquelles avoit euës ledit duc, par la paix d'Arras, du roy Charles septiesme. Le comte de Charolois disoit que de son vivant le Roy ne les devoit racheter, luy ramentevoit combien il estoit tenu à sa maison; car, durant qu'il estoit fugitif de son pere le Roy Charles, il y fut receu et nourri six ans, ayant deniers de luy pour son vivre; et puis fut amené par eux jusques à Reims et à Paris, à son sacre. Ainsi avoit pris le comte de Charolois en trés-grand despit ce rachapt des terres dessusdites.

Tant fut demenée cette pratique de paix, que le Roy vint un matin par eau jusques vis à vis de nostre ost, ayant largement de chevaux sur le bord de la riviere; mais en son bateau n'estoient que quatre ou cinq personnes, hormis ceux qui le tiroient; et y avoit monseigneur Du Lau, monseigneur de Montauban, lors admiral de France; monseigneur de Nantouillet, et autres. Les comtes de Charolois et de Sainct-Paul estoient sur le bord de la riviere de leur costé, attendans ledit seigneur. Le Roy demanda à monseigneur de Charolois ces mots : « Mon frere, « m'asseurez-vous? » car autrefois ledit comte avoit espousé sa sœur [1]. Ledit comte luy respondit : « Monseigneur, ouy comme frere. » Je l'ouis; si feirent assez d'autres [2]. Le Roy descendit à terre, avec les dessusdits qui estoient venus avec luy. Les comtes dessusdits luy firent grand honneur, comme raison estoit : et luy n'en estoit point chiche, et commença la

[1] *Sa sœur* : Catherine de France, fille du roi Charles VII, morte en 1446.

[2] *Je l'ouis; si feirent assez d'autres* : Ces quatre mots manquent dans le vieil exemplaire.

parole, disant : « Mon frere, je connoy que vous
« estes gentilhomme, et de la maison de France. »
Ledit comte de Charolois luy demanda : « Pourquoy,
« monseigneur? — Pour ce, dit-il, que quand j'en-
« voyay mes ambassadeurs à L'Isle, n'a gueres, devers
« mon oncle vostre pere et vous, et que ce fol Mor-
« villier parla si bien à vous, vous me mandastes par
« l'archevesque de Narbonne (qui est gentilhomme,
« et il le monstra bien, car chacun se contenta de
« luy) que je me repentiroye des paroles que vous
« avoit dit ledit Morvillier avant qu'il fust le bout
« de l'an. » Et dit le Roy à ces paroles : « Vous
« m'avez tenu promesse, et encores beaucoup plus
« tost que le bout de l'an. » Et le dit en bon visage
et riant, connoissant la nature de celuy à qui il parloit estre telle, qu'il prendroit plaisir ausdites paroles, et seurement elles luy plûrent. Puis poursuivit
ainsi : « Avec telles gens veux-je avoir à besogner,
« qui tiennent ce qu'ils promettent. » Et desavoüa
ledit Morvillier, disant ne luy avoir point donné de
charge d'aucunes paroles qu'il avoit dites. En effet long-
temps se pourmena le Roy au milieu de ces deux
comtes. Du costé dudit comte de Charolois avoit largement gens armez, qui les regardoient assez de prés.
Là fut demandé cette duché de Normandie (1) et la
riviere de Somme, et plusieurs autres demandes pour
chacun, et aucunes ouvertures ja pieça faites pour
le bien du royaume : mais c'estoit là le moins de la
question, car le bien public estoit converty en bien par-

---

(1) Nous croyons devoir donner les conventions préliminaires qui
servirent de base aux traités de Conflans et de Saint-Maur; on y verra
les avantages particuliers que se firent accorder tous les princes et sei-

ticulier. De Normandie, le Roy n'y vouloit entendre pour nulles choses, mais accorda audit comte de Charolois sa demande, et offrit audit comte de Sainct-Paul l'office de connetable, en faveur dudit comte de

gneurs qui prétendoient n'avoir pris les armes que pour le bien public. Chacun ne songea qu'à ses intérêts, et il ne fut point question de la réforme de l'Etat.

Copie des accords et appointemens faits par le Roy aux princes qui s'ensuivent.

« Et premier, monsieur de Berry aura toute la duché de Normandie en tous profits, tant de domaine comme d'aydes et sans ressort, excepté l'hommage; et la duché de Berry demeurera au Roy. Monsieur de Charolois joyra sa vie durant et de son premier héritier des villes et seigneuries rachetées, pareillement que monsieur son pere a fait avant ledit rachat, et si aura à heritage pour luy et ses hoirs les comtés de Boulogne et de Ghinnes, avec les chastellenies de Peronne, Mondidier et Roye, et en recompensera le Roy ceux qui y pretendent avoir droit; et lesdites vies étant expirées, le Roy ou ses heritiers successeurs payeront, aux heritiers ou ayans cause de monsieur de Charolois, deux cens mille écus d'or. Monsieur de Calabre aura les villes, chasteaux et seigneuries de Mouson, Sainte-Meynhoult, Vaucouleurs et Espinal, avec cinq cens lances payées par le Roy pour demy an, et cent mille escus d'or comptant pour employer à la conqueste de Naples et de ceux de Metz; à l'alliance desquels et du roy Ferrando le Roy messire renoncera et promettra non bailler ayde ne secours, et remettra sus la pragmatique-sanction, par l'advis des gens de l'Eglise du royaume. Monsieur de Bourbon aura les chasteaux et seigneuries de Usson, et d'une autre seigneurie en Auvergne dont ne sçai le nom, et si ne sçai se d'icelles il joyra à vie et à heritage, et si aura les estats, pension, charges de lances, et gouvernement de Ghienne, comme il avoit au jour du trépas du pere du Roy: et si luy fera payer cent mille escus d'or à luy dûs de reste du mariage de madame sa femme, et si dit-on qu'il aura portion des aydes de ses pays. Monsieur de Bretagne aura à heritage les comtés d'Estampes, Montfort et de Nantes, et renoncera le Roy aux droits des regales de la duché de Bretagne, et si aura portion des aydes desdites comtés d'Estampes, Nantes et Montfort, et par le traité qui se faisoit avant le bail dudit Rouen demourroit gouverneur du bas pays de Normandie à grande pension;

Charolois; et fut leur adieu trés-gracieux, et se remit le Roy en son bateau, et retourna à Paris, et les autres à Conflans.

mais, obstant la délivrance de ladite duché de Normandie baillée audit mondit de Berry, fait à supposer que se Bretagne a ladite gouvernance, ce sera sous ledit Berry. Monsieur de Nemours sera gouverneur de Paris et de l'Isle de France à grande pension, et si aura le droit des nominations des offices et benefices en la collation du Roy, et si aura retenuë deux cens lances payées sur les tailles du Roy, et portion des aydes des pays et seigneuries dudit sieur. Monsieur de Dunois aura les charges de lances et pensions qu'il avoit au jour du trespas du feu Roy, et restitution de toutes ses terres et seigneuries; et pour la perdition de tous ses biens, meubles, et recompenses de ses voyages de Lombardie, la somme de. . . . . . . Monsieur d'Albret aura certaines seigneuries joignans ses pays, dont ne sçai les noms, avec la charge de cent lances payées par le Roy. Monsieur d'Armignac aura restitution de ses quatre chastellenies qui du vivant du feu Roy luy furent ostées, que on dit estre les clefs de tous ses pays, et vaillables par an plus de quatre mille livres, avec cent lances et portion des aydes de ses pays. Monsieur de Loyhac sera premier maréchal de France, à la charge de deux cens lances payées par le Roy. Monsieur de Bueil demourra admiral de France, à la charge de cent lances. Monsieur de Saint-Pol, connetable de France, messire Tannegui, grand escuyer, à la charge de cent lances. Monsieur de Dampmartin restitué en toutes ses terres, et aura charge de cent lances. Et comme on dit, n'y a tresves que pour trois jours, qui seront continuez jusques à ce que les lettres desdits traitez seront faites, les places livrées, et les autres choses accomplies. Fait le deuxiesme jour d'octobre 1465. »

En apres ledit accord, fait et passé par aucuns biens preciez au Roy, fut demandé audit Roy qui le avoit meu de faire tel traité à son préjudice.

Et le Roy respondit en cette maniere : « Ce a esté en consideration
« de la jeunesse de mon frere de Berry,

« *La prudence de beau cousin de Calabre,*

« *Le sens de beau frere de Bourbon,*

« *La malice du comte d'Armignac,*

« *L'orgueil grand de beau cousin de Bretagne,*

« *Et la puissance invincible de beau frere de Charolois.* »

(*Recueils de l'abbé Legrand.*)

Ainsi se passerent ces jours, les uns en tréves, les autres en guerre : mais toutes paroles d'appointement s'estoient rompues (j'entend où les deputez d'un costé et d'autre s'estoient accoustumez d'assembler, qui estoit à la Grange-aux-Merciers.) Mais la pratique dessusdite s'entretenoit entre le Roy et ledit seigneur de Charolois, et alloient envoyans gens de l'un à l'autre, nonobstant qu'il fust guerre; et y alloit un nommé Guillaume de Bische (1), et un autre appellé Guillot Divoye, estans au comte de Charolois tous deux : toutes fois avoient autrefois receu bien du Roy, car le duc Philippe les avoit bannis, et le Roy les avoit recueillis, à la requeste dudit seigneur de Charolois. Ces allées ne plaisoient pas à tous, et commençoient ja ces seigneurs à se deffier l'un de l'autre, et à se lasser : et n'eust esté ce qui survint peu de jours aprés, ils s'en fussent tous allez honteusement. Je les ay veu tenir trois conseils en une chambre où ils estoient tous assemblez : et vis un jour qu'il en desplût bien au comte de Charolois, car il s'estoit desja fait deux fois en sa presence, et il luy sembloit bien que la plus grande force (2) de cet ost estoit sienne; et parler en conseil en sa chambre sans l'y appeller ne se devoit point faire. Et en parla au seigneur de Contay, bien fort sage homme (comme j'ay dit ailleurs), qui luy dit qu'il le portast patiemment; car s'il les courrouçoit, qu'ils trouveroient mieux

---

(1) *Guillaume de Bische* : Il en est parlé ci-après, liv. 5, chap. 15.

(2) On lit dans les imprimés : *Plus grande chose et toute, c'estoit que de parler en sa présence, et sans l'appeller*; mais nous avons suivi le manuscrit de Saint-Germain-des-Prés et autres, qui sont plus clairs pour le sens.

leur appointement que luy; et que comme il estoit le plus fort, il falloit qu'il fust le plus sage, et qu'il les gardast de se diviser, et mist peine à les entretenir joincts de tout son pouvoir, et qu'il dissimulast toutes ces choses : mais qu'à la verité l'on s'ebahissoit assez, et mesmement chez luy, de quoy si petits personnages, comme les deux dessus nommez, s'empeschoient de si grand'matiere; et que c'estoit chose dangereuse, encores ayant affaire à roy si liberal comme cestuy-cy. Ledit de Contay haïssoit ledit Guillaume de Bische : toutes fois il disoit ce que plusieurs autres disoient comme luy, et croy que sa suspicion ne l'en faisoit point parler, mais seulement la necessité de la matiere. Audit seigneur de Charolois plût ce conseil, et se mit à faire plus de feste et de joye avec ces seigneurs que paravant, et avec meilleure chere, et eut plus de communication avec eux et leurs gens qu'il n'avoit accoustumé : et à mon advis qu'il en estoit grand besoin, et danger qu'ils ne s'en fussent separez.

Un sage homme sert bien en telle compagnie, mais qu'on le veuille croire, et ne se pourroit trop acheter. Mais jamais je n'ay connu prince qui ait sceu connoistre la difference entre les hommes, jusques à ce qu'il se soit trouvé en necessité et en affaire; et s'ils le connoissoient, si l'ignoroient-ils, et departent leur authorité à ceux qui plus leur sont agreables, et pour l'aage qui leur est plus sortable, et pour estre conformes à leurs opinions, ou aucunes fois sont maniez par ceux qui sçavent et conduisent leurs petits plaisirs. Mais ceux qui ont entendement s'en reviennent tost quand ils en ont besoin. Tels ay-je veu le Roy, ledit comte de Charolois, pour le temps de lors, et le roy Edouard d'Angleterre, et autres plusieurs : et à telle heure j'ay veu ces trois qui leur en estoit bon besoin, et qu'ils avoient faute de ceux qu'ils avoient mesprisez. Et depuis que ledit comte de Charolois eut esté une piece duc de Bourgogne, et que la fortune l'eut mis plus haut que ne fut jamais homme de sa maison, et si grand qu'il ne craignoit nul prince pareil à luy, Dieu le souffrit cheoir en cette gloire; et tant luy diminua du sens, qu'il mesprisoit tout autre conseil du monde, sauf le sien seul : et aussi tost aprés finit sa vie douloureusement avec grand nombre de gens et de ses subjets, et desola sa maison, comme vous voyez.

CHAPITRE XIII.

Comment la ville de Roüen fut mise entre les mains du duc de Bourbon pour le duc de Berry, par quelques menées ; et comment le traitté de Conflans fut de tous poincts conclu.

POUR ce qu'ici-dessus j'ay beaucoup parlé des dangers qui sont en ces traittez, et que les princes y doivent estre bien sages, et bien connoistre quelles gens les meinent, et par especial celuy qui n'a pas le plus apparent du jeu ; maintenant s'entendra qui m'a meu de tenir si long conte de cette matiere. Cependant que ces traittez se menoient par voyes d'assemblées, et que l'on pouvoit communiquer les uns avec les autres, en lieu de traitter paix, se traitta par aucuns que la duché de Normandie se mettroit entre les mains du duc de Berry, seul frere du Roy, et que là il prendroit son partage, et laisseroit Berry au Roy : et tellement fut conduite cette marchandise, que madame la grand'seneschale de Normandie et aucuns à son adveu, comme serviteurs et parens, mirent le duc Jehan de Bourbon au chasteau de Roüen, et par là entra en la ville, laquelle tost se consentit à cette mutation, comme trop desirant d'avoir prince qui demeurast au païs de Normandie : et le semblable firent toutes les villes et places de Normandie, ou peu s'en fallut. Et a tousjours bien semblé aux Normands, et fait encores, que si grand duché comme la leur requiert bien un duc : et à dire la verité, elle est de grande estime, et s'y leve de grands deniers. J'en ay veu lever neuf cens cinquante mille francs; aucuns disent plus.

Aprés que cette ville fut tournée, tous les habitans firent le serment audit duc de Bourbon pour ledit duc de Berry, sauf le baillif appellé Ouaste [1], qui avoit esté nourry du Roy son valet de chambre, luy estant en Flandres, et bien privé de luy; et un appellé maistre Guillaume Piquart [2], depuis general de Normandie; et aussi le grand-seneschal [3] de Normandie (qui est aujourd'huy) ne voulu faire le ser-

---

(1) *Ouaste* : Ce nom manque dans les imprimés ; on l'a trouvé dans le manuscrit de Saint-Germain-des-Prés.

(2) *Guillaume Piquart* : ou Picart, seigneur d'Estelan ; de lui sont descendus les seigneurs de Bassompierre et de Saint-Luc.

(3) *Grand-seneschal* : Jacques de Brezé, fils de Pierre, dont il est parlé ci-devant au chap. 3 de ce livre.

ment : mais retourna vers le Roy, contre le vouloir de sa mere, laquelle avoit conduit cette reduction, comme dit est.

Quand cette mutation fut venuë à la connoissance du Roy, il se delibera d'avoir paix, voyant ne pouvoir donner remede à ce qui ja estoit advenu. Incontinent donc fit sçavoir à mondit seigneur de Charolois, qui estoit à son ost, qu'il vouloit parler à luy, et luy nomma l'heure qu'il se rendroit aux champs auprés dudit host, estant prés Conflans : et saillit à l'heure dite avec par aventure cent chevaux, dont la pluspart estoit des Escossois de sa garde ; d'autres gens peu. Ledit comte de Charolois ne mena gueres de gens, et il alla sans nulle ceremonie : toutesfois il en survint beaucoup, et tant qu'il y en avoit beaucoup plus qu'il n'en estoit sailly avec le Roy. Il les fit demeurer un petit loin, et se pourmenerent eux deux une espace de temps, et luy dit le Roy comme la paix estoit faite, et luy conta ce cas qui estoit advenu à Roüen, dont ledit comte ne sçavoit encores rien, disant le Roy que de son consentement n'eust jamais baillé tel partage à son frere : mais puisque d'eux mesmes les Normands en avoient cette nouvelleté, il en estoit content, et passeroit le traité (1) en toutes telles formes comme avoit esté advisé par plusieurs journées precedentes : et peu d'autres choses y avoit à accorder. Ledit seigneur de Charolois en fut fort joyeux, car son ost estoit en trés-grand' necessité de vivres, et principalement d'argent : et quand cecy ne fust advenu, tout autant qu'il y avoit là de seigneurs s'en fussent

---

(1) Il y eut des protestations contre ce traité, tant au parlement qu'à la chambre des comptes.

tous allez honteusement. Toutesfois audit comte arriva ce jour, ou bien peu de jours après, un renfort que son pere le duc Philippe de Bourgogne luy envoyoit, qu'amenoit monseigneur de Saveuses (1), où il y avoit six-vingts hommes-d'armes, et bien quinze cens archers, et six vingt mille escus comptans sur dix sommiers, et grand quantité d'arcs et de traits : et cecy pourveut assez bien l'ost des Bourguignons, estant en deffiance que le demeurant ne s'accordast sans eux.

Ces paroles d'appointement plaisoient tant au Roy et audit comte de Charolois, que je luy ay ouy conter depuis que si affectueusement parloient d'achever le demeurant, qu'ils ne regardoient point où ils alloient ; et tirerent droit devers Paris, et tant allerent qu'ils entrerent dedans un grand boulevart de terre et de bois que le Roy avoit fait faire assez loin hors de la ville, au bout d'une tranchée; et entroit l'on dedans la ville par icelle. Avec ledit comte estoient quatre ou cinq personnes seulement, et quand ils furent dedans ils se trouverent trés-esbahis : toutesfois ledit comte tenoit la meilleure contenance qu'il pouvoit. (Il est à croire que nul de ces deux seigneurs ne furent errans de foy (2) depuis ce temps là, veu qu'à l'un ny à l'autre ne prit mal.) Comme les nouvelles vinrent à l'ost que ledit seigneur de Charolois estoit entré dans ledit boulevart, il y eut trés-grand murmure ; et se mirent ensemble le comte de Sainct-Paul, le mareschal de

---

(1) *Saveuses* : Philippe, seigneur de Saveuses, conseiller et chambellan du duc de Bourgogne, capitaine général d'Artois en 1465.

(2) *Ne furent errans de foy* : Le vieil exemplaire dit : « Ne sont accreus de foy. » Il raye toute cette clause : *il est à croire, jusques à comme les nouvelles*.

Bourgogne, le seigneur de Contay, le seigneur de Haultbourdin, et plusieurs autres, donnant grande charge audit seigneur de Charolois de cette folie, et aux autres qui estoient de sa compagnie; et alleguoient l'inconvenient advenu à son grand pere (1) à Montereau-faut-Yonne, present le roy Charles sixiesme. Incontinent firent retirer dedans l'ost ce qui estoit dehors pourmenant aux champs; et usa le mareschal de Bourgogne (appellé Neuf-Chastel par son surnom) de cette parole : « Si ce jeune prince, fol « et enragé, s'est allé perdre, ne perdons pas sa mai- « son, ny le faict de son pere, ny le nostre : et pour « ce, que chacun se retire en son logis et se tienne « prest, sans soy esbahir de fortune qui advienne; car « nous sommes suffisans, nous tenans ensemble, de « nous retirer jusques és marches de Henault ou de « Picardie, ou en Bourgogne. »

Aprés ces paroles monta à cheval avec le comte de Sainct-Paul, se pourmenant hors de l'ost, et regardant s'il venoit rien devers Paris. Aprés y avoir esté un espace de temps (2), virent venir quarante ou cinquante chevaux; et y estoit le comte de Charolois, et autres gens du Roy, qui le ramenoient, tant archers qu'autres. Et comme il les vit approcher, il fit retourner ceux qui l'accompagnoient, et adressa la parole audit mareschal de Neuf-chastel, qu'il craignoit; car il usoit de trés-aspres paroles,

(1) Jean, duc de Bourgogne, fut tué d'un coup de hache par Tanneguy Du Châtel, le 10 septembre 1419, sur le pont de Montereau.

(2) La conduite de Louis XI envers le comte de Charolois son ennemi, qui estoit en son pouvoir, parut extraordinaire. Les éloges que l'on donna au Roi à ce sujet sembleroient prouver, dit un historien, qu'on n'avoit qu'une médiocre idée de sa bonne foi.

et estoit bon et loyal chevalier pour son party, et luy osoit bien dire : « Je ne suis à vous que par emprunt, « tant que vostre pere vivra. » Les paroles dudit comte furent telles : « Ne me tensez point ; car je connoy « bien ma grande folie : mais je m'en suis apperceu « si tard, que j'estoye prés du boulevart. » Puis luy dit le mareschal qu'il avoit fait cela en son absence (1). Ledit seigneur baissa la teste, sans rien dire ni respondre, et s'en revint dedans son ost, où tous estoient joyeux de le revoir, et loüoit chacun la foy du Roy. Toutesfois ne retourna oncques ledit comte en sa puissance.

CHAPITRE XLV.

Du traité de paix conclu à Conflans entre le Roy et le comte de Charolois, et ses alliez.

FINALEMENT toutes choses furent accordées (2), et le lendemain fit le comte de Charolois une grande monstre, pour sçavoir quelles gens il avoit, et ce

---

(1) On lit dans un vieil exemplaire : « Puis luy dit ledit mareschal, « en sa presence, qu'il n'avoit fait en son absence. »

(2) *Toutes choses furent accordées :* Il y eut deux traités ; l'un signé à Conflans le 27 octobre 1465 ; le deuxième à Saint-Maur, le 29 du même mois. Cette guerre, entreprise, comme presque toutes les guerres civiles, sous le prétexte du bien public, n'eût d'autre résultat que de faire augmenter les impôts. L'état des pensions et gratifications, qui n'étoit que de cent cinquante mille livres en 1465, s'élevoit en 1466 à plus de deux cent soixante-cinq mille.

qu'il pouvoit avoir perdu; et sans dire gare, y revint le Roy avec trente ou quarante chevaux, et alla voir toutes les compagnies l'une après l'autre, sauf celle de ce mareschal de Bourgogne, lequel ne l'aymoit pas, à cause que dès pieça en Lorraine ledit seigneur luy avoit donné Espinal, et depuis osté, pour la donner au duc Jehan de Calabre (1), dont grand dommage en avoit eu ledit mareschal. Peu à peu reconcilioit le Roy avec luy les bons et notables chevaliers qui avoient servy le Roy son pere, lesquels il avoit desapointez à son advenement à la couronne, et qui pour cette cause s'estoient trouvez en cette assemblée; et connoissoit ledit seigneur son erreur. Il fut dit que le lendemain le Roy se trouveroit au chasteau de Vincennes, et tous les seigneurs qui avoient à luy faire hommage : et pour seureté de tous, bailleroit le Roy ledit chasteau de Vincennes au comte de Charolois.

Le lendemain s'y trouva le Roy et tous les princes, sans en faillir un : et estoit le portail et la porte bien garnie des gens dudit comte de Charolois en armes. Là fut le lieu où se fit le traitté de paix. Monseigneur Charles fit hommage au Roy de la duché de Normandie, et le comte de Charolois des terres de Picardie dont il a esté parlé; et autres qui en avoient à

---

(1) *Jehan de Calabre* : Lorsque la ville d'Epinal s'étoit soumise à Charles VII, ce prince avoit pris, pour lui et pour ses successeurs, l'engagement de ne jamais la séparer de la couronne. Louis XI avoit confirmé ces dispositions à l'époque de son avénement; ce qui ne l'empêcha pas de céder la ville d'Epinal à Thiébaut de Neufchâtel, maréchal de Bourgogne. Les habitans en appelèrent au parlement de Paris; puis, du consentement de Louis XI, se donnèrent en 1466 au duc de Calabre.

faire; et le comte de Sainct-Paul fit le serment de son office de connestable. Il n'y eut jamais de si bonnes nopces qu'il n'y en eust de mal disnez. Les uns firent ce qu'ils voulurent, et les autres n'eurent rien. Des moyens et bons personnages en tira le Roy : toutesfois la plus grand'part demeurerent avec le duc nouveau de Normandie et le duc de Bretagne, et qui allerent à Roüen prendre leur possession. Au partir du chasteau du Bois-de-Vincennes, prirent tous congé l'un de l'autre, et se retira chacun à son logis : et furent faites toutes lettres, pardons, et toutes autres choses necessaires servans au faict de la paix. Tout en un jour partirent le duc de Normandie et le duc de Bretagne, pour eux retirer premierement audit pays de Normandie, et le duc de Bretagne, puis aprés en son pays; et le comte de Charolois pour se retirer en Flandres : et comme ledit comte fut en train, le Roy vint à luy, le conduisit jusques à Villiers-le-Bel, qui est un village à quatre lieuës prés de Paris, montrant par effet avoir un grand desir de l'amitié dudit comte; et tous deux y logerent ce soir. Le Roy avoit peu de gens, mais il avoit fait venir deux cens hommes-d'armes pour le reconduire : dont fut adverty le comte de Charolois en se couchant, qui en entra en une trés-grand'suspicion, et fit armer largement de gens. Ainsi pouvez voir qu'il est presque impossible que deux grands seigneurs se puissent accorder, pour les rapports et suspicion qu'ils ont à chacune heure; et deux grands princes qui se voudroient entr'aymer ne se devroient jamais voir, mais envoyer bonnes gens et sages les uns vers les autres; et ceux-là les entretiendroient en amitié, ou amenderoient les fautes.

Le lendemain au matin, les deux seigneurs dessusdits prirent congé l'un de l'autre (1), avec quelques bonnes et sages paroles; et retourna le Roy à Paris, en la compagnie de ceux qui l'estoient allé querir : et cela osta la suspicion qu'on pouvoit avoir euë de luy et de leur venuë. Et ledit comte de Charolois prit le chemin de Compiegne et de Noyon, et par tout luy fut ouvert par le commandement du Roy. De là il tira vers Amiens, où il receut leur hommage, et de ceux de la riviere de Somme et des terres de

---

(1) *Prirent congé l'un de l'autre :* Ils se quittèrent le 3 novembre, après dîner. Le matin même de ce jour, Louis XI et le comte de Charolois avoient signé un traité sur lequel la plupart des historiens gardent le silence, et dont les dispositions méritent d'être remarquées. Par ce traité, le Roi donnoit en mariage au comte sa fille aînée Anne de France (qui épousa depuis le seigneur de Beaujeu), avec douze cent mille écus d'or de dot. Pour la sûreté du paiement de cette dot, Louis engageoit à Charles le comté de Champagne, et lui en abandonnoit les revenus. Le comte de Charolois, après avoir obtenu l'agrément du duc et de la duchesse de Bourgogne, devoit envoyer chercher la princesse dans un délai de quelques mois, et être mis immédiatement en possession de la Champagne. Le Roi lui promettoit en outre, pour récompense de l'attente de la consommation du mariage (la princesse n'ayant alors que trois ou quatre ans), de lui céder les comtés de Ponthieu et de Boulogne. Mais il étoit convenu que si, par mort *ou autrement*, le Roi recouvroit le duché de Normandie, cédé au duc de Berri par le traité de Conflans, la Champagne resteroit acquise au comte de Charolois.

Ce traité, signé par le Roi et ratifié par le comte de Charolois, se trouve dans les recueils de l'abbé Legrand. Il n'a eu aucune suite, et Louis XI n'a jamais eu l'intention de l'exécuter. Mais la disposition relative à la Normandie prouve que le Roi, au moment où il cédoit cette province à son frère, se mettoit en mesure pour l'en dépouiller, et pour ne pas être troublé dans ses desseins par le comte de Charolois, qui, d'après le traité du 3 novembre, avoit intérêt au contraire à ce que la Normandie revînt à la couronne.

Picardie, qui luy estoient restituées (1) par cette paix, desquelles le Roy avoit payé quatre cent mille escus d'or n'y avoit pas neuf mois (2), comme j'ay dit ailleurs cy-dessus. Et incontinent passa outre, et tira au païs de Liege, pour ce qu'ils avoient desja fait la guerre par l'espace de cinq ou six mois à son pere (luy estant dehors) és pays de Namur et de Brabant; et avoient desja lesdits Liegeois fait une destrousse entr'eux. Toutesfois, à cause de l'hiver, il ne peut pas faire grand'chose. Nonobstant y eut grand'quantité de villages bruslez, et de petites destrousses furent faites sur les Liegeois : et firent une paix, et s'obligerent lesdits Liegeois de la tenir, sur peine d'une grande somme de deniers : et s'en retourna ledit comte en Brabant (3).

CHAPITRE XV.

Comment, par la division des ducs de Bretagne et de Normandie, le Roy reprit en ses mains ce qu'il avoit baillé à son frere.

En retournant aux ducs de Normandie et de Bretagne, qui estoient allés prendre possession de la du-

(1) *Qui luy estoient restituées* : Selon quelques manuscrits, « qui « avoient été baillées à son pere par le traité d'Arras. »

(2) *N'y avoit pas neuf mois* : Cette erreur de Philippe de Comines est rectifiée ci-dessus. *Voyez* la note de la page 410.

(3) *En Brabant* : Il arriva à Bruxelles, vers le duc de Bourgogne son père, le vendredi au soir 31 janvier (1466, style nouveau), et y resta jusqu'au 12 février, qu'il en partit pour aller à Gand, et ensuite à Bruges.

ché de Normandie dés que leur entrée fut faite à Roüen, ils commencerent à se diviser quand ce fut à departir le butin ; car encores estoient avec eux ces chevaliers que j'ay devant nommez (1), lesquels avoient accoustumez d'avoir de grands honneurs et de grands Estats du roy Charles : et leur sembloit bien qu'ils estoient à la fin de leur entreprise, et qu'au Roy ne se pouvoient fier; et voulut chacun en avoir du meilleur endroit.

D'autre part le duc de Bretagne en vouloit disposer en partie, car c'étoit luy qui avoit porté la plus grande mise et les plus grands frais en toutes choses. Tellement se porta leur discord, qu'il fallut que le duc de Bretagne, pour crainte de sa personne, se retirast au mont de Sainte-Katherine, prés Roüen; et fut leur question jusques-là, que les gens dudit duc de Normandie, avec ceux de la ville de Roüen, furent prests à aller assaillir ledit duc de Bretagne jusques au lieu dessusdit : par quoi fut contraint de se retirer le droit chemin vers Bretagne. Et sur cette division marcha le Roy prés du pays : et pouvez penser qu'il entendoit bien et qu'il aidoit à la conduire, car il estoit maistre en cette science. Une partie de ceux qui tenoient les bonnes places commencerent à les luy bailler, et en faire leur bon appointement avec luy. Je ne sçay de ces choses que ce qu'il m'en a dit et couté, car je n'estoys pas sur les lieux. Il prit un parlement avec le duc de Bretagne, qui tenoit une partie des places de la basse Normandie, esperant de lui faire abandonner son frere de tous poincts. Ils furent quelque peu de jours ensemble à Caën, et firent

---

(1) *Devant nommez* : Voyez la même chose au chapitre 6.

un traité (1), par lequel ladite ville de Caën et autres demeurerent és mains de monseigneur de Lescut avec quelque nombre de gens payez : mais ce traitté estoit si troublé, que je croy que l'un ne l'autre ne l'entendit jamais bien. Ainsi s'en alla le duc de Bretagne eu son pays; et le Roy s'en retourna, tirant le chemin vers son frere.

Voyant ledit duc de Normandie qu'il ne pouvoit resister, et que le Roy avoit pris le Pont-de-Larche et autres places sur luy, se delibera prendre la fuite, et de tirer en Flandres. Le comte de Charolois estoit encores à Sainct-Tron (2), petite ville au pays de Liege, lequel estoit assez empesché, et fut son armée toute rompuë et deffaite, et en temps d'hyver empeschée contre les Liegeois : et luy douloit bien de voir cette division; car la chose du monde qu'il desiroit le plus, c'estoit de voir un duc en Normandie, car par ce moyen il luy sembloit le Roy estre affoibli de la tierce partie. Il faisoit amasser gens sur la Picardie, pour mettre dedans Dieppe : mais avant qu'ils fussent prests, celui qui tenoit ladite ville de Dieppe en fit son appointement avec le Roy. Ainsi retourna au Roy toute ladite duché de Normandie, sauf les places qui demeurerent à monseigneur de Lescut, par l'appointement fait à Caën.

(1) Ce traité, qui fut signé le 23 décembre 1465, est imprimé dans la nouvelle Histoire de Bretagne, du père Lobineau (tome 2, col. 1283). Une des conditions du traité fut que le Roy *recevroit dans ses bonnes grâces* Dunois, Loheac, Dammartin, Lescun et Romillé. Les lettres patentes par lesquelles Louis XI reprit la Normandie à son frère sont du 21 janvier 1465 (ancien style).

(2) *A Sainct-Tron* : Le comte a été à Saint-Tron depuis le 21 décembre 1465 jusqu'au 12 janvier suivant, et depuis le 25 jusqu'au 31 dudit mois de janvier.

CHAPITRE XVI.

Comment le nouveau duc de Normandie se retira en Bretagne, fort pauvre, et desolé de ce qu'il estoit frustré de son intention.

LEDIT duc de Normandie (comme j'ay dit) s'estoit deliberé un coup de fuir en Flandres; mais sur l'heure se reconcilierent le duc de Bretagne et luy, connoissans tous deux leurs erreurs, et que par division se perdent les bonnes choses du monde : et si est presque impossible que beaucoup de grands seigneurs ensemble et de mesme estat se puissent longuement entretenir, sinon qu'il y ait chef par dessus tous; et si seroit besoin que celuy-là fust sage et bien estimé, pour avoir l'obeissance de tous. J'ay veu beaucoup d'exemples de cette matiere à l'œil, et ne parle pas par ouyr dire, et sommes bien sujets à nous diviser ainsi à nostre dommage, sans avoir grand regard à la consequence qui en advient : et presque ainsi en ay veu advenir par tout le monde, ou l'ay ouy dire [1]. Et me semble qu'un sage prince, qui aura pouvoir de dix milles hommes et façon de les entretenir, est plus à craindre et estimer que ne seroient dix qui en auroient chacun six milles, tous alliez et confederez ensemble, pour autant que des choses qui sont à demesler et accorder entre eux, la moitié du temps se perd avant qu'il y ait rien conclu ny accordé.

(1) *Ou l'ay ouy dire :* Ces quatre mots sont rayés dans le vieil exemplaire.

Ainsi se retira le duc de Normandie en Bretagne (1), pauvre et deffait, et abandonné de tous ces chevaliers, qui avoient esté au roy Charles son pere, et avoient fait leur appointement avec le Roy, et mieux appointez de luy que jamais n'avoient esté du Roy son pere. Ces deux ducs dessusdits estoient sages aprés le coup (comme l'on dit des Bretons), et se tenoient en Bretagne, et ledit seigneur de Lescut, principal de tous leurs serviteurs. Et y avoit maintes ambassades allans et venans au Roy de par eux, et de par luy à eux deux, et de par eux au comte de Charolois, et de luy à eux; du Roy audit duc de Bourgogne, et de luy au Roy : les uns pour sçavoir des nouvelles, les autres pour soustraire gens, et pour toutes mauvaises marchandises, sous ombre de bonne foy.

Aucuns y allerent par bonne intention, pour cuider pacifier les choses : mais c'estoit grand'folie, à ceux qui s'estimoient si bons et si sages, que de penser que leur presence pût pacifier si grands princes, et si subtils comme estoient ceux-cy, et tant entendus à leurs fins; et veu specialement que de l'un des costez, ny de l'autre, ne s'offroit nulle raison. Mais il y a de bonnes gens qui ont cette gloire, qu'il leur semble qu'ils conduiroient des choses là où ils n'entendent rien; car quelquefois leurs maistres ne leur descouvrent point leurs plus secrettes pensées. La compagnie de tels que je dis est que le plus souvent ne vont que pour parer la feste, et souvent à leurs despens, et va tousjours quelque humblet qui a quel-

---

(1) *En Bretagne :* Ce fut pendant cette retraite du duc de Normandie en Bretagne que Louis XI donna pouvoir au duc de Calabre de s'emparer de sa personne. Les lettres sont du 8 août 1466.

que marché à part. Ainsi au moins l'ay-je veu par toutes ces saisons dont je parle, et de tous les costez. Et aussi bien, comme j'ay dit, les princes doivent estre sages à regarder à quelles gens ils baillent leurs besongnes entre mains ; aussi devroient bien penser ceux qui vont dehors, pour eux, s'entremettre de telles matieres : et qui s'en pourroient excuser, et ne s'en empescher point, sinon qu'on vist qu'eux mesmes y entendissent bien, et eussent affection à la matiere, ce seroit estre bien sage. Et j'ay connu beaucoup de gens de bien s'y trouver bien empeschez et troublez. J'ay veu princes de deux natures : les uns si subtils et si trés-suspicionneux, que l'on ne sçavoit comment vivre avec eux, et leur sembloit tousjours qu'on les trompoit; les autres se fioient en leurs serviteurs assez, mais ils estoient si lourds, et si peu entendans à leurs besongnes, qu'ils ne savoient connoistre qui leur faisoit bien ou mal. Et ceux-là sont incontinent muez d'amour en haine, et de haine en amour. Et combien que de toutes les deux sortes s'en trouve bien peu de bons, ny là où il y ait grande fermeté ny grande seureté, toutesfois j'aimerois toujours mieux vivre sous les sages que sous les fols, pour ce qu'il y a plus de façon et maniere de s'en pouvoir eschapper, et d'acquerir leur grace; car avec les ignorans ne sçait-on trouver nul expedient, pour ce qu'avec eux ne fait-l'on rien : mais avec leurs serviteurs faut avoir affaire, desquels plusieurs leur eschappent souvent [1]. Toutesfois il faut que chacun les serve et obeysse, aux contrées là où ils se trouvent; car on y

---

[1] *Desquels plusieurs leur eschappent souvent :* Ces mots manquent au manuscrit de Saint-Germain.

est tenu, et aussi contraint. Mais, tout bien regardé, nostre seule esperance doit estre en Dieu, car en celuy-là gist toute nostre fermeté et toute bonté, qui en nulle chose de ce monde ne se pourroit trouver; mais chacun de nous la connoist tard, et aprés ce que nous en avons eu besoin : toutesfois vaut encore mieux tard que jamais.

FIN DU PREMIER LIVRE.

MEMOIRES

DE

PHILIPPE DE COMINES.

LIVRE SECOND.

CHAPITRE PREMIER.

S'ensuit le commencement des guerres qui furent entre le duc de Bourgogne et les Liegeois; et comme la ville de Dinand fut prise, pillée et rasée.

DEPUIS le temps que dessus, se passerent aucunes années, durant lesquelles le duc de Bourgogne avoit chacun an guerre avec les Liegeois : et quand le Roy le voyoit empesché, il essayoit à faire quelque nouvelleté contre les Bretons, en faisant quelque peu de confort aux Liegeois; et aussi tost le duc de Bourgogne se tournoit contre luy pour secourir ses alliez, ou eux mesmes faisoient quelque traité ou quelque tréve. En l'an 1466 fut pris Dinand, assise au pays de Liege, ville trés-forte de sa grandeur (1), et trés-riche, à cause d'une marchandise qu'ils faisoient de ces ouvrages de cuivre qu'on appelle dinanderie, qui sont en effet pots et poisles, et choses semblables. Le duc de Bourgogne Philippe (lequel trespassa au mois de juin l'an 1467, s'y fit mener en sa grande vieillesse en une litiere, tant avoit de haine contre eux (2), pour les grandes cruautez dont ils usoient contre ses sujets en la comté de Namur, et par especial contre ceux de Bouvines, petite ville assise à un quart de lieuë prés dudit lieu de Dinand : et n'y avoit que la riviere de Meuse entre deux, et n'y avoit gueres que lesdits de Dinand y avoient tenu le siege, la riviere entre deux, l'espace de huit mois entiers, et fait plusieurs cruautez és environ : et tiroient de deux bombardes, et autres pieces de grosse artillerie, continuellement durant ce temps au travers des maisons de ladite ville de Bouvines, et contraignoient les pauvres gens d'eux cacher en leurs caves, et y demeurer. Il n'est croyable la haine qu'avoient ces deux villes l'une contre l'autre : et si ne faisoient gueres de mariages de leurs enfans, sinon les uns avec les autres, car ils estoient loin de toutes autres bonnes villes.

L'an precedent de la destruction dudit Dinand (qui fut la saison que le comte de Charolois estoit

---

(1) *De sa grandeur :* La ville de Dinant n'est plus aujourd'hui aussi grande, aussi forte ni aussi peuplée qu'elle l'étoit autrefois ; elle est sur la Meuse, à cinq lieues au sud de Namur.

(2) Les habitans de Dinant avoient non-seulement fait des chansons contre le duc de Bourgogne, mais ils l'avoient pendu en effigie, lui et le comte de Charolois son fils.

venu devant Paris, où avoit esté avec les autres seigneurs de France, comme avez ouy), ils avoient fait un appointement et paix avec ledit seigneur, et luy donnerent certaine somme d'argent, et s'estoient separez de la cité de Liege, et fait leur fait à part, qui est le vray signe de la destruction d'un pays, quand ceux qui se doivent tenir ensemble se separent et s'abandonnent. Je le dis aussi bien pour les princes et seigneurs alliez ensemble, comme pour les villes et communautez. Mais pour ce qu'il me semble que chacun peut avoir veu et lû de ces exemples, je m'en tay, disant seulement que le roy Louïs nostre maistre a mieux sceu entendre cet art de separer les gens, que nul autre prince que j'aye jamais veu ny connu; et n'espargnoit l'argent, ny ses biens, ny sa peine, non point seulement envers les maistres, mais aussi bien envers les serviteurs. Ainsi ceux de Dinand se commencerent tost à repentir de cet appointement dessusdit, et firent cruellement mourir quatre de leurs principaux bourgeois qui avoient fait ledit traité, et recommencerent la guerre en cette comté de Namur, tant que pour ces raisons, que pour la sollicitation que faisoient ceux de Bouvines. Le siege y fut mis par le duc Philippe, mais la conduite de l'armée estoit à son fils; et y vint le comte de Saint-Paul, connestable de France, à leur secours [1], partant de sa maison, et non pas par l'auctorité du Roy, ny avec ses gens-d'armes; mais amena de ceux qu'il avoit amassez és marches de Picardie. Orgueilleusement firent une saillie ceux de dedans, à leur grand dommage.

---

[1] *A leur secours* : c'est-à-dire *au secours des Bourguignons*; tel est le sens du discours.

Le huictiesme jour d'aprés furent pris d'assaut, aprés avoir esté bien batus; et n'eurent leurs amis loisir de penser s'ils les aideroient. Ladite ville fust bruslée et rasée, et les prisonniers, jusques à huit cens, noyez devant Bouvines, à la grande requeste de ceux dudit Bouvines. Je ne sçay si Dieu l'avoit ainsi permis pour leur grande mauvaistié: mais la vengeance fut cruelle sur eux.

Le lendemain que la ville fut prise, arriverent les Liegeois en grand'compagnie pour les secourir, contre leur promesse; car ils s'estoient separez d'eux par appointement, comme ceux de Dinand s'estoient separez de la cité de Liege.

Le duc Philippe se retira(1), pour son ancien aage; et son fils et toute son armée se tira au devant des Liegeois. Nous les rencontrasmes plustost que ne pensions; car par cas d'aventure nostre avant-garde s'égara par faute de ses guides, et les rencontrasmes avec la bataille, où estoient les principaux chefs de l'armée. Il estoit ja sur le tard: toutefois on s'apprestoit de les assaillir. Sur cela vindrent gens deputez de par eux au comte de Charolois, qui requirent qu'en l'honneur de la vierge Marie (dont il estoit la veille(2)) il voulsist avoir pitié de ce peuple, en excusant leurs fautes au mieux qu'ils pûrent. Lesdits Liegeois tenoient contenance de gens qui desiroient la bataille, et toute opposite de la parolle de leurs ambassadeurs. Toutesfois, après qu'ils furent allez deux ou trois fois, fut accordé par eux entretenir la paix de l'an prece-

(1) *Se retira :* Le duc partit de Bouvines le lundi premier septembre, pour aller coucher à Namur.

(2) C'étoit le 7 septembre, le comte étant alors campé à Olle.

dent, et bailler certaine somme d'argent : et pour seureté de tenir cecy mieux que ce qui estoit passé, ils promirent bailler trois cens ostages, nommez en un rolle par l'evesque de Liege, et par autres ses serviteurs estans en l'armée, et les bailler dedans le lendemain huict heures. Cette nuit estoit l'ost des Bourguignons en grand trouble et doute, car ils n'estoient en rien clos ny fort, et estoient separez, et en lieu propice pour les Liegeois, qui tous estoient gens-de-pied, et connoissans le pays mieux que nous. Aucuns d'eux eurent envie de nous assaillir, et mon advis est qu'ils en eussent eu du meilleur. Ceux qui avoient traité l'accord rompirent cette entreprise.

Dés que le jour apparut, tout nostre ost s'assembla, et les batailles furent bien ordonnées, et le grand nombre, comme de trois mille hommes-d'armes, que bons que mauvais, et douze ou quatorze mille archers, et d'autres gens-de-pied, beaucoup du pays voisin. On tira droit à eux pour recevoir les ostages, ou pour les combattre s'il y avoit faute. Nous les trouvasmes ja separez, et se departoient par bandes et en desordre, comme peuple mal conduit : il estoit ja prés d'heure de midy, et n'avoient point baillé les ostages. Le comte de Charolois demanda au mareschal de Bourgogne, qui estoit là, s'il leur devoit courre sus ou non. Ledit mareschal respondit que ouy, et qu'il les pouvoit deffaire sans peril; à quoy ne devoit dissimuler, veu que la faute venoit d'eux. Aprés on en demanda au seigneur de Contay (que plusieurs fois ay nommé), qui fut de cette opinion, disant que jamais n'auroit si beau party, et les luy monstra ja separez par bandes, comme ils s'en alloient, et loua fort de ne tarder plus. Aprés on en demanda au connestable, comte de Sainct-Paul, qui fut d'opinion contraire, disant qu'il feroit contre son honneur et promesse d'ainsi le faire, disant que tant de gens ne peuvent estre si tost accordez en telle matiere, comme de bailler ostages, et en si grand nombre : et loüoit de renvoyer devers eux sçavoir leur intention. L'argu de ces trois nommez avec ledit comte fut grand et long sur ce differend. De l'un costé il voyoit ses grands et anciens ennemis deffaits, et les voyoit sans nulle resistance; d'autre costé, on l'argueroit de sa promesse. La fin fut qu'on envoya un trompette vers eux, lequel rencontra les ostages qu'on luy amenoit. Ainsi passa la chose, et s'en retourna chacun en son lieu : mais aux gens-d'armes desplut fort le conseil qu'avoit donné ledit connestable, car ils voyoient de beau butin devant leurs yeux. On envoya incontinent une ambassade au Liege, pour confirmer cette paix. Le peuple, qui est inconstant, leur disoit à toute heure qu'on ne les avoit osé combattre; et leur tirerent couleyrines à la teste, et leur firent plusieurs rudesses. Le comte de Charolois s'en retourna en Flandres. En cette saison mourut son pere (1), auquel il fit trés-grand et solennel obseque à Bruges, et signifia la mort dudit seigneur au Roy.

---

(1) *Mourut son pere :* Philippe-le-Bon mourut à Bruges le 15 juin 1467, entre neuf et dix heures du soir. Charles fit célébrer ses funérailles le 22 du même mois. Au mois de février suivant, le corps de ce prince fut transporté aux Chartreux de Dijon, lieu de la sépulture de ses ancêtres.

CHAPITRE II.

Comment les Liegeois rompirent la paix au duc de Bourgogne, paravant comte de Charolois; et comment il les deffit en bataille.

Cependant et toujours depuis se traittoient choses secretes et nouvelles entre ces princes. Le Roy estoit si irrité contre le duc de Bretagne et le duc de Bourgogne, que merveilles; et avoient lesdits ducs grand'peine pour avoir nouvelles les uns des autres : car souvent leurs messagers avoient empeschement, et en temps de guerre faloit qu'ils vinssent par mer, et pour le moins faloit que de Bretagne passassent en Angleterre, et puis par terre jusques à Douvres, et passer à Calais (1) : ou s'ils venoient par terre le droit chemin, ils venoient en grand peril.

En toutes ces années de differens, et en autres subsequentes, qui ont duré jusques à vingt ou plus, les unes en guerre, les autres en tréves et dissimulations, et que chacun des princes comprenoit par la tréve ses alliez, Dieu fit ce bien au royaume de France que les guerres et divisions au pays d'Angleterre estoient encore en nature, et si pouvoient estre commencées quinze ans paravant en grandes et cruelles batailles, où maint homme de bien fut occis. Et tous disoient

---

(1) Calais appartenoit alors aux Anglais, qui s'en étoient rendus maîtres le 3 août 1347, après un siége qui avoit duré un an. Cette ville fut reprise par le duc de Guise en 1558.

qu'ils estoient traistres, à cause qu'il y avoit deux maisons qui pretendoient à la couronne d'Angleterre, c'est à sçavoir la maison de Lanclastre et la maison d'Yorch. Et ne faut pas douter que si les Anglais eussent esté en l'estat qu'ils avoient esté autrefois, que ce royaume de France n'eust eu beaucoup d'affaires.

Tousjours taschoit le Roy à venir à fin de Bretagne plus qu'autre chose, car il lui sembloit que c'estoit chose plus aisée à conquerir, et de moindre défense, que n'estoit cette maison de Bourgogne; et aussi que c'estoient ceux qui recueilloient tous ses malveillans, comme son frere et autres, et qui avoient intelligence dedans le royaume : et pour cette cause pratiquoit fort le duc de Bourgogne Charles, pour luy faire consentir, par plusieurs offres et par plusieurs marchez, qu'il les voulût abandonner : et par ce moyen aussi luy abandonneroit les Liegeois, et autres ses malveillans; ce qui ne se pût accorder. Mais alla ledit duc de Bourgogne sur les Liegeois, qui luy avoient rompu la paix, et pris une ville appellée Huy (1), et chassé ses gens dehors, et pillé ladite ville, nonobstant les ostages qu'ils avoient baillez l'an precedent en peine capitale, au cas qu'ils rompissent le traité, et aussi sur peine de grand'somme d'argent. Il assembla son armée environ Louvain (2), qui est au pays de Brabant, et sur les marches de Liege. Là arriva devers luy le comte de Sainct-Paul, connestable de France (qui pour lors s'estoit de tous poincts reduit au Roy, et se tenoit avec luy (3)), et le cardinal

---

(1) *Huy* : petite ville sur la Meuse, entre Liége et Namur.

(2) Au mois d'octobre 1467.

(3) *Et se tenoit avec luy* : D'autres chroniques rapportent les choses

Ballue (1), et autres envoyez : lesquels signifierent audit duc de Bourgogne comme les Liegeois estoient alliez du Roy et compris en sa tréve, l'advertissant qu'il leur donneroit secours, en cas que ledit duc de Bourgogne les assaillist. Toutesfois ils offrirent, s'il vouloit consentir que le Roy peust faire la guerre en Bretagne, que ledit seigneur le laisseroit faire avec les Liegeois. Leur audience fut courte, et en public; et ne demeurerent qu'un jour. Ledit duc de Bourgogne disoit pour excuse que lesdits Liegeois l'avoient assailly; et que la rupture de la tréve venoit d'eux, et non pas de luy; et pour telles raisons ne devoit abandonner ses alliez. Les dessusdits ambassadeurs furent depeschez. Comme il vouloit monter à cheval (qui estoit le lendemain de leur venuë), leur dit tout haut qu'il supplioit au Roy ne vouloir rien entreprendre sur le pays de Bretagne. Ledit connestable le pressa, en luy disant : « Monseigneur, vous ne choisissez point;

différemment. Le connétable demanda, dit-on, la restitution des villes de la Somme, déclara que les Liégeois étoient sous la protection du Roi, et que le duc de Bourgogne ne pouvoit faire alliance avec les Anglais, en épousant la sœur d'Edouard, sans enfreindre le traité d'Arras.

Le duc de Bourgogne répondit que les places de la Somme lui ayant été cédées par un traité, il les garderoit; qu'il sauroit mettre les Liégeois à la raison, malgré ceux qui entreprendroient de les soutenir, ou qu'il mourroit à la peine; qu'il n'auroit jamais pensé à faire alliance avec l'Angleterre, si le Roi ne lui en eût donné l'exemple; qu'il avoit engagé sa parole, et qu'il ne pouvoit plus la retirer. Puis, regardant ensuite le connétable, il ajouta : « Beau cousin, vous estes « bien mon ami, et partant je vous avertis que vous preniez garde que « le Roi ne fasse de vous ainsi qu'il a fait d'autres. Si vous voulez de-« meurer par deçà, vous serez le très-bien demeuré. »

(1) Sur le cardinal La Ballue, *voyez* l'une des notes du chap. 15 du liv. 2.

« car vous prenez tout, et voulez faire la guerre à
« vostre plaisir à nos amis, et nous tenir en repos sans
« oser courre sus à nos ennemis, comme vous faites
« aux vostres. Il ne se peut faire, ny le Roy ne le
« souffriroit point. » Ledit duc prit congé d'eux, en
leur disant : « Les Liegeois sont assemblez, et m'at-
« tends d'avoir la bataille avant qu'il soit trois jours;
« si je la perds, je croy bien que vous ferez à vostre
« guise : mais aussi si je la gagne, vous laisserez en
« paix les Bretons. » Et aprés monta à cheval, et lesdits ambassadeurs allerent en leur logis s'apprester
pour eux en aller. Et luy party dudit lieu de Louvain
en armes, et trés-grosse compagnie, alla mettre le
siege devant une ville appellée Sainct-Tron (1). Son
armée estoit trés-grosse; car tout ce qui estoit pu
venir de Bourgogne s'estoit venu joindre avec luy:
et ne luy vis jamais tant de gens ensemble, à beaucoup prés.

Un peu avant son partement avoit mis en deliberation s'il feroit mourir ses ostages, ou ce qu'il en feroit : aucuns opinerent qu'il les fist mourir tous, et par especial le seigneur de Contay (dont plusieurs fois j'ay parlé) tint cette opinion; et jamais ne l'ouys parler si mal ny si cruellement que cette fois. Et pour ce est bien necessaire à un prince d'avoir plusieurs gens à son conseil; car les plus sages errent aucunes fois, et trés-souvent, ou pour estre passionnez aux matieres de quoy l'on parle, ou par amour ou par haine, ou pour vouloir dire l'opposite d'un autre, et aucunesfois par la disposition des personnes ; car *on ne*

(1) *Sainct-Tron* : Le duc arriva devant cette ville le mardi 27 octobre 1467.

doit point tenir pour conseil ce qui se fait aprés disner. Aucuns pourroient dire que gens faisans aucunes de ces fautes ne devroient estre au conseil d'un prince. A quoy faut respondre que nous sommes tous hommes; et qui les voudroit chercher tels que jamais ne faillissent à parler sagement, ny que jamais ne s'esmeussent plus une fois que l'autre, il les faudroit chercher au ciel, car on ne les trouveroit pas entre les hommes : mais en recompense aussi il y aura tel au conseil qui parlera trés-sagement, et trop mieux qu'il n'aura accoustumé d'ainsi faire souvent (1); et aussi les uns redressent les autres.

Retournons à nos opinions. Deux ou trois furent de cet advis, estimans la grandeur ou le sens dudit de Contay; car en tel conseil se trouve beaucoup de gens, et y a assez qui ne parlent qu'aprés les autres, sans gueres entendre aux matieres, et desirent complaire à quelqu'un qui aura parlé, qui sera homme estant en auctorité. Aprés en fut demandé à monseigneur d'Hymbercourt (2), natif d'auprés d'Amiens, un des plus sages chevaliers et des plus entendus que je connus jamais; lequel dit que son opinion estoit que pour mettre Dieu de sa part de tous poincts, et pour donner à connoistre à tout le monde qu'il n'étoit ni cruel ni vindicatif, qu'il delivrast tous les trois cens ostages, veu encore qu'ils s'y estoient mis

---

(1) *Trop mieux qu'il n'aura accoustumé d'ainsi faire souvent :* Suivant d'autres manuscrits : *Très-bien qui n'aura accoustumé de ainsi le faire souvent.*

(2) *Monseigneur d'Hymbercourt :* Guy de Brimeu, comte de Meghem, seigneur de Humbercourt, chevalier de la Toison d'Or, depuis décapité à Gand, comme on le verra ci-aprés, liv. 5, chap. 17.

en bonne intention et esperance que la paix se tinst : mais qu'on leur dit au departir la grace que ledit duc leur faisoit, leur priant qu'ils taschassent à reduire ce peuple en bonne paix; et au cas qu'il n'y voulust entendre, qu'au moins eux, reconnoissans la bonté (1) qu'on leur faisoit, ne se trouveroient en guerre contre lui ny contre leur evesque, lequel estoit en sa compagnie. Cette opinion fut tenuë, et firent les promesses dessusdites lesdits ostages en les delivrant. Aussi leur fut dit que si aucun d'eux se declaroit en guerre et fussent pris, qu'il leur cousteroit la teste : et ainsi s'en allerent.

Il me semble bon de dire qu'après que ledit seigneur de Contay eut donné cette cruelle sentence contre ces pauvres ostages (comme vous avez ouy), dont une partie d'eux s'estoient mis par vraye bonté, un estant en ce conseil me dit en l'oreille : « Voyez-vous bien « cet homme? Combien qu'il soit bien vieil, si est-il « de sa personne bien sain : mais j'oseroys bien mettre « grand chose qu'il ne sera point vif d'huy en un an; « et le dis pour cette terrible opinion qu'il a dite. » Et ainsi en avint, car il ne vesquit gueres : mais avant qu'il mourût il servit bien son maistre pour un jour, en une bataille dont je parleray cy-après.

En retournant donc à nostre propos, vous avez ouy comme au partir de Louvain ledit duc mit le siege devant Sainct-Tron, et là affusta son artillerie. Dedans la ville estoient quelques trois mille Liegeois, et un trés-bon chevalier qui les conduisoit : et estoit celui qui avoit traité la paix quand nous nous trouvasmes au devant d'eux en bataille l'an precedent. Le troi-

---

(1) *Bonté :* grâce.

siéme jour aprés que le siege y fut mis, les Liegeois
en trés-grand nombre de gens, comme de trente mille
personnes et plus, tant de bons que mauvais, tous gens-
de-pied (sauf environ cinq cens chevaux), et grand
nombre d'artillerie, vinrent pour lever notre siege
sur l'heure de dix heures du matin, et se trouverent
en un village fort, et clos de marais une partie, lequel s'appeloit Bruestein [1], à demy lieuë de nous :
et en leur compagnie estoit François Rayer, baillif de
Lyon, lors ambassadeur pour le Roy vers lesdits Liegeois [2]. L'alarme vint tost en nostre ost : et faut dire
vray qu'il avoit esté donné mauvais ordre de n'avoir
mis de bons chevaucheurs aux champs ; car l'on n'en
fut adverty que par les fourageurs qui fuyoient.

Je ne me trouvay oncques en lieu avec ledit duc
de Bourgogne où je luy visse donner bon ordre de
soy, excepté ce jour. Incontinent fit tirer toutes les
batailles aux champs, sans aucun qu'il ordonna pour
demeurer au siege : entre les autres, il y laissa cinq
cens Anglois. Il mit sur les deux costez du village
bien douze cens hommes-d'armes : et quant à luy,
il demeura vis-à-vis, plus loin dudit village que les
autres, avec bien huict cens hommes-d'armes : et y
avoit grand nombre de gens de bien à pied avec
les archers, et grand nombre d'hommes-d'armes. Et

---

[1] *Bruestein* : La bataille de Bruestein fut livrée le mercredi 28 octobre 1467.

[2] *Vers lesdits Liegeois* : Dans quelques histoires flamandes, et dans la chronique de Jean de Troyes, on lit que le Roi avoit envoyé Dammartin au secours des Liégeois, avec quatre cents lances et six mille arbalétriers. Philippe de Comines et Olivier de La Marche gardent le silence sur cette particularité, qui d'ailleurs est démentie par des lettres de Dammartin.

marcha monseigneur de Ravestein avec l'avant-garde dudit duc et tous gens à pied, tant hommes-d'armes qu'archers, et certaines pieces d'artillerie, jusques sur le bord de leurs fossez, qui estoient grands et profonds, et pleins d'eau : et à coups de fleches et de canons furent reculez, et leurs fossez gaignez, et leur artillerie aussi. Quand le traict fut failly aux nostres, le cœur revint ausdits Liegeois, qui avoient leurs piques longues (qui sont bastons avantageux), et chargerent sur nos archers et sur ceux qui les conduisoient, et en une troupe tuerent quatre ou cinq cens hommes en un moment : et branloient toutes nos enseignes, comme gens presque desconfits. Et sur ce pas fit le duc marcher les archers de sa bataille, que conduisoit messire Philippe de Creve-cœur, seigneur des Cordes, homme sage, et plusieurs autres gens de bien, qui d'un ardant et grand'courage assaillirent lesdits Liegeois, lesquels en un moment furent desconfits.

Les gens-de-cheval dont j'ay parlé, qui estoient sur les deux costez du village, ne pouvoient mal faire aux Liegeois, ny aussi le duc de Bourgogne de là où il estoit, à cause des marais : mais seulement y estoient à l'aventure, afin que si lesdits Liegeois eussent rompu cette avant-garde, et passé les fossez jusques au pays plain, les pût rencontrer. Ces Liegeois se mirent à la fuite tout au long de ces marais, et n'estoient chassez que de gens-à-pied. Des gens de cheval qui estoient avec le duc de Bourgogne, il y en envoya une partie pour donner la chasse ; mais il falloit qu'ils prissent bien deux lieuës de tour pour trouver passage : et la nuit les surprit, qui sauva la vie à beaucoup de Liegeois. Autres renvoya devant ladite ville pour ce qu'il y ouyt grand bruit, et doutoit leur saillie. A la verité ils saillirent trois fois, mais tousjours furent reboutez; et s'y gouvernerent bien les Anglois qui y estoient demeurez. Lesdits Liegeois, aprés estre rompus, se rallierent un petit à l'entour de leur charroy, et y tindrent peu. Bien mourut quelque six mille hommes, qui semble beaucoup à toutes gens qui ne veulent point mentir : mais depuis que je suis né, j'ay veu en beaucoup de lieux qu'on disoit pour un homme qu'on en avoit tué cent, pour cuider complaire; et avec telles mensonges s'abusent bien aucunesfois les maistres : si ce n'eust esté la nuict, il en fut mort plus de quinze mille. Cette besogne achevée, et que ja il estoit fort tard, le duc de Bourgogne se retira en son ost, et toute l'armée, sauf mille ou douze cens chevaux qui estoient allez passer à deux lieuës de là, pour chasser les fuyars; car autrement ne les eussent pû joindre, à cause d'une petite riviere. Ils ne firent pas grand exploict pour la nuict : toutesfois aucuns en tuerent, et prirent le demeurant, et la plus grande compagnie se sauva en la cité. Ce jour aida bien à donner l'ordre le seigneur de Contay, lequel peu de jours aprés mourut en la ville de Huy, et eut assez bonne fin, et avoit esté vaillant et sage; mais il dura peu aprés cette cruelle opinion qu'il avoit donnée contre les Liegeois ostagers, dont avez ouy parler cy-dessus. Dés que le duc fut desarmé, il appela un secretaire, et escrivit une lettre au connetable, et autres qui estoient partis d'avec luy, et n'y avoit que quatre jours, à Louvain, où ils estoient venus ambassadeurs, comme dit est : et leur signifia cette victoire, priant qu'aux Bretons ne fust rien demandé.

Deux jours après cette bataille changea bien l'orgueil de ce fol peuple, et pour peu de perte : mais à qui que ce soit est bien à craindre de mettre son estat en hazard d'une bataille qui s'en peut passer; car, pour un petit nombre de gens que l'on y perd, se muent et changent les courages des gens de celuy qui perd plus qu'il n'est à croire, tant en espouvantement de leurs ennemis qu'en mespris de leur maistre, et de ses privez serviteurs; et entrent en murmures et machinations, demandans plus hardiment qu'ils ne souloient, et se courroucent quand on les refuse. Un escu. luy servoit plus paravant que ne feroient trois : et si celuy qui a perdu estoit sage, il ne mettroit de cette saison rien en hazard avec ceux qui ont fuy, mais seulement se tiendroit sur ses gardes, et essayeroit de trouver quelque chose de leger à vaincre où ils pûssent estre les maistres, pour leur faire revenir le cœur, et oster la crainte. En toutes façons, une bataille perduë a tousjours grande queuë, et mauvaise pour le perdant. Vray est que les conquerans les doivent chercher pour abreger leur œuvre, et ceux qui ont les bonnes gens-de-pied, et meilleurs que leurs voisins, comme nous pourrions aujourd'huy dire. Anglois ou Suisses. Je ne le dis pas pour despriser les autres nations : mais ceux-là ont eu de grandes victoires, et leurs gens ne sont point pour longuement tenir les champs sans estre exploitez, comme seroient François ou Italiens, qui sont plus sages, ou plus aisez à conduire. Au contraire, celuy qui gaigne devient en reputation et estime de ses gens plus grande que devant; son obeyssance accroist entre tous ses subjets, on luy accorde en cette estime ce qu'il demande : ses gens en sont plus courageux et plus hardis. Aussi lesdits princes s'en mettent aucune fois en si grande gloire et en si grand orgueil, qu'il leur en meschet par aprés : et de cecy je parle de veuë, et vient telle grace de Dieu seulement (1).

Voyans ceux qui estoient dedans Sainct-Tron la bataille perduë pour eux, et qu'ils estoient enfermez tout à l'environ, cuidans la desconfiture trop plus grande qu'elle n'avoit esté, rendirent la ville (2), laisserent les armes, et baillerent dix hommes à volonté, tels que le duc de Bourgogne voudroit eslire, lesquels il fit décapiter : et y en avoit six de ce nombre, des ostages que peu de jours avant avoit delivrez, avec les conditions qu'avez entenduës cy-dessus. Il leva son ost, et tira à Tongres, qui attendirent le siege. Toutesfois la ville ne valoit gueres : et aussi sans se laisser battre firent semblable composition (3), et baillerent dix hommes, entre lesquels se trouva encore cinq ou six desdits ostages. Tous dix moururent comme les autres.

(1) *Et de cecy je parle de veuë, et vient telle grace de Dieu seulement :* Cette phrase est supprimée dans l'ancien manuscrit, et dans celui de Saint-Germain. Celle qui précède y est remplacée par celle-ci : *Toutes telles dispositions viennent de Dieu, qui donne mutation aux choses, selon le merite ou demerite des gens.*

(2) La ville de Saint-Tron se rendit le lundi 2 novembre; le duc en fit démolir les murailles.

(3) La ville de Tongres se rendit le vendredi 6 novembre. Saint-Tron et Tongres sont peu considérables aujourd'hui.

CHAPITRE III.

Comment, après qu'aucuns des Liégeois eurent composé de rendre leur ville, et les autres refusé de ce faire, le seigneur d'Hymbercourt trouva moyen d'y entrer pour le duc de Bourgogne.

De là tira ledit duc devant la cité de Liege, en laquelle ils estoient en grand murmure. Les uns vouloient tenir et deffendre la cité, disans qu'ils estoient assez de peuple : et par especial étoit de cet avis un chevalier appellé messire Rasse de Lintre (¹). D'autres au contraire, qui voyoient brusler et destruire tout le pays, voulurent paix au dommage de qui que ce fust. Ainsi s'approchant ledit duc de la cité, quelque peu d'ouverture y avoit par menuës gens, comme prisonniers, et fut conduite cette matiere par aucuns des dessusdits ostages, qui faisoient au contraire des premiers dont j'ay parlé, et reconnurent la grace qu'on leur avoit faite. Ils y menerent trois cens hommes des plus apparans et grands de la ville, en chemise, les jambes nuës, et la teste; lesquels apporterent au duc les clefs de la cité, et se rendirent à luy et à son plaisir, sans rien reserver, sauf le feu et le pillage. Et ce jour s'y trouva present pour ambassadeur monseigneur de Moüy (²), et un secretaire du Roy, appellé maistre

---

(¹) *Rasse de Lintre :* Il se nommoit Rasse de La Rivière, chevalier, seigneur de Lintre et de Heers.

(²) *De Moüy :* Colart, seigneur de Mouy et de Chin, gouverneur de Saint-Quentin, et bailli de Rouen.

Jehan Prevost, qui venoient pour faire semblables requestes et demandes qu'avoit fait le connestable peu de jours auparavant. Cedit jour que la composition fut faite, cuidant ledit duc entrer en la cité, y envoya monseigneur d'Hymbercourt pour entrer le premier, pour ce qu'il avoit connoissance en la cité, à cause qu'il y avoit eu administration par les années qu'ils avoient esté en paix. Toutesfois l'entrée luy fut refusée pour ce jour, et se logea en une petite abbaye qui est auprés de l'une des portes, et avoit avec luy cinquante hommes-d'armes. En tout pouvoit avoir quelques deux cens combattans, et j'y estoys. Le duc de Bourgogne luy fit sçavoir qu'il ne partist point de là, s'il se sentoit estre seurement : mais aussi, si ce lieu n'estoit fort, qu'il se retirast devers luy ; car le chemin estoit trop mal aisé pour le secourir, pour ce qu'en ce quartier-là sont tous rochers.

Ledit d'Hymbercourt se delibera n'en partir point, car le lieu estoit trés-fort ; et retint avec soy cinq ou six hommes de bien de la ville, de ceux qui estoient venus rendre les clefs de la cité, pour s'en ayder, comme vous entendrez. Quand vinrent les neuf heures au soir, nous ouïsmes sonner la cloche, au son de laquelle ils s'assemblerent ; et douta ledit d'Hymbercourt que ce fust pour nous venir assaillir, car il estoit bien informé que messire Rasse de Lintre et plusieurs autres ne vouloient consentir cette paix : et sa suspicion estoit vraye et bonne, car en ce propos estoient-ils, et prests à saillir. Ledit seigneur d'Hymbercourt disoit : « Si nous les pouvons amuser jusques à minuict, nous « sommes eschappez ; car ils seront las, et leur prendra envie de dormir : et ceux qui seront mauvais

« contre nous prendront dés lors la fuite, voyans
« qu'ils auront failly à leur entreprise. » Et pour parvenir à cet expedient, il depescha deux de ces bourgeois qu'il avoit retenus, comme je vous ay dit, et leur bailla certains articles assez amiables par écrit. Il le faisoit seulement pour leur donner occasion de parler ensemble, et de gaigner temps; car ils avoient de coustume, et ont encores, d'aller tout le peuple ensemble au palais de l'evesque, quand il survenoit matieres nouvelles; et y sont appellez au son d'une cloche qui est Jeans. Ainsi nos deux bourgeois, qui avoient esté des ostages, et des bons, vinrent à la porte (car le chemin n'estoit pas long de deux jects d'arc), et trouverent largement peuple armé. Les uns vouloient qu'on assaillist; les autres, non. Ils dirent au maistre de la cité tout haut qu'ils apportoient aucunes choses bonnes par escrit, de par le seigneur d'Hymbercourt, lieutenant du duc de Bourgogne en celle marche, et qu'il seroit bon de les aller voir au palais. Et ainsi le firent, et incontinent ouïsmes sonner la cloche dudit palais : à quoy nous connusmes bien qu'ils estoient embesognez.

Nos deux bourgeois ne revinrent point; mais au bout d'une heure ouïsmes plus grand bruit à la porte que paravant, et y vint beaucoup plus largement gens; et crioient par dessus les murailles, et nous disoient vilenies. Lors connut ledit seigneur d'Hymbercourt que le peril estoit plus grand pour nous que devant, et depescha arriere ces quatre autres ostages qu'il avoit, portans par escrit comme luy, ayant esté gouverneur de la cité pour le duc de Bourgogne, les avoit amiablement traittez, et que pour rien ne voudroit consentir à leur perdition ; car il n'y avoit guères encore qu'il avoit esté de l'un de leur mestier (1), qui estoit des mareschaux et des fevres (2), et en avoit porté robbe de livrée : par quoy mieux pouvoient adjoûter foy à ce qu'il leur disoit. En somme, s'ils vouloient parvenir au bien de paix, et sauver leur pays, aprés avoir baillé l'ouverture de la ville, comme ils avoient promis, des choses contenuës en certain memoire. Et instruisit bien ces quatre hommes, qui allerent à la porte comme avoient fait les autres, et la trouverent toute ouverte. Les uns les recueilloient avec grosses paroles et menaces ; les autres furent contens d'ouyr leur charge, et retournerent arriere au palais, et tout incontinent ouymes sonner la cloche dudit palais : dont nous eusmes trés-grand'joye, et s'esteignit le bruit que nous avions ouy à la porte. Et en effet furent long-temps en ce palais, et jusques à bien deux heures aprés minuict, et là conclurent qu'ils tiendroient l'appointement qu'ils avoient fait, et que le matin bailleroient une des portes audit seigneur d'Hymbercourt. Et tout incontinent s'enfuit de la ville ledit messire Rasse de Lintre, et toute sa sequelle.

Je n'eusse pas si long-temps parlé de ce propos (veu que la matiere n'est gueres grande), si ce n'eust esté pour monstrer qu'aucunesfois avec tels expediens et habiletez, qui procedent de grand sens, on évite

---

(1) *De leur mestier* : Dans la plupart des villes libres d'Allemagne il faut, pour y jouir de quelque consideration, avoir droit de bourgeoisie ; et ce droit ne s'y accorde pas, à moins que l'on ne s'associe à quelqu'un des corps des marchands ou des artisans de la ville.

(2) *Fevres* : serruriers. Une rue de Paris a conservé le nom de rue aux Fèvres.

de grands perils, et de grands dommages et pertes. Le lendemain, au poinct du jour, vinrent plusieurs des ostages dire audit seigneur d'Hymbercourt qu'ils luy prioient qu'il voulût venir au palais, où tout le peuple estoit assemblé; et que là il voulût jurer les deux poincts dont le peuple estoit en doute, qui estoit le feu et le pillage; et qu'après luy bailleroient un portail. Il le manda au duc de Bourgogne, et alla vers eux : et le serment fait, retourna à la porte, d'où ils firent descendre ceux qui estoient dessus, et y mit douze hommes-d'armes, et des archers, et une banniere du duc de Bourgogne sur ladite porte. Et puis alla à une autre porte qui estoit murée, et la bailla entre les mains du bastard de Bourgogne, qui estoit logé en ces quartiers-là ; et une autre au mareschal de Bourgogne, et une autre à des gentils-hommes qui estoient encore avec luy. Ainsi ce furent quatre portaux bien garnis des gens du duc de Bourgogne, et ses bannieres dessus.

Or faut-il entendre qu'en ce tems-là Liege estoit une des plus puissantes cités de la contrée (après quatre ou cinq), et des plus peuplées, et y avoit grand peuple retiré du pays d'environ : par quoy n'y apparoissoit en rien de la perte de la bataille. Ils n'avoient aucune necessité de nuls biens, et si estoit en fin cœur d'hyver, et les pluyes plus grandes qu'il est possible de dire : et le pays de soy tant fangeux et mol qu'à merveilles, et si estions en grand'necessité de vivres et d'argent, et l'armée comme toute rompue : et si n'avoit ledit seigneur duc de Bourgogne nulle envie de les assieger, et aussi n'eust-il sceu; et quand ils eussent attendu deux jours à eux rendre par cette yoye, il s'en fust retourné. Et pour ce je veux conclure que c'est grand'gloire et honneur audit Hymbercourt (1) qu'il receut en ce voyage: et luy proceda de la grace de Dieu seulement, contre toute raison humaine, et ne luy eust osé demander le bien qui luy advint; et au jugement des hommes, receut tous ces (2) honneurs et biens pour la grace et bonté dont il avoit usé envers les ostages dont vous avez ouy parler cy-dessus. Et le dis volontiers, pour ce que les princes et autres se plaignent aucunesfois comme par déconfort, quand ils ont fait bien ou plaisir à quelqu'un, disans que cela leur procede de malheur, et que pour le temps à venir ne seront si legers, ou à pardonner, ou à faire quelque liberalité, ou autre chose de grace, qui toutes sont choses appartenantes à leurs offices.

A mon avis c'est mal parlé, et procede de lasche cœur à ceux qui ainsi le font et dient: car un prince ou un autre homme qui ne fut jamais trompé ne sçauroit estre qu'une beste, ny avoir connoissance du bien et du mal, ny quelle difference il y a; et davantage les gens ne sont pas tous d'une complexion: par quoy, par la mauvaistié d'un ou de deux, ne se doit laisser à faire plaisir à plusieurs, quand on en a le temps et opportunité. Bien seroys-je d'avis qu'on eust bon jugement à voir quelles sont les personnes, car tous ne sont pas dignes de semblables merites. Et à moy est presque estrange de croire qu'une personne sage sceust estre ingrat d'un grand benefice,

---

(1) *Audit Hymbercourt :* Ces deux mots manquent dans le vieil exemplaire, et dans le manuscrit de Saint-Germain-des-Prés.

(2) *Tous ces :* Ces deux mots manquent dans le vieil exemplaire.

quand il l'a receu de quelqu'un : et là s'égareroient bien les princes, car l'accointance d'un fol jamais ne profita à la longue. Et me semble que l'un des plus grands sens que puisse montrer un seigneur, c'est de s'accointer et approcher de luy gens vertueux et honnestes; car il sera jugé, à l'opinion des gens, d'estre de la condition et nature de ceux qu'il tiendra les plus prochains de luy. Et pour conclure cet article, me semble que l'on ne se doit jamais lasser de bien faire; car un seul, et le moindre de tous ceux ausquels l'on peut avoir fait quelque bien, fera à l'aventure un tel service et aura telle reconnoissance, qu'il recompensera toutes les laschetez et mechancetez qu'avoient fait tous les autres en cet endroit. Et ainsi avez-vous veu de ces ostages, comme il y en eût aucuns, bons et reconnoissans, et les autres et la pluspart mauvais et ingrats; car cinq ou six seulement conduisoient cet œuvre aux fins et intentions du duc de Bourgogne.

CHAPITRE IV.

Comment le duc de Bourgogne fit son entrée en la ville de Liege; et comment ceux de Gand, qui paravant l'avoient mal receu, s'humilierent envers luy.

LE lendemain que les portes eurent esté baillées, entra le duc en la cité de Liege en grand triomphe (1),

(1) *En grand triomphe :* Le duc fit son entrée à Liége le 17 novembre 1467, et remit la ville à l'évêque.

et luy fut abbatu vingt brasses de mur, et uny le fossé du long de la grande breche. A l'environ de luy entrerent à pied bien deux mille hommes d'armes armez de toutes pieces, et dix mille archers : et si demeura largement gens en l'ost. Luy estant à cheval, entra avec les gens de sa maison, et les plus grands de l'ost, les mieux parez et mieux accoustrez que pourroient estre; et ainsi alla descendre à la grand'-eglise. Et pour le vous faire court, il sejourna aucuns jours en la cité, et y fit mourir cinq ou six hommes de ceux qui avoient esté ses ostages : et entre les autres, le messager de la ville, lequel il avoit en grand'haine. Il leur ordonna aucunes loix et coustumes nouvelles; il imposa grands deniers sur eux, lesquels il disoit luy estre deus à cause de paix et appointemens rompus les ans precedents. Il emporta toute leur artillerie et armures, et fit raser toutes les tours et murailles de la cité.

Aprés qu'il eut fait tout cela, il s'en retourna en son pays [1], où il fut recueilly à grand'gloire et grand'obeissance, et par especial de ceux de Gand, qui, paravant qu'il entrast au pays de Liege, estoient comme en rebellion avec aucunes des autres villes : mais à cette heure le recueillirent comme vainqueur, et furent apportées toutes les bannieres, par les plus notables de la ville, au-devant de luy jusques à Bruxelles, et ceux qui les apportoient vinrent à pied. Ce qu'ils firent, à cause qu'à l'heure du trespas de son pere il fit son entrée à Gand premier qu'en nulle autre ville de son pays, ayant cette opinion que c'estoit la ville de son pays où il estoit le plus aimé,

[1] *En son pays :* Il partit de Liége le samedi 28 novembre.

et qu'à l'exemple de celle-là se rangeroient les autres (comme il disoit vray en ce cas dernier), car le lendemain qu'il y eut fait son entrée, ils se mirent en armes sur le marché, et y porterent un sainct qu'ils nomment sainct Lievin, et heurterent de la chasse dudit sainct contre une petite maison appellée la maison de la Cueillette (1), où l'on levoit aucunes gabelles sur le bled, pour payer aucunes debtes de la ville qu'ils avoient faites pour payer le duc Philippe de Bourgogne, quand ils firent la paix de Gand avec luy (car ils avoient esté en guerre deux ans avec ledit duc); et en effet ils dirent que ledit sainct vouloit passer par la maison sans se tordre, et en un moment l'abbatirent. Quoy voyant, ledit duc alla sur le marché, et monta en une maison pour parler à eux; et lors grande partie de notables hommes, tous armez, l'attendirent, et en passant luy offrirent d'aller avec luy. Il les fit demeurer devant l'hostel de la ville, et qu'ils l'attendissent; mais peu à peu le menu peuple le contraignit d'aller sur le marché.

Le duc estant là, il leur commanda qu'ils levassent cette chasse, et qu'ils la rapportassent en l'eglise. Aucuns la levoient pour luy obeyr, et d'autres la remettoient. Ils luy firent des demandes contre aucuns particuliers de la ville, touchant aucuns deniers. Il leur promit faire justice; et quand il vit qu'il ne les pouvoit départir, il se retira en son logis, et eux demeurerent sur le marché par l'espace de huict jours. Le lendemain luy apporterent articles, par les-

---

(1) La rebellion des Gantois contre le duc de Bourgogne est racontée avec détail par Philippe Wielant, conseiller au conseil de Malines, dans une histoire fort curieuse qui n'a pas été imprimée.

quels ils luy demandoient tout ce que le duc Philippe leur avoit osté par cette paix de Gand, et entre autres choses que chacun mestier pût avoir sa banniere comme ils avoient accoustumé, qui sont septante et deux. Pour la doute en quoy il se voyoit, il fut contraint de leur accorder toutes leurs demandes, et telles privileges qu'ils voulurent : et dés qu'il eut dit le mot, aprés plusieurs allées et venuës ils planterent sur le marché toutes les bannieres, qui ja estoient faites. Par quoy ils monstrerent bien qu'ils les eussent prises outre son vouloir, quand il ne les eust accordées. Il avoit bonne opinion de dire que les autres villes prendroient exemple à son entrée qu'il feroit à Gand; car plusieurs firent rebellion à son exemple, comme de tuer officiers, et autres excés. Et s'il eust crû le proverbe de son pere (lequel disoit que ceux de Gand aymoient bien le fils de leur prince, mais le prince non jamais), il n'eust point esté deceu. Et à dire la verité, aprés le peuple de Liege il n'en est nul plus inconstant que ceux de Gand : une chose ont-ils assez honneste, selon leur mauvaistié, car à la personne de leur prince ne toucheront-ils jamais; et les bourgeois et les notables hommes sont trés-bonnes gens, et trés-déplaisans de la folie du peuple.

Il avoit falu que ledit duc eut dissimulé toutes ces desobéissances, afin de non avoir guerre à ses subjets et aux Liegeois ensemble : mais il faisoit bien son conte que s'il luy prenoit bien au voyage qu'il faisoit, il les rameneroit bien à la raison : et ainsi en advint. Car, comme j'ay desja dit, ils apporterent au-devant de luy toutes les bannieres à pied jusques à

Bruxelles, et tous les privileges, et les lettres qu'ils luy avoient fait signer au partir qu'il fit de Gand. Et en une grand'assemblée qu'il fit en la grand'salle de Bruxelles (où il y avoit beaucoup d'ambassadeurs) luy presenterent lesdites bannieres, et semblablement tous leurs priviléges, pour en faire à son plaisir : et lors ses officiers d'armes, par son commandement, osterent lesdites bannieres des lances en quoy elles estoient attachées, et furent toutes envoyées à Boulogne sur la mer, à huict lieuës de Calais : et encore là estoient celles qui leur furent ostées durant le temps de son pere le duc Philippe, aprés les guerres qu'il avoit euës avec eux, où il les avoit vaincus et subjuguez. Le chancelier (1) dudit duc prit tous leurs privileges, et en cassa un qu'ils avoient, qui estoit touchant leur loy; car en toutes les autres villes de Flandres le prince renouvelle tous ceux de la loy chacun an, et fait ouyr leurs comptes: mais à Gand, par ce privilege, il ne pouvoit créer que quatre hommes, et ceux-là faisoient le demeurant, qui sont vingt et deux; car en tout sont vingt et six eschevins de la ville. Quand ceux qui sont de la loy des villes sont bons pour le comte de Flandres, il est cette année-là en paix, et lui accordent volontiers ses requestes : et au contraire quand lesdits de la loy ne luy sont bons, il y survient volontiers des nouvelletez. Outre ils payerent trente mille florins au duc, et six mille pour ceux qui estoient à l'entour de luy, et bannirent aucuns de leur ville. Tous leurs autres privileges furent rendus; toutes les autres villes

---

(1) *Le chancelier* : Guillaume Hugonet, seigneur de Saillant, depuis décapité à Gand, comme on verra ci-aprés, liv. 5, chap. 17.

se pacifierent pour argent, car ils n'avoient rien entrepris contre luy. Et à toutes ces choses pouvez bien voir le bien qui advient d'estre vainqueur, aussi le dommage qu'il y a d'estre vaincu. Par quoy on doit craindre de se mettre au hazard d'une bataille, qui n'y est contraint : et si force est qu'on y vienne, faut mettre avant le coup toutes les doutes dont on se peut adviser; car volontiers ceux qui font les choses en crainte y donnent les bonnes provisions, et plus souvent gagnent que ceux qui y procédent avec grand orgueil, combien que quand Dieu y veut mettre la main, rien n'y vaut.

Or estoient ces Liegeois, desquels avons parlé ci-dessus, excommuniez cinq ans avoit, pour le differend de leur evesque; dont ne faisoient nulle estime, mais continuoient en leur folle et mauvaise opinion, sans qu'ils eussent sceu dire qui les mouvoit, fors trop de bien et grand orgueil. Et à ce propos usoit le roy Louis d'un mot à mon gré bien sage, où il disoit que quand orgueil chevauche devant, honte et dommage le suivent de bien prés; et de ce peché n'estoit-il point entaché.

CHAPITRE V.

Comment le Roy, voyant ce qui estoit advenu aux Liegeois, fit quelque peu de guerre en Bretagne contre les alliez du duc de Bourgogne; et comment ils se virent et parlerent ensemble eux deux à Peronne.

CES choses ainsi faites, se retira ledit duc à Gand (1), où il luy fut faite une entrée de grand'despence; et y entra en armes, et luy feirent ceux de la ville une saillie aux champs, pour mettre hors de la ville ou dedans gens à son plaisir. Plusieurs ambassadeurs du Roy y vinrent, et de luy allerent au Roy. Semblablement luy en venoit de Bretagne, et aussi y en envoyoit. Ainsi se passa cet hyver (2), et taschoit tousjours fort le Roy de faire consentir ledit duc qu'il pût faire à son plaisir de ce qui estoit en Bretagne, et faire audit duc aucuns partis en recompense. Cela ne se pouvoit accorder; dont il desplaisoit au Roy, veu encore ce qui estoit advenu aux Liegeois, ses alliez. Et finalement, dés que l'esté fut venu, ne pût le Roy avoir plus de patience, et entra en Bretagne,

---

(1) *Retira ledit duc à Gand :* Le duc de Bourgogne ne retourna à Gand que le 31 mai 1469. (Oudegherst, Hist. de Flandres, chap. 198.)

(2) Quelque temps auparavant [juin 1467], le Roi, pour repeupler Paris à la suite d'une peste, y avoit appelé en franchise des hommes de toutes nations, et quels que fussent les crimes qu'ils eussent commis, excepté celui de lèse-majesté. Ils devoient jouir des mêmes priviléges que les anciens bourgeois.

ou ses gens pour luy [1], et y prit deux petits chasteaux, l'un appellé Chantocé, et l'autre Ancenis. Incontinent vinrent ces nouvelles au duc de Bourgogne, qui fut fort sollicité et prié des ducs de Normandie et de Bretagne. A toute diligence fit son armée, et escrivit au Roy, luy suppliant qu'il se voulust deporter de cette entreprise, veu qu'ils estoient compris en la tréve, et ses alliez : et voyant qu'il n'avoit responce à son plaisir, ledit duc se mit aux champs prés de la ville de Peronne, avec grand nombre de gens. Le Roy estoit à Compiegne, et son armée tousjours en Bretagne. Comme le duc eut sejourné là trois ou quatre jours, vint de par le Roy le cardinal Ballue,

---

(1) Ce ne fut pas Louis XI qui commença les hostilités. Le duc d'Alençon, après avoir traité secrètement avec Monsieur et avec le duc de Bretagne, leur livra le château d'Alençon. Les troupes bretonnes firent des progrès rapides ; elles s'emparèrent de Caen, de Bayeux et de toute la basse Normandie, sans trouver aucune résistance. La ville de Saint-Lo seule leur ferma ses portes ; les habitans, animés par l'exemple et par les discours d'une femme dont le nom ne nous a pas été conservé, repoussèrent les attaques des Bretons. On dit même que l'héroïne en tua plusieurs de sa main.

Aussitôt que Louis XI avoit été informé de cette invasion imprévue, il avoit envoyé le maréchal de Loheac et le bâtard de Bourbon avec quelques troupes pour retarder la marche de l'ennemi. Lui-même se rendit bientôt après en Normandie avec des forces plus considérables, reprit les places qu'on lui avoit enlevées, et vint mettre le siége devant Alençon. Le comte du Perche, fils du duc d'Alençon, lui livra la ville, et trahit son père comme son père avoit trahi le Roi. Louis XI entra ensuite en Bretagne, et mit tout à feu et à sang sur son passage ; rien ne pouvoit arrêter ses troupes victorieuses. Lorsqu'il apprit que le duc de Bourgogne menaçoit les frontières du royaume, cette nouvelle le décida à traiter avec les ducs de Normandie et de Bretagne.

A peine le duc de Bretagne eut-il signé cette trève, qu'il négocia une alliance avec l'Angleterre contre la France.

ambassadeur, qui peu y arresta : et fit aucunes ouvertures, disant audit duc que ceux qui estoient en Bretagne pourroient bien accorder sans luy. Tousjours estoient les fins du Roy de les separer. Tost fut depesché ledit cardinal, et luy fut fait honneur et bonne chere, et s'en retourna avec ces paroles : Que ledit duc ne s'estoit point mis aux champs pour grever le Roy ny faire guerre, mais seulement pour secourir ses alliez; et n'y avoit que douces paroles d'un costé et d'autre.

Incontinent aprés le partement dudit cardinal, arriva devers ledit duc un heraut, appellé Bretagne; et luy apporta lettres des ducs de Normandie et de Bretagne, contenans comme ils avoient fait paix avec le Roy, et renoncé à toutes alliances, et nommément à la sienne; et que pour tous partages ledit duc de Normandie devoit avoir soixante mille livres de rente [1], et renoncer au partage de Normandie, qui n'agueres luy avoit esté baillé. De cecy n'estoit point trop content ledit monseigneur Charles de France, mais il estoit force qu'il dissimulast. Bien fort esbahy fut le duc de Bourgogne de ces nouvelles, veu qu'il ne s'estoit mis aux champs que pour secourir lesdits ducs, et fut en trés-grand danger ledit heraut : et cuida ledit duc, pour ce qu'il estoit passé par

---

[1] *Soixante mille livres de rente :* Le traité fut signé à Ancenis le 10 septembre 1468. Le duc de Calabre étoit chargé des pouvoirs du Roi. On rendoit au duc de Bretagne les places qu'on avoit conquises sur lui; on stipuloit des arrangemens pour l'apanage du duc de Berri, qui devoit ratifier le traité dans un délai de quinze jours. Le duc de Bretagne ne renonçoit pas nommément à l'alliance du duc de Bourgogne, mais il s'engageoit à servir le Roi envers et contre toutes gens qui voudroient grever sa personne ou son royaume.

le Roy, qu'il eust contrefait ses lettres : toutes fois il eut de semblables lettres par ailleurs. Il sembla bien lors au Roy qu'il estoit à la fin de son intention, et qu'aisément il gagneroit ledit duc à semblablement abandonner les ducs dessus nommez; et commencerent à aller messages secrets de l'un à l'autre (1) : et finalement donna le Roy audit duc de Bourgogne six vingts mille escus d'or, dont il en paya la moitié content avant se lever du camp, pour les despens qu'il avoit faites à mettre sus l'armée. Ledit duc envoya devers ledit seigneur un sien valet-de-chambre, appellé Jean Boscise (2), homme fort privé de luy. Le Roy y prit grand fiance, et eut vouloir de parler audit duc, esperant le gagner de tous poincts à sa volonté, veu les mauvais tours que les deux dessusdits luy avoient faits, et veu aussi cette grande somme d'argent qu'il luy avoit donnée : et en mandoit quelque chose audit duc par ledit Boscise, et envoya avec luy de rechef le cardinal Ballue et messire Tanneguy Du Chastel, gouverneur de Roussillon, monstrans par leurs paroles que le Roy avoit trés-grand desir que cette veuë se fist. Ils trouverent ledit duc à Peronne, lequel n'en avoit point trop d'envie (3),

---

(1) Les députés du Roi, des ducs de Berri, de Bourgogne et de Bretagne s'étoient réunis à Cambray, sans pouvoir tomber d'accord pour la paix. Il y eut seulement une prolongation de trève, dans laquelle les trois ducs se trouvoient compris.

(2) *Boscise* : Bostise, Bosuse, Losuse, ou Dabosule. Les manuscrits varient sur le nom.

(3) *Lequel n'en avoit point trop d'envie* : Cette entrevue, pour laquelle le duc montroit de la répugnance, causoit beaucoup d'inquiétude à la cour du Roi. La Loër, receveur général du Languedoc, qui devoit accompagner ce prince, écrivoit le 26 août, six semaines avant le

pour ce qu'encore les Liegeois faisoient signe de se vouloir encore rebeller, à cause de deux ambassadeurs que le Roy leur avoit envoyez (pour les solliciter de ce faire) avant cette tréve, qui estoit prise (1) pour peu de jours entre le Roy et le duc, et tous autres leurs alliez. A quoy respondit ledit Balluë, et autres de sa compagnie, que lesdits Liegeois ne l'oseroient faire (2), veu que ledit duc de Bourgogne les avoit destruits l'an passé, et abbatu leurs murailles : et quand ils verroient cet appointement, il leur en passeroit le vouloir, si aucun en avoient eu. Ainsi fut conclu que le Roy viendroit à Peronne (car tel estoit son plaisir), et luy escrivit ledit duc une lettre de sa main (3), portant seureté d'aller et retourner bien

départ de Louis XI : « Ceux qui sont autour du Roy mettent ladite
« allée en grande doubte, pour les dangers qui peuvent survenir en
« plusieurs manieres en la personne du Roy; et hier soir vint le vi-
« dame d'Amiens, qui amena un homme qui affirma sur sa vie que
« Bourgogne ne tend à ceste assemblée, sinon pour faire quelque
« échec en la personne du Roy. A cette cause demeurons icy aujour-
« d'huy; et à ceste heure sont entrés devers le Roy, estant encore au
« lit, messieurs le cardinal d'Alby, Tanneguy Du Châtel, et Doriole.
« Comment ils font, Dieu le sache ! Nous sommes bien logés icy, et
« pleust à Dieu que ce fût le bien du Roy, et qu'il ne passât point
« outre, car il est icy seurement, et chez soy. »
Louis XI partageoit lui-même les inquiétudes de ses serviteurs; il étoit en outre intimidé par une prédiction qui le menaçoit de mort ou de prison pour cette année. Plusieurs de ses conseillers le dissuadoient de se rendre à l'entrevue; Dammartin vouloit même qu'on attaquât le duc de Bourgogne. Les craintes de Louis XI furent dissipées par La Ballue, et une lettre du connétable acheva de le décider.

(1) Le reste de cette phrase manque au manuscrit de Saint-Germain-des-Prés.

(2) Le manuscrit de Saint-Germain-des-Prés met : *A quoy respondirent lesdits Liegeois auxdits ambassadeurs, qu'ils ne l'oseroient faire.*

(3) *Une lettre de sa main* : Voici la minute de cette lettre, telle

ample. Ainsi partirent lesdits ambassadeurs, et allerent devers le Roy, qui estoit à Noyon.

Ledit duc, cuidant donner ordre au fait de Liege, fit retirer l'evesque, pour lequel estoit tout ce debat audit païs; et se retira avec luy le seigneur d'Hymbercourt, lieutenant dudit duc audit pays, et plusieurs autres compagnies.

Vous avez entendu par quelle maniere avoit esté conclu que le Roy viendroit à Peronne. Ainsi le fit [1], et n'amena nulle garde; mais voulut venir de tous poincts à la garde et seureté dudit duc, et voulut que monseigneur des Cordes luy vint au devant avec les archers dudit duc (à qui il estoit pour lors) pour le conduire. Ainsi fut fait. Peu de gens vinrent avec luy : toutesfois il y vint de grands personnages, comme le duc de Bourbon [2], son frére le cardinal [3], le

qu'elle a été reconnue et vérifiée lors de la procédure qui fut commencée en 1478 contre la mémoire du duc de Bourgogne.

Lettre du duc de Bourgogne au roy Louis XI, servant de sauf-conduit.

« Monseigneur, trés-humblement en vostre bonne grâce je me recommande. Monseigneur, se vostre plaisir est venir en cette ville de Peronne pour nous entrevoir, je vous jure et promets, par ma foy et sur mon honneur, que vous y pouvez venir, demourer et séjourner, et vous en retourner seurement és lieux de Chauny et de Noyon, à vostre bon plaisir, toutes les fois qu'il vous plaira, franchement et quittement, sans ce qu'aucun empeschement de ce faire soit donné à vous, ny nuls de vos gens, par moy ne par autre, pour quelque cas qui soit ou puisse advenir. En tesmoin de ce, j'ay escrit et signé cette cedule de ma main en la ville de Peronne, le huictiesme jour d'octobre l'an 1468.

« Vostre trés-humble et trés-obéissant subjet,   CHARLES. »

[1] *Ainsi le fit :* Le Roi arriva à Peronne le dimanche 9 octobre 1468. — [2] Jean II, duc de Bourbon, depuis fait connétable en 1483, mort en 1488. — [3] *Le cardinal :* Charles, cardinal de Bourbon, archevêque de Lyon, mort en 1488.

comte de Sainct-Paul, connestable de France, qui en rien ne s'estoit meslé de cette veuë, mais luy en desplaisoit; car pour lors le cœur lui estoit creu, et ne se trouvoit pas humble envers ledit duc comme autrefois : et pour cette cause n'y avoit nul amour entre les deux. Aussi y vint le cardinal Ballue, le gouverneur de Roussillon, et plusieurs autres. Comme le Roy approcha de la ville de Peronne, ledit duc luy alla au devant bien fort accompagné, et le mena en la ville, et le logea chez le receveur (qui avoit belle maison, et prés du chasteau), car le logis du chasteau ne valoit rien, et y en avoit peu.

La guerre entre deux grands princes est bien aisée à commencer, mais trés-mal aisée à rappaiser, pour les choses qui y adviennent et qui en dépendent; car maintes diligences se font de chacun costé pour grever son ennemy, qui si soudainement ne se peuvent rappeller : comme il se vid par ces deux princes, qui avoient entrepris cette veüe si soudain sans advertir leurs gens qui estoient au loin, lesquels de tous les deux costez accomplissoient les charges que leurs maistres leur avoient baillées. Le duc de Bourgogne avoit mandé l'armée de Bourgogne, où pour ce temps-là avoit grand'noblesse; et avec eux venoient monseigneur de Bresse (1), l'evesque de Geneve (2), le comte de Romont (3), tous freres, enfans de la maison de Savoye (car Savoysiens et Bourguignons de tout temps s'entraimoient trés-fort); et aussi aucuns Alemans (qui confinent tant en Savoye qu'en la comté de Bourgogne) estoient en cette bande. Or

---

(1) *De Bresse* : Philippe de Savoie. — (2) *L'evesque de Geneve* : François de Savoie. — (3) *Le comte de Romont* : Jacques de Savoie.

faut entendre que le Roy avoit autresfois tenu ledit seigneur de Bresse en prison (1), à cause de deux chevaliers qu'il avoit fait tüer en Savoye : par quoy n'y avoit pas grand amour entre eux deux.

En cette compagnie estoit encore monseigneur Du Lau (que le Roy semblablement avoit long temps tenu prisonnier, aprés avoir esté trés-prochain de sa personne ; et puis s'estoit eschappé de la prison, et retiré en Bourgogne), et messire Poncet de Riviere, et le seigneur d'Urfé (2), depuis grand-escuyer de France. Et toute cette bande, dont j'ay parlé, arriva auprés de Peronne comme le Roy y entroit : et entra ledit de Bresse, et les trois dont j'ay parlé, en la ville de Peronne, portans la croix Sainct-André; et cuidoient venir à temps pour accompagner ledit duc de Bourgogne quand il iroit au devant du Roy : mais ils vinrent un peu trop tard. Ils entrerent tout droit en la chambre du duc, luy faire la reverence : et porta monseigneur de Bresse la parole, suppliant au duc que les trois dessus nommez vinssent là en sa seureté, nonobstant la venuë du Roy, ainsi comme il leur avoit esté accordé en Bourgogne, et promis à l'heure qu'ils y arriverent, et aussi qu'ils estoient prests à le servir envers tous et contre tous ; laquelle

---

(1) *En prison :* Le Roi n'avoit retenu ce prince en prison que du consentement du duc de Savoie son père.

(2) *Le seigneur d'Urfé :* Pierre d'Urfé, seigneur d'Urfé, bailli du comté de Foréts, chevalier de l'ordre du Roi, et grand écuyer de France en 1487 ; il étoit fils de Pierre, seigneur d'Urfé, bailli de Forêts, grand-maître des arbalétriers de France. Il fut employé par le roi Charles VIII dans les guerres contre l'empereur Maximilien 1, et mourut le 10 octobre 1508. C'est de ce Pierre d'Urfé que descend l'auteur du roman de l'Astrée.

requeste ledit duc leur octroya de bouche, et les remercia. Le demeurant de cette armée qu'avoit conduite le mareschal de Bourgogne se logea aux champs, comme il fut ordonné. Ledit mareschal ne vouloit point moins de mal au Roy que les autres dont j'ay parlé, à cause de la ville d'Espinal, assise en Lorraine, qu'il avoit autresfois donnée audit mareschal, et puis la luy osta pour la donner au duc Jean de Calabre, duquel assez de fois a esté parlé en ces presens Memoires (1). Tost fut le Roy adverty de l'arrivée de tous ces gens dessus nommez, et des habillemens en quoy estoient arrivez : si entra en grande peur, et envoya prier au duc de Bourgogne qu'il pût loger au chasteau, et que tous ceux-là qui estoient venus estoient ses malveillans. Ledit duc en fut trés-joyeux, et luy fit faire son logis, et l'asseura fort de n'avoir nul doute.

CHAPITRE VI.

Digression sur l'avantage que les bonnes lettres, et principalement les histoires, font aux princes et aux grands seigneurs.

C'est grand'folie à un prince de se soumettre à la puissance d'un autre, par especial quand ils sont en guerre, où ils ont esté en tous endroits (2) : et est grand

---

(1) *Voyez* livre 1, chap. 14.

(2) *Où ils ont esté en tous endroits :* Ces mots n'existent point dans un ancien manuscrit, ni dans celui de Saint-Germain.

avantage aux princes d'avoir veü des histoires en leur jeunesse, esquelles se voyent largement de telles assemblées, et de grandes fraudes, tromperies et parjuremens, qu'aucuns des anciens ont fait les uns vers les autres, et pris et tuez ceux qui en telles seuretés s'estoient fiez. Il n'est pas dit que tous en ayent usé ; mais l'exemple d'un est assez pour en faire sages plusieurs, et leur donner vouloir de se garder : et est, ce me semble (à ce que j'ay veu plusieurs fois par experience de ce monde, où j'ay esté autour des princes l'espace de dix-huit ans ou plus, ayant claire connoissance des plus grandes et secretes matieres qui se soient traittées en ce royaume de France et seigneuries voisines), l'un des grands moyens de rendre un homme sage, d'avoir leu les histoires anciennes, et apprendre à se conduire et garder, et entreprendre sagement par icelles, et par les exemples de nos predecesseurs ; car nostre vie est si brieve, qu'elle ne suffit à avoir de tant de choses experience. Joint aussi que nous sommes diminuez d'aage, et que la vie des hommes n'est si longue comme elle souloit, ny les corps si puissans ; semblablement que nous sommes affoiblis de toute foy et loyauté les uns envers les autres : et ne sçaurois dire par quel lien on se puisse asseurer les uns des autres, et par especial des grands princes, qui sont assez enclins à leur volonté, sans regarder autre raison ; et qui pis vault, sont le plus souvent environnez de gens qui n'ont l'œil à nulle autre chose qu'à complaire à leurs maistres, et à loüer toutes leurs œuvres, soit bonnes ou mauvaises : et si quelqu'un se trouve qui veuille mieux faire, tout se trouvera brouillé.

Encore ne me puis-je tenir de blasmer les seigneurs ignorans. Environ tous seigneurs, se trouvent volontiers quelques clers et gens de robbes longues (comme raison est), et y sont bien seans quand ils sont bons, et bien dangereux quand ils sont autres. A tous propos ont une loy au bec, ou une histoire : et la meilleure qui se puisse trouver se tourneroit bien à mauvais sens; mais les sages, et qui auroient lû, n'en seroient jamais abusez, ny ne seroient les gens si hardis de leur faire entendre mensonges. Et croyez que Dieu n'a point establyy l'office de roy ny d'autre prince pour estre exercé par les bestes, ny par ceux qui par vaine gloire dient : « Je ne suis pas clerc, je laisse « faire à mon conseil, je me fie en eux. » Et puis, sans assigner autre raison, s'en vont en leurs esbats. S'ils avoient esté bien nourris en la jeunesse, leurs raisons seroient autres, et auroient envie qu'on estimast leurs personnes et leurs vertus. Je ne veux point dire que tous les princes se servent de gens mal conditionnez ; mais bien la pluspart de ceux que j'ay connus n'en ont pas tousjours esté desgarnis. En temps de necessité ay-je bien veu que les aucuns sages se sont bien sceu servir des plus apparens, et les chercher sans y rien plaindre : et entre tous les princes dont j'ay eu la connoissance, le Roy nostre maistre l'a le mieux sceu faire, et plus honorer et estimer les gens de bien et de valeur. Il estoit assez lettré ; il aimoit à demander et entendre de toutes choses, et avoit le sens naturel parfaitement bon, lequel precede toutes autres sciences qu'on sçauroit apprendre en ce monde : et tous les livres qui sont faits ne serviroient de rien, si ce n'estoit pour ramener en memoire les choses passées, et qu'aussi plus on voit de choses en un seul livre en trois mois, que n'en sçauroient voir à l'œil et entendre par experience vingt hommes de rang, vivans l'un aprés l'autre. Ainsi, pour conclure cet article, me semble que Dieu ne peut envoyer plus grande playe en un pays que d'un prince peu entendu, car de là procedent tous autres maux. Premierement en vient division et guerre; car il met tousjours en main d'autruy son auctorité, qu'il devroit plus vouloir garder que nulle autre chose : et de cette division procede la famine et mortalité, et les autres maux qui dépendent de la guerre. Or regardez doncques si les subjets d'un prince ne se doivent point bien douloir quand ils voyent ses enfans mal nourris (1), et entre mains de gens mal conditionez!

CHAPITRE VII.

Comment et pourquoy le roy Louis fut arresté et enfermé dedans le chasteau de Peronne par le duc de Bourgogne.

OR vous avez ouy de l'arrivée de cette armée de Bourgogne, laquelle fut à Peronne presque aussi tost que le Roy, car ledit duc ne les eust sceu contraindre ny contremander à temps; car ja bien avant estoient en campagne quand la venuë du Roy se traitoit, et

---

(1) *Ses enfans mal nourris :* Quelques commentateurs ont cru que la fin de ce chapitre faisoit allusion à la manière dont Louis XI a fait élever le Dauphin, depuis Charles VIII.

troublerent assez la feste par les suspicions qui advinrent aprés. Toutesfois ces deux princes commirent de leurs gens à estre ensemble, et traiter de leurs affaires le plus amiablement que faire se pourroit : et comme ils estoient bien avant en besogne, et ja y avoient esté par trois ou quatre jours, survinrent de trés-grandes nouvelles et affaires de Liege, que je vous diray.

Le Roy, en venant à Peronne, ne s'estoit point advisé qu'il avoit envoyé deux ambassadeurs à Liege pour les solliciter contre ledit duc; et neantmoins lesdits ambassadeurs avoient si bien diligenté, qu'ils avoient ja fait un grand amas : et vinrent d'emblée les Liegeois prendre la ville de Tongres, où estoit l'évesque de Liege, et le seigneur d'Hymbercourt bien accompagné, jusques à deux mille hommes et plus; et prirent ledit évesque et ledit d'Hymbercourt, tuerent peu de gens, et n'en prirent nuls que ces deux, et aucuns particuliers de l'évesque. Les autres s'enfuyrent, laissans tout ce qu'ils avoient, comme gens desconfits. Aprés cela lesdits Liegeois se mirent en chemin vers la cité de Liege, assise assez prés de ladite ville de Tongres. En chemin, composa ledit seigneur d'Hymbercourt avec un chevalier appellé messire Guillaume de Ville (1), autrement dit en françois *le sauvage*. Cedit chevalier sauva ledit d'Hymbercourt, craignant que ce fol peuple ne le tuast, et retint sa foy, qu'il ne tarda gueres, car peu aprés il fut tué luy-mesme. Ce peuple estoit fort joyeux de la

---

(1) *Guillaume de Ville* : Il est nommé dans l'Histoire de Liége, de Suffridus Petrus, Jean de Vilde; il étoit prevôt de la ville de Liége, et seigneur de Hautpeene : *vildt* est un mot flamand qui en français signifie sauvage.

prise de leur évesque, le seigneur de Liege. Ils avoient en haine plusieurs chanoines qu'ils avoient pris ce jour, et à la premiere repuë en tuerent cinq ou six. Entre les autres en y avoit un, appellé maistre Robert [1], fort privé dudit évesque, que plusieurs fois j'avoys veu armé de toutes pieces aprés son maistre; car telle est l'usance des prelats d'Allemagne. Ils tuerent ledit maistre Robert, present ledit évesque, et en firent plusieurs pieces qu'ils se jettoient à la teste l'un de l'autre, par grande derision.

Avant qu'ils eussent fait sept ou huit lieuës qu'ils avoient à faire, ils tuerent jusques à seize personnes, chanoines, ou autres gens de bien, quasi tous serviteurs dudit évesque. Faisans ces œuvres, lascherent aucuns Bourguignons; car ja sentoient le traité de paix encommencé, et eussent esté contraints de dire que ce n'estoit que contre leur évesque, lequel ils menerent prisonnier en leur cité. Les fuyans dont j'ay parlé effroyoient fort tout le quartier par où ils passoient, et vinrent tost ces nouvelles au duc. Les uns disoient que tout estoit mort, les autres le contraire. De telles matieres ne vient point volontiers un messager seul; mais en vinrent aucuns qui avoient veu habiller ces chanoines, qui cuidoient que ledit évesque fust de ce nombre, et ledit seigneur d'Hymbercourt, et que tout le demeurant fut mort : et certifioient avoir veu les ambassadeurs du Roy en cette compagnie, et les nommoient. Et fut conté tout cecy audit duc, qui soudainement y adjousta foy, et entra en une grande colere, disant que le Roy estoit venu là pour le trom-

---

[1] *Maistre Robert :* Robert de Moriamez, archidiacre de l'église de Liége.

per : et soudainement envoya fermer les portes de la ville et du chasteau, et fit semer une assez mauvaise raison : c'estoit qu'on le faisoit pour une boëte qui estoit perduë, où il y avoit de bonnes bagues et de l'argent. Le Roy, qui se vid enfermé (1) en ce chasteau (qui est petit), et force archers à la porte, n'estoit point sans doute (2), et se voyoit logé rasibus d'une grosse tour, où un comte de Vermandois (3) fit mourir un sien predecesseur roy de France. Pour lors estoye encore avec ledit duc, et le servoye de chambellan, et couchoye en sa chambre quand je vouloys ; car tel estoit l'usance de cette maison.

Ledit duc, quand il vid les portes fermées, fit saillir les gens de sa chambre, et dit, à aucuns que nous estions, que le Roy estoit venu là pour le trahir, et qu'il avoit dissimulé ladite venuë de toute sa puissance, et qu'elle s'estoit faite contre son vouloir : et va conter ses nouvelles de Liege, et comme le Roy l'avoit fait conduire par ses ambassadeurs, et comme tous ses gens avoient esté tuez : et estoit terriblement esmeu contre le Roy, et le menaçoit fort : et croy veritablement que si à cette heure là il eut trouvé ceux à qui il s'addressoit prests à le conforter ou conseiller de faire au Roy une mauvaise compagnie, il eust esté ainsi fait, et pour le moins eust esté mis en cette

---

(1) *Le Roy, qui se vid enfermé :* Sur la prison de Louis xi, voyez Paul Emile, liv. 3. — (2) *Doute :* peur.

(3) *Comte de Vermandois :* C'étoit Herbert ou Hebert, qui arrêta par trahison le roi Charles-le-Simple dans la ville de Péronne, l'an 922 ; il l'y retint prisonnier pendant plus de quatre années, jusqu'à sa mort, arrivée en 926. On répétoit souvent à Louis xi, en lui montrant cette tour : « C'est ici qu'est mort un roi de France. »

grosse tour (1). Avec moy n'y avoit à ces paroles que deux valets-de-chambre, l'un appellé Charles de Visen, natif de Dijon, homme honneste, et qui avoit grand credit avec son maistre. Nous n'aigrismes rien, nous adoucismes à notre pouvoir. Tost après tint aucunes de ces paroles à plusieurs, et coururent par toute la ville, jusques en la chambre où estoit le Roy, lequel fut fort effrayé : et si estoit generalement chacun, voyant grande apparence de mal, et regardant quantes choses y a à considerer pour pacifier un differend, quand il est commencé entre si grands princes, et les erreurs qu'ils firent tous deux de n'advertir leurs serviteurs, qui estoient loin d'eux, empeschez pour leurs affaires, et ce qui soudainement en cuida advenir.

CHAPITRE VIII.

Digression sur ce que quand deux grands princes s'entrevoyent pour cuider appaiser differends, telle veuë est plus dommageable que profitable.

GRAND folie est à deux grands princes, qui sont comme esgaux en puissance, de s'entrevoir, sinon qu'ils fussent en grande jeunesse, qui est le temps

(1) *En cette grosse tour :* Quels que fussent les sujets de mécontentement du duc de Bourgogne, non-seulement il avoit violé sa foi et sa parole d'honneur, qu'il avoit donnée par écrit, mais il s'étoit rendu coupable du crime de lèse-majesté, en attentant à la personne et à la liberté du Roi son souverain. C'est ce qui donna lieu en partie à la procédure criminelle que l'on fit contre la mémoire de ce duc en 1478.

qu'ils n'ont autres pensées qu'à leurs plaisirs : mais depuis le temps que l'envie leur est venuë d'accroistre les uns sur les autres, encore qu'il n'y eut nul peril de personnes (ce qui est presque impossible), si accroist leur malveillance et leur envie. Parquoy vaudroit mieux qu'ils pacifiassent leurs differends par sages et bons serviteurs, comme j'ay dit ailleurs plus au long en ces Memoires ; mais encore en veux-je dire quelques experiences que j'ay veuës et sceuës de mon temps.

Peu d'années aprés que nostre Roy fut couronné, et avant le *bien public*, se fit une veuë du roy de France et du roy de Castille (1), qui sont les plus alliez princes qui soient en la chrestienté; car ils sont alliez de roy à roy, et de royaume à royaume, et d'homme à homme, et obligez, sur grandes maledictions, de les bien garder. A cette veuë vint le roy Henry de Castille, bien accompagné, jusques à Fontarabie ; et le Roy estoit à Saint-Jean-de-Luz, qui est à quatre lieues : chacun estoit aux confins de son royaume. Je n'y estoys pas; mais le Roy m'en a conté, et monseigneur Du Lau. Aussi m'en a esté dit en Castille par aucuns seigneurs qui y estoient avec le roy de Castille : et y estoit le grand-maistre de Sainct-Jacques et l'archevesque de Tolede, les plus grands de Castille pour lors. Aussi y estoit le comte de Lodesme, son mignon, en grand triomphe ; et toute sa garde, qui estoient quelques trois cens chevaux (2) de Maures

---

(1) L'entrevue de Louis XI et de Henri de Castille eut lieu en 1462. (*Voyez* l'Introduction.)

(2) Suivant un autre manuscrit, « estoient demeurez dedans Grenade, où il y avoit plusieurs negres. » Le manuscrit de Saint-Germain supprime le reste de la phrase.

de Grenade, dont il y en avoit plusieurs negrins. Vray est que le roy Henry valoit peu de sa personne, et donnoit tout son heritage, ou se le laissoit oster à qui le vouloit ou pouvoit prendre. Nostre Roy estoit aussi fort accompagné, comme avez veu qu'il en avoit bien coustume; et par especial sa garde estoit belle. A cette veuë se trouva la reyne d'Arragon, pour quelque differend qu'elle avoit avec le roy de Castille pour Estelle, et quelques autres places assises en Navarre. De ce differend fut le Roy juge.

Pour continuer ce propos (que la veuë des grands princes n'est point necessaire), ces deux icy n'avoient jamais eu differend, ny rien à departir; et se virent une fois ou deux seulement sur le bord de la riviere qui depart les deux royaumes, à l'endroit d'un petit chasteau appellé Heurtebise, et passa le roy de Castille du costé de deça [1]. Ils n'arresterent guerre [2], sinon autant qu'il plaisoit à ce grand-maistre de Sainct Jacques et à cet archevesque de Tolede. Parquoy le Roy chercha leur accointance, et vinrent devers luy à Sainct-Jehan-de-Luz: et prit grande intelligence et amitié avec eux, et peu estima leur Roy. La pluspart des gens des deux roys estoient logez à Bayonne, qui d'entrée se battirent trés-bien, quelque alliance qu'il y eust : aussi sont-ce langues differentes. Le comte de Lodesme passa la riviere en un batteau dont la voile

---

[1] *Du costé de deça :* Le roi de Castille céda la prérogative d'honneur au roi Louis XI; l'entrevue devant avoir lieu aux frontières des deux royaumes, il le vint trouver sur les terres de France.

[2] *Ils n'arresterent guerre :* Suivant d'autres manuscrits, « Ils ne se « gousterent pas fort; mais par especial connut nostre Roy que le roy « de Castille ne pouvoit gueres, sinon, etc. »

estoit de drap d'or, et avoit des brodequins fort chargez de pierreries (1); et vint vers le Roy. Toutesfois il n'estoit pas vray comte, mais avoit largement biens; et depuis je l'ay veu duc d'Albourg, et tenir grande terre en Castille. Aussi se dressoient moqueries entre ces deux nations si alliées. Le roy de Castille estoit laid, et ses habillemens déplaisans aux François, qui s'en moquerent. Nostre Roy s'habilloit fort court, et si mal que pis ne pouvoit : et assez mauvais drap portoit aucunesfois, et un mauvais chapeau different des autres, et une image de plomb dessus. Les Castillans s'en moquoient, et disoient que c'estoit par chicheté : en effet ainsi se départit cette assemblée, pleine de moquerie et de pique. Oncques-puis ces deux roys ne s'entraymerent, et se dressa de grands brouillis entre les serviteurs du roy de Castille, qui ont duré jusques à sa mort et long-temps aprés : et l'ay veu le plus pauvre roy, abandonné de ses serviteurs, que je vis jamais. La reyne d'Arragon se doulut de la sentence que le Roy donna au profit du roy de Castille. Elle en eut le Roy en grande hayne, et le roy d'Arragon aussi, combien qu'un peu s'ayderent de luy contre ceux de Barcelonne en leur necessité : toutesfois peu dura cette amitié, et y eut dure guerre entre le Roy et le roy d'Arragon plus de seize ans, et encore dure ce differend.

Il faut parler d'autres. Le duc de Bourgogne Charles s'est depuis veu, à sa grande requeste, avec l'empereur Federic (2), qui encore est vivant; et y fit mer-

---

(1) *Des brodequins fort chargez de pierreries* : Suivant un autre manuscrit, « un bonnet garny de pierreries. »

(2) *L'empereur Federic* : Frédéric III est mort en 1493; ainsi Phi-

veilleuse despence, pour monstrer son triomphe. Ils traitterent de plusieurs choses à Treves, où cette veuë se fit, et entr'autres choses du mariage de leurs enfans qui depuis est advenu. Comme ils eurent esté plusieurs jours ensemble, l'Empereur s'en alla sans dire adieu, à la grand'honte et folie dudit duc : oncques-puis ne s'entraymerent, ny eux, ny leurs gens. Les Allemands mesprisoient la pompe et parole dudit duc, l'attribuant à orgueil. Les Bourguignons meprisoient la petite compagnie de l'Empereur, et les pauvres habillemens. Tant se demena la question, que la guerre qui fut à Nuz (1) en advint.

Je vis aussi ledit duc de Bourgogne se voir à Sainct-Paul en Artois avec le roy Edoüard d'Angleterre (2), dont il avoit espousé la sœur, et estoient freres d'ordre : ils furent deux jours ensemble. Les serviteurs du Roy estoient fort bandez; les deux parties se plaignoient audit duc. Il presta l'oreille aux uns plus qu'aux autres, dont leur hayne s'accreut. Toutesfois il ayda audit Roy à recouvrer son royaume, et luy bailla gens, argent et navires; car il en estoit chassé par le comte de Warvich. Et nonobstant ce service (dont il recouvra ledit royaume), jamais depuis ils ne s'entr'aymerent, ny ne dirent bien l'un de l'autre.

lippe de Comines écrivoit ces Mémoires avant cette année. C'est ce même empereur qui ne put donner des habits de noces à son fils Maximilien, lorsqu'il épousa Marie de Bourgogne.

(1) *Nuz* : ou Nuys, petite ville sur l'Erpp, vers la rive occidentale du Rhin, dans l'archevêché de Cologne, peu éloignée de Dusseldorf. Cette guerre se trouvera détaillée ci-après.

(2) L'entrevue d'Edouard, roi d'Angleterre, et du duc de Bourgogne, eut lieu en janvier 1470.

Je vis venir vers ledit duc le comte palatin du Rhin (1) pour le voir. Il fut plusieurs jours à Bruxelles, fort festoyé, recueilly, honoré, et logé en chambres richement tenduës. Les gens dudit duc disoient que ces Allemands estoient ords, et qu'ils jettoient leurs housseaux sur ses licts si richement parez, et qu'ils n'estoient point honnestes comme nous, et l'estimerent moins qu'avant le connoistre : et les Allemands, comme envieux, parloient et médisoient de cette grande pompe. En effet oncques-puis ne s'aymerent, ny ne firent service l'un à l'autre.

Je vis aussi venir vers ledit duc le duc Sigismond d'Autriche (2), qui luy vendit la comté de Ferrette, assise prés la comté de Bourgogne, cent mille florins d'or, pour ce qu'il ne la pouvoit deffendre des Suisses. Ces deux seigneurs ne plurent gueres l'un à l'autre : et depuis se pacifia ce duc de Sigismond avec les Suisses, et osta audit duc ladite comté de Ferrette, et retint son argent; et en advindrent des maux infinis audit duc de Bourgogne. En ce temps propre y vint le comte de Warvich, qui oncques-puis semblablement ne fut ami du duc de Bourgogne, ny ledit duc le sien.

Je me trouvay present à l'assemblée qui se fit au lieu de Pecquiny (3) prés la ville d'Amiens, entre nostre Roy et le roy Edoüard d'Angleterre, et en parleray plus au long où il servira. Il se tint bien peu de choses entr'eux qui y furent promises : ils besongnerent en dissimulation. Vray est qu'ils n'eurent plus de guerre (aussi la mer estoit entre eux deux), mais

---

(1) Le comte palatin arriva à Bruxelles le 10 février 1466. Ce comte se nommoit Philippe; il mourut en 1508.

(2) En 1469. — (3) *Voyez* ci-après, livre 4, chap. 10.

parfaite amitié n'y eut-il jamais. Et pour conclusion, me semble que les grands princes ne se doivent jamais voir, s'ils veulent demeurer amis, comme je l'ay dit : et voicy les occasions qui font les troubles. Les serviteurs ne se peuvent tenir de parler de choses passées : les uns ou les autres le prennent en dépit; il ne peut estre que les gens ou le train de l'un ne soit mieux accoustré que celui de l'autre : dont s'engendrent des moqueries (1), qui sont choses qui deplaisent merveilleusement à ceux qui sont moquez. Et quand ce sont deux nations differentes, leurs langages et habillemens sont differens; et ce qui plaist à l'un ne plaist pas à l'autre. Des deux princes, il advient souvent que l'un a le personnage plus honneste et plus agreable aux gens que l'autre, dont il a gloire, et prend plaisir qu'on le louë; et ne se fait point cela sans blasmer l'autre. Les premiers jours qu'ils se sont departis, tous ces bons contes se disent en l'oreille, et bas : et aprés, par accoustumance, inadvertence et continuation, s'en parle en disnant, en souppant, et puis est rapporté des deux costez. Car peu de choses y a secrettes en ce monde, par especial de celles qui sont dites. Icy sont parties de mes raisons que j'ay veuës et sceuës touchant ce propos de dessus.

(1) *Des moqueries :* Comme à Venise, quand le roi de France Henri III y fit son entrée. Les Ferrarois se moquèrent de l'appareil des Vénitiens; et l'on faillit en venir aux mains.

CHAPITRE IX.

Comment le Roy renonça à l'alliance des Liegeois, pour sortir hors du chasteau de Peronne.

J'AY beaucoup mis, avant que retourner à mon propos de l'arrest, en quoy estimoit le Roy estre à Peronne, dont j'ay parlé cy-devant : et en suis sailly pour dire mon advis aux princes de telles assemblées. Ces portes ainsi fermées, et gardées par ceux qui y estoient commis, furent ainsi deux ou trois jours : et cependant ledit duc de Bourgogne ne vit point le Roy, ny n'entroit des gens du Roy au chasteau que peu, et par le guichet de la porte. Nuls des gens dudit seigneur ne furent ostez d'auprés de luy; mais peu ou nuls de ceux du duc alloient parler à luy ny en sa chambre, au moins de ceux qui avoient aucune authorité avec luy (1). Le premier jour, ce fut tout effroy et murmure par la ville. Le second jour, ledit duc fut un peu refroidy : il tint conseil la pluspart du jour, et partie de la nuict. Le Roy faisoit parler à tous ceux qu'il pouvoit penser qui luy pourroient ayder, et ne failloit pas à promettre, et ordonna distribuer quinze mille escus d'or : mais celuy qui en eut la charge en retint une partie, et s'en acquita mal, comme le Roy sceut depuis. Le Roy craignoit fort ceux qui autres-

---

(1) *Qui avoient aucune authorité avec luy* : Suivant un autre manuscrit, « qui n'avoient nulle authorité. »

fois l'avoient servy, lesquels estoient venus avec cette armée de Bourgogne dont j'ay parlé (1), qui ja se disoient au duc de Normandie son frere. A ce conseil dont j'ay parlé, y eut plusieurs opinions : la pluspart disoient que la seureté qu'avoit le Roy luy fust gardée, veu qu'il accordoit assez la paix en la forme qu'elle avoit esté couchée par escript. Autres vouloient sa prise rondement (2), sans ceremonie. Aucuns autres disoient qu'à diligence on fist venir monseigneur de Normandie son frere, et qu'on fist une paix bien avantageuse pour tous les princes de France. Et sembloit bien à ceux qui faisoient cette ouverture que si elle s'accordoit, le Roy seroit restrainct, et qu'on luy bailleroit gardes ; et qu'un si grand seigneur pris ne se delivre jamais, ou à peine, quand on luy a fait (3) si grande offence. Et furent les choses si prés, que je vis un homme housé et prest à partir, qui ja avoit plusieurs lettres addressantes à monseigneur de Normandie estant en Bretagne, et n'attendoit que les lettres du duc : toutesfois cecy fut rompu. Le Roy fit faire des ouvertures, et offrir de bailler en ostage le duc de Bourbon et le cardinal son frere, le connestable, et plusieurs autres, et qu'aprés la paix concluë il pust retourner jusques à Compiegne ; et qu'incontinent il feroit que les Liegeois repareroient tout, ou se declareroient contr'eux. Ceux que le Roy nommoit pour estre ostages s'offroient fort, au moins en public. Je ne sçay s'ils disoient ainsi à part ; je me doute que non. Et, à la verité, je

---

(1) *Dont j'ay parlé* : livre 2, chap. 5. — (2) Ou *rudement*.

(3) *Quand on luy a fait* : Godefroy pense qu'il faudroit lire : *quand il a fait*.

croy qu'il les y eust laissez; et qu'il ne fust pas revenu (1).

Ceste nuict, qui fut la tierce, ledit duc ne se dépouïlla oncques : seulement se coucha par deux ou trois fois sur son lit, et puis se pourmenoit; car telle estoit sa façon quand il estoit troublé. Je couchay cette nuict en sa chambre, et me pourmenay avec luy par plusieurs fois. Sur le matin se trouva en plus grande colere que jamais, en usant de menaces, et prest à executer grand'chose : toutesfois il se reduisit en sorte que si le Roy juroit la paix, et vouloit aller avec luy à Liege pour luy aider à venger monseigneur de Liege (2) qui estoit son proche parent, il se contenteroit : et soudainement partit pour aller en la chambre du Roy, et lui porter ces paroles. Le Roy eut quelque ami (3) qui l'en advertit, l'asseurant de n'avoir nul mal s'il accordoit ces deux poincts; mais que, en faisant le contraire, il se mettoit en si grand peril, que nul plus grand ne luy pourroit advenir.

Comme le duc arriva en sa presence, la voix luy trembloit, tant il estoit esmû, et prest de se courrou-

---

(1) *Qu'il les y eust laissez, et qu'il ne fust pas revenu* : Il y a dans l'ancien imprimé : *qui les y eust laissez, ils ne fussent pas revenus.* Mais nous avons suivi les meilleurs manuscrits.

(2) *Monseigneur de Liege* : Il étoit frère du duc de Bourbon, et se nommoit Louis, comme on l'a déjà vu.

(3) *Quelque ami* : Cet ami paroît être Philippe de Comines lui-même, qui n'a pas voulu se nommer. Il savoit les desseins du duc, ayant passé la nuit avec lui. Cette conjecture se trouve confirmée par ce qui est dit ci-dessus, chap. 7, où l'on voit que Comines n'aigrit pas le duc de Bourgogne contre Louis xi; par les propres paroles de l'auteur, ci-après, p. 488; et enfin par les lettres patentes de Louis xi, qui déclarent qu'il a eu obligation de sa liberté à Philippe de Comines. (*Voyez* la Notice sur Comines.)

cer. Il fit humble contenance de corps, mais sa geste et parole estoit aspre, demandant au Roy s'il vouloit tenir le traité de paix qui avoit esté escript et accordé, et si ainsi le vouloit jurer : et le Roy luy respondit que ouy. A la verité il n'y avoit rien esté renouvellé de ce qui avoit esté fait devant Paris touchant le duc de Bourgogne, ou peu du moins : et touchant le duc de Normandie, luy estoit amandé beaucoup, car il estoit dit qu'il renonceroit à la duché de Normandie, et auroit Champagne et Brie, et autres pieces voisines, pour son partage. Aprés luy demanda ledit duc s'il ne vouloit point venir avec luy à Liege, pour aider à revancher la trahison que les Liegeois luy avoient faite à cause de luy et de sa venue : et aussi il luy dit la prochaineté du lignage qui estoit entre le Roy et l'évesque de Liege, car il estoit de la maison de Bourbon. A ces paroles le Roy respondit que ouy, mais que la paix fust jurée (ce qu'il desiroit); qu'il estoit content d'aller avec luy à Liege, et d'y mener des gens en si petit ou si grand nombre que bon luy sembleroit. Ces paroles éjoüirent fort ledit duc, et incontinent fut apporté ledit traitté de paix [1], et fut tirée des coffres du Roy la vraye croix que sainct

---

[1] *Traitté de paix :* Le traité de Peronne fut signé le 14 octobre 1468, et confirmé devant Liége. Philippe de Comines parlant de la promesse faite par le roi Louis XI au duc de Bourgogne, de tenir le traité de paix accordé entre eux, n'entre pas dans le détail des divers actes qui furent signés à Peronne. Cela a donné occasion à Varillas de censurer cet auteur, et d'avancer qu'il l'a convaincu de fausseté par des pièces authentiques du trésor des chartes et du recueil de Loménie, dans lesquels il prétend qu'il y a vingt-deux traités faits à Peronne, dont il donne le détail. Ce seroit une découverte importante pour l'histoire que celle de vingt-deux traités, quand le public n'en

Charlemagne portoit, qui s'appelle la *croix de victoire*; et jurerent la paix, et tantost furent sonnées les cloches par la ville, et tout le monde fut fort éjoüy. Autresfois a plû au Roy me faire cet honneur de dire que j'avoys bien servy à cette pacification. Incontinent escrivit ledit duc en Bretagne ces nouvelles, et envoya le double du traitté par lequel ne se déjoignoit ny se délioit d'eux : et si avoit ledit monseigneur Charles partage bon, veu le traitté qu'ils avoient fait peu avant en Bretagne, par lequel ne luy demeuroit qu'une pension, comme avez ouy dire.

connoît qu'un seul; mais ces prétendus traités ne sont que les différens actes faits pour l'exécution du traité de Peronne.

Les démêlés de Louis XI et du duc de Bourgogne avoient été examinés par des commissaires dans des conférences tenues à Ham en Vermandois, depuis le 21 jusqu'au 29 septembre 1468. Les commissaires du duc avoient donné dans ces conférences des articles, sur lesquels les commissaires du Roi avoient fourni leurs réponses. Le Roi, prisonnier à Peronne, ne pouvoit rien refuser au duc : celui-ci ne se contenta pas de la promesse faite par Louis XI de le laisser jouir de plusieurs droits qu'il lui avoit cédés; il voulut encore avoir des lettres pour s'en mettre en possession. Le Roi s'engagea à donner ces lettres; et le temps n'étant pas suffisant pour les expédier, on convint de les dater du jour de l'acceptation du traité, qui fut passé le 14 octobre 1468. Toutes ces circonstances se trouvent expliquées dans le préambule du traité de Peronne : les articles proposés à la conférence de Ham y sont insérés au long; les lettres patentes données en conséquence, et que Varillas considère comme autant de traités, ne sont que de simples commissions pour mettre à exécution quelques-uns de ces articles.

Philippe de Comines n'avoit pas besoin de rapporter toutes ces particularités; il suffit qu'il n'ait rien écrit sur ce sujet de contraire à la vérité. (*Extrait des Observations de Godefroy sur Varillas.*)

CHAPITRE X.

Comment le Roy accompagna le duc de Bourgogne, faisant la guerre aux Liegeois, paravant ses alliez.

APRÉS que cette paix fut ainsi concluë (1), le lendemain partirent le Roy et le duc, et tirerent vers Cambray, et dé là au pays de Liege : c'estoit à l'en-

---

(1) *Aprés que cette paix fut ainsi concluë :* Nous croyons devoir donner ici deux lettres écrites par Louis XI à Dammartin pendant son séjour à Peronne, et au moment où il venoit de quitter cette ville pour suivre le duc de Bourgogne contre les Liégeois. On y verra quelles sont les inquiétudes du monarque, malgré les soins qu'il prend pour les dissimuler.

« Monsieur le grand-maistre, vous pouvez avoir sçeu que, depuis
« aucuns temps en ça, certaines parolles ont esté tenues entre mes gens
« et ceux du conseil de mon beau-frere de Bourgogne, pour affaires
« qui estoient entre moy et luy; et tellement a esté procedé, que pour
« y prendre aucune bonne conclusion je suis venu jusques en cette
« ville de Peronne, au quel lieu, après plusieurs demandes qui ont
« esté faites entre moy et luy, avons tellement besogné, qu'aujourd'huy,
« graces à Nostre Seigneur, moi et mondit frere avons, és mains du car-
« dinal d'Angers, presens tous les seigneurs du sang, prelats, et autres
« grands et notables personnages, en grand nombre, tant de ma com-
« pagnie comme de la sienne, juré paix finable solemnellement sur
« la vraye croix, et promis ayder, deffendre et secourir l'un l'autre
« à jamais; et avec ce avons juré, és mains et sur la croix susdite, le
« traité d'Arras, sur les censures et contraintes en icelluy contenues,
« et autres qui cordiallement ont esté advisées, pour perdurablement
« demeurer confederez en paix et en amitié. Incontinent ce fait, mon-
« dit frere de Bourgogne a ordonné en rendre graces et louanges à
« Dieu par les églises de son pays; et desja il fait faire en cette ville

trée d'hyver, et le temps estoit trés-mauvais. Le Roy avoit avec luy les Escossois de sa garde, et gens-d'armes peu; mais il fit venir jusqu'à trois cens hommes-

« grande solemnité. Et pource que mondit frere de Bourgogne a eu
« nouvelles que les Liegeois ont pris mon cousin du Liege, lequel il
« est deliberé de recouvrer par toutes manieres à luy possibles, il
« m'a supplié et requis qu'en faveur de luy, et aussi que ledit evesque
« est mon prochain parent, lequel je suis en son bon droit tenu de se-
« courir, que mon plaisir fust aller jusques és marches du Liege, qui
« sont proches d'ici. Ce que je luy ay octroyé, et ay mené en ma
« compagnie partie des gens de mon ordonnance, dont monsieur le
« connestable a la charge, en esperance de brief retourner, moyen-
« nant l'aide de Dieu; et pource que ces choses sont au bien de moy
« et de tous mes sujets, je vous escris presentement, pource que je
« suis certain que de ce serez bien joyeux, et afin qu'en fassiez faire
« pareilles solemnitez. D'autre part, monsieur le grand-maistre, ainsi
« que dernierement vous ay escrit, je vous prie que plus diligemment
« que pourrez vous faites departir tout mon arriere-ban, ensemble
« tous les francs archers, et que y mettiez tel ordre et provision
« qu'ils s'en puissent aller au moins de charge et foule du peuple que
« faire se pourra; et leur bailiez gens de bien pour la conduite d'eux,
« par chacun bailliage et senechaussée; et sur-tout gardez bien qu'ils
« ne fassent nulles nouvelletez. Et ce fait, si vous voulez venir à
« Rouen, je le voudrois bien, afin d'ordonner et pourvoir au surplus
« de ce qui sera à faire, selon que les matieres seront disposées.

« Donné à Péronne le 9 octobre. *Signé* LOYS; et au-dessous, NEU-
« RAIN. *Et en la suscription* : A nostre cher et amé cousin le comte de
« Dammartin, grand-maistre de France. »

Dammartin, qui savoit que le Roi n'étoit pas libre, ne crut pas devoir exécuter des ordres dictés par les ennemis de l'Etat.

Après avoir signé le traité de Peronne, Louis XI écrivit de nouveau à Dammartin :

« Monsieur le grand-maistre, j'ai receu les lettres que, par le sire
« Du Bouchage (Imbert de Batarnay, l'un des principaux favoris du
« Roi), m'avez escrites : tenez-vous seur que je ne vay en ce voyage
« du Liege par contrainte nulle, et que je n'allay onques de si bon
« cœur en voyage comme je fais en cettuy-cy : et puisque Dieu m'a
« fait grace, et Nostre-Dame, que je me suis armé avec monsieur de

d'armes. L'armée dudit duc estoit en deux parties: l'une menoit le mareschal de Bourgogne (dont vous avez ouy parler cy-dessus), et y estoient tous les Bour-

« Bourgogne, tenez-vous seur que jamais nos broüilleures de par delà
« ne le sçauroient faire armer contre moi. Monsieur le grand-maistre,
« mon ami, vous m'avez bien monstré que m'aimez, et m'avez fait
« le plus grand service que pourriez faire; car les gens de monsieur
« de Bourgogne eussent cuidé que je les eusse voulu tromper, et ceux
« de par delà eussent cuidé que j'eusse esté prisonnier : ainsi, par dé-
« fiance les uns des autres, j'estois perdu. Monsieur le grand-maistre,
« touchant les logis de vos gens-d'armes, vous sçavez que nous devi-
« sâmes vous et moy touchant le fait d'Armagnac, et me semble que
« vous deviez envoyer vos gens tirer tout droit en ce pays-là; je vous
« bailleray trois, ou quatre, ou cinq capitaines, dés que je seray hors
« d'icy; et pour ce choisissez lesquels que vous voudrez, et je vous
« les envoyerai. Monsieur le grand-maistre, je vous prie, venez-
« vous-en à Laon, et m'attendez là, et m'envoyez un homme incon-
« tinent que vous y serez, et je vous feray sçavoir souvent de nos nou-
« velles; et tenez-vous seur que si le Liege estoit mis en subjection,
« que dés le lendemain je m'en irois; car monsieur de Bourgogne est
« deliberé me presser de m'en partir incontinent qu'il aura fait au
« Liege, et desire plus mon retour de par delà que je ne fais. Fran-
« çois Du Mas vous dira la bonne chere que nous faisons; et adieu,
« monsieur le grand-maistre.

« Escrit à Namur le 22 d'octobre. *Signé* Loys; et au-dessous : JOUSTIN.
« *Et à la suscription* : A nostre tres-cher et amé cousin le comte de
« Dammartin, grand-maistre de France. »

Le duc de Bourgogne, craignant quelque supercherie, avoit fait accompagner le messager chargé de porter cette lettre par un de ses officiers, nommé Nicolas Boisseau. Dammartin répondit à cet officier « qu'il s'ébahissoit comment une mauvaiseté si fiere avoit occupé
« le duc de Bourgogne de trahir le Roy, auquel il estoit tant tenu que
« plus ne pouvoit; qu'il devoit estre seur que si le Roy ne retournoit
« bientost, tout le royaume le viendroit querir, et qu'on joueroit au
« pays du duc un tel et semblable jeu qu'il vouloit jouer au pays de
« Liége; que Monsieur, frere du Roy, n'estoit pas mort, ni la France
« aussi depourvue de gens de bien qu'il pouvoit se l'imaginer. » La fermeté de Dammartin sauva Louis XI, et peut-être le royaume.

A ces deux lettres de Louis XI nous en ajouterons une de Reilhac,

guignons, et ces seigneurs de Savoye dont vous avez ouy parler; et avec eux grand nombre de gens du pays de Hainault, de Luxembourg, de Namur et de Limbourg. L'autre partie estoit avec ledit duc. Et approchans de la cité de Liege, se tint ung conseil, present le duc, où aucuns adviserent qu'il seroit bon de renvoyer une partie de l'armée, veu que cette cité avoit les portes et murailles rasées dés l'an precedent, et que de nul costé n'avoient esperance de secours; et aussi que le Roy estoit là en personne contr'eux, lequel ouvroit aucuns partis pour eux, presque tels qu'on les demandoit.

Cette opinion ne plût pas au duc, dont bien luy

l'un des secrétaires de ce monarque, et qui l'avoit accompagné à Peronne.

Lettre de M. de Reilhac sur le traité de Peronne, et le départ pour Liége.

« Monsieur le controlleur, je vous certifie que j'ay à ce matin esté
« present lorsque monsieur de Bourgogne et le Roy, sur la croix de
« saint Charlemagne, tous deux, ont juré la paix en très-bonne et hon-
« neste façon, et en bon vouloir, comme il me semble.

« Le Roy s'en va demain avec monsieur de Bourgogne en Liege, et
« y va de tres-bon cœur; et incontinent qu'il y aura apparence que
« monsieur de Liege soit lâché, qui est prisonnier, le Roy s'en re-
« tournera; et, par ce que je puis entendre, n'y a nul doute en sa
« personne.

« Demain à Bapaumes, et delà en Liege. Au regard de vous, sur
« mon ame, je ne vous conseille y venir; je vous feray sçavoir des
« nouvelles plus à plein; et sur ce vous dis adieu.

« Escrit à Peronne ce vendredy treiziesme jour d'octobre. Vostre
« serviteur, REILHAC.

« Pour Dieu, envoyez-nous maistre André Briçonnet, puisque la
« paix est criée; il peut bien venir. Je suis arrivé à l'heure que j'eusse
« voulu avoir esté perdu en Jerusalem; mais, Dieu mercy, le maistre
« et les serviteurs sont en seureté.

« L'hommage se fera sur chemin, si ainsi a esté promis et juré. »

prit, car jamais homme ne fut si prés de perdre le tout. Et la suspicion qu'il avoit du Roy luy fit choisir ce sage party; et estoit trés-mal avisé à ceux qui en parloient de penser estre trop forts. C'estoit une grande espece d'orgueil ou de folie. Et maintesfois j'ay ouy de telles opinions, et le font aucunesfois les capitaines pour estre estimés de hardiesse, ou pour n'avoir assez de connoissance de ce qu'ils ont à faire : mais quand les princes sont sages, ils ne s'y arrestent point. Cet article entendoit bien le Roy nostre maistre (à qui Dieu fasse pardon), car il estoit tardif et craintif à entreprendre : mais à ce qu'il entreprenoit il y pourvoyoit si bien qu'à grand'peine eust-il sceu faillir à estre le plus fort, et que la maistrise ne luy en fût demeurée.

Ainsi fust ordonné que ledit mareschal de Bourgogne et tous ceux dont j'ay parlé, qui estoient en sa compagnie, iroient loger en ladite cité, et si on la leur refusoit ils y entreroient par force s'ils pouvoient; car ja y avoit gens de la cité allans et venans pour appointer; et vinrent les dessusdits à Namur, et le lendemain le Roy et le duc y arriverent, et les autres en partirent. Approchans de la cité, ce fol peuple saillit au devant d'eux, et aisément fut déconfit, au moins un bon nombre : le demeurant se retira, et eschappa leur evesque, lequel vint devers nous. Il y avoit un legat du Pape [1] envoyé pour pacifier et connoistre du differend de l'evesque et du

---

[1] *Legat du Pape :* Ce légat se nommoit Onuphrius; il étoit évêque de Tricaria au royaume de Naples, et nonce à Cologne; il favorisoit la rebellion des Liegeois contre leur évêque. (*Voyez* Paul Emile sur cette année 1468.)

peuple, car tousjours estoit en sentence d'excommuniment, pour les offences et raisons devant dites. Cedit legat, excedant sa puissance, et sur esperance de soy faire évesque de la cité, favorisoit ce peuple, et leur commanda de prendre les armes et se deffendre, et d'autres folies assez. Ledit legat, voyant le peril où estoit cette cité, saillit pour fuyr. Il fut pris, et tous ses gens, qui estoient quelque vingt-cinq, bien montez. Si tost que le duc le sceust, il fit dire à ceux qui l'avoient qu'ils le transportassent sans luy en rien dire, et qu'ils en fissent leur profit comme d'un marchand; car si publiquement il venoit à sa connoissance, il ne le pourroit retenir, mais le feroit rendre pour l'honneur du siege apostolique. Ils ne le sceurent faire, mais en eurent debat; et publiquement, à l'heure du disner, luy en vinrent parler ceux qui y disoient avoir part : et incontinent l'envoya mettre en sa main, et leur osta, et luy fit rendre toutes choses, et l'honora.

Ce grand nombre de gens qui estoient en cette avant-garde, conduits par le mareschal de Bourgogne et le seigneur d'Hymbercourt, tirerent droit en la cité, estimans y entrer; et, meus de grande avarice, aimoient mieux la piller qu'accepter appointement qui leur fut offert : et leur sembloit n'estre jamais besoin d'attendre le Roy et le duc de Bourgogne, qui estoient sept ou huit lieuës derriere eux : et s'avancerent tant, qu'ils arriverent dedans un fauxbourg à l'entrée de la nuict, et entrerent à l'endroit de la porte, qu'ils avoient quelque peu reparée. En quelque parlement ils ne s'accorderent point. La nuict bien obscure les surprit. Ils n'avoient point fait de logis, et aussi n'y avoit point de lieu suffisant, et estoient en grand desordre. Les uns se pourmenoient, les autres appelloient leurs maistres ou leurs compagnons, et les noms de leurs capitaines. Messire Jean de Vilde et autres de ces capitaines de ces Liegeois, voyans cette folie et ce mauvais ordre, prirent cœur: et leur servit bien leur inconvenient, c'est à sçavoir la ruine de leurs murailles; car ils sailloient par où ils vouloient, et saillirent par les breches de leurs murailles, et vinrent de front aux premiers : mais par des vignes et petites montagnes coururent sus aux pages et valets, qui estoient au bout du fauxbourg par où ils estoient entrez, où ils pourmenoient grand nombre de chevaux, et en tuerent trés-largement; et grand nombre de gens se mirent en fuite (car la nuict n'a point de honte), et tant exploiterent qu'ils tuerent plus de huict cens hommes, dont il y en eut cent hommes-d'armes.

Les hommes de bien et vertueux de cette avantgarde se tinrent ensemble, et estoient presque tous hommes-d'armes, et gens de bonne maison; et tirerent avec leurs enseignes droit à la porte, de peur qu'ils ne saillissent par là. Les bouës y estoient grandes, pour la continuelle pluye qu'il faisoit, et y estoient les hommes-d'armes jusques par dessus les chevilles des pieds, et tous à pied. Un coup tout le demeurant du peuple cuida saillir par la porte, avec grands fallots et grandes clartez. Les nostres, qui en estoient fort prés, avoient quatre pieces de bonne artillerie, et tirerent deux ou trois bons coups du long de la grande ruë, et tuerent beaucoup de gens. Cela les fit retirer de ce fauxbourg, et fermer leurs portes.

Toutesfois, durant le debat du long de ce fauxbourg, gaignerent ceux qui estoient saillis aucuns chariots, et s'en taudirent (car ils estoient prés de la ville), là où ils reposerent assez malement; car ils demeurerent hors la ville depuis deux heures aprés minuict jusques à six heures du matin. Toutesfois, quand le jour fut clair et qu'on se vit l'un l'autre, ils furent reboutez, et y fut blessé ce messire Jean de Vilde, et mourut deux jours aprés en la ville, et un ou deux autres de leurs chefs.

CHAPITRE XI.

Comment le Roy arriva en personne devant la cité de Liege, avec ledit duc de Bourgogne.

COMBIEN qu'aucunesfois les saillies soient bien necessaires, si sont-elles bien dangereuses pour ceux de dedans une place; car ce leur est plus de perte de dix hommes qu'à ceux de dehors de cent : car leur nombre n'est point pareil, et si n'en peuvent point recouvrer quand ils veulent, et si peuvent perdre un chef ou un conducteur, qui est cause bien souvent que le demeurant des compagnons et gens de guerre ne demandent qu'à abandonner les places. Ce très-grand effroy courut jusques au duc, qui estoit logé jusques à quatre ou cinq lieuës de la ville; et de prime-face luy fut dit que tout estoit déconfit. Toutesfois il monta à cheval, et toute l'armée, et commanda qu'au Roy n'en fust rien dit. En approchant de la cité par un autre endroit, luy vinrent nouvelles que tout se portoit bien, et qu'il n'y avoit point tant de morts que l'on avoit pensé, et n'y estoit mort nul homme de nom, qu'un chevalier de Flandres, appellé monseigneur de Sergine (1); mais que les gens de bien qui y estoient s'y trouvoient en grand'necessité et travail, car toute la nuict passée avoient esté debout en la fange, rasibus de la porte de leurs ennemys, et avecque ce qu'aucuns (2) des fuyans estoient retournez (je parle des gens-de-pied), mais estoient si decouragez qu'ils sembloient mal prests à faire grandes armes, et que pour Dieu ils se hastassent de marcher, afin qu'une partie de ceux de la ville fussent contraincts d'eux retirer à leurs deffences, chacun en son endroit; et aussi qu'il luy plust envoyer des vivres, car ils n'en avoient point un seul morceau.

Le duc en diligence fit partir deux ou trois cens hommes, tant que chevaux les pouvoient porter, pour les reconforter et donner cœur; et leur fit mener ce petit de vivres qu'il put finer. Il y avoit presque deux jours et une nuict qu'ils n'avoient ne beu ne mangé, sinon ceux qui avoient porté quelque bouteille : et si avoient le plus mauvais temps du monde, et de ce costé-là ne leur estoit possible d'entrer; si le duc n'empeschoit les ennemis par ailleurs (3). Ils avoient largement gens blessez : entre les autres le prince d'O-

(1) *Sergine :* Sengmeur ou Savigneur, suivant quelques manuscrits. Celui de Saint-Germain porte Sengmeur.

(2) *Avecque ce qu'aucuns :* Un ancien manuscrit met : toutefois qu'aucuns.

(3) *Si le duc n'empeschoit les ennemis par ailleurs :* Ces mots manquent au manuscrit de Saint-Germain.

renge (que j'avois oublié à nommer), qui se monstra homme de vertu, car oncques ne se voulut bouger : les sieurs Du Lau et d'Urfé s'y gouvernerent bien tous deux. Il s'en estoit fuy cette nuict precedente plus de deux mille hommes.

Ja estoit prés de la nuict, quand ledit duc eut cette nouvelle : et aprés avoir depesché les choses dessus-dites, il alla là où estoit son enseigne conter tout au Roy, lequel en fut trés-joyeux, car le contraire luy eust pû porter dommage. Incontinent on s'approcha du fauxbourg, et descendit largement de gens de bien et hommes-d'armes avec les archers, pour aller gaigner le fauxbourg, et prendre le logis. Le bastard de Bourgogne avoit fort grand'charge sous ledit duc; le seigneur de Ravestein, le comte de Roucy (1), fils du connestable, et plusieurs autres gens de bien. Aisement fut fait le logis en ce fauxbourg jusques rasibus de la porte, laquelle ils avoient reparée comme l'autre : et se logea ledit duc au milieu du fauxbourg, et le Roy demeura cette nuict en une grande cense ou metairie, fort grande et bien maisonnée, à un quart de lieuë de la ville, et largement gens logez à l'environ de luy, tant des siens que des nostres.

La situation de la cité sont montagnes et vallées, païs fort fertile, et y passe la riviere de Meuze au travers, et peut bien estre de la grandeur de Roüen : et pour lors c'estoit une cité merveilleusement peuplée. De la porte où nous estions logez, jusques à celle où estoit nostre avant-garde, y avoit peu de chemin par dedans la ville; mais par dehors y avoit bien

---

(1) *Le comte de Roucy :* Antoine de Luxembourg, troisième fils du connétable.

trois lieuës, tant y a de barricaves (1) et de mauvais chemins : aussi c'estoit au fin cœur d'hyver. Leurs murs estoient tous rasez, et pouvoient saillir par où ils vouloient : et y avoit seulement un peu de douve (2), ny jamais n'y eut fossez, car le fond est de roc trés-aspre et trés-dur. Ce premier soir que le duc de Bourgogne fut logé en leur fauxbourg, furent fort soulagez ceux qui estoient de nostre avant-garde; car la puissance qui estoit dedans estoit ja départie en deux. Il nous vint environ minuict une alarme bien aspre. Incontinent saillit le duc de Bourgogne en la ruë; et peu aprés y arriva le Roy et le connestable, qui firent une grande diligence à venir de si loin. Les uns crioient : *Ils saillent par une telle porte!* D'autres disoient autres paroles effrayées : et le temps estoit si obscur et mauvais, qu'il aydoit bien à espouvanter les gens. Le duc de Bourgogne n'avoit point de faute de hardiesse, mais bien aucunesfois faute d'ordre : et à la verité il ne tint point, à l'heure que je parle, si bonne contenance que beaucoup de gens eussent voulu, pour ce que le Roy y estoit present : et prit le Roy paroles et authorité de commander, et dit à monseigneur le connestable : « Tirez avec ce que « vous avez de gens en tel endroit; car s'ils doivent « venir, c'est leur chemin. » Et à oüir sa parole et voir sa contenance, sembloit bien roy de grande vertu et de grand sens, et qui autrefois se fust trouvé en telles affaires. Toutesfois ce ne fut rien; et retourna le Roy en son logis, et le duc de Bourgogne au sien.

Le lendemain au matin, le Roy vint loger dedans

(1) *Barricaves* : fondrières. — (2) *Douve* : mare, creux.

les fauxbourgs, en une petite maisonnette rasibus de celle où estoit logé le duc de Bourgogne; et avoit avec luy sa garde de cent Escossois et des gens-d'armes, logez au prés de luy en quelque village. Le duc de Bourgogne estoit en grande suspicion, ou que le Roy n'entrast dedans la cité, ou qu'il ne s'enfuist avant qu'il eût pris la ville, ou qu'à luy mesme ne fist quelque outrage, estant si prés: toutesfois entre les deux maisons y avoit une grande grange, en laquelle il fist mettre trois cens hommes-d'armes, et y estoit toute la fleur de sa maison; et rompirent les parois de ladite grange, pour plus aisement saillir : et ceux-là avoient l'œil sur la maison du Roy, qui estoit rasibus. Cette feste dura huit jours; car au huictiesme jour la ville fut prise que nul ne se desarma, ny ledit duc ny autre. Le soir, avant la prise, avoit esté deliberé d'assaillir le lendemain au matin (qui estoit à un jour de dimanche trentiesme d'octobre l'an 1468), et pris enseignes avec ceux de nostre avant-garde, que quand ils orroient tirer un coup de bombarde et deux grosses serpentines aprés, sans autres coups, qu'ils assaillissent hardiment; car ledit duc assailliroit de son costé, et devoit estre sur les huit heures du matin. La veille, comme cecy avoit esté conclu, le duc de Bourgogne se desarma (ce qu'encores n'avoit fait), et fit desarmer tous ses gens, pour eux rafraichir, et par especial tous ceux qui estoient en cette grange. Bientost aprés, comme si ceux de la ville en eussent esté advertis, ils delibererent de faire une saillie de ce costé, aussi bien qu'ils avoient fait de l'autre.

CHAPITRE XII.

Comment les Liegeois firent une merveilleuse saillie sur les gens du duc de Bourgogne, là où luy et le Roy furent en grand danger.

Or notez comme un bien grand prince et puissant peut trés-soudainement tomber en inconvenient, et par bien peu d'ennemis : par quoy toutes entreprises se doivent bien peser et bien debattre avant que de les mettre en effet. En toute celle cité n'y avoit qu'un seul homme de guerre, sinon de leur territoire. Ils n'avoient plus ny chevaliers ny gentils-hommes avec eux; car ce petit qu'ils en avoient auparavant deux ou trois jours avoient esté tuez ou blessez. Ils n'avoient portes, ny murailles, ny fossez, ny une seule piece d'artillerie, qui rien vausist; et n'y avoit rien que le peuple de la ville, et sept ou huit cens hommes-de-pied, qui sont d'une petite montagne au derriere de Liege, appellée le païs de Franchemont; et à la verité ont tousjours esté trés-renommez et trés-vaillans ceux de ce quartier. Or, se voyans desesperez de secours (veu que le Roy estoit là en personne contre eux), se delibererent de faire une grosse saillie, et de mettre toutes choses en adventure; car aussi bien se voyoient-ils perdus. Et fut leur conclusion que par les trous de leurs murailles, qui estoient sur le derriere du logis du duc de Bourgogne, ils sailliroient tous les meilleurs qu'ils eussent, qui estoient six cens hommes du païs de Franchemont et avoient pour guide l'hoste de la maison où estoit logé le Roy, et l'hoste de la maison où estoit logé le duc de Bourgogne; et pouvoient venir par un grand creux de rocher assez prés de la maison de ces deux princes, avant qu'on les apperceust, moyennant qu'ils ne fissent point de bruit. Et combien qu'il y eust quelques escoutes (1) en chemin, il leur sembloit bien qu'ils les tueroient, ou qu'ils entreroient aussi-tost au logis comme eux; et faisoient leur compte que ces deux hostes les meneroient tout droit en leurs maisons, où ces deux princes estoient logez, et qu'ils ne s'amuseroient point ailleurs : par quoy les surprendroient de si prés, qu'ils les tueroient ou prendroient avant que leurs gens fussent assemblez, et qu'ils n'avoient point loin à se retirer ; et qu'au fort s'il falloit qu'ils mourussent pour executer une telle entreprise, qu'ils prendroient la mort bien en gré; car aussi bien se voyoient-ils de tous points destruits, comme dit est. Ils ordonnerent outre que tout le peuple de la ville sailliroit par la porte, laquelle respondoit du long de la grande ruë de nostre fauxbourg, avec un grand heu, esperant déconfir tout ce qui estoit logé en cedit fauxbourg : et n'estoient point hors d'esperance d'avoir une bien grande victoire, ou à tout le moins, et au pis aller, une bien glorieuse fin. Quand ils eussent eu mille hommes-d'armes avec eux de bonne estoffe, si estoit leur entreprise bien grande : toutesfois il s'en fallut bien peu qu'ils ne vinssent à leur intention.

(1) *Escoutés* : c'est ce qu'en terme de guerre on appelle aujourd'hui des vedettes, ou des gardes avancées.

Et comme ils avoient conclu, saillirent ces six cens hommes de Franchemont par les bresches de leurs murailles (et croy qu'il n'estoit point encore dix heures du soir), et attraperent la pluspart des escoutes, et les tuerent; et entre les autres y moururent trois gentils-hommes de la maison du duc de Bourgogne: et s'ils eussent tiré tout droit sans eux faire ouyr, jusques à ce qu'ils eussent esté là où ils vouloient aller, sans difficulté ils eussent tué ces deux princes, couchés sur leurs lits. Derriere l'hostel du duc de Bourgogne y avoit un pavillon où estoit logé le duc d'Alençon (1) qui est aujourd'huy, et monseigneur de Craon (2) avec luy: ils s'y arresterent un peu, et donnerent des coups de piques au travers, et tuerent quelque valet-de-chambre. Il en sortit bruit en l'armée, qui fut occasion que quelque peu de gens s'armerent; au moins aucuns se mirent debout. Ils laisserent ces pavillons, et vinrent tout droit aux deux maisons du Roy et du duc de Bourgogne. La grange dont j'ay parlé, où ledit duc avoit mis trois cens hommes-d'armes, estoit rasibus desdites deux maisons, où ils s'amuserent, et à grands coups de piques donnerent par ces trous qui avoient esté faits pour saillir.

Tous ces gentils-hommes s'estoient desarmez n'avoit pas deux heures (comme j'ay dit), pour eux rafraichir pour l'assaut du lendemain; et ainsi les trouverent tous, ou peu s'en falloit, desarmez: toutesfois aucuns avoient jetté leurs cuiraces sur eux, pour le bruit qu'ils avoient ouy au pavillon de monseigneur d'Alençon; et combatoient iceux à eux par ces trous, et à

(1) *Duc d'Alençon*: René. — (2) *De Craon*: Georges de La Trémouille.

l'huis, qui fut totalement la sauveté de ces deux grands princes; car ce delay donna espace à plusieurs gens de soy armer, et de saillir en la ruë. J'estoys couché en la chambre du duc de Bourgogne (qui estoit bien petite), et deux gentils-hommes qui estoient de sa chambre; et au dessus y avoit douze archers seulement qui faisoient le guet, et estoient en habillemens, et joüoient aux dez. Son grand guet estoit loin de luy, et vers la porte de la ville. En effet, l'hoste de sa maison attira une bande de ces Liegeois, et vint assaillir sa maison, où ledit duc estoit dedans : et fut tout cecy si soudain, qu'à grande peine pusmes nous mettre audit duc sa cuirace sur luy, et une sallade en la teste; et incontinent descendimes le degré, pour cuider saillir en la ruë. Nous trouvasmes nos archers empeschez à deffendre l'huis et les fenestres contre les Liegeois, et y avoit un merveilleux cry en la ruë : les uns, *vive le Roy!* les autres, *vive Bourgogne!* et les autres, *vive le Roy!* et *tuez!* Et fusmes l'espace de plus de deux patenostres avant que ces archers pussent saillir de la maison, et nous avec eux : nous ne sçavions en quel estat estoit le Roy, ny desquels il estoit, qui nous estoit grand doute. Et dés que nous fusmes hors de la maison avec deux ou trois torches, en trouvasmes aucunes autres, et vismes gens qui se combatoient tout à l'environ de nous : mais peu dura, car il sailloit gens de tous costez, venans au logis du duc. Le premier homme des leurs qui fut tué fut l'hoste du duc, lequel ne mourut pas si tost, et l'ouys parler : ils furent tous morts, ou bien peu s'en fallut.

Aussi bien assaillirent la maison du Roy, et entra son hoste dedans, et y fut tué par les Escossois, qui se monstrerent bien bonnes gens; car ils ne bougerent du pied de leur maistre, et tirerent largement flesches, dont ils blesserent plus de Bourguignons que de Liegeois. Ceux qui estoient ordonnez à saillir par la porte saillirent; mais ils trouverent largement gens au guet qui ja s'estoient assemblez, qui tost les rebouterent, et ne se monstrerent pas si aspres que les autres. Dés que ces gens furent ainsi reboutez, le Roy et ledit duc parlerent ensemble; et pour ce qu'on voyoit beaucoup de gens morts, ils eussent douté que ce ne fussent des leurs : toutesfois peu s'y en trouva, mais de blessez beaucoup. Et ne faut point douter que s'ils ne se fussent amusez en ces deux lieux dont j'ay parlé, et par especial à la grange, où ils trouverent resistance, et eussent suivi ces deux hostes qui estoient leurs guides, ils eussent tué le Roy et le duc de Bourgogne; et croy qu'ils eussent aussi desconfit le demeurant de l'armée. Chacun de ces deux seigneurs se retira en son logis, trés-esbahy de cette hardie entreprise : et tost se mirent en conseil, à sçavoir qu'il seroit à faire le lendemain touchant cet assaut qui estoit deliberé; et entra le Roy en grand doute. La cause estoit pour ce que si ledit duc failloit à prendre cette cité d'assaut, le mal en tomberoit sur luy, et qu'il seroit arresté, ou pris de tous points; car le duc auroit peur, s'il partoit, qu'il ne luy fist la guerre d'autre costé. Icy pouvez voir la miserable condition de ces deux princes, qui par nule voye ne se sceurent asseurer l'un de l'autre. Ces deux icy avoient fait paix finale n'y avoit pas quinze jours, et juré si solemnellement de loyaument l'entretenir : toutesfois la fiance ne s'y pouvoit trouver par nulle voye.

CHAPITRE XIII.

Comment la cité de Liege fut assaillie, prise et pillée, et les eglises aussi.

Le Roy, pour s'oster de ces doutes, une heure aprés qu'il se fust retiré en son logis, et aprés cette saillie dont ay parlé, manda aucuns des prochains serviteurs dudit duc, et qui s'estoient ja trouvez au conseil, et leur demanda de la conclusion. Ils luy dirent qu'il estoit arresté dés le lendemain assaillir la ville, en la forme et maniere qu'il avoit esté conclu. Le Roy leur fit de grands doutes et trés-sages, et qui furent trés-agreables aux gens dudit duc; car chacun craignoit trés fort cet assaut, pour le grand nombre de peuple qui estoit dedans la ville, et aussi pour la grande hardiesse qu'ils leur avoient veu faire n'y avoit pas deux heures; et eussent esté trés-contens attendre encore aucuns jours, ou les recevoir à quelque composition : et vinrent devers le duc luy faire ce rapport, et y estoys present, et luy dirent toutes les doutes que le Roy faisoit, et les leurs : mais tous disoient venir du Roy, craignans qu'il ne l'eût pris mal d'eux.

A quoy respondit ledit duc que le Roy le faisoit pour les sauver, et le prit en mauvais sens; et que la chose n'estoit pas douteuse (1), veu qu'on n'y pouvoit pas faire nulle batterie, et qu'il n'y avoit point de mu-

---

(1) *N'estoit pas douteuse*: L'ancien imprimé, *N'iroit pas ainsi.*

raille, et que ce qu'ils avoient remparé aux portes estoit ja abbatu, et qu'il ne falloit plus attendre, et qu'il ne delaisseroit point l'assaut du matin comme il avoit esté conclu : mais que s'il plaisoit au Roy aller à Namur, attendant que la ville fut prise, qu'il en estoit bien content; mais qu'il ne partiroit point de là jusques à ce qu'on vist l'issuë de cette matiere, et ce qui en pourroit advenir (¹). Cette responce ne pleut à nul qui fut present, car chacun avoit eu peur de cette saillie. Au Roy fut faite la responce, non point si grieve, mais le plus honnestement que l'on pût. Il l'entendit sagement, et dit qu'il ne vouloit point aller à Namur; mais que le lendemain se trouveroit avec les autres. Mon advis est que s'il eust voulu s'en aller cette nuit, il l'eût bien fait; car il avoit cent archers de sa garde, et aucuns gentils-hommes de sa maison, et prés de là trois cens hommes-d'armes : mais sans nulle doute, là où il y alloit de l'honneur, il n'eust point voulu estre repris de coüardise.

Chacun se reposa quelque peu en attendant le jour, tous armez, et disposerent les aucuns de leurs consciences, car l'entreprise estoit bien doubteuse. Quand le jour fut clair et que l'heure approcha, qui estoit de huit heures du matin, comme j'ay dit, que l'on devoit assaillir, fit ledit duc tirer la bombarde et les deux coups de serpentine, pour avertir ceux de l'avant-garde qui estoient de l'autre part bien loin de nous (comme j'ay dit) par dehors : mais par dedans la ville il n'y avoit point grand chemin. Ils entendirent l'enseigne, et incontinent se disposerent à

(¹) *Et ce qui en pourroit advenir :* Ces mots manquent au manuscrit de Saint-Germain.

l'assaut. Les trompettes du duc commencerent à sonner, et les enseignes d'approcher la muraille, accompagnées de ceux qui les devoient suivre. Le Roy estoit emmy la ruë, bien accompagné; car tous ces trois cens hommes-d'armes y estoient, et sa garde, et aucuns seigneurs et gentils-hommes de sa maison. Comme l'on vint pour cuider joindre au poinct, on ne trouva une seule deffense : et n'y avoit que deux ou trois hommes à leur guet, car tous estoient allez disner, et estimoient, pour ce qu'il estoit dimanche, qu'on ne les assailliroit point : et en chacune maison trouvasmes la nappe mise. C'est peu de chose que du peuple, s'il n'est conduit par quelque chef qu'ils ayent en reverence et en crainte, sauf qu'il est des heures et des temps qu'en leur fureur sont bien à craindre.

Ja estoient paravant l'assaut ces Liegeois fort las et mats (1), tant pour leurs gens qu'ils avoient perdus à ces deux saillies, où estoient morts tous leurs chefs, qu'aussi pour le grand travail qu'ils avoient porté par huit journées; car il falloit que tout fust au guet, pour ce que de tous costez ils estoient defermez, comme avez ouy; et à mon advis qu'ils cuidoient avoir ce jour de repos, à cause de la feste du dimanche : mais le contraire leur advint, et, comme j'ay dit, ne se trouva nul à deffendre la ville de nostre costé, et moins encore du costé des Bourguignons, qui estoient nostre avant-garde. Ceux-là y entrerent (2) premiers que nous. Ils tuerent peu de gens, car tout le peuple s'enfuit outre le pont de Meuze, tirant aux Ardenes,

---

(1) *Mats* : découragés, abattus.

(2) *Ceux-là y entrerent* : La ville de Liége fut prise par le duc de Bourgogne le 30 octobre.

et de là aux lieux où ils pensoient estre en seureté. Je ne vis par là où nous estions que trois hommes morts, et une femme; et croy qu'il n'y mourût point deux cens personnes en tout, que tout le reste ne fuist, ou se cachast aux eglises ou aux maisons. Le Roy marchoit à loisir, car il voyoit bien qu'il n'y avoit nul qui resistast; et toute l'armée entra dedans par deux bouts, et croy qu'il y avoit quarante mille hommes. Ledit duc estant plus avant en la cité, tourna tout court au devant du Roy, lequel il conduisit jusques au palais : et incontinent retourna ledit duc à la grande eglise de Sainct-Lambert, où ses gens vouloient entrer par force pour prendre des prisonniers et des biens : et combien que ja il eust commis des gens de sa maison pour garder ladite eglise, si n'en pouvoit-il avoir la maistrise, et assailloient les deux portes. Je sçay qu'à son arrivée il tua un homme de sa main, et le vis. Tout se departit, et ne fut point ladite eglise pillée; mais bien à la fin furent pris les hommes qui estoient dedans, et tous leurs biens.

Des autres eglises qui estoient en grand nombre (car j'ay ouy dire à monseigneur d'Hymbercourt, qui connoissoit bien la cité, qu'il s'y disoit autant de messes par jour comme il se faisoit à Rome) la pluspart furent pillées, sous ombre et couleur de prendre des prisonniers. Je n'entray en nulle eglise qu'en la grande; mais ainsi me fut-il dit, et en vis les enseignes : et aussi long-temps aprés le Pape prononça grandes censures contre tous ceux qui avoient aucunes choses appartenantes aux eglises de ladite cité, s'ils ne les rendoient : et ledit duc deputa commissaires pour aller par tout son païs pour faire executer le mandement du Pape. Ainsi la cité prise et pillée environ le midy, retourna le duc au palais. Le Roy avoit ja disné, lequel monstroit signe de grande joye de cette prise, et loüoit fort le grand courage et hardiesse dudit duc, et entendoit bien qu'il luy seroit rapporté, et n'avoit en son cœur autre desir que s'en retourner en son royaume. Aprés disner ledit duc et luy se virent en grande chere : et si le Roy avoit loüé fort ses œuvres en derriere, encore le loüa-il mieux en sa presence; et y prenoit ledit duc plaisir.

Je retourne un peu à parler de ce pauvre peuple qui fuyoit de la cité, pour confirmer quelques paroles que j'ay dites au commencement de ces Memoires, où j'ay parlé des malheurs que j'ay veu suivre les gens aprés une bataille perduë par un roy ou duc, ou autre personne beaucoup moindre (1). Ces miserables gens fuyoient par le pays d'Ardene, avec femmes et enfans. Un chevalier demeurant au païs, qui avoit tenu leur party jusques à celle heure, en destroussa une bien grande bande ; et pour acquerir la grace du vainqueur, l'escrivit au duc de Bourgogne, faisant encore le nombre des morts et pris plus grand qu'il n'estoit (toutesfois y en avoit largement), et par là fit son appointement. Autres fuyoient à Mezieres sur Meuze, qui est au royaume. Deux ou trois de leurs chefs de bandes y furent pris, dont l'un avoit nom Madoulet (2); et furent amenez et presentez audit

---

(1) *Par un roy ou duc, ou autre personne beaucoup moindre*: Suivant le manuscrit de Saint-Germain, *après une bataille perduë, ou quelque autre perte beaucoup moindre.*

(2) *Madoulet* : Mandouloit, ou Madoublet, selon quelques manuscrits.

duc, lesquels il fit mourir. Aucuns de ce peuple moururent de faim, de froid, et de sommeil.

CHAPITRE XIV.

Comment le roy Louis s'en retourna en France, du consentement du duc de Bourgogne; et comment ce duc acheva de traiter les Liegeois, et ceux de Franchemont.

Quatre ou cinq jours aprés cette prise commença le Roy à embesogner ceux qu'il tenoit pour ses amis envers ledit duc, pour s'en pouvoir aller; et aussi en parla au duc en sage sorte, disant que s'il avoit plus à faire de luy, qu'il ne l'épargnast point : mais s'il n'y avoit plus rien à faire, qu'il desiroit aller à Paris faire publier leur appointement en la cour de parlement, pour ce que c'est la coustume de France d'y publier tous accords, ou autrement seroient de nulle valeur : toutesfois les roys y peuvent tousjours beaucoup. Et davantage prioit audit duc qu'à l'esté prochain ils se pussent entrevoir en Bourgogne, et estre un mois ensemble, faisans bonne chere. Finalement ledit duc s'y accorda, tousjours un petit murmurant, et voulut que le traité de paix fut releu devant le Roy, sçavoir s'il n'y avoit rien dont il se repentist, offrant le mettre à son choix de faire ou de laisser; et fit quelque peu d'excuse au Roy de l'avoir amené là.

Outre requit au Roy consentir qu'audit traité se

mist un article en faveur de monseigneur Du Lau, d'Urfé, et Poncet de Riviere, et qu'il fust dit que leurs terres et Estats leur seroient rendus, comme ils avoient avant la guerre. Cette requeste despleut au Roy, car ils n'estoient point de son party, par quoy dussent estre compris en cette paix; et aussi servoient-ils à monseigneur Charles son frere, et non point à luy. Et à cette requeste respondit le Roy estre content, pourveu qu'il luy en accordast autant pour monseigneur de Nevers (1) et de Croy. Ainsi ledit duc se teut, et sembla cette response bien sage, car ledit duc avoit tant de haine aux autres, et tenoit tant du leur, que jamais ne s'y fust consenti. A tous les autres poincts respondit le Roy ne vouloir rien y muer, mais confirmer tout ce qui avoit esté juré à Peronne. Et ainsi fut accordé ce partement, et prit congé le Roy dudit duc, lequel le conduisit environ demie lieuë : et au departement d'ensemble, luy fit le Roy cette demande : « Si d'aventure mon frere « qui est en Bretagne ne se contentoit du partage que « je luy baille pour l'amour de vous, que voudriez- « vous que je fisse? » Ledit duc luy respondit soudainement, sans y penser : « S'il ne le veut prendre, « mais que vous faciez qu'il soit content, je m'en rap- « porte à vous deux. » De cette demande et response sortit depuis grande chose, comme vous oyrez cy-aprés. Ainsi s'en alla le Roy (2) à son plaisir, et le conduisirent les sieurs des Cordes et d'Aimeries (3),

---

(1) *Monseigneur de Nevers* : Jean de Bourgogne, comte de Nevers et de Rethel. — (2) *Ainsi s'en alla le Roy* : le 2 novembre.

(3) *D'Aimeries* : Antoine Rollin, seigneur d'Aymeries, d'Autun et de Lens, grand veneur, maréchal et grand bailli de Haînaut.

grand-baillif de Hainaut, jusques hors des terres dudit duc.

Ledit duc demeura en la cité. Il est vray qu'en tous endroits elle fut cruellement traitée : aussi elle avoit cruellement usé de tous excés contre les sujets dudit duc, et dés le temps de son grand pere, sans rien tenir stable de promesses qu'ils fissent, ny de nul appoinctement qui fut fait entre eux : et estoit ja la cinquiesme année que le duc y estoit venu en personne, et tousjours fait paix, et rompuë par eux l'an aprés; et ja avoient esté excommuniez par longues années, pour les choses cruelles qu'ils avoient commises contre leur evesque : à tous lesquels commandemens de l'Eglise touchant lesdits differends ils n'eurent jamais reverence ny obeissance.

Dés que le Roy fut parti, ledit duc, avec peu de gens, se delibera d'aller à Franchemont, qui est un peu outre Liege, païs de montagnes trés-aspres, pleines de bois : et de là venoient les meilleurs combatans qu'ils eussent, et en estoient partis ceux qui avoient fait les saillies dont j'ay parlé cy-devant.

Avant qu'il partist de ladite cité, furent noyez en grand nombre les pauvres gens prisonniers qui avoient esté trouvez cachez és maisons à l'heure que cette cité fut prise. Outre, fut deliberé de faire brusler ladite cité, laquelle en tout temps a esté fort peuplée; et fut dit qu'on la brusleroit à trois fois, et furent ordonnez trois ou quatre mille hommes-de-pied du païs de Limbourg (qui estoient leurs voisins, et assez d'un habit et d'un langage) pour faire cette desolation, et pour defendre les eglises.

Premierement fut abbatu un grand pont qui estoit au travers de la riviere de Meuze; et puis fut ordonné grand nombre de gens pour defendre les maisons des chanoines à l'environ de la grande eglise, afin qu'il pust demeurer logis pour faire le divin service. Semblablement en fut ordonné pour garder les autres eglises. Et cela fait, partit le duc pour aller audit païs de Franchemont, dont j'ay parlé; et aussi tost qu'il fut dehors la cité, il vid le feu en grand nombre de maisons, du costé de ça la riviere. Il alla loger [1] à quatre lieuës; mais nous oyons le bruit comme si nous eussions esté sur le lieu. Je ne sçay ou si le vent y servoit, ou si c'estoit à cause que nous estions logez sur la riviere. Le lendemain le duc partit, et ceux qui estoient demeurez en ladite ville continuerent la desolation, comme il leur avoit esté commandé : mais toutes les eglises furent sauvées, ou peu s'en fallut, et plus de trois cents maisons pour loger les gens d'Eglise. Et cela a esté cause que si tost elle a esté repeuplée; car grand peuple revint demeurer avec ces prestres.

A cause des grandes gelées et froidure, fut force que la pluspart des gens dudit duc allassent à pied au pays de Franchemont, qui ne sont que villages, et n'y a point de villes fermées : et logea cinq ou six jours en une petite vallée, en un village qui s'appelloit Polleur. Son armée estoit en deux bandes, pour plustost destruire le païs, et fit brusler toutes maisons, et rompre tous les moulins à fer qui estoient au païs, qui est la plus grande façon de vivre qu'ils ayent : et chercherent le peuple parmy les gran-

---

[1] *Il alla loger :* Le 9 novembre, le duc coucha à l'abbaye de Vivigniers, et alla le lendemain à Maestricht.

des forests où ils s'estoient cachez, avec leurs biens; et y en eut beaucoup de morts et de pris, et y gaignerent les gens-d'armes largement. J'y vis choses incroyables du froid. Il y eut un gentil-homme qui perdit un pied, dont oncques-puis ne s'ayda; et y eut un page à qui il tomba deux doigts de la main. Je vis une femme morte, et son enfant, dont elle estoit accouchée de nouveau. Par trois jours fut départy le vin qu'on donnoit chez le duc, pour les gens qui en demandoient, à coups de coignée; car il estoit gelé dedans les pipes, et falloit rompre le glaçon qui estoit entier, et en faire des pieces, que les gens mettoient en un chapeau ou en un pannier, ainsi qu'ils vouloient. J'en diroys assez d'estranges choses longues à escrire: mais la faim nous fit fuyr à grande haste, aprés y avoir sejourné huict jours; et tira ledit duc à Namur, et de là en Brabant, où il fut bien receu.

CHAPITRE XV.

Comment le Roy fit tant par subtils moyens que monseigneur Charles son frere se contenta de la duché de Guyenne, pour Brie et Champagne, contre l'attente du duc de Bourgogne.

Le Roy, aprés estre départy d'avec ledit duc, à grande joye retourna en son royaume; et en rien ne se meut contre ledit duc, à cause des termes qui luy avoient esté tenus à Peronne et à Liege, et sembloit que patiemment le portast, nonobstant que depuis survint grande guerre entre eux, mais non pas si tost; et n'en fut point la cause la chose dont j'ay parlé cy-devant, combien qu'elle pût bien aider, car la paix eust esté presque telle qu'elle estoit, quand le Roy l'eust faite estant à Paris : mais ledit duc de Bourgogne, par conseil de ses officiers, voulut élargir ses limites; et puis quelques habilitez furent faites pour y remettre la noise, dont je parleray quand il sera temps.

Monseigneur Charles de France, seul frere du Roy, et nagueres duc de Normandie (lequel estoit informé de ce traitté fait à Peronne, et du partage que par iceluy devoit avoir), envoya incontinent devers le Roy luy supplier qu'il luy plust accomplir ledit traitté, et luy bailler ce qu'il avoit promis. Le Roy envoya devers luy sur ces matieres, et y eut plusieurs allées et venuës. Aussi ledit duc de Bourgogne envoya ses ambassadeurs vers ledit monseigneur Charles, luy prier ne vouloir accepter autre partage que celuy de Champagne et de Brie, lequel luy estoit accordé par son moyen, luy remonstrant l'amour qu'il luy avoit monstré, là où il l'avoit abandonné : et ledit duc n'avoit encore voulu faire le semblable, comme il avoit veu : et si avoit nommé le duc de Bretagne en ladite paix comme son allié. Outre luy faisoit dire comme l'assiete de Champagne et Brie leur estoit propice à tous deux; et que si le Roy d'avanture le vouloit fouler, du jour au lendemain il pouvoit avoir le secours de Bourgogne, car les deux païs joignent ensemble; et si avoit son partage en assez bonne valeur, car il y prenoit tailles et aydes : et n'y avoit le Roy rien, que son hommage et ressort.

Ledit monseigneur Charles estoit homme qui peu ou rien faisoit de luy : mais en toutes choses estoit manié et conduict par autres, combien qu'il fust agé de vingt-cinq ans et plus. Ainsi se passa l'hyver, qui ja estoit avancé quand le Roy partit de nous. Il y eut incessamment gens allans et venans sur ce partage ; car le Roy pour rien ne deliberoit bailler celuy qu'il avoit promis à son frere, car il ne vouloit point son dit frere et le duc de Bourgogne si prés voisins : et traittoit le Roy avec sondit frere de luy faire prendre Guyenne, avec La Rochelle (qui estoit quasi toute Aquitaine), et valoit trop mieux ce partage que celuy de Brie et de Champagne. Ledit monseigneur Charles craignoit déplaire audit duc de Bourgogne, et avoit peur aussi que s'il s'accordoit, et le Roy ne luy tinst verité, il auroit perdu son amy et son partage, et demeurast en mauvais party.

Le Roy, qui estoit plus sage à conduire tels traitez que nul autre prince qui ait esté de son temps, voyant qu'il perdoit temps s'il ne gaignoit ceux qui avoient le credit avec son frere, s'adressa à Oudet de Rye [1], seigneur de Lescut, depuis comte de Comminges (lequel estoit né et marié audit pays de Guyenne), luy priant qu'il tînt la main que son maistre acceptast ce party (lequel estoit trop plus grand que celuy qu'il demandoit), et qu'ils fussent bons amis, en vivans ainsi que deux freres, et que luy et ses serviteurs y auroient profit, et specialement luy : et les asseuroit bien le Roy qu'il n'y auroit point de

---

[1] *De Rye :* d'Aidie, seigneur de Lescun.

faute qu'il ne baillast la possession dudit païs. Et en cette façon monseigneur Charles fut gaigné, et prit ledit partage de Guyenne, au grand déplaisir du duc de Bourgogne et de ses ambassadeurs, qui estoient sur le lieu (1).

Et la cause pourquoy le cardinal Ballue (2), evesque

---

(1) Le Roi avoit créé l'ordre de Saint-Michel le premier août 1469. Par l'article 6 des statuts, les chevaliers s'engageoient à servir le Roi en personne, lorsqu'il commandoit lui-même ses armées.

Louis envoya le collier de cet ordre au duc de Bretagne, qui négocioit alors avec les Anglais. Si François II acceptoit, on le forçoit à remplir son serment; s'il refusoit, il offensoit le Roi, qui le menaçoit de lui déclarer la guerre, et le forçoit à accepter un traité désavantageux. Suivant une ancienne chronique, le duc répondit qu'il ne tireroit jamais au collier avec le gouverneur de Limousin, Gilbert de Chabannes, seigneur de Curton, et autres. Cependant, après quelques négociations, le duc signa en effet un traité à Angers avec le Roi; et trois jours après il en signa un autre à Etampes avec le duc de Bourgogne, contre le Roi.

(2) La Ballue, né en 1421, dans le bourg d'Angle en Poitou, étoit, dit-on, fils d'un tailleur ou d'un meûnier; il embrassa de bonne heure l'état ecclésiastique, et s'attacha à Jacques Juvénal des Ursins, évêque de Poitiers, qui le fit son exécuteur testamentaire. Il fut accusé d'avoir soustrait une partie de la succession de ce prélat. Il se concilia ensuite l'amitié de Jean de Beauveau, évêque d'Angers. Beauveau l'emmena avec lui à Rome en 1462, et lui donna plusieurs canonicats, dont il fit un commerce tellement scandaleux, que le chapitre d'Angers s'en plaignit. De retour en France, il fut distingué par Louis XI, qui le fit conseiller au parlement, lui donna l'administration du collége de Navarre, des maladreries et aumôneries, et la disposition des bénéfices royaux. Il obtint, peu de temps après, l'évêché d'Evreux. On a vu (dans l'Introduction) qu'il montra beaucoup de zèle pendant le siége de Paris; *c'est un bon diable d'évesque pour à cette heure*, disoit le Roi; *je ne sais ce qu'il sera à l'avenir.* Louis XI avoit profité des conférences qui eurent lieu devant Paris pour séduire plusieurs personnes attachées au comte de Charolois, au duc de Bretagne et au duc de Berri. Il paroît qu'à la même époque La Ballue se vendit à ce dernier prince; il obtint, comme Jeoffredi, le chapeau de cardinal, en

d'Angers, et l'evesque de Verdun, furent pris, fut pour ce que ledit cardinal écrivoit à monseigneur de Guyenne, l'exhortant de ne prendre nul autre partage que celuy que ledit duc de Bourgogne luy avoit procuré par la paix faite à Peronne, laquelle avoit esté promise et jurée entre ses mains; et lui faisoit remonstrances touchant ce cas qui luy sembloient ne-

trahissant le Roi auprès du Pape, et en travaillant à faire enregistrer au parlement l'abolition de la pragmatique. Il poursuivit Beauveau son bienfaiteur, et le fit dépouiller de l'évêché d'Angers, dont il fut pourvu.

Louis avoit eu quelques soupçons sur La Ballue pendant son séjour à Peronne; et le cardinal s'en étoit aperçu à la froideur que lui témoignoit le monarque. Sur ces entrefaites, l'évêque de Verdun, qui jouissoit de la confiance de Charles, frère du Roi, avoit été attiré à la cour; dans l'espoir d'obtenir le chapeau de cardinal, il avoit fait de grandes promesses, et comme il n'avoit pu les remplir, il ne jouissoit d'aucune considération. Les deux prélats, mécontens, avoient uni leurs intérêts; ils intriguèrent auprès de Charles, le dissuadèrent d'accepter le duché de Guyenne, et envoyèrent des émissaires au duc de Bretagne pour le même objet. Un de ces émissaires fut arrêté, et ses lettres portées au Roi, qui fit sur-le-champ arrêter les deux coupables. L'évêque de Verdun confessa son crime; le cardinal ne dissimula pas qu'il avoit formé cette trame pour se venger de ce qu'on l'avoit éloigné des affaires. Lorsque les deux prélats furent arrêtés, on fit sur eux les vers suivans:

> Maistre Jean Ballue
> A perdu la veue
> De ses éveschés;
> Monsieur de Verdun
> N'en a plus pas un:
> Tous sont depeschez.

Le Roi fut obligé de négocier avec la cour de Rome pour faire juger La Ballue. Le Pape traîna les négociations en longueur, éleva difficultés sur difficultés. Le cardinal resta long-temps en prison, fut enfermé dans une cage de fer, et obtint enfin sa liberté en faisant croire qu'il étoit atteint d'une maladie mortelle. Il se retira à Rome, y fut reçu avec distinction, et même envoyé en France comme légat.

cessaires, lesquelles estoient contre le vouloir et intention du Roy. Ainsi ledit monseigneur Charles devint duc de Guyenne l'an 1469 (1), et en eut bonne possession du pays, avec le gouvernement de La Rochelle : et se virent le Roy et luy ensemble (2), et y furent longuement (3).

(1) L'édit par lequel Louis XI donna la Guyenne en apanage à son frère fut signé à Amboise au mois d'avril 1469, après Pâques.

Le mois suivant, le Roi accorda des lettres d'abolition à tous ceux qui avoient suivi le nouveau duc de Guyenne, qui prêta serment à Xaintes, pour son apanage, le 19 août.

(2) L'entrevue eut lieu sur la rivière de Broil, près du château de Charon. Au milieu du pont, on avoit construit une loge séparée par une barrière, avec une fenêtre garnie de douze barreaux de fer. Les deux princes s'y rendirent, accompagnés chacun de douze personnes. Charles mit trois fois le genou en terre en s'approchant du Roi, le pria d'oublier ce qui s'étoit passé, et de le recevoir en ses bonnes grâces. Louis répondit qu'il lui pardonnoit de bon cœur. Le duc de Guyenne voulut passer de l'autre côté de la rivière ; mais le Roi s'y opposa. Le lendemain, Charles alla trouver son frère, et, dit une chronique, *se mit plus de trente fois à genou devant lui; et estoient de si bon cœur tous deux, qu'à peine pouvoient parler l'un à l'autre.* Mais cette bonne intelligence dura peu. Le duc de Guyenne, lorsqu'il visita son apanage, reconnut qu'il étoit de toutes parts environné de places fortes ; que ses villes jouissoient de si grands priviléges, qu'elles ne produisoient presque aucun revenu; qu'enfin le Roi s'étoit réservé l'hommage direct des comtes d'Armagnac, d'Albret et de Foix ; qu'ainsi il n'avoit ni ressources pour soutenir son rang, ni forces pour se défendre si son frère vouloit le dépouiller. Charles se plaignit ; le Roi lui fit quelques concessions qui étoient plus avantageuses en apparence qu'en réalité, et qui empêchèrent néanmoins le duc de Guyenne d'écouter pour le moment les propositions du duc de Bourgogne. Les deux frères vécurent en assez bonne intelligence jusqu'à la naissance du Dauphin.

(3) Comines ne parle pas d'une guerre que le Roi eut à soutenir contre le comte d'Armagnac, qui se révolta en 1469. Le Roi envoya contre lui Dammartin, et lui écrivit : « Toutesfois si le sieur Barbazan « ou autres se trouvent devers vous, et qu'ils fassent que la possession

« de Lectoure et autres places de par de là vous soyent loyalement bail-
« lées, et qu'ils fassent au surplus entiere obeissance, et en ce cas et non
« autrement; pour supporter le pauvre peuple, et afin qu'ils puissent
« mieux payer les tailles, je suis content que l'armée n'entre pas au-
« dit pays; mais ne vous laissez point endormir de paroles. Mais aussi
« il me semble pour le mieux, quelque chose qu'ils vous promettent,
« que vous même devez aller en personne en prendre possession, et
« qu'à nuls autres ne devez vous fier; et aussi si vous voyez qu'ils
« veulent dissimuler, et que la possession des places ne vous soit pas
« loyalement baillée, procédez outre à votre entreprise sans aucun
« delay, ainsi qu'il a esté conclud et deliberé; et me faites souvent
« sçavoir de vos nouvelles. »

Les soupçons du Roi étoient fondés; on cherchoit à l'abuser par de fausses promesses. Dammartin soumit le pays, et peu de temps après Armagnac se ligua avec le duc de Guyenne, qui lui avoit rendu ses terres, à l'exception de Lectoure. Le Roi écrivit à Dammartin que s'il pouvoit prendre cette place, elle seroit de bon gain, et que ni le duc de Guyenne ni Armagnac ne l'auroient jamais.

FIN DU LIVRE SECOND.

TABLE DES MATIÈRES

CONTENUES

DANS LE ONZIÈME VOLUME.

Mémoires de Jacques du Clercq, commençant en 1448, et finissant en 1467.   Page 1

Notice sur Jacques Du Clercq.   2

Mémoires de Jacques Du Clercq. Livre premier.

    Chapitre I. *Comment les Anglois prindrent Fougieres; et des seigneuries qu'ils possessoient en France.*   9

    Chap. II. *Comment la guerre recommença entre les rois de France et d'Angleterre.*   10

    Chap. III. *Comment Vernoeul fut prinse par un molnier, et le chastel assiegé.*   12

    Chap. IV. *De la prinse de Rouan, saulf le palais et le chastel.*   13

    Chap. V. *Comment le palais de Rouan fut prins par le roy de France.*   17

    Chap. VI. *Comment le Roy feit son entrée en la cité de Rouan.*   18

    Chap. VII. *Comment, aprés que le Roy eult conquis tout le pays de Normandie, il envoya ses gens-d'armes en Guiennes, puis s'en retourna à Tours.*   19

CHAP. VIII. *Des graces que le Roy rendit à Nostre Seigneur; processions générales qu'il ordonna le 14 d'aoust, chacun an, en mémoire de la victoire que Dieu lui avoit envoyé; et de l'ordonnance des gens d'armes et de leurs habillements.* Page 20

CHAP. IX. *Comment Bordeaulx fut mise et rendue en la main du Roy.* 22

CHAP. X. *Comment le siege fut mis devant Bayonne.* 26

LIVRE SECOND.

CHAPITRE I. *Comment et pour quelle cause Philippes, duc de Bourgogne, requist aux quatre membres de Flandres certaine imposition sur le sel, qui fut cause de la guerre entre lui et les Ganthois.* 30

CHAP. II. *Comment les trefves furent publiées, et comment les Ganthois feirent pendre le varlet d'ung hérault, que les ambassadeurs du Roy avoient envoyé à Gand publier lesdictes trefves.* 33

CHAP. III. *Comment le duc retourna à Courtray; et comment son peuple estoit travaillé pour avoir et lever l'argent.* 36

CHAP. IV. *Comment Bordeaulx et tout le pays de Bordelois furent remis aux Anglois.* 37

LIVRE TROISIEME.

CHAPITRE I. *Comment Charles VII. alla la derniere fois au Bourdelois pour reconquester le pays; et de la prinse de Chalais, et du siége devant Chastillon.* 39

Chap. II. *De la rendition de Bordeaulx, et de tout le Bourdelois et la Guyennes.* Page 41

Chap. III. *De la sentence contre Jacques Coeur, argentier du Roy, fait prisonnier, et depuis eschapé.* 43

Chap. IV. *Des grands subsides et aides que le duc de Bourgongne demanda au pays d'Arthois, et ailleurs en ses pays, pour aller gueroyer les Turcs.* 44

Chap. V. *Comment Loys, daulphin de Vienne, aisné fils du roy de France, vint à refuge au duc de Bourgongne, et eschappa des mains de ceulx qui le cachoient.* 47

Chap. VI. *Comment le duc de Bourgongne se courrouça à Charles son fils; et comment le Daulphin fit leur paix.* 49

Chap. VII. *Comment le comte de Saint-Paul vint devers Philippes pour cuider avoir la main levée de sa terre d'Enghien; et comment le duc, en la presence dudit comte, luy fist proposer plusieurs crimes par lui faits; et de la reponse dudit comte.* 53

Chap. VIII. *Comment Baudechon Mallet fut décapité à Lille, pour avoir forcé une jeune femme.* 56

Chap. IX. *De la venue de la femme du comte de Never à Lille devers Philippes, et de la feste que on luy fist.* 57

Livre quatrieme.

Chapitre I. *Comment le Roy envoya en am-*

bassade devers le duc le cardinal de Constance et aultres gens; de la proposition qu'il feit; reponse du duc. Page 60

Chap. II. D'une femme, nommée Demiselle, prinse à Douay comme vauldoise, et amenée à Arras, laquelle raccusa Jehan Lavite, dit Abbé de peu de sens; et comment il fut prins, les morgues qu'ils tindrent, etc. 62

Chap. III. Comment Demiselle, l'Abbé de peu de sens, et Jehan Le Febvre, furent preschiez publiquement, puis rendus à la justice layc, et ards comme vauldois. Ce que c'est que la vaulderie, etc. 66

Chap. IV. Comment Anthoine Sacquespée, eschevin d'Arras, et autres grands personnages, furent accusés de vaulderie. Fuite de quelques-uns, pour doubte de ce cas; perplexité de ceux de la ville; preschemens des vicaires; prisonniers interrogés. 73

Chap. V. Comment, à la requeste de Beaufort, de Sacquespée et autres, on envoya des vicaires devers le duc de Bourgongne pour avoir conseil sur ce qu'on feroit desdits prisonniers. 77

Chap. VI. Comment les vicaires revindrent à Arras, et comment de Beauffort et autres furent preschiés publiquement; de leur condempnation, etc. 80

Chap. VII. Comment le comte de Charollois se vint plaindre au duc de Bourgongne, son pere, du seigneur de Croy. 87

Chap. VIII. *Comment ung huissier du parlement vint en la prison de l'evesque d'Arras, et en tira le seigneur de Beauffort.* Page 89

Chap. IX. *Comment le doyen d'Arras, quy avoit fait ardoir les vauldois, tumba malade, et hors de son bon sens.* 91

Chap. X. *Comment le Roy, à Meung, alla de vie à trespas.* 94

Chap. XI. *Comment le Roy partit de Paris, et comme il prit congié au duc de Bourgongne.* 96

Chap. XII. *Comment le comte de Charollois alla veoir le roy Loys, et comment il se perdit à la chasse; et du doeuil que le Roy en faisoit.* 97

Chap. XIII. *D'ung mauvais fait que feit Loys de La Viefville; et comment il mourut.* 100

Chap. XIV. *Comment le duc de Bourgongne fust fort malade; prieres et processions, etc.* 102

Chap. XV. *De la mort de Jehan Constain, premier varlet de chambre de Philippes, que le comte de Charollois feit decappiter, etc.* 104

Livre cinquième.

Chapitre I. *Comment le duc de Bourgongne de rechef rassembla les trois Estats de ses pays à Bruges, et comment son fils les feit venir à Anvers, dont le duc fut mal content; item, des crismes que sondit fils dit que de Croy avoit commis; comment le duc luy pardonna.* 109

Chap. II. *Comment les députés rendirent response audit comte ; et comment par leur conseil il s'en alla devers son pere à Bruges, et furent d'accord.* Page 114

Chap. III. *Habillements du tems, et mort du duc Philippes le Bon.* 116

Mémoires de messire Philippe de Comines, où l'on trouve l'histoire des rois Louis XI et Charles VIII. 119

Avertissement de l'Éditeur. 121

Notice sur Philippe de Comines et sur ses Mémoires. 125

Introduction aux Mémoires de Comines. 150

Pièces justificatives de l'Introduction.

Entrée de Marguerite d'Ecosse à Tours; son mariage avec le Dauphin. 289

Relation faité par le herault Normandie de son voyage à la cour de Savoie, lors du second mariage du Dauphin. 291

Lettre du duc de Savoye au Roi. 296

Discours adressé par Juvénal des Ursins au roi Louis XI, avant son sacre. 298

Sur le rachapt des villes de la riviere de Somme. 302

Edit pour l'établissement des postes. 304

Réponse de Louis XI aux propositions faites par le duc de Berry et par les autres princes ligués pour la guerre du bien public. 313

Mémoires de Comines. Prologue, à M. l'archevesque de Vienne. Page 329

Livre premier.

Chapitre I. De l'occasion des guerres qui furent entre Louis XI et le comte de Charolois. 335

Chap. II. Comment le comte de Charolois, avec plusieurs gros seigneurs de France, dressa une armée contre Louys XI, soubs couleur du bien public. 341

Chap. III. Comment le comte de Charolois vint planter son camp près de Mont-l'hery; et de la bataille qui fut faite audit lieu entre le Roy et luy. 352

Chap. IV. Du danger auquel fut le comte de Charolois, et comment il fut secouru. 364

Chap. V. Comment le duc de Berry, frere du Roy, et le duc de Bretagne, se vindrent joindre avec le comte de Charolois contre iceluy Roy. 373

Chap. VI. Comment le comte de Charolois et ses alliez, avec leur armée, passerent la Seine, et comment le duc Jean de Calabre se joignit avec eux, puis se logerent tout à l'entour de Paris. 380

Chap. VII. Digression sur les estats, offices et ambitions, par l'exemple des Anglois. 386

Chap. VIII. Comment le Roy entra dedans Paris pendant que les seigneurs de France y dressoient leurs pratiques. 389

Chap. IX. *Comment l'artillerie du comte de Charolois et celle du Roy tirerent l'une contre l'autre prés Charenton ; et comment le comte de Charolois fit faire derechef un pont sur batteaux en la riviere de Seine.* Page 395

Chap. X. *Digression sur quelques vices et vertus du roy Louis XI.* 401

Chap. XI. *Comment les Bourguignons, estans prés de Paris, cuiderent des chardons que ce fussent lances debout.* 406

Chap. XII. *Comment le Roy et le comte de Charolois parlerent ensemble pour cuider moyenner la paix.* 410

Chap. XIII. *Comment Roüen fut mise entre les mains du duc de Bourbon pour le duc de Berry, par quelques menées ; et comment le traitté de Conflans fut de tous poincts conclu.* 417

Chap. XIV. *Du traité de paix conclu à Conflans entre le Roy et le comte de Charolois, et ses alliez.* 422

Chap. XV. *Comment, par la division des ducs de Bretagne et de Normandie, le Roy reprit en ses mains ce qu'il avoit baillé à son frere.* 426

Chap. XVI. *Comment le nouveau duc de Normandie se retira en Bretagne, fort pauvre, et desolé de ce qu'il estoit frustré de son intention.* 429

Livre second.

Chapitre I. *S'ensuit le commencement des*

guerres qui furent entre le duc de Bourgogne et les Liegeois; et comme la ville de Dinand fut prise, pillée et rasée. Page 433

Chap. II. *Comment les Liegeois rompirent la paix au duc de Bourgogne, paravant comte de Charolois; et comment il les deffit en bataille.* 439

Chap. III. *Comment le seigneur d'Hymbercourt trouva moyen d'entrer dans Liege pour le duc de Bourgogne.* 450

Chap. IV. *Comment le duc de Bourgogne fit son entrée en la ville de Liege; et comment ceux de Gand, qui paravant l'avoient mal receu, s'humilierent envers luy.* 456

Chap. V. *Comment le Roy, voyant ce qui estoit advenu aux Liegeois, fit quelque peu de guerre en Bretagne contre les alliez du duc de Bourgogne; et comment ils se virent et parlerent ensemble eux deux à Perronne.* 462

Chap. VI. *Digression sur l'avantage que les bonnes lettres, et principalement les histoires, font aux princes et aux grands seigneurs.* 470

Chap. VII. *Comment et pourquoy le Roy fut arresté et enfermé dedans le chasteau de Peronne par le duc de Bourgogne.* 473

Chap. VIII. *Digression sur ce que quand deux grands princes s'entrevoyent pour cuider appaiser differends, telle vuë est plus dommageable que profitable.* 477

Chap. IX. *Comment le Roy renonça à l'al-*

liance des Liegeois pour sortir hors du chasteau de Peronne. Page 484

Chap. X. Comment le Roy accompagna le duc de Bourgogne, faisant la guerre aux Liegeois, paravant ses alliez. 489

Chap. XI. Comment le Roy arriva en personne devant la cité de Liege avec le duc de Bourgogne. 496

Chap. XII. Comment les Liegeois firent une merveilleuse saillie sur les gens du duc de Bourgogne, là où luy et le Roy furent en grand danger. 501

Chap. XIII. Comment la cité de Liege fut assaillie, prise et pillée, et les eglises aussi. 506

Chap. XIV. Comment le Roy s'en retourna en France, du consentement du duc de Bourgogne; et comment ce duc acheva de traiter les Liegeois, et ceux de Franchemont. 511

Chap. XV. Comment le Roy fit tant par subtils moyens que monseigneur Charles son frere se contenta de la duché de Guyenne, pour Brie et Champagne, contre l'attente du duc de Bourgogne. 515

FIN DU ONZIÈME VOLUME.

www.ingramcontent.com/pod-product-compliance
Lightning Source LLC
Chambersburg PA
CBHW071937240426
43669CB00048B/1733